VdN

Klaus Nitzsche

IM SCHATTEN DES TOWER

HISTORISCHER ROMAN
UM SIR WALTER RALEIGH UND
KÖNIGIN ELISABETH I.
VON ENGLAND

Verlag der Nation
Berlin

ISBN 3-373-00380-6

1. Auflage 1990

Einband: Stephan Köhler
Typographie: Kerstin Vorwerk
Lichtsatz: INTERDRUCK Leipzig GmbH
Druck und Binden: Graphischer Großbetrieb Pößneck GmbH

DER METALLSPIEGEL

Im Whitehall Palace war man spät zu Bett gegangen. Von einem der Hofmusikanten wußte Francis Walsingham, mit wem Königin Elisabeth getanzt und wann sie sich zurückgezogen hatte. Routinesache. Die Informanten des Ministers waren überall, in den Wirtschaftsgebäuden, unter den Kammerdienern, Schreibern und Hofdamen. Der Whitehall Palace war eine kleine Stadt. Zum königlichen Hofstaat gehörten an die fünfzehnhundert Menschen – Pagen, Knechte und Boten eingeschlossen. Es gab Klatsch und ernste politische Intrigen. Walsingham mußte wissen, was gespielt wurde. Auch Kleinigkeiten zählten.

Gegen zehn Uhr humpelte der Kapitän der Leibwache, von drei Gardisten begleitet, über den noch mit Reif bedeckten Rasen. Der schöne Christopher Hatton, als galantester Tänzer gerühmt und verspottet, hatte sich bei einem der unzähligen Sprünge und Hopser den Fuß vertreten. Vom Schreibtisch seines Arbeitszimmers sah Walsingham, wie er sich zum Torhaus schleppte. Hatton war es, der ihm damals zu diesen Räumen gratuliert hatte. «Von hier aus haben Sie einen guten Überblick, Sir Francis.»

«Aber keinen Einfluß, mein lieber Sir Christopher!»

Nun, das hatte sich geändert. Hatton hatte sich hochgetanzt, er, Walsingham, hatte sich vom Protegé Lord Burghleys zum mächtigen Polizeiminister Elisabeths hochgearbeitet. Wer von allen Räten konnte behaupten, der Königin unentbehrlich zu sein? Er, Walsingham, war es. Ohne ihn war das Leben Ihrer Britischen Majestät keinen Pfifferling wert. Walsinghams Beamte schützten sie vor papistischen und spanischen Mördern, seitdem sie der Heilige Vater exkommuniziert und zum Freiwild erklärt hatte. Als englischer Gesandter in Frankreich hatte er den Kampf zwischen Katholiken und Hugenotten erlebt, im Herzen auf seiten der Hugenotten, in denen er seine Glaubensbrüder sah, denn die Lehre des Reformators Calvin war auch in die anglikanische Staatskirche eingegangen, der er angehörte. Aber keiner sollte ihm einreden, in Frankreich ginge es nur um Religion. Vor allem ging es um Macht. Katharina von Medici, die Mutter des katholischen Königs, der der Papst seinen Segen spendete und die der spanische König Philipp «meine liebe Schwester im Glauben» nannte, scheute für die Interessen des Hauses Valois keine Intrige und keinen Meuchelmord. Walsingham besaß sichere Informationen, daß sie anno 1572 die Hochzeit ihrer Tochter mit dem Hugenottenführer Heinrich von Navarra nur ins Werk gesetzt hatte, um den Hugenotten den Todesstoß zu geben. Unter dem Vorwand, ein Fest der Versöhnung zu feiern, hatte sie damals die Spitzen des hugenottischen Adels nach Paris gelockt. In der Bartholomäusnacht waren die Katholiken über die ahnungslosen Hugenotten hergefallen. Walsingham konnte die Schreie der Sterbenden nicht vergessen, die Leichenhaufen am Louvre, die Toten in der Seine. Er war überzeugt, daß das Schicksal ihn zum Zeugen dieses unglaublichen Verrats gemacht hatte, damit er sein Land und seine Königin vor solchen Exzessen bewahrte.

Daher hatte er gegen die katholische Wühltätigkeit in England ein eigenes Agentennetz aufgebaut und Spione im feindlichen Lager auf dem Kontinent geworben. Vor einem Jahr, im November fünfzehnhundertachtzig, waren die ersten Jesuiten aus dem römischen Seminar nach England gekommen, gefährliche, gut ausgebildete, zu allem entschlossene Leute. Walsingham hatte sie unter Kontrolle, in welcher Verkleidung sie auch auftraten.

Die Vergrößerung seines Apparats ließ sich an der Zahl der Zimmer ablesen. Am Anfang hatte ihm Burghley drei Räume in diesem Flügel gegeben. Jetzt waren es mehr als ein Dutzend, umgebaut und nach seinen Bedürfnissen eingerichtet.

Wenn es gegen elf im Palast lebendig wurde, verschlafene Höflinge ihre Toilette begannen, Pagen über den großen Hof eilten, die ersten Kavaliere über den Rasen stolzierten, hatte er bereits fünf Stunden gearbeitet, Informationen durchgesehen, Depeschen gelesen, Briefe diktiert, Anweisungen erteilt.

Walsingham wandte seinen Blick vom Fenster. Der Rükken schmerzte vom langen Sitzen. Er brauchte Bewegung, aber er ging nur bis zur Kaminwand. Dort schob er ein Miniaturbild zur Seite. Der Spion gewährte einen Einblick ins Vorzimmer. Die Herren, die ihn sprechen wollten, Bittsteller zumeist, denn seine Agenten ließ er durch eine andere Tür ein, saßen auf den harten Eichenholzstühlen und warteten geduldig. Er musterte sie flüchtig. Einen Augenblick länger beobachtete er den hochgewachsenen jungen Mann, der unruhig im Zimmer auf und ab wanderte und die Tür fixierte, als könne er sie mit seinen Blicken öffnen.

Walsingham lächelte ironisch. Türschlösser sind keine Mädchenherzen, dachte er amüsiert, aber im Grunde war ihm dieser Walter Raleigh nicht unsympathisch. Als Sproß eines alten Seefahrer- und Bauerngeschlechts aus Devonshire gehörte er nicht zum Adel, aber wagemutige Kaufleute, Seefahrer wie Francis Drake, den die Königin im vergangenen April zum Ritter geschlagen hatte, Yeomen, auf die man sich bei Gefahr verlassen konnte, zählten für Walsingham mehr als Peers mit langer Ahnenreihe und riesigem Landbesitz. Mochten einige der hohen Lords ihn, Walsingham, einen Emporkömmling nennen. Wenn nur nicht die Dunkelmänner, die mit den Papisten und Spaniern liebäugelten, in diesem Land emporkamen.

Zu denen gehörten die Raleighs nun gewiß nicht. Bevor Walter Raleigh als Reservist der königlichen Leibwache in Dienst genommen worden war, hatte sich Walsingham die Familie gründlich angesehen. In den dreißiger Jahren, als

Heinrich VIII. mit dem Papst brach und sich selbst zum Oberhaupt der englischen Kirche ernannte, hatte Raleighs Vater, ein impulsiver Mann, jeden, der darüber bedenklich den Kopf schüttelte, herausfordernd gefragt, ob er denn wünsche, daß gutes englisches Geld weiter nach Rom fließe. Unter Heinrichs Sohn Edward, der die Ausbreitung der protestantischen Lehre in England förderte, nannte sich der alte Raleigh übereifrig Gottes reformierter Soldat und stürzte mit Gleichgesinnten Statuen und Bilder, für ihn Symbole von Götzendienst und Aberglauben, vom Hochaltar seiner Heimatkirche. Als nach Edwards Tod Elisabeths Vorgängerin, die streng katholische Maria, Tochter der Katharina von Aragon und Heinrichs VIII., Halbspanierin also, mit Gewalt die Macht der katholischen Kirche wiederherzustellen suchte, hatte sich der alte Raleigh geschickt verhalten, ohne seine Prinzipien zu verraten. Unter Maria und ihrem Gemahl Philipp, dem Sohn Karls V., der heute als Philipp II. Spanien regierte, brannten nach spanischem Vorbild überall in England die Scheiterhaufen der Inquisition. Man nannte Königin Maria die Blutige.

Allen Gefahren zum Trotz half Vater Raleigh in jener Zeit Verfolgten und rettete manchen. Sein Sohn Walter hatte, kaum den Kinderschuhen entwachsen, in Frankreich auf seiten der Hugenotten gekämpft. Natürlich mochte ihn Abenteuerlust dorthin getrieben haben, aber die Wahl der Partei zeigte seine Gesinnung.

Leute wie Walter Raleigh waren brauchbar für Walsingham. Militärische Erfahrung, Kenntnisse der Seefahrt, zwei Jahre Oxford, gepflegte Umgangsformen, allerdings nicht frei von ländlicher Derbheit, und die rechte Einstellung. Im Vorjahr hatte er ihn auf die Probe gestellt und es arrangiert, daß sich Walter mit Henry Howard und dem Earl of Oxford anfreundete, junge Lords, die zum alten Hochadel gehörten, früh den reichen Besitz ihrer Väter geerbt hatten, mit Rom sympathisierten und respektlos von der Königin sprachen. Keine ernsthafte Opposition, aber Leute, die das

Klima am Hof beeinflussen konnten. Man mußte ein Auge auf sie haben und einer neuen Verschwörung gegen die Königin, wie man sie anno fünfzehnhundertneunundsechzig erlebt hatte, vorbeugen.

Raleigh hinterbrachte ihm einige Äußerungen, die genügten, Henry Howard und Oxford für ein paar Wochen in den Tower zu schicken. «Luftreinigung» nannte es Walsingham. Raleigh belohnte er mit einem Offizierspatent. Der unbekannte Reservist der königlichen Leibwache durfte hundert Leute gegen die rebellischen Iren führen. Aus Irland hatte ihm Raleigh großspurige Berichte geschrieben und so getan, als habe er die von König Philipp nach Irland gesandte Söldnertruppe allein vernichtet. Nun war er mit geschwollenem Kamm zurückgekommen, wollte hoch hinaus, glaubte wahrscheinlich, alle Türen stünden ihm offen.

Walsinghams Lächeln verstärkte sich. Hatte er selbst in seiner Jugend nicht ebenso gedacht? Ein Amt, Einfluß, Macht! Aber er hatte zäh dafür gearbeitet. Diesen jungen Glücksrittern von heute fehlte es an Geduld. Sie kamen vom Lande nach London, zweit- und drittgeborene Söhne kleiner Gutsbesitzer, kaum ein Pfund im Beutel, aber auf hohem Roß, von sich selbst überzeugt, und meinten, der Hof warte auf sie. Geduld, mein Junge, Geduld wird dir guttun!

Das Jahr in Irland hatte Raleigh nicht geschadet. Sein Gesicht war männlicher geworden. Gut sah er aus, verdammt gut. Die Weiber flogen auf solche großgewachsenen, dunkelbärtigen Typen. Walsingham dachte dabei an eine königliche Ehrenjungfer, die diese Bezeichnung bis zu ihrer Begegnung mit Raleigh vor knapp zwei Jahren zu Recht getragen hatte und dank Walsinghams eigennütziger Verschwiegenheit noch heute trug. Er hatte der schönen Lady sogar einen Arzt besorgt, der sie von der Frucht der Affäre befreite. Gott soll die Liebenden und die Königin schützen, aber die Königin schützte an ihrem Hof die Liebenden nicht. Das war bekannt. Walsinghams Gefälligkeit bewahrte die edle Dame vor der Verbannung vom Hof, er selbst aber durfte sein Verhalten mit Staatsinteressen entschuldigen, denn er hatte in der Lady eine nützliche Informantin gewonnen. Dienst erfordert Gegendienst.

Vielleicht sollte er Raleigh nach Frankreich schicken. Man mußte mehr von den Plänen der dort lebenden Englandflüchtlinge wissen. Ein Mann von seinem Aussehen würde leicht Damenbekanntschaften in Emigrantenkreisen machen. Der um Lohn und Anerkennung betrogene Held des Irlandkrieges verläßt verbittert die Heimat. Aber natürlich nicht so schnell. Das wirkte verdächtig. Man mußte sich Zeit lassen. Und der junge Herr im Vorzimmer sollte das Warten lernen, sonst nahm er sich zu wichtig.

Walsingham ließ Raleigh als letzten vor und begrüßte ihn mit leutseliger Herablassung: «Erfreut, Sie unversehrt wiederzusehen, junger Held.»

«Es waren schwere Monate, Sir Francis.»

«Aber Sie haben sich glänzend geschlagen, wie Sie schrieben. Ohne Sie hätten wir den Rebellen das Feld räumen müssen.»

Raleigh senkte den Kopf, als beschäme ihn der Minister durch sein Lob. Dabei hatte er den Spott gut verstanden. Das hatte er nicht verdient, vor allem nicht von einem, der geborgen hinter seinem Schreibtisch saß. Wie ihm zumute gewesen war, als Pfeile aus dem Hinterhalt um seinen Kopf schwirrten oder als sie, bis zu den Knien im Morast, Mann gegen Mann gekämpft hatten, wußte der Herr Minister nicht. Das stand in keinem Bericht.

«Meine Leute haben ihr Bestes getan, Sir», murmelte er, bemüht, seinen Ärger nicht merken zu lassen.

«Ist jetzt Ruhe in Irland?»

«Ich fürchte, völlige Ruhe wird dort nie eintreten.»

«Unsere Schwerter werden diese Wilden zur Vernunft bringen», versicherte Walsingham mit propagandistischem Eifer, von dem selten einer seiner Gesprächspartner verschont blieb, in diesem Fall gegen seine Überzeugung. Die störrischen irischen Clan-Häuptlinge und die von den englischen Grundbesitzern wie Sklaven behandelten Bauern würden sich nie mit der Herrschaft der Engländer abfinden. Die Spanier bestärkten natürlich ihre irischen Glaubensbrüder mit frommen Worten, Waffen und Söldnerkommandos. Walsingham fragte sich oft, was geschehen würde, wenn Spanien eine Armee in Munster landete und gleichzeitig die englische Südküste angriff. Vor dem jungen Mann aber gab er sich forsch.

«Spanien besitzt in Amerika riesige Gebiete. Wir haben von der Welt nur unsere kleine Nachbarinsel erobert, und die werden wir behalten. Sie haben unserer Sache tapfer gedient.»

Diesmal hörte Raleigh keinen Spott heraus. Der Minister machte eine Geste, als wolle er ihm auf die Schulter klopfen, hielt aber inne und wandte sich den Papieren auf dem Schreibtisch zu. «Was werden Sie nun machen?» fragte er nach einer langen Pause beiläufig.

«Ich möchte wieder in die königliche Wache eintreten – als Offizier», antwortete Raleigh selbstbewußt. Nach der Bewährung in Irland durfte er das wohl fordern, und er hatte sich seinen Wunsch überlegt. Die Position bot Aufstiegsmöglichkeiten. Er wollte nicht als Gutsbesitzer in Devonshire versauern oder im fernen Irland einer kleinen Garnison vorstehen. Wäre er General im irischen Feldzug gewesen, hätte er die Truppen taktisch klüger geführt. Er fühlte das Zeug zum Feldherrn in sich, zum Admiral, zum militärischen Berater der Königin. Das konnte er Walsingham natürlich nicht sagen, aber es war nicht zu hoch gegriffen. Anders als viele ihrer Vorgänger wählte die Königin ihre Vertrauten selten aus dem Hochadel, da die Peers meist ihre Interessen denen der Krone voranstellten. Sie suchte sich fähige und ihr ergebene Leute aus der Gentry und aus dem Beamtenstand. Walsinghams Vater war ein Londoner Jurist gewesen und ihr mächtiger Erster Minister Burghley Sohn eines kleinen Adligen. Warum sollte er diesen Aufstieg nicht auch schaffen? Am Hof hatte er die Chance, auf seine Fähigkeiten aufmerksam zu machen. Vielleicht gab es Krieg. Er würde einen Plan zum Sieg über die Spanier ausarbeiten. Er sah seinen Namen in den Geschichtsbüchern: Walter Raleigh, Retter Englands.

Walsingham schob einen Stoß beschriebener Blätter in eine brüchige Ledertasche. «In der königlichen Wache ist kein Posten frei», murmelte er, mit den Gedanken scheinbar woanders. «Wo ist nur diese Aufstellung? Ich muß in den Staatsrat!»

«Könnten Sie nicht ...»

«Wir werden überlegen, wie wir Ihnen weiterhelfen, Walter. Kommen Sie in zwei, drei Wochen wieder. Ich bin leider in Eile, entschuldigen Sie.»

Walter Raleigh stieg langsam die Treppe hinab, trat unter den vorgebauten Bogengang und wußte nicht, wohin. Nieselregen, vermischt mit dem Rauch aus Kaminabzügen, und Themsenebel hatten Kavaliere und Hofdamen in ihre Gemächer getrieben. Wozu das neue gelbe Wams und die pflaumenblauen Hosen, wenn ihn niemand sah?

Nein, einer hatte ihn doch bemerkt: Doktor Dee. Der Astrologe der Königin strich überall und bei jedem Wetter im Schloß und in der Stadt herum, selbst nachts. Obwohl es hieß, er brauche keinen Schlaf, wirkte er ausgeruht; sein Gesicht sah rosig und merkwürdig faltenlos aus. Nie hatte ihn jemand anders als in dem losen, dunklen Gelehrtengewand gesehen. Seine schwarze Kopfbedeckung ohne jegliches modisches Beiwerk verstärkte den altväterlichen Eindruck. Der hagere, hochgewachsene, weißbärtige Mann stand an der Schwelle zum Greisenalter, aber ebendort schien er stehenzubleiben. Ein wenig unheimlich war Doktor Dee Raleigh schon, auch wenn er nicht an die Gerüchte glaubte, die Dee mit Nekromantie und Teufelsbeschwörung in Verbindung brachten.

«Oh, unser junger Krieger!» Dee griff taktlos nach Raleighs Wams und rieb die Seide zwischen den Fingern. «Guter Stoff und nach der neusten Mode geschnitten. Tailor Street, nicht billig. Das Kommando in Irland ist dir nicht schlecht bekommen, mein Junge. Sogar Ohrringe! Wärst auch ein Schwachkopf, wenn du dir nicht die Börse gefüllt hättest. Selbst der treueste Kapitän Ihrer Britischen Majestät führt ein paar Leute in der Mannschaftsrolle, die nicht in der Kompanie marschieren, und läßt sich den Sold für sie zahlen.»

«Doktor Dee!»

«Papperlapapp! Der alte Dee kennt die Welt. Hast dir für Whitehall einen schlechten Tag ausgesucht. Novemberwetter und die Weiber alle in ihren Zimmerchen, und du kannst nicht rein, noch nicht.»

Raleigh wußte nicht, ob er sich abgestoßen oder geehrt fühlen sollte, aber durchschaut kam er sich vor, und seine Gefühle für den Alten waren nicht eben freundlich.

Davon schien Doktor Dee nichts zu ahnen. Er rückte näher an ihn heran und redete weiter in seiner schnoddrigen, herablassend-wohlwollenden Art. «Walsingham hat dich vertröstet, nicht wahr? Taktik, mein Lieber. Er hält Bittsteller hin, damit sie besonders dankbar und eifrig sind, wenn er ihnen endlich eine Aufgabe überträgt. Walsingham versteht sein Metier, die Königin könnte keinen Besseren finden, aber dich wird er zu nichts weiter machen als zu einem seiner kleinen Spitzel.»

«Und was geht Sie das an?»

Dees Lächeln sollte wohl zeigen, daß er Raleigh die Grobheit verzieh. «Kannst du dich erinnern, was ich dir vor drei Jahren in Plymouth sagte?»

Raleigh hatte Mühe, seine Verärgerung nicht zu zeigen. Plymouth! Von der unglücklichen Expedition unter seinem Halbbruder Humphrey Gilbert brauchte ihm keiner zu reden!

Humphrey hatte anno achtundsiebzig von der Königin einen Patentbrief erwirkt, um für Ihre Majestät heidnische und barbarische Länder in Besitz zu nehmen, auf die kein anderer christlicher Herrscher Anspruch erhob. Er hatte zehn Schiffe ausgerüstet und ihn zum Kapitän der königlichen «Falcon» gemacht. Schiffskapitän mit sechsundzwanzig! Das war schon etwas! Nach fernen Ländern wollten sie, aber der Sturm hatte das Geschwader nicht einmal aus dem Kanal hinausgelassen, die Segel zerfetzt und die Masten geknickt. Nur er war in den Atlantik gekommen und zu allem Unglück in eine spanische Flottille geraten. Der Teufel mußte ihn geritten haben, als er den Befehl zum Angriff gab. Ein ungleicher Kampf. Die «Falcon» wurde schwer beschädigt. Er konnte von Glück sagen, daß er sie nach Plymouth zurückgebracht hatte. Humphrey warf ihm vor, er habe das Schiff der Königin leichtsinnig aufs Spiel gesetzt.

Am Kai war er dann Doktor Dee begegnet, der im Begriff war, ein Schiff nach der Bretagne zu besteigen, und zu dem Schaden kam der Hohn. Dee hatte ihm auf die Schulter geklopft und gesagt, Männer wie ihn brauche England.

«Ach so», murmelte Dee, der Gedanken zu lesen schien, «ich verstehe. Du hast damals geglaubt, ich wollte dich verspotten, aber das war nicht meine Absicht. Ich hatte in Plymouth keine Zeit, länger mit dir zu reden. Immerhin habe ich einen Brief an die Königin geschrieben, und sie hat dir ja auch verziehen, daß du ihr Schiff ein wenig ramponiert hast.»

«Das haben Sie getan, Doktor Dee?»

«Ja, das hab ich. Du warst schließlich der einzige, der gekämpft hat, wirklich gekämpft.»

Da hätte er sich nun wohl bedanken müssen, aber das widerstrebte ihm, und er starrte an Dee vorbei in den dichter gewordenen Regen. Die Wache vor dem Eingang der gegenüberliegenden Great Hall war nur noch als Schatten erkennbar.

«Walsingham bringt dich nicht weiter, Walter. Ich hab ein Haus in Mortlake, da besuchen mich meine Freunde», sagte Dee, «interessante Leute. Du solltest sie kennenlernen, ich werde dich einladen.»

Er berührte leicht Raleighs Schulter und entfernte sich mit leisen, schnellen Schritten, die man ihm in seinem Alter nicht zugetraut hätte.

Raleigh blickte ihm nach. Dee bewegte sich mit eingezogenem Kopf und gekrümmten Schultern, als könne er sich so vor dem Regen schützen. Andere hohe Herren ließen sich bei solchem Wetter in einer Sänfte tragen. Dee spielte den bescheidenen Gelehrten und Sonderling. Dabei war der Astrologe fast so einflußreich wie Lord Burghley, der Erste Minister, Walsingham oder Graf Leicester, die wichtigsten politischen Ratgeber der Königin, denn er stellte ihr Horoskop. Es hieß, Ihre Majestät beachte die Zeichen der Gestirne, besonders wenn sie sie in ihren bereits gefaßten Beschlüssen bestärkten.

Aber weshalb interessierte sich Doktor Dee für ihn? Doch wohl nicht, um ihm selbstlos zu helfen oder weil ihm seine Kühnheit damals imponiert hatte? Vielleicht glaubte er an seinen Aufstieg und rechnete mit späterem Nutzen für sich wie ein Wucherer, der den Zins erwartet. Mit welchen Leuten wollte er ihn in seinem Haus zusammenbringen? Gewiß war niemand vom Hofe darunter. Aber mußte denn seine Zukunft unbedingt in Whitehall liegen?

Im nachlassenden Regen überquerte Raleigh den großen Hof. Die Begegnung mit Dee hatte ihn von seiner Enttäuschung über Walsingham abgelenkt, und Whitehall war nicht so prächtig, wie es ihm die Erinnerung in den verlausten irischen Zeltlagern vorgegaukelt hatte. Mit Genugtuung notierte er in Gedanken Kleinigkeiten, die der Anlage Abbruch taten.

Die Wasserspiele des Springbrunnens waren der Sparsamkeit der Königin zum Opfer gefallen. Defekte Wasserspeier an der Dachtraufe der großen Halle ließen das Wasser am Mauerwerk herabrinnen, und dort hatte es häßliche, dunkle Spuren gezogen. Die provisorische Bankethalle für die Weihnachtsfeierlichkeiten, ein zeltähnlicher Bau aus Holzstangen und Leinwand, verunstaltete den Platz. In ein paar Wochen würde sich hier die Hofgesellschaft an Maskenspielen und Theaterstücken delektieren, doch die Schauspieler, die vor der Königin auftraten, konnte man auch im Theatre oder Curtain sehen.

Am Turnierplatz dachte er nicht an festliche Spiele oder an das Kräftemessen der edlen Lords, sondern an die Bärenhatz, die man zu Weihnachten hier halten würde. Aber diese gab es in Southwark das ganze Jahr hindurch, und Weiber hatte London genug, die bleichgepuderten Hofdamen waren keineswegs die hübschesten.

Als er auf der King's Street war, riß der Himmel auf. Passanten wunderten sich, daß der elegant gekleidete Herr einen Gassenhauer pfiff.

«Erfolg gehabt?» fragte ihn sein Freund Arthur Gorges, bei dem er seit seiner Rückkehr wohnte.

«Bei Walsingham nicht, aber Doktor Dee will mich nach Mortlake einladen. Weißt du, wer dort verkehrt?»

Arthur kniff die Augen zusammen. Die Fältchen über der Nasenwurzel vertieften sich zu Furchen, und er wühlte mit den Händen in seinem flachsfarbenen Haar. Schon als Junge, erinnerte sich Raleigh, hatte Arthur auf die einfachsten Fragen reagiert, als gelte es, knifflige Rätsel zu lösen. Sie waren in Devonshire nur ein paar Meilen voneinander entfernt aufgewachsen, hatten als Sechzehnjährige zusammen in Frankreich gekämpft, später hatte Arthur am Steuer der «Falcon» gestanden. Jetzt diente er in der königlichen Leibwache, lebte aber nicht in Whitehall, sondern wohnte als Junggeselle in der Candlewich Street.

«Dee ist ein vielseitiger Mann», sagte Arthur bedächtig.

«Wie die meisten Sterndeuter und Alchimisten.»

«Es gibt eine Menge Scharlatane unter ihnen, aber zu denen zähle ich Dee nicht. Hätte er keine praktischen Fähigkeiten, stünde er bei der Königin nicht in so hohem Ansehen. Sie behauptet, das Elixier aus seinem Laboratorium habe ihr das Leben gerettet, als sie schwer erkrankt war.»

«Braut er seine Säfte in Mortlake?»

«Sein Laboratorium steht in Whitehall. In Mortlake besuchen ihn Seekapitäne, um seine Sammlung nautischer Geräte zu besichtigen. Einige hat er in eigener Werkstatt gefertigt. Drake gibt ihm häufig die Ehre.»

«Tatsächlich?» Raleigh hatte Mühe, sich den skurrilen Gelehrten neben dem berühmtesten englischen Kaperkapitän vorzustellen.

«Vielleicht sind sie nicht so verschieden, wie du meinst. Der eine sucht das Abenteuer in der Wissenschaft, der andere auf dem Meer. Jeder erkennt die Erfolge des anderen an, das ist die beste Grundlage für ein freundschaftliches Verhältnis. Dem Alten imponieren Drakes reiche Prisen, und er schätzt ihn als Entdecker. Als Drake von der dreijährigen Fahrt auf der ‹Golden Hind› zurückkehrte und ihn alle bejubelten, schenkte ihm Dee einen Globus mit der Aufschrift: ‹Dem ersten englischen Weltumsegler.› Drake läßt sich von ihm in der Wahl von Navigationsinstrumenten und Seekarten beraten. Vielleicht will dir Dee eine Offiziersstelle auf der ‹Golden Hind› verschaffen.»

«Kein schlechter Gedanke, aber lieber würde ich ein eigenes Kaperschiff ausrüsten.»

«Wovon?»

Die Frage konnte Raleigh nicht beantworten. Dennoch erkundigte er sich, ob sich Arthur beteiligen würde.

Der Freund wies auf die Bücher und die beschriebenen Blätter auf dem Tisch. «Ich hab damit genug zu tun.»

«Wozu in aller Welt übersetzt du den Lukian neu?»

«Ich finde seine Dialoge großartig, aber die alte englische Fassung taugt nichts. Ich verdanke ihm übrigens meine Offiziersstelle.»

«Wem?»

«Dem Lukian. Graf Leicester gefiel der erste Teil meiner englischen Neufassung der Göttergespräche so, daß er ihn

Ihrer Majestät empfahl. Die Königin kennt die griechischen und römischen Schriftsteller besser als mancher Professor in Oxford. Sie schätzt es, wenn Leute ihrer Umgebung und selbst Soldaten sich mit der Dichtkunst beschäftigen und klassische Bildung besitzen.»

«Der spanische König hätte dich vielleicht der Inquisition übergeben, weil du dich mit heidnischen Schriften befaßt.»

«Und ein anderer Monarch würde mir befehlen, ausschließlich die Kriegskunst zu studieren, da dies für einen Soldaten die einzige Kunst ist, von der er etwas verstehen sollte.»

«Hat die Königin auch Gedichte von dir gelesen?»

Arthur errötete. «Die taugen nur für die Schublade.» In seiner Verlegenheit wirkte er jungenhaft und liebenswert.

«Sei nicht so bescheiden! Wären meine Verse so gut wie deine, würde ich sie drucken lassen und der Königin zuspielen.»

Der Mode folgend, hatte auch Raleigh Gedichte geschrieben, aber sie erschienen ihm schwerfällig und ohne Eleganz. Trotzdem zweifelte er nicht an seinem Talent. Arthur mußte ihm helfen, Sinn für Versmaß und Form zu entwickeln. Raleigh starrte auf die kahle Wand. Keine Tapete, keine Bilder. Wenn sie sich nur eine bessere Wohnung leisten könnten! Die ärmliche Umgebung ernüchterte ihn. Er beneidete Arthur. Der Freund war in der bunten Welt seiner Bücher zu Hause.

«Komm mit, wir wollen meine Rückkehr feiern.»

«Zum dritten Mal?» brummte Arthur unwillig.

«Warum nicht. Wir gehen in irgendeine Kneipe und dann zu den Huren in die Turnbull Street. In Irland gab's keine.»

Arthur runzelte die Stirn. «Du wirst dieses verdammte Irland nicht los, deshalb trinkst du so viel. War der Krieg dort denn schlimmer als der in Frankreich?»

«Anders», sagte Raleigh, «es war alles anders.»

«Was war anders?»

«Der Whisky zum Beispiel. Irischer Whisky schmeckt anders als französischer Branntwein.»

«Weich nicht aus, Walter. Was bedrückt dich?»

«Ich kann manche Bilder nicht vergessen», gestand Raleigh. «Wer es nicht selbst erlebt hat, kann sich nicht vorstellen, wie verbissen die Iren kämpfen. Kein Vergleich mit den katholischen Söldnern in Frankreich! Einmal überraschten wir eine Gruppe und kreisten sie ein. Wir besaßen die zehnfache Übermacht, aber sie ergaben sich nicht, sondern kämpften bis zum letzten Mann. Und ihre verdammte Taktik! Sie stellen sich nie zur Schlacht, weichen an der einen Stelle aus, greifen an einer anderen überraschend an. Wehe, wenn unsere Leute in ihre Hände fielen!»

«Und ihr?»

«Wir haben ihre Ernte verbrannt und ihre Viehherden abgeschlachtet, um sie auszuhungern. Denkst du, sie gaben auf?»

«Es ist ihre Heimat.»

«Sie könnten unter der Regierung unserer Königin ein ruhiges Leben führen», behauptete Raleigh. «Vielleicht wäre alles anders, wenn die Spanier sie nicht gegen uns aufhetzten.»

«Heilige Einfalt», höhnte Arthur. «Wir haben es in Irland genauso gemacht wie die spanischen Konquistadoren in Südamerika, und du erwartest, daß sich die Iren von uns ausplündern lassen! Sie werden uns noch viel Kummer machen. Wir sollten uns aus Irland zurückziehen.»

«Damit die Spanier dort festen Fuß fassen? So einfach ist das nicht, mein Lieber. Ich habe in Irland auch gegen Spanien gekämpft.»

Bei Bier und Branntwein in den Three Dogs erzählte Walter Raleigh melancholisch von einem helläugigen Mädchen aus Youghal, der einzigen Irin, mit der er geschlafen hatte.

«Liebst du sie noch?»

«Sie ist tot. Eines Abends lag sie vor meinem Quartier – mit durchschnittener Kehle, weil sie sich mit einem Engländer eingelassen hatte.»

Von den Three Dogs gingen sie nach Southwark in den Paris Garden zur Bärenhatz. London bot für jeden etwas. Kneipen, Theater, Gaukler, Hahnenkämpfe. Kaum zu glauben, wie viele Frauen zur Bärenhatz gingen. Die Kastanienbraune dort sah nicht schlecht aus. Oder schien das Raleigh nur so, weil er die scharfen Getränke im Blut hatte? «Wie findest du die Braune, Arthur?»

Arthur schnalzte mit der Zunge. «Nicht übel», sagte er, «überhaupt, Weiber gibt es hier!»

Der Paris Garden war ein hölzernes Rundtheater mit mehreren Rängen. In der Arena ritten, von einem Dressurmeister im Narrenkostüm dirigiert, Affen auf Ponys. Das war erst das Vorspiel, sie hatten nichts verpaßt. Die Affen vollführten auf den Pferderücken kunstvolle Sprünge und schnitten den Zuschauern Fratzen, aber Raleigh hatte nur Augen für die Kastanienbraune. Der schlanke Hals über der weißen Halskrause war mit einer goldenen Kette geschmückt, man war nicht arm, man hätte sich schon eine Loge leisten können, aber hier unten war man den Tieren näher, dem starken Geruch, dem Kläffen, Brüllen und Röcheln, das die Nerven kitzelte. Das wollten sie haben, auch die feinen Damen, gerade die feinen.

Jemand hielt Raleigh am Wams fest. «Wetten, daß Great Ned heute drei Hunde zerfleischt, Sir? Einen Sixpence für Great Ned, halten Sie dagegen?»

Er sah den Mann nicht einmal an. «Kein Interesse, Sir, wirklich nicht!»

Die Kastanienbraune drängte sich nach vorn, fast bis an die hölzerne Umfassungswand, die die Arena vom Zuschauerraum trennte, wo die Menge Kopf an Kopf stand.

Mit Mühe kam Raleigh neben sie und fixierte sie dann. Darin hatte er Übung: ein ruhiger, überlegener Blick, den spürte eine Frau schon, und wenn sie da nicht unruhig wurde, mußte es mit dem Teufel zugehen!

Sie wandte ihm für einen Augenblick den Kopf zu, als suche sie jemanden. Schmales Gesicht, hohe Stirn, eine von den Schlanken, Hochgewachsenen.

Er redete sie unverfroren an. Bei der lauten Unterhaltung, den hin und her geworfenen Worten, den Wettgesprächen, dem Händeschwenken würde eine Abfuhr nicht auffallen. Aber damit rechnete er nicht. Weshalb ging eine vornehme Dame ohne Begleitung zur Bärenhatz?

Die Lady blickte starr geradeaus, und nach allerhand Komplimenten fragte er sie, ob sie keine Angst habe vor der Menagerie.

Die Ponys und zierlichen Äffchen hatten die Arena verlassen, Knechte führten mit Hilfe von Stangen und mit lautem Geschrei fünf ausgewachsene Braunbären herein.

Ihre Antwort fiel mit dem Brummen von Great Ned zusammen. «Davor fürchte ich mich nicht», sagte sie, ohne den Kopf zu wenden, als er schon keine Reaktion mehr erwartete.

«Dann sind wir von gleicher Art und sollten ein Glas darauf trinken.»

«Dafür gibt es keinen Anlaß, Sir.»

Den Anlaß gab der Zufall, und der Zufall hieß Great Ned, Objekt von Wettleidenschaften und Schaulust. Jeder Kampf hatte Spuren am Körper des alten Braunbären hinterlassen. Bißnarben entstellten die stumpfe Schnauze, er besaß nur noch ein Auge, ihm fehlte ein halbes Ohr, und dort, wo die Hunde ihm Hautfetzen herausgerissen hatten, zeigte sein langhaariges Fell kahle Stellen.

Vom Hundezwinger hörte man das heisere Bellen der Doggen. Great Ned brummte und schüttelte sich so heftig, daß sein Wärter erschrak und ihn eilig an einem starken, tief in den Boden gerammten Pfahl festmachte.

Die Doggen stürzten heraus, geschmeidige, kraftvolle Bestien, fast kälbergroß, von ihren Besitzern seit Wochen auf den Kampf dressiert. Drei von ihnen umkreisten Great Ned.

«Greif an, John! Geh los, Harry!»

Raleigh schrie mit der Menge. Die Kastanienbraune war vergessen. Jetzt wollte er Kampf sehen. Kampf war die natürlichste Sache der Welt. Man kämpfte in Frankreich, den Niederlanden und Irland. Man kämpfte auf See gegen Sturm und Wetter und gegen die Spanier. Wozu taugte der Kampf mit all seinen verfluchten Folgen, den Wunden, Verstümmelungen, Tod, wenn er nicht auch Freude machte. Zum Teufel mit den zimperlichen Puritanern, die den Leuten diese Vergnügungen nehmen wollten. «Greif an, John!»

Die Bestien benötigten solche Zurufe nicht. Alles ging jetzt sehr schnell. Eine getigerte Dogge schoß vor und sprang Great Ned an den Hals. Der alte Bär umarmte sie wie ein Baby und hätte sie zerquetscht, aber da saß ihm die zweite im Nacken. Unter dem heftigen Schmerz lockerte er seinen Griff, ließ los, machte einen Satz nach vorn, um die zweite abzuschütteln und dem Angriff der dritten zuvorzukommen. Die Kette spannte sich mit einem Ruck und löste sich vom Pfahl. Die anfeuernden Rufe gingen in einen Angstschrei über. «Wärter!» Aber von den Knechten wagte sich keiner zwischen die Tiere.

Die zweite Dogge saß Great Ned noch immer im Nakken. Der Bär warf sich zu Boden und wälzte sich auf den Rücken. Er kam von der Dogge frei, stand wieder auf und ging langsam zwei, drei Schritt auf die Trennwand zu, als mißtraute er der gewonnenen Freiheit.

Die Menschen kreischten, Panik drohte.

Raleigh warf einen Blick auf die Kastanienbraune. Ihre Augen glitzerten, ihre Lippen waren leicht geöffnet, aber sie schrie nicht und machte keine Anstalten zur Flucht. Er schob sie zur Seite und sprang über die Brüstung in die Arena. Der Bär wandte ihm einen Moment den Kopf zu, aber die Doggen waren bedrohlicher als der Mann.

Raleigh behielt Great Ned im Auge und bewegte sich

vorsichtig an der Arenawand bis zu der Stelle, an der er das Ende der Kette erreichen konnte. Er hob sie auf, aber die Entfernung bis zum Pfahl war zu groß.

Die Doggen begannen einen neuen Angriff. Great Ned wich zurück, näherte sich der Arenamitte. Mit einem Sprung war Raleigh am Pfahl und befestigte die Kette.

Er genoß den Beifall des Publikums. In Whitehall hatte man ihn vertröstet, obwohl er in Irland bei vielen Gelegenheiten mehr Mut bewiesen hatte. Hier spendete man ihm Applaus. Das Leben sorgte für Ausgleich. Er drehte sich eitel und winkte nach allen Seiten, bevor er an seinen Platz zurückging. Arthur konnte er nicht mehr entdecken.

Den warmen Blick der Kastanienbraunen fing er mit gelassener Selbstverständlichkeit auf. Man gewann die Gunst der Weiber, wenn man den Helden spielte. Die Erfahrung war ihm nicht neu, und nur ein Dummkopf nutzte solche Gelegenheiten nicht.

Als man mit dem Auspeitschen der Bären begann, ein widerliches Spiel, bei dem sechs Knechte auf einen blinden Bären an der Kette einschlugen, der seine Peiniger zu fassen suchte und es nicht konnte, gingen sie in die nächste Taverne, den Anchor, eine Kneipe für Seeleute und Themseschiffer.

Die lärmenden und angetrunkenen Männer störten die Lady nicht, nicht an seiner Seite, sagte sie.

«Vertrauen gegen Vertrauen, ich heiße Walter Raleigh», sagte er.

Sie war mit Thomas Smythe verheiratet.

«Dem City-Kaufmann?» Von ihm hatte er gehört. Ein bemerkenswerter Merchant Adventurer, einer jener wagemutigen Kaufleute, die nicht nur ihre Schiffe in die Ferne schickten, sondern selbst mit nach Indien und in die Levanteländer fuhren.

«Er hat mir Elfenbein von einem Elefanten mitgebracht, den er selbst erlegt hat – aber ich bin oft allein.»

Nach dem dritten Glas hing sie ihm um den Hals. «Nenn

mich Alice!» Ihr Haar hatte sich gelöst und fiel lang über ihre Schulter. Ihre Küsse verrieten Erfahrung und erinnerten ihn an ein Mädchen aus der Turnbull Street. Er hatte Hurenhäuser nie gemieden. Dirnen waren ohne Ziererei und Verstellung, und sie gehörten zum Leben wie die Bärenhatz, wie Schauspiele, Gin und Hahnenkämpfe. Warum verachten, was Vergnügen machte? Diese Alice lag ihm gut im Arm, er streichelte sie, hielt sie fest und genierte sich nicht vor den Leuten, wozu auch?

«Kommst du mit?» fragte sie.

«Wohin?»

«Zu mir, Dummkopf!»

Sie gingen eng umschlungen über die London Bridge, die einzige Brücke, die das andere Ufer mit der Stadt verband. Zwischen zwei Brückenhäusern blieben sie stehen. Der Mond schien von einem klaren Nachthimmel, und ein kräftiger Wind kräuselte das Wasser. Auf den Stangen neben dem inneren Brückentor schwankten die Köpfe von drei spanischen Spionen und zwei Jesuiten, die man am Vortag hingerichtet hatte.

Raleigh vergrub sein Gesicht in ihrem Haar. Es roch nach Moschus. Der Geruch erinnerte ihn an orientalische Märchen und gleichzeitig an die Reisen, die ihr Mann machte.

«Wo wohnst du?»

«In der Lombard Street.»

Er war überrascht. Dort hätte er Smythe nicht vermutet. Wer in der Lombard Street wohnte, gehörte zu den mächtigen City-Kaufleuten, die das Schicksal der Stadt bestimmten und mit der Königin dinierten. Der Name der Straße deckte jeden Wechsel.

«Und du gehst ohne Dienerin in den Paris Garden?» Er hatte ihr Gesicht in beide Hände genommen und hielt es fast um Armeslänge von seinem weg.

«Thomas erlebt so viel, weißt du.»

«Mit Frauen?»

«Das meine ich nicht. Er ist schon auf Kamelen geritten und hat die Wüste gesehen. Im Sommer hätte man ihn in Rouen um ein Haar verhaftet.»

«Wirklich?»

«Man verdächtigte ihn, ein hugenottischer Agent zu sein. Er wollte die Ladung eines seiner Schiffe freibekommen, das sie beschlagnahmt hatten. Ein Geschäftsfreund warnte ihn, und er floh in einer Mönchskutte aus der Stadt.»

«Und welche Abenteuer erlebst du hier?»

Sie ging auf seinen Spott nicht ein. «Manchmal fürchte ich, daß das Leben einfach so dahingeht, immer nur essen, schlafen und warten», sagte sie. «Und manchmal hab ich Angst.»

«Vor der Langenweile?»

«Und vor denen da.» Sie wies mit dem Kopf in die Richtung der Stangen.

«Vor den Toten? Bist du abergläubisch? Die dort richten keinen Schaden mehr an!»

«Aber sie haben genug lebende Freunde. Mein Mann erhält Drohbriefe. Man werde ihn töten, wenn er weiter Drakes Unternehmungen gegen die christliche spanische Seefahrt mitfinanziere.»

«Nimmt er das ernst?»

«Er spottet darüber, aber die Briefe verschlagen ihm den Appetit. Neulich sagte er mit Galgenhumor, um ihn wär's nicht schade, aber wenn sie die Königin ermordeten ... Denkst du nie daran, daß wieder eine blutige Maria auf den Thron kommen könnte, Walter? Meine Eltern und Großeltern haben die Feuer der Inquisition noch brennen sehen.»

«Unsinn! Das wiederholt sich nicht.» Er zog sie weiter.

Sie preßte sich an ihn. Er spürte, wie sie zitterte. «Alles ist so ungewiß, Walter», flüsterte sie. «Ich will heute leben. Morgen können unsere Köpfe schon auf den Pfählen dort stecken, und alles kann kaputt sein.»

Er glaubte ihr die Angst nicht. Sie zitterte vor Kälte, und sie redete nur so, um zu rechtfertigen, daß sie ihn gleich am ersten Abend mit zu sich nahm. – Sie schlichen sich wie Diebe in das Haus.

Ihr Bett war breit, ihr Leib kühl und ihr Gesicht heiß.

Du brauchst dich nicht zu rechtfertigen, Alice, nicht vor dir und nicht vor mir. Ich habe viel gesehen und viel erlebt und verstehe alles. Ja, das glaubte er wirklich von sich. Mit neunundzwanzig kennt man die Welt und die Frauen. Trotzdem fragte er sie später, als sie still nebeneinander lagen, was ihr Mann sagen würde, fände er ihn neben ihr im Bett.

«Er würde lachen.» Sie legte ihren Kopf an seine Brust. «Er würde mich seinen kleinen ungetreuen Vogel nennen, eine Redensart, die er aus dem Orient mitgebracht hat. Er verlangt nicht, daß ich ihm treu bin, denn er ist es auch nicht. Er erzählt mir von seinen Affären wie von geglückten Geschäftsabschlüssen, ich höre sie wie fremde Geschichten. Wir verstehen uns trotzdem gut. Komisch, nicht?»

«Ich wohnte mal bei einer Frau, deren Mann dauernd betrunken war, und ich hab sie bedauert. Aber sie sagte, es mache großen Spaß, mit ihm zu leben.»

Alice lächelte. «Manche Männer haben eben Glück.»

«Und manche Frauen die Fähigkeit, sich ihr Glück einzureden. Läuft das nicht auf dasselbe hinaus?»

Sie wurde ernst. «Ich meine immer, was ich sage.»

«Und du hattest wirklich Angst, vorhin, auf der Brücke?»

«Vorhin? Gestern!» Sie küßte ihn.

Er ließ sich nicht ablenken. «Das paßt nicht zu dir. Du hast dich nicht gefürchtet, als sich der Bär losriß.»

Sie tat seine Bemerkung mit einer Handbewegung ab. «Das war etwas anderes. Wenn ich an die Macht denke, die diese Spione bezahlt, läuft mir eine Gänsehaut über den Rücken.»

«Mit den Spaniern werden wir fertig», beruhigte sie Raleigh mit der Zuversicht des erfolgreichen Soldaten.

«Die Niederländer hätten auch nicht geglaubt, daß spanische Söldner ihr Land besetzen könnten.»

«Das kannst du nicht vergleichen.»

Sie hob ihren Kopf von seiner Brust und sah ihn mit traurigen Augen an. «Ich hab meine Schwester in Antwerpen verloren. Sie war dort mit einem Goldschmied verheiratet, und eines Tages holten sie die Spanier und schleppten sie, ihren Mann und ihren Sohn in den Steen. Dort hat man sie alle umgebracht.»

«Deshalb bist du so. Hatten sie mit den Geusen Verbindung?»

«Bestimmt nicht. Wahrscheinlich war ihr Vermögen ihr Unglück. Die Spanier reden so viel von Religion und Ketzerei, aber das ist nur ein Vorwand. Sie wollen Geld, auch von uns. Deshalb werden sie Krieg gegen uns führen. Sie wollen unsere Schiffe, unsere Schafe, die Manufakturen, alles.»

«Und wir lauern ihrer Silberflotte auf.»

Alice nickte. «Manchmal denke ich, es ist unklug von der Königin, die Piraterie zu unterstützen, weil wir damit die Spanier reizen. Dann aber freue ich mich über jede Prise, die unsere Kapitäne nach Hause bringen. Die Spanier rauben Amerika aus, wir jagen ihnen einen Teil der Beute ab. So geht's eben zu. Langweile ich dich?»

«Nein, nein, ich hatte noch nie Gelegenheit, die Frau eines Merchant Adventurers über diese Dinge reden zu hören.»

«Thomas sagt, wir Engländer hätten zu lange geschlafen. Als wir aufwachten, seien die neuentdeckten Gebiete schon von den Spaniern und Portugiesen besetzt gewesen. Wir müßten aufholen.»

«Und was hält er von der Königin?»

«Die Merchant Adventurers und die City könnten sich keine bessere wünschen. Nur wenn er durch die Spanier eines seiner Schiffe verloren hat oder sie ihm irgendwo im Handel in die Quere kommen, findet er Ihre Majestät zu friedfertig und nachgiebig gegen Madrid. Dann besänftige ich ihn und sage, die Königin sei eine kluge Politikerin, aber meine Angst werde ich trotzdem nicht los. Eines Tages werden die Spanier kommen, die Königin wird es nicht verhindern können.»

Raleigh streichelte ihr Haar. «Eines Tages vielleicht, aber nicht heute. Wenn sie tatsächlich landen sollten, werden wir sie ins Meer zurücktreiben und ihre Schiffe vernichten.» Er fühlte sich stark neben ihr und gefiel sich in seiner Beschützerrolle.

Er nahm sie sanfter und zärtlicher als das erste Mal. Dann fragte er sie, ob sie ihrem Mann von ihm erzählen würde.

«Nicht von dieser Nacht», erwiderte sie. «Aber ich könnte dich als Kapitän empfehlen. Manchmal sucht er einen für eines seiner Schiffe. Ich glaube, du bist tüchtig, Walter.»

Dees Freunde konnten ihm vielleicht einen Posten verschaffen, bei Walsingham durfte er wieder vorsprechen, und durch Alice bot sich ihm nun eine dritte Möglichkeit. Irgend etwas würde sich finden, aber so schnell, wie er hoffte, ging es nicht. Die Zeit verstrich. Sein Beutel wurde schmaler.

In The King's Arms, wo er speiste, verschafften ihm seine Kleidung und sein Auftreten Kredit. Im Kirchenschiff von St. Paul, dem allmorgendlichen Treff von Händlern und Schwätzern, Kaufleuten und Geschäftemachern, bot ihm ein Agent einen Anteil für die Ladung der «Big Kate»: «Segelt noch in diesem Monat nach den Molukken, Sir, Gewürzhandel, todsichere Sache. Zeichnen Sie zweihundert Pfund, und Sie werden sechshundert verdienen!»

«Zweihundert Pfund!» Raleigh lachte dem Mann ins Gesicht. Das sprach sich herum. Ein mittelloser Kavalier. Niemand machte ihm mehr eine ähnliche Offerte. In Whitehall mußte sich ein Kammerdiener, der ihm für zwanzig Pfund eine Audienz bei Lord Burghley verschaffen wollte, mit dem gleichen Lachen zufriedengeben. Mehrmals wartete er vergeblich in Walsinghams Vorzimmer. Dann wieder beschäftigte ihn der Gedanke, sich erneut der Rechtswissenschaft zu widmen, mit der er sich vor Jahren flüchtig befaßt hatte. Die Begegnung mit einem Bekannten aus der Studienzeit hielt ihn davon ab. Es war Francis Bacon, der Sohn des verstorbenen Großsiegelbewahrers der Königin. In dem Kreis, in dem Raleigh ihn getroffen hatte, einem Zirkel junger Leute, die einander eigene Gedichte vortrugen, hatte man Francis immer den Kleinen genannt, weil er der Jüngste war und nicht eben groß. Bacon hatte ihnen durch sein scharfes Urteil imponiert, so daß sie seine Beziehungen zum Hof – die jungen Leute hatten etwas gegen Privilegien – vergaßen.

Damit sei es nun nach dem Tod seines Vaters fast vorbei, versicherte Francis, aber er studiere die Rechte mit mehr Eifer als früher. Er werde sich seine Position erkämpfen. Sein Reichtum solle sein Wissen sein, und Wissen würde ihn zu Besitz führen.

Raleigh sah die entzündeten Augen, das blutleere Gesicht und den leicht gekrümmten Rücken. Alles hatte seinen Preis.

«Ich suche lieber nach der Katze», sagte er.

«Nach welcher Katze?» fragte Bacon. «Nein, nein, warten Sie!»

Das war eine Marotte in ihrem Kreis gewesen, Anspielungen und sprunghafte Gedanken des anderen zu erraten. Bacon war nicht schlecht darin.

«Sie meinen die Katze in dem Märchen vom Müllerknecht, nicht wahr?»

Der arme Müllerknecht hatte einem Kaufmann seine Katze auf die Reise mitgegeben. Der Kaufmann empfahl die Katze einem fremden Schiffsherrn gegen die Mäuseplage. Der Fremde hatte noch nie ein solches Tier gesehen, und da die Katze in der Tat die Mäuse auf seinem Schiff vertilgte, wog er sie mit Gold auf, und der Müllerknecht wurde ein reicher Mann. Ein schönes Märchen.

«Hin und wieder passieren solche Geschichten.»

«Daran glaube ich nicht», sagte Bacon ernsthaft. «Es gibt kein zufälliges Glück.»

«Aber glückliche Zufälle», sagte Raleigh. «Immerhin wußten Sie sofort, welche Katze ich meinte, Bacon. Sie haben Ihre erstaunliche Kombinationsgabe nicht verloren.»

«Verloren?» sagte Bacon und blinzelte ihn an. «Ich bin erst zwanzig, Mister Raleigh.»

Noch war Raleighs Lage nicht hoffnungslos, noch konnte er warten, noch war sein Geld nicht aufgebraucht. Manchmal wanderte er hinaus vor die Tore der Stadt nach Shoreditch, um sich im Theatre ein Stück anzusehen. Den Penny, den der Bursche mit dem lackierten Zahlkasten am Eingang für einen Platz im Pit, dem runden, oben offenen Zuschauerraum des hölzernen Theaters, verlangte, konnte er noch bezahlen. Dann stand er Kopf an Kopf neben Tagelöhnern, aufgeputzten Marktweibern, Handwerksburschen und großmäuligen Lehrjungen. Sein Blick schweifte zu den überdachten Galerien der drei Ränge, auf denen sich Kaufleute, Handwerker und Adlige drängten. Das Theater war für alle da. Jeder wollte spannende Geschichten sehen, Neues erfahren, sich unterhalten. Er hielt den Atem an bei den Historienstücken mit ihren verwickelten Intrigen und lachte Tränen bei deftigen Komödien. Die Stückeschreiber achteten den Geschmack des Publikums und scherten sich den Teufel um die Meinung hochmütiger Poeten, die die Arbeit der Theaterautoren nicht als Kunst gelten lassen wollten.

Erhielt ein jugendlicher Liebhaber auf der Bühne Beifall, träumte sich Raleigh an seine Stelle. Der Truppe Lord Leicesters anzugehören, die im Theatre spielte, wäre nicht so übel. Vor Jahren hätte er den Gedanken, Schauspieler zu werden, entsetzt von sich gewiesen. Ein Vagabund, den die harten Gesetze der Königin mit Pranger und Gefängnis bedrohten – nie und nimmer! Schauspieler waren damals durchweg ehrlose Leute, die von Ort zu Ort zogen, auf

Märkten und in den Höfen der Gasthäuser ihre Spiele aufführten, während der Vorstellung bestaunt und beklatscht, danach gemieden und verachtet wurden. Die hohen Lords wollten sich indes ihr Vergnügen durch die königliche Verordnung nicht schmälern lassen.

Verängstigte Komödianten spielten schlecht. Die Truppe des James Burbage erhielt Lord Leicesters Schutz, und die kunstsinnige Königin gewährte ihr das verbriefte Privileg, «zur Freude Unserer lieben Untertanen wie auch zu Unserem eigenen Trost und Vergnügen» ungehindert Stücke aufzuführen. Auch andere Truppen suchten sich einen adligen Patron und erhielten das gleiche Patent. Der ehrlose Stand gewann an Ansehen. Geschäftstüchtig hatte James Burbage die günstigen Umstände genutzt und vor fünf Jahren das erste Gebäude errichtet, in dem man ausschließlich Theater spielte, das Theatre. Kam Raleigh zur ersten Aufführung eines neuen Stücks, sah er auf einem bevorzugten Platz der untersten Galerie den Intendanten der königlichen Hoflustbarkeiten. Gefiel dem hohen Beamten das Spiel, forderte er die Truppe auf, es vor der Königin zu zeigen. – Eines Tages saß Raleigh in der Westminsterhall bei einer Gerichtsverhandlung unter den Zuschauern und entdeckte einen Bekannten aus der Juristenschule, mit dem er nächtelang über das gemeine Recht diskutiert hatte. Sieh da, Edward Coke, der lange Coke! War nicht viel älter als er und durfte schon für den Zweiten Kronanwalt die Anklage verlesen. War mit fünf Pfund nach London gekommen, hatte sich immer von Weibern und Ale ferngehalten und hatte es mit dem von Bacon so gepriesenen Fleiß zu etwas gebracht. Durfte schon mithelfen, zwei ausgediente Soldaten, die man im Hyde Park beim Wildern erwischt hatte, an den Galgen zu bringen.

War er neidisch? Wollte er an Cokes Stelle stehn? Nein, verdammt noch mal! Lieber mit Alices oder Dees Hilfe Kaperkapitän oder zurück nach Irland, denn auf Walsingham konnte er nicht bauen. Vielleicht würde man ihm diesmal einen höheren Posten geben, denn er hatte ein Memorandum über seine Erfahrungen im Krieg geschrieben mit Vorschlägen, wie die Königin Geld und Verpflegung für ihre Truppen in Irland einsparen könnte.

«Wie gelangt so ein Bericht in die Hände der Königin, Edward?»

«Ich weiß nicht. Jedenfalls nicht über einen Minister und nicht über Vorzimmer. Überhaupt Berichte! Wer liest Berichte, wenn er nicht dazu gezwungen ist. Versuche, mit der Königin zu sprechen.»

«Ich?»

«Du siehst gut aus, Walter, und die Königin redet gern mit gutaussehenden Männern», sagte Coke und bewies damit, daß er nicht so weltfremd war, wie Raleigh vermutete. «Zum Erfolg gehören schon etwas Glück und ein paar Gaben der Natur, sonst ist alles vergebens, sosehr man sich auch abstrampelt. Klingt komisch aus dem Mund eines Juristen, wie?»

«Du traust mir also zu, daß ich diese Katze finde?»

Coke sah ihn verständnislos an, und Raleigh lachte.

Arthurs Spiegel, eine polierte Stahlplatte, zeigte Raleighs Gesicht blaß, grob und verquollen. Wenn er von Alice erzählte und der gediegenen Einrichtung in Smythes Haus, den venezianischen Spiegeln, die bei gedämpftem Licht die Gesichter glatt und sanft erscheinen ließen, sagte Arthur, er solle London lieber sehen, wie der Metallspiegel – Wahrheitsspiegel nannte er ihn poetisch – es zeigte. Er meinte damit nicht das riesige, reiche London, vollgestopft mit Luxuswaren aus dem Orient, mit Pelzen aus Rußland, Spitzen aus Brüssel, Gläsern aus Venedig, angefüllt mit Erzeugnissen eigener Manufakturen, mit Metall- und Töpferwaren, mit Wolle, Tuchen und Stoffen, auch nicht die Börsenkaufleute und Bürger in Samt und Seide, nicht die Gegend um die Lombard Street und die Guildhall, er meinte das drekkige, kranke, lebenshungrige London.

Diesen Rat brauchte Raleigh nicht. Er wich dieser Stadt ja nicht aus. In seinem alten, in Irland abgetragenen Wams lief er durch schmutzige Hafengassen, wo ihm bettelnde Arme den Weg versperrten und alte Huren Flüche nachriefen. Im Anchor hörte er einem einarmigen betrunkenen Seemann zu, der von Menschen mit Pferdefüßen und Tierköpfen auf einer fernen Insel faselte. In Bedlam ließ er sich für einen Penny die Blöden zeigen, und in Tyburn stand er bei einer Hinrichtung unter den Zuschauern. Er redete mit Landstreichern am Pranger, verwettete Geld beim Hahnenkampf oder schaute in einer Taverne Kartenspielern zu. Er beobachtete scharf. Die Tricks der Falschspieler amüsierten ihn, aber er mischte sich nicht ein und rührte selbst nie die Karten an.

Auf der Aldergate Street raunte ihm ein ärmlich gekleideter junger Mann zu, er habe eben einen goldenen Löffel gefunden und keine Verwendung dafür. «Wenn Sie mir eine Krone dafür geben, Sir?»

«Ein gutes Geschäft», sagte Raleigh, aber er griff nach seinem Messer und kratzte auf der Oberfläche des Löffels herum. «Leider ist das Ding aus Messing und keine drei Pence wert, und ich hab nicht nur gesehen, wie du ihn aufgehoben hast, sondern auch, wie du ihn vorher fallen ließest.» Er hatte nichts gesehen, aber er traf ins Schwarze.

Der Mann drehte sich um und wollte davonrennen.

Raleigh packte ihn am Handgelenk. «Ein Fall für die Stadtwache. Der Trick ist nicht neu, und du bist ungeschickt.»

Der Kerl machte nicht einmal den Versuch zu leugnen. Seine Ehrlichkeit verblüffte Raleigh. «Hast du einen Master?»

«Nein.» Raleigh erfuhr, daß er Peter Dean hieß, der Sohn eines verstorbenen kleinen Bauern war und erst seit vier Wochen in London lebte.

«Wenn du vor den Richter kommst, werden sie dir ein

Ohr abschneiden und dich für wenigstens drei Jahre ins Fleet-Gefängnis stecken.»

«Ich weiß, Sir, aber ich hatte großen Hunger.» Das sagte er in dem breiten Devonshire-Dialekt, den auch Raleigh sprach.

«Komm mit.» Raleigh bezahlte ihm in einem Speisehaus eine Mahlzeit. «Du wirst im Gefängnis landen, wenn sie dich aufgreifen und erfahren, daß du keinen Herrn hast, auch ohne Diebstahl. Wenn du eine Zeitlang ohne Lohn dienen willst, will ich dein Master sein.»

Er nahm Peter Dean nicht aus Mitleid und auch nicht, weil er einen billigen Diener brauchte, sondern weil sie aus der gleichen Gegend, dem West Country, stammten und vielleicht auch, weil es ihm selbst nicht gut ging. Ja, manchmal fürchtete er, in diese Welt der Herren- und Rechtlosen gestoßen zu werden, die von Elisabeths strengen Gesetzen verfolgt wurden.

In solchen Stimmungen verwandte Raleigh viel Zeit für seine Toilette, bespritzte sich mit Duftwasser, lief in seinem roten Samtmantel, dem gelben Wams und den pflaumenblauen Hosen durch die elegante Goldsmith Street, ließ sich wie ein großer Herr in einer Sänfte durch die Cheapside tragen. Bald mußte er auf solche Extravaganzen verzichten, da sein Geld aufgebraucht war. Er ging zu Fuß nach Whitehall und mischte sich unter die Kavaliere. Wie gern gehörte er zu denen, die sich im venezianischen Glas spiegelten!

Vor der Great Hall steuerte Doktor Dee auf ihn zu und rümpfte die Nase. «Du stinkst nach Lavendel, aber deine Ohrringe sind weg. Du hast sie versetzt, nicht wahr, und Walsingham hat noch immer keinen Auftrag für dich. Weißt du, daß dein Vorgesetzter in Irland, der ehrenwerte Lord Grey of Wilton, sich über dich beschwert hat? Nicht über deinen Mut, aber du hattest ein großes Maul und warst widerspenstig. Das verträgt kein hoher Herr.»

«Ich habe nur ...»

«Papperlapapp! Vor dem alten Dee brauchst du dich nicht zu rechtfertigen. Ihr aus Devonshire verwechselt manchmal Stolz mit Starrsinn. Das schleift sich in London ab, glaub mir.» Der Alte durchforschte sein Gesicht. «Es geht dir nicht gut, nicht wahr?»

Raleigh zuckte mit den Schultern. Er wollte nicht widersprechen, aber vor Dee auch kein Klagelied anstimmen. In The King's Arms hatte man ihm den Kredit gesperrt. Peter holte für ihn Brot und Milch vom Markt, manchmal auch Fisch oder ein Stück Käse. Es machte ihm nichts aus, wenig und schlecht zu essen, aber die Vorstellung, als Parasit in Arthurs Wohnung leben zu müssen, bedrückte ihn, denn zum Mietzins konnte er nicht mehr beisteuern. Alices Mann war noch immer auf Reisen, daher hatte sie sich noch nicht für ihn verwenden können. Einmal hatte er seinen Stolz besiegt und sie gebeten, ihm etwas Geld zu leihen, sich danach aber Vorwürfe gemacht. War er schon so weit heruntergekommen, sich von einer Geliebten aushalten zu lassen?

«Vielleicht gehe ich zurück nach Devonshire», antwortete er Doktor Dee ausweichend.

«Das brauchst du nicht, Walter. Du kannst deinen alten Posten am Hof wiederhaben. Es ist nicht viel und keine Belohnung für Irland, aber es ist ein Anfang.»

«Doktor Dee!» Raleigh machte eine Bewegung, als wolle er dem Alten um den Hals fallen.

«Laß das», sagte Dee und murmelte: «Alte Männer haben manchmal eine Schwäche für die Kommenden.»

«Könnten Sie noch etwas für mich tun, Doktor Dee?»

«Ich verpumpe kein Geld.»

«Nein, etwas anderes. Ich habe ein Papier über meine Erfahrungen in Irland geschrieben. Vielleicht könnten Sie mir helfen, es auf den Schreibtisch der Königin zu bringen.»

«Ich werd es lesen», versprach Dee, «und wenn es etwas taugt, soll es die Königin erhalten.»

DER KAVALIER DER KÖNIGIN

Raleigh hatte Glück! Dees Fürsprache verschaffte ihm eine Kammer in einem Seitenflügel des Palastes und einen Verschlag für Peter. Das bedeutete nicht nur freies Quartier. Er bekam auch Brot, Ale, Kerzen und Kohle für das Kohlebecken. Das Bett, ein Holzgestell mit einem Strohsack und zwei Decken, war zu kurz für ihn, aber er hatte in Frankreich, den Niederlanden und Irland schlechter gelegen.

Dienstliche Pflichten? Einmal in der Woche durfte er eine Nacht im zweiten Empfangszimmer der Königin zubringen. Mit der Wache vor den wichtigsten Gebäuden und vor den königlichen Privatgemächern waren die Yeomen of the Guard betraut. Raleigh zählte nicht zu diesen Glücklichen, die Sold bezogen. Mit über dreihundert jungen Männern gehörte er zum weiteren Gefolge der Königin, trug den schönen Titel Esquire of the Body Extraordinary, aber dieses «außerordentlich» bedeutete nichts weiter, als daß er sich zur Verfügung halten mußte, den Statisten spielen durfte bei feierlichen Anlässen oder beim Besuch eines ausländischen Gesandten, vor dem die Königin glänzen wollte.

In der zweiten Dezemberwoche sah er Elisabeth zum ersten Mal, da es Ihrer Majestät gefiel, sich wegen der Unruhe verbreitenden Weihnachtsvorbereitungen für einige Tage nach ihrem Schloß Hampton Court zurückzuziehen. Das war themseaufwärts keine weite Fahrt, aber die Vorkehrungen waren so umfangreich, als habe man eine wochenlange Reise vor sich.

Am schwierigsten gestaltete sich das Verladen des schweren Prunkbettes, auf das die Königin nie verzichtete, wenn sie von einem ihrer Schlösser zum anderen zog.

Die Kavaliere sahen zu, wie die Träger das Bett auf einen

großen Lastkahn wuchteten, und dieser Vorgang gab den Gentlemen Anlaß, ihre Ansichten darüber auszutauschen, ob die Königin das Bett jemals mit einem Mann geteilt habe. Dazu der neuste Klatsch. Gestern habe die Königin Lady Herrington gefragt, wie sie sich die Geneigtheit ihres Gemahls erhalte. «Durch Beständigkeit, Ehrfurcht und Liebe.» Darauf die Königin: «Das ist klug von Ihnen, Lady. So erhalte ich mir die Zuneigung meiner lieben Engländer. Sie sind alle meine Ehemänner. Denn wenn sie nicht überzeugt wären, daß ich sie liebe, würden sie mir dann gehorsam sein?»

«Vielleicht finden wir noch Gelegenheit, das Bett mit ihr zu teilen, wenn wir doch ihre Männer sind», bemerkte einer der Herren, und alle lachten.

Das Nahen der Königin setzte der Unterhaltung ein Ende. Jeder drängte sich so weit wie möglich nach vorn, um von ihr bemerkt oder gar durch ein Wort ausgezeichnet zu werden. Es liefen Geschichten um, daß der eine oder andere in solchen Momenten das Wohlgefallen der Königin gefunden und sein Glück gemacht habe, aber das Wetter war schlecht, und Ihre Majestät, umgeben von Hofdamen und sechs ganz in Weiß gekleideten Ehrenjungfern, hatte es eilig, unter den schützenden Baldachin der wartenden Barke zu kommen.

Sie schritt an ihren das Knie beugenden Kavalieren mit leichtem, abwesendem Lächeln vorbei, das allen und keinem galt, eine geschminkte, gepflegte Frau im dunkelsamtenen, mit Perlen besetzten und von Silberfäden durchzogenen Wintergewand. Das Oberteil lag eng an, und die hohe weiße Halskrause aus Brabanter Spitze betonte die schmale Brust. Sie hielt auf ihre Figur und schlug ihrem Vater, dem achten Heinrich, nicht nach, der in ihrem Alter schon unmäßig fett gewesen war. Auch das ovale Gesicht, gerahmt von kunstvoll gekräuseltem rotblondem Haar, war nicht aufgeschwemmt, im Gegenteil, es wirkte eher hager. – Schön war sie nicht. Das Kinn war zu spitz, die Nase gewölbt, zu weit vorspringend. Eigenwillig, ja. Nichts von der Matronenhaftigkeit gleichaltriger Frauen, denn immerhin war sie bereits achtundvierzig Jahre alt. Ihr Gesicht hatte seine Ausdruckskraft behalten. Ein guter Beobachter konnte Klugheit und Energie, aber auch einen Anflug von Hochmut in ihren Zügen lesen. Bevor Raleigh sie genauer mustern konnte, war sie schon vorüber.

Den Damen folgten Höflinge und die Leibwache, Raleighs Halbbruder Humphrey Gilbert darunter. Sie grüßten einander kühl. Seit der mißglückten Expedition hatten sie nicht mehr als ein paar oberflächliche Worte gewechselt. Humphrey fuhr mit, Raleigh mußte zurückbleiben.

Er vertrieb sich die Zeit wie gewöhnlich, focht mit Arthur auf dem Turnierplatz, dem Tilt Yard, und zog am Abend ein Buch der Gesellschaft der Esquires vor. Seit seiner frühen Jugend hatte er gelesen, nicht nur die anglikanische «Große Bibel» und Fox' «Schicksale der protestantischen Märtyrer» oder Ritterbücher wie die Abenteuer des Königs Artus und der Männer seiner Tafelrunde, auch Bücher über Geschichte. Livius und Herodot hatte er studiert und sich an Sonetten erfreut, wie es von jedem Gebildeten erwartet wurde. Jetzt las er zum zweiten Mal Ovid, von Golding trefflich ins Englische übertragen, das Mythologische war sehr in Mode, die Londoner Zuckerbäcker verkauften sogar kandierte Götterfiguren.

Dee hatte ihm die «Ars amatoria» aus der königlichen Bibliothek besorgt, und der Gedanke, daß die Königin den in roten Samt gebundenen Band in den Händen gehalten und die gleichen Zeilen über die Liebeskunst gelesen hatte, amüsierte ihn.

Als er Doktor Dee wiedertraf, rief ihm der Alte zu: «Ich hab der Königin dein Papier gegeben. Das möchtest du doch hören, mein Junge, ich sah dir's an, aber es ist nicht gut, wenn einem die Neugier aus den Augen springt. Lern dich zu verstellen, studiere Castigliones Buch des Höflings.»

«Hab ich, Doktor Dee. Von Verstellung steht nichts drin.»

«Auch nicht zwischen den Zeilen?» Dee blinzelte und legte väterlich die Hand auf Raleighs Arm. «Du willst natürlich wissen, ob die Königin deinen Bericht gelesen hat. Sie wird's erst tun, wenn sie wieder Zahnschmerzen hat oder ihr Beingeschwür aufbricht. Dann braucht sie den alten Dee, seine Salben und Tinkturen und hört auf seinen Rat. Vielleicht will sie auch bald wieder ein Horoskop gestellt haben.»

«Glaubt sie daran?»

«Auf die Aussagen der Gestirne gibt sie viel», versicherte Dee. «Vor ihrer Thronbesteigung, an die dreiundzwanzig Jahre ist das ja nun schon her, hat sie ihren Vertrauten, den inzwischen zum mächtigen Earl of Leicester aufgerückten Robert Dudley, zu mir geschickt, und ich habe das Krönungsdatum bestimmt. Nicht ohne Glück, wie ihre lange, erfolgreiche Regierung zeigt, nicht ohne Nutzen für mich.» Dee verbreitete sich in einer Mischung von Bewunderung und Respektlosigkeit über den Glauben der Königin an die Astrologie und über ihre Fähigkeit, die von ihm gemachten Voraussagungen zweckmäßig auf ihre praktische Politik anzuwenden.

Er führte Raleigh in sein Laboratorium, einen neben der Küche gelegenen Raum, ausgestattet mit zwei Kupferöfen. Hier war es warm und stickig. Zwischen einer Fülle von Gerätschaften, Destillier- und Sublimationsapparaten, Kolben, Zangen und Scheren verschiedenster Form, Scheidebechern, Glastrichtern und Flaschen hantierte Dees Gehilfe, ein farbloser Mann in einem fleckigen Kittel. Dee zeigte Raleigh die kunstvolle Probierwaage und führte ihn vor Tiegel, aus denen beißende Dämpfe aufstiegen.

«Was hältst du davon?» fragte er.

«Wovon?»

«Na, von allem. Frag doch, wie es alle tun: Glauben Sie an die Möglichkeit, Gold aus minderen Metallen zu machen, Doktor Dee? Haben Sie den Stein der Weisen gefunden?»

«Und was antworten Sie darauf?»

«Ich antworte mit Phrasen, mit umständlichen griechischen und lateinischen Wendungen, mit geheimnisvollen Andeutungen.»

«Die Sie in den Geruch der Hexerei bringen.»

Der Alte kicherte. «Ich weiß, mein Junge, ich weiß, aber ich widerspreche nicht. So bleibe ich für die Leute interessant. Ich bin kein Greis, den man nicht mehr beachtet, der in einem Winkel seine Suppe schlürft und auf den Tod wartet. Von mir spricht man, mich sieht man, und das stärkt meinen Lebensgeist.»

«Und die Wahrheit?» fragte Raleigh, jetzt ernsthaft interessiert.

Dee sah ihn an, als wolle er prüfen, ob er der Antwort würdig sei.

«Die Wahrheit?» wiederholte er. «Ich weiß sie nicht, mein Junge. Vielleicht ist es möglich, Kupfer, Blei oder gar Eisen in Gold zu verwandeln. Ich habe das Pulver dafür gesucht, aber nicht gefunden. Es ist jetzt auch nicht mehr so wichtig für mich.»

«Was ist dann wichtig, Doktor Dee?»

«Wichtig ist, daß man etwas Sinnvolles tut. Aus diesem Laboratorium ist manches Gute gekommen. Kein Gold, aber Vorschläge für eine vereinfachte Salpetergewinnung, keine Allheil- oder Wundermittel, aber Medizinen gegen Schmerzen und Ausschläge. Die Königin bestellt auch ihre Kosmetika bei mir.» Dee hielt ihm einen kleinen Tiegel unter die Nase. «Ihre Creme zum Bleichen der Haut. Gott und der alte Dee mögen die Schönheit Ihrer Majestät lange erhalten! Die Zusammensetzung verrate ich nicht. Der alte Dee hat der Natur ein paar Geheimnisse entlockt, die er nicht gern preisgibt, aber sie birgt ja so unendlich viele. Ich will dir sagen, was die wenigsten an diesem Hof wissen: Es macht Spaß, sich mit der Natur zu beschäftigen. Ich habe früh damit angefangen. Meine erste Entdeckung war, daß die von den Römern am Hadrianischen Wall angepflanzten Heilkräuter noch heute dort wachsen. Und dann ging's weiter. Pflanzen und Gestirne, Mathematik und die Zusammensetzung von Legierungen, alles weckte meine Neugier. Ich sah immer neue Dinge und neue Aufgaben und sehe sie zum Glück noch heute.»

Raleigh blinzelte. Die scharfen Dämpfe bissen in den Augen.

Dee schien sein Gesichtsausdruck zu irritieren, denn er verfiel unvermittelt in den zurechtweisenden Ton eines Schulmeisters. «Ich erzähl dir das nur, damit du später in deinem Glanz nicht denkst, Reichtum und Macht seien alles.»

«Reichtum und Macht?» wiederholte Raleigh sarkastisch. «Ich werde froh sein, wenn ich das Geld für ein neues Wams zusammenkriege.»

«Wart's ab. Deine Zeit wird kommen. Ich habe auch dir das Horoskop gestellt.»

«Und was sagt es?» fragte Raleigh mit einer Mischung von Skepsis und Neugier.

«Du kannst Einfluß und Macht am Hof gewinnen, danach sehnst du dich doch, mein Junge.»

Raleigh gab, statt zu antworten, dem Hustenreiz nach, den die scharfen Dämpfe auslösten. «Glauben Sie selbst an die Sterne?»

In Dees Augen trat ein leises Lächeln. «Ich wäre ein Lügner, wenn ich es nicht täte, nicht wahr?»

«Und Sie sind sicher, daß ich am Hof meinen Weg machen werde?»

«Ich sagte, du kannst einer der Großen Englands werden, ich sagte nicht, daß du einer werden wirst. Es kommt auf dich selbst an, mein Junge. Die Sterne stehen günstig für dich, zum Ziel gelangst du nur mit starkem Willen und Geschick.»

Dee strich seinen weißen, keilförmig gestutzten Bart, der

über die steife Halskrause fiel und bis zum obersten Zierknopf des dunklen Gewandes reichte. Im Dunst des Laboratoriums, beim leisen Zischen der Destillierkolben und im unruhigen Schein der Herdflammen kam er Raleigh wie ein Weiser aus einem fernen Land vor, und seine Gedanken waren ihm fremd. Er sah ihn ein wenig ratlos an.

Dee legte den Arm um seine Schulter. «Ist das so schwer zu verstehen? Die Sterne binden uns nicht mit Notwendigkeit, und unser Schicksal ist nicht unausweichlich durch die Konstellation der Himmelskörper vorgezeichnet, Walter. Das schrieb schon Aristoteles.»

«Also ist doch alles Zufall!»

«Nein, nein», widersprach Dee. «Wie die Pflanzen und Blumen nicht nur geschaffen sind, das staubige Antlitz der Erde zu bedecken, sondern um Menschen und Tiere zu nähren und Krankheiten zu heilen, sind die Sterne nicht nur eine Zierde am Himmel. Sie sind Instrumente der göttlichen Vorsehung, deren Wirken der menschliche Wille verstärken oder abschwächen kann, verstehst du? Man darf ihnen nicht zuviel, aber auch nicht zuwenig Gewicht beimessen.»

«Und Gott?»

Dee hob leicht die Schultern und sagte dann vieldeutig: «Für ihn sind die Sterne und die Menschen, alles Lebende und Tote im Universum, nur Werkzeuge seines unergründlichen Willens.»

Raleigh verließ Dee, ein wenig verwirrt von seinen Reden und von den Dämpfen.

«Komm wieder!» rief ihm der Alte nach. «Du kannst mir bei meinen Versuchen im Laboratorium helfen.»

Die Londoner Kaufleute prüften in der letzten Dezemberwoche wie üblich sorgsam Soll und Haben. Raleigh fand keine Zeit, darüber nachzudenken, was ihm das Jahr gebracht hatte. Bei Hofe jagte ein Fest das andere.

In der Neujahrsnacht gab es ein Feuerwerk im Park an

der Themse und am Abend des Dreikönigsfestes einen Ball, Ausklang und Höhepunkt der zwölf Nächte. Was Rang und Namen hatte, war vertreten, Peers und Lords des Staatsrates, Kronanwalt und Lordoberrichter. Kein Gesandter fehlte, der des russischen Zaren war da und der von Venedig. Edelsteine und Ketten glitzerten auf seidenen und samtenen Gewändern. Man stellte seinen Besitz an kostbaren Juwelen und Geschmeide zur Schau. Kleider nach der neuesten Mode in allen Farben des Regenbogens. Selbst der alte Burghley, der kühle Rechner und nüchterne Politiker, der gewöhnlich nur Schwarz trug, hatte sich wie ein Pfau herausgeputzt.

Bei den Damen übertraf die rosenholzfarbene Atlasrobe der Königin, mit weißem Hermelin abgesetzt und mit unzähligen Perlen und Stickereien verziert, an Kostbarkeit alle übrigen. Die edlen Ladys hatten zuvor bei der Ersten Kammerjungfer vertrauliche Erkundigungen eingezogen, denn keine wagte es, eleganter gekleidet zu sein als die Königin.

Neben den Herren mit klangvollen Namen gab es einige, die sich nur durch Jugend auszeichneten, denn Elisabeth sah gern junge Gentlemen in ihrer Umgebung. An diesem Abend galt freilich ihre Aufmerksamkeit vor allem dem Herzog von Alençon, dem Bruder des französischen Königs und Sohn der Katharina von Medici, einem pockennarbigen, schmalbrüstigen Herrchen, halb so alt wie sie selbst, aber witzig und geistreich.

Die Königin schien sich an seiner Seite zu amüsieren, hatte mit ihm schon bei der Eröffnungspavane, diesem gravitätischen Rundtanz, so recht geeignet, die Kleider zu zeigen, gescherzt und hatte später auch häufig mit ihm getanzt.

Bedienstete kredenzten Wein in Silberpokalen. Die Gesellschaft wurde bald ausgelassen. Die Tänzer schwitzten, den Bläsern ging der Atem aus, den Fiedlern wurden die Arme schwer.

Die Königin küßte den Herzog von Alençon unter dem Mistelzweig, der seit dem Weihnachtsfest von der Decke herabhing.

«Was meinst du? Liebt sie ihn?» fragte Raleigh seinen Freund Arthur.

«Unsinn! Das ist Politik, Politik unter dem Mistelzweig.»

«Vielleicht bekommen wir einen Franzosen zum König», meinte Raleigh.

Arthur beruhigte ihn. Dazu sei Elisabeth zu klug. Sie halte Alençon hin und drohe Spanien nur mit einer französisch-englischen Allianz. «Der Kuß war für die Gesandten, damit sie etwas zu berichten haben.»

«Trinken wir darauf, daß du recht hast!»

Der Wein tat Raleigh gut. Er fühlte sich ungehemmter und wohler. Er trug das einzige Gewand, in dem er sich sehen lassen konnte, das gelbe Wams und die pflaumenblauen Hosen. Von keinem schlechten Schneider, wie Dee festgestellt hatte, doch recht schmucklos, gut für Devonshire, aber ärmlich in dieser Umgebung.

Eine der Hofdamen gab ihm zu verstehen, daß sie mit ihm tanzen wolle. Der mit Diamanten besetzte Goldschmuck lag eng um ihren Hals, aber die Falten um den Mund und die Augen deckte der Puder nicht.

Er wollte nicht unhöflich sein und beugte artig vor ihr das Knie. Jung war sie nicht, doch ihm gewogen, das ließ sie ihn spüren mit Augenblinken, Händedrücken und Komplimenten, ja sogar, als das nicht verfing, mit einem unverhüllten Angebot: «Ihren Pompons fehlen die Perlen. Sie sollten sich von einer Freundin einige schenken lassen, my dear Walter.» Und das nicht im heiteren Konversationston, auch nicht mit mütterlich-verstehendem Lächeln, nein, verführerisch flüsternd. Der «dear Walter» einer alternden Lady!

Er verließ sie bei der ersten Gelegenheit mit freundlichen Worten, höflich, aber er empfand das Angebot als demütigend: Er war nur ein ärmlicher Zuschauer an diesem

Hof, ein lächerlicher Statist, ein Nichts, gerade gut genug, ein Spielzeug für Hofdamen abzugeben.

Betrunken war er jetzt obendrein, heiß war ihm, und er konnte die Musik und das Gelächter nicht mehr ertragen. Er taumelte ins Freie, stolperte über den Rasen und hatte das Gefühl, fort zu müssen, nach Devonshire, aufs Meer, ja, er lief schon auf den Planken eines schlingernden Schiffs.

Dann war jemand neben ihm, ein Mann, der in der Finsternis nicht zu erkennen war. «Ein bißchen viel getrunken, Captain Raleigh? Kann ich Ihnen helfen?»

Der schottische Akzent machte die Stimme freundlich, und die Anrede «Captain» hatte Raleigh zum letztenmal in Irland gehört. Er blieb stehen. «Sehr liebenswürdig», lallte er, «aber ich kenne Sie nicht, Sir.»

«Hier am Hof kennen sich viele nicht», sagte der Fremde, «und Sie sind noch neu hier, zum ersten Mal bei den Festlichkeiten der zwölf Nächte. Aber das kostet auch Geld, man will ja nicht stets in ein und demselben Zeug herumlaufen, man will den Damen Geschenke machen, und auch den Diener muß man entlohnen. Ich habe den Eindruck, Sie könnten Geld gebrauchen, Sir.»

«Ja, ja», bestätigte Raleigh. Die Trunkenheit fiel ein wenig von ihm ab, und er wurde hellhörig, als der Fremde wiederholte, er könne ihm vielleicht helfen. Das zweite Angebot an diesem Abend. Die zweite Beleidigung? Vielleicht einer, der Männern zugetan war? Nein, nein, man konnte Geld auf vielerlei Weise verdienen. Vielleicht bot ihm dieser sonderbare Gentleman eine ehrliche Chance, selbst wenn er ihn im Dunkeln angesprochen hatte und er das Gesicht nicht erkennen konnte.

Der Herr murmelte seinen Namen, redete von einem armen Verwandten, den er unterstütze und der ihm dafür hin und wieder eine kleine Gefälligkeit erweise.

«Welche Gefälligkeit?»

Der Fremde tastete sich vorsichtig weiter, eine Information hier, einen Hinweis da, sagte er, nichts Besonderes, aber mancher an diesem Hof mache das und fülle so seinen Beutel.

Es dauerte eine Weile, bis Raleigh begriff, daß er einen spanischen Agenten vor sich hatte, und dann handelte er unbesonnen. Daran war der verdammte Wein schuld und seine Stimmung. Statt zum Schein auf die Offerte einzugehen, lehnte er wütend ab. Warum suchte man sich gerade ihn aus? Machte er denn einen käuflichen Eindruck? Er schrie den Fremden an und fluchte, wie man im Anchor flucht. Der Gedanke, den Mann festzuhalten, kam ihm zu spät, und er war auch zu betrunken. Als er es versuchte, riß der Fremde sich los und brachte ihn zu Fall.

Er wollte aufstehen, doch die Beine waren zu schwer. Er sackte in die Knie und hielt sich mit den Augen an den erleuchteten Fenstern der Great Hall fest, aber die Lichtflekken vervielfachten sich und begannen zu kreisen. Ihm war schwindlig. Sein Gesicht berührte den Boden, seine Lippen schmeckten das nasse Gras. Dee hatte ihm eine Rolle am Hof prophezeit. Eine Rolle spielte er schon, den Dreckfresser, und zu nicht mehr taugte er, als den Rasen mit seinem Auswurf zu düngen.

Raleigh erwachte in seiner Stube. Peter wusch ihm das Gesicht und legte ihm einen nassen Lappen auf die Stirn. «Ist Ihnen jetzt besser, Sir?»

Nein, ihm war elend, und er verfluchte die miserable, niederträchtige, verhurte Welt.

«Sie haben recht, aber keinen Grund, so zu reden, nicht Sie, Sir. Es geht Ihnen gut, Sie haben nur ein bißchen viel getrunken», sagte Peter entschieden, und er hätte es vielleicht nicht gewagt, wäre sein Herr nüchtern gewesen.

«Gut?»

«Sie besitzen ein Bett und haben zu essen. Also geht es Ihnen gut.»

Das war Peters einfache Philosophie, und Raleigh versuchte sie zu verstehen. «Ja, ja, du hast gehungert, gebettelt und gestohlen, ich weiß.»

«Und erlebt, wie mein Vater sich aufgehängt hat und wie sie die Mutter ins Tollhaus brachten.»

«Das hast du mir nicht erzählt.»

«Weil es keine besondere Geschichte ist, Sir. Sie ist zu alltäglich, und man soll dem Herrn von Gillingham nicht zur Last legen, was andere vor ihm längst getan haben und viele nach ihm noch tun werden, nicht wahr?»

«Wer ist der Herr von Gillingham?»

Das war ein Lord mit einer langen Ahnentafel und großem Besitz, aber der hatte ihm nicht gereicht, und so vertrieb er, wie viele andere seinesgleichen, die Pächter von seinem Land, hegte es ein und ließ seine Schafe da weiden, wo die Kühe von Peters Vater gegrast hatten, und alle, die meinten, der Herr von Gillingham sei im Unrecht, bekamen einen gegenteiligen Bescheid.

So einen Bescheid vertrug jeder auf seine Weise, der eine ging betteln, der andere schloß sich einer Bande in schwer zugänglichen Wäldern an. Peters Vater aber fand keinen Ausweg und erhängte sich nachts am untersten Ast der Kastanie neben seiner Kate. Dort hatte ihn seine Mutter am Morgen abgeschnitten, aber ihr Verstand verwirrte sich dabei, und so war Peter dann ohne Eltern gewesen und frei wie ein herrenloser Hund in diesem herrlichen Königreich.

Mitleid gehörte zu den selten geübten Tugenden jener Zeit, und auch Raleighs Teilnahme für Peters Schicksal hielt sich in Grenzen. Doch brachte ihm die Geschichte den Diener ein wenig näher und bewirkte, daß sein Ärger nachließ und er einschlief.

Der nächste Tag hielt für Raleigh eine Überraschung bereit. Walsingham ließ ihn zu sich bitten und entschuldigte sich wortreich, daß er bisher noch keine Gelegenheit gehabt habe, ihn wieder zu empfangen. «Die Arbeit, mein junger Freund, die Arbeit!» Der Minister gab sich leutselig, erkundigte sich nach Raleighs augenblicklicher Lage, obwohl er genau Bescheid wußte. Walter war so klug, ihm von dem Angebot, das ihm in der Nacht gemacht worden war, zu berichten.

«Können Sie den Mann beschreiben?»

«Er war einen Kopf kleiner als ich und hatte einen schottischen Akzent.» Mehr konnte er nicht sagen.

Walsingham lächelte. «Da besteht wenig Aussicht, ihn zu finden. Aber das macht nichts. Ich habe eine interessante Aufgabe für Sie. Wären Sie bereit, eine Zeitlang nach Frankreich zu gehen?»

Der Polizeiminister weihte Raleigh in die Einzelheiten seines Planes ein. Es versteht sich, daß er ihm nicht sagte, daß der Mann, der ihm nachts das Geld angeboten hatte, zu seinen eigenen Leuten gehörte. Raleigh hatte die Prüfung bestanden.

Er war Soldat und Seemann gewesen, vermochte eine Kompanie zu kommandieren und ein Schiff zu führen. Doch Spion? Die gefährliche Aufgabe reizte ihn: in eine andere Haut schlüpfen, sich wie ein Schauspieler mit seiner Rolle identifizieren, ein zweites Leben leben! Hatte er sich so etwas nicht schon einmal gewünscht? Doch er würde zwei, drei Jahre oder länger von London wegsein. Wenn er zurückkam, war er über dreißig. Und was hatte er dann erreicht? Walsingham würde ihn für seine Dienste mit ein paar Pfund belohnen, ihn dann wieder wochenlang in seinem Vorzimmer warten lassen und ihm schließlich, wenn er Glück hatte, einen neuen Auftrag geben.

Entgegen Walsinghams Gebot zog er Dee ins Vertrauen und bat ihn um seinen Rat.

Zu seinem Erstaunen ermunterte ihn der Alte, auf Walsinghams Vorschlag einzugehen.

«Behaupte nicht, du hättest Skrupel. In Irland hast du keine gekannt, und hier sind sie wahrhaftig nicht angebracht. Kämen die Leute dort drüben dazu, ihre Absichten auszuführen, würden sie die Königin töten, England rekatholisieren, vielleicht sogar die Spanier ins Land holen, und auch bei uns würden wieder die Scheiterhaufen der Inquisition brennen.»

«Ich werde mich verstellen und heucheln müssen. Man wird von mir verlangen, daß ich zur Messe gehe, und erwarten, daß ich die Königin verfluche. Das kann ich nicht.»

«Wirklich nicht?» zweifelte Dee und fuhr ihn an: «Du hast keine Lust, nach Frankreich zu gehen, weil du am Hof bleiben und Karriere machen willst.»

Dees Offenheit verletzte Raleigh nicht, und er entschuldigte die Grobheit mit dem Narkotikum, das der Doktor seit Weihnachten täglich trank: ein bestimmtes Quantum heißen Weins, vermischt mit einem Absud aus Mohnkapseln, zermahlenem Hanfsamen und anderen Ingredienzien, von dem er sich eine Erweiterung seiner geistigen Kräfte und transzendentale Fähigkeiten versprach.

«Sie selbst haben mir doch abgeraten, ein kleiner Agent Walsinghams zu werden.»

«Noch bist du nicht in Frankreich, mein Junge. Er wird dich vorbereiten, du kannst eine Menge lernen. In den nächsten Monaten wirst du nicht reisen, es kann noch viel passieren.»

Raleigh hatte sich an Dees Orakelsprüche gewöhnt. Sie machten ihn neugierig auf seine Zukunft und erfüllten ihn mit unruhigen Erwartungen, obwohl er sie zu manchen Zeiten als Geschwätz eines alten Mannes abtat, dem narkotische Getränke die Sinne verwirrten.

Walsingham ließ ihn sein Französisch auffrischen und Italienisch lernen. Mehrere Sprachlehrer gaben ihm Unterricht, damit er sich an die unterschiedlichsten Stimmen und Dialekte gewöhnte. Aufs Sprechen komme es nicht sosehr an, mehr aufs Verstehen. «In den Salons wird viel geredet, junger Freund, und Sie müssen die Ohren spitzen.»

Raleigh übte sich in einer Geheimschrift, wurde über Wege der Nachrichtenvermittlung aufgeklärt und informierte sich über die verwandtschaftlichen Beziehungen geflohener Adliger.

Und Politik, natürlich! Dafür war Walsinghams Sekretär zuständig, ein verwachsener Mensch mit einem ausgetrockneten Gesicht und lebhaften Augen, ein Meisterschüler seines Lehrers. «Das katholische Spanien und der Papst stehen gegen das protestantische England, das weiß jeder. Aber sehen Sie auch den Zusammenhang zwischen der Vereinigung Portugals mit Spanien und Alençons Werbung um die Hand der Königin? Und welche Folgen hat die Hinrichtung des Earls of Morton in Schottland für England?»

Raleigh schwieg verlegen.

Der kleine, verwachsene Mann besaß erstaunliche Kenntnisse, verblüffte ihn durch seine Logik, zwang ihn, sich in Situationen hineinzudenken, Möglichkeiten durchzuspielen und Reaktionen vorauszusagen, und war dabei nie so recht mit ihm zufrieden. Er fütterte ihn mit Informationen. «Die Steinchen, aus denen Sie das Mosaik zusammensetzen müssen, Mister Raleigh.»

Dieses Bild sah für England nicht günstig aus. Die Eingliederung der portugiesischen Kolonien bedeutete einen riesigen Machtzuwachs für Spanien. Zusammen mit den eigenen überseeischen Besitzungen herrschte Philipp tatsächlich über ein Reich, in dem die Sonne nicht unterging. Jenseits des Kanals gewann Alexander von Parma, der Generalstatthalter Philipps II. in den Niederlanden, gegen die Aufständischen an Boden. Am schottischen Hof versprühte Esmé Stuart sein Gift gegen Königin Elisabeth. Die aufständischen Iren ließen bereitwillig spanische Söldnertruppen an ihrer Küste landen.

Und mitten in England der Pfahl im Fleisch, die katholische Maria Stuart, gefangen zwar, bewacht von dem ehrenwerten Lord Shrewsbury, aber doch nicht scharf genug, um nicht Briefe und Nachrichten nach Madrid, Paris, Rom zu schmuggeln, Intrigen zu schmieden, die Gegner Elisabeths im Lande zum Widerstand gegen die Ketzerkönigin anzustacheln. Maria, deren Ansprüche auf den Thron Philipp lautstark unterstützte, Ansprüche, die Spanien jederzeit den Vorwand liefern würden, in England einzufallen! «Der Tag, auf den unsere Emigranten auf dem Kontinent warten, Mister Raleigh, und für dessen Anbruch sie alles tun. Sie sehen, wie wichtig Ihre Aufgabe ist!»

Sprachstudien, Gespräche mit dem Sekretär und Bücher verschlangen seine Zeit. Vorläufig war es vorbei mit dem Besuch von Bierkneipen, Bärenhatzen und dem Theater. Er nahm sich kaum Zeit für Tennis, das man in einer Halle spielen konnte, vernachlässigte die täglichen Fechtübungen und ging nicht in Dees Laboratorium.

Eines Abends klopfte der Doktor bei ihm an, etwas Ungewöhnliches, denn er war noch nie zu ihm gekommen. Dee sah sich in aller Ruhe um. «Gemütlich hast du es hier.» Das war gewiß ironisch gemeint und bezog sich auf die Unordnung in der Kammer.

Raleigh machte einen Schemel frei. Dee setzte sich, warf einen Blick auf das italienische Buch, aus dem Walter ganze Passagen auswendig lernen mußte, und blätterte in den verbotenen Jesuitenschriften und Flugzetteln, die Walsinghams Sekretär aus dem Archiv des Ministers mitgebracht hatte.

Da schrieb ein Jesuitenpater, der Papst könne alle Gesetze und Rechte des Staates aufheben, die Rechte der Kirche dagegen könnten durch den König nicht verletzt werden. Eine bebilderte Flugschrift forderte zum Mord an der Königin auf, wobei die Holzschnitte als Anleitung dienen sollten.

«Schlimmes Zeug, schlimmes Zeug!» Dee schob die Papiere zur Seite, als wolle er damit nichts zu tun haben, holte unter dem weiten Gewand eine Keramikflasche hervor und nahm einen kräftigen Schluck.

«Mein böhmisches Elixier. Das muß ich zu bestimmten Stunden trinken.»

«In Cornhill haben sie wieder einen englischen katholischen Priester gefaßt, der im französischen Seminar in

Douai ausgebildet wurde», erzählte Raleigh. «Sein Kopf wird bald die London Bridge schmücken.»

Zu seinem Erstaunen war Dee nicht so erfreut über den Erfolg von Walsinghams Leuten wie er. «Haben Sie etwa Mitleid mit den Jesuiten?»

Dee schüttelte den Kopf. «Es ist nur ein Jammer, daß diese Fanatiker die Königin zwingen, härter gegen die Katholiken vorzugehen. Sie hat keine neuen Opfer des Glaubenszwistes gewollt. Vor Jahren gestand sie mir einmal, im Grunde sei es ihr gleich, wie jeder es persönlich mit der Religion hielte. Sie wünsche gar nicht, ihren Untertanen ins Herz zu sehen. Deshalb ließ sie zu Anfang ihrer Regierung die theologischen Lehrsätze der anglikanischen Kirche recht weit fassen, damit viele unter ihrem Dach Platz hätten und alle zufrieden wären. Besuchten die Katholiken, wie vorgeschrieben, die Gotteshäuser oder zahlten sie, wenn sie ihnen fernblieben, das Bußgeld, brauchten sie nichts zu befürchten und konnten in ihrer Hauskapelle die Andacht nach ihrem Ritus halten. Manche Damen am Hof gingen in aller Stille in die Kapelle des französischen oder des kaiserlichen Gesandten, und die Königin duldete es. Zu Lord Burghley hörte ich sie sagen, religiöser Friede sei die Voraussetzung für den Frieden im Staat und damit für das Wohl des Landes.»

«Vielleicht lag in ihrer Nachsicht die Wurzel des Übels. Allzu große Toleranz fordert zu Übermut heraus.» Seit Walsinghams Sekretär ihn dazu angehalten hatte, versuchte Raleigh, alles zu begründen.

«Nein, nein», widersprach Dee heftig, und Raleigh beobachtete, wie seine von Säuren und Farbstoffen fleckigen Hände zitterten. «Über zehn Jahre ging ja alles gut, der Friede war nahezu vollkommen. Bis die verdammte Schottenkönigin, die Maria Stuart, ins Land kam und wir sie hier gefangensetzten. Der Spanier sucht sie zu befreien und auf den englischen Thron zu heben, und der Papst unterstützt ihn. Du kennst ja die berüchtigte Bulle.»

Raleigh schwieg und wartete. Der Alte war bestimmt nicht gekommen, um mit ihm nur über Religion zu reden.

Dee wechselte bald das Thema, fragte nach dem Stand von Raleighs Vorbereitungen und ob er alles Geld, das er von Walsingham bekommen habe, für seine Kleidung ausgebe. An einem Haken an der Wand hing nämlich eine neue Halskrause, an einem anderen ein dunkelblauer Samtmantel. Der Alte trat heran, befühlte den Stoff und murmelte: «Dick wie ein Teppich!»

Gleich darauf riet ihm Dee, öfter an die Sonne zu gehen, denn er sehe blaß aus. Ihn selbst habe die Königin am Nachmittag zu einem Gespräch gebeten, und er wolle sie zu einem Gang durch den Park veranlassen. Bewegung sei für alle gut in dieser Jahreszeit. Sicher wolle die Königin seine Ansicht über das Heiratsprojekt mit Alençon hören, das bereite ihr schlaflose Nächte, sie befrage alle und jeden, ihre Minister und ihre oberste Kammerfrau.

«Und was werden Sie ihr raten?»

«Sie soll keinen katholischen König neben sich setzen.»

«Ich denke, Alençon ist jetzt protestantisch?»

«Er wechselt die Religion wie die Wäsche, wenn es ihm Vorteil bringt. Ein durchtriebener Herr. Für mich bleibt er der Sohn der Katharina von Medici, dieser falschen, stockkatholischen Schlange. Die Königin soll ihn über den Kanal zurückschicken!»

«Seien Sie vorsichtig, Doktor Dee. Das hat dieser Puritaner doch auch schon gesagt, und die Königin ließ ihm den Arm dafür abschlagen.»

«Stubbs? Ja, ja, aber er ließ es drucken und unter die Leute bringen, gerade als die Verhandlungen anfingen. Da siehst du, was man sich mit einem guten Rat zur falschen Zeit einhandeln kann. Stubbs' Geschick erinnert mich an den armen Lehrjungen, der ‹Lang lebe Königin Maria!› schrie, als die unglückselige Lady Jane Grey zur Königin ausgerufen wurde. Man schnitt ihm dafür die Ohren ab. Wenig später wurde Maria tatsächlich gekrönt, aber die

Ohren waren futsch. Sag nie etwas Richtiges zur falschen Stunde, mein Junge.»

«Und Sie versprechen sich heute mehr Glück?»

«Wir Astrologen haben es in mancher Hinsicht einfacher als andere. Wir können unsere Meinung in etwas Sternenglanz verpacken und uns selbst hinter den Gestirnen verstecken.»

Hatte ihm Dee einen Wink geben wollen? Daß er sich in der frischen Luft bewegen sollte, war wohl nicht nur so dahergesagt. Ein Spaziergang konnte ihm nicht schaden. Am Nachmittag flanierte Raleigh, wie ihm Dee geraten hatte, zu dem Teil des Parks, der sich unmittelbar hinter dem Tilt Yard auftat und bis zum St. James' Palace heranreichte. Flanieren ist das richtige Wort, spielt es doch auch auf elegante Kleidung an, und die trug er, jedenfalls sein Bestes, das Wams und die blauen Hosen und dazu natürlich den neuen Samtmantel.

Der Park wirkte trostlos um diese Jahreszeit. Regentropfen hingen in den kahlen Sträuchern und Bäumen, in den immergrünen Wacholderbüschen und Buchsbaumhecken, der Rasen war grau und feucht, die Rosenstöcke eingebunden in Stroh und schmutziges Sackleinen. Hin und wieder kam die Sonne durch die Wolken, aber sie war nicht kräftig genug, um Kavaliere und Hofdamen aus ihren Gemächern zu locken.

Er war schon auf dem Rückweg, als er die Königin in einiger Entfernung mit einem kleinen Gefolge den breiten Weg herankommen sah, der direkt zu dem langgestreckten See führte, der den Park durchschnitt. Neben ihr der dürre Doktor. Keine Wache voraus, das duldete die Königin bei ihren Spaziergängen nicht, sehr zum Leidwesen Walsinghams, der auf stärkere Sicherheitsvorkehrungen drängte. Doch bemerkte Raleigh hinter einer Hecke zwei Gentlemen, die den Weg beobachteten, und gewiß befanden sich noch mehr von Walsinghams Leuten im Park.

Elisabeths Begleitung, Yeomen of the Guard und Hofdamen, mußten gebührenden Abstand halten, um das Gespräch nicht zu hören. Die Unterhaltung schien lebhaft. Einmal zog Elisabeth Dee sogar ganz unköniglich am Talar. Eine scherzhafte Geste? Oder war die Königin verstimmt? Es schien Raleigh nicht ratsam, einer übelgelaunten Königin in den Weg zu laufen, aber Dees orakelhafte Worte trieben ihn dazu. Was erwartete er denn? Er war doch kein kleiner Junge, der an Wunder glaubte! Und dennoch: Ungewöhnliches konnte immer geschehen.

Und es geschah tatsächlich. Die Königin bog in einen Seitenpfad. Raleigh nahm einen Weg, der den Pfad kreuzte, und richtete es so ein, daß er fast gleichzeitig mit ihr an den Schnittpunkt kam.

Drei Kavaliere, Spaziergänger, gewiß Walsinghams Leute, beugten mit ihm das Knie. Zu früh. Die Königin blieb einige Schritte vor der Kreuzung stehen. Nicht wegen der grüßenden Herren, auch nicht, um Dee etwas Wichtiges zu sagen. Sie stockte, weil eine Pfütze sie am Weitergehen hinderte, und suchte nach einer Möglichkeit, das Hindernis zu umgehen. Gestrüpp säumte den Pfad, und nicht nur ihre königliche Würde, sondern auch der Reifrock hinderte sie, sich da durchzuschlagen.

Welche Lady erwartet nicht, daß ihr ein Kavalier in einer solchen Lage hilfreich die Hand reicht? Immerhin, so selbstverständlich war es nicht, daß einer seinen Mantel von der Schulter riß und mit ihm die Pfütze bedeckte, so daß sie trockenen Fußes darübergehen konnte. Dafür bedankt sich auch eine Königin, und so lächelte Elisabeth den Kavalier überrascht und freundlich an.

Raleigh vergaß, erneut das Knie zu beugen. Einen Moment trafen sich ihre Blicke. Raleigh meinte, die Königin sehe ihn nicht viel anders an als Alice und manche Dame, die ihm ihre Gunst geschenkt hatte. Vielleicht bildete er sich das nur ein? Auf jeden Fall war er nicht befangen, als sich die Königin erkundigte, ob er ihretwegen nun frieren müsse. Ungeniert antwortete er, sogar eine kleine Lüge erlaubte er sich, es handle sich nicht nur um einen neuen, sondern auch um seinen einzigen Mantel, aber für seine Königin würde er alles tun.

«Was ist das, alles, mein Herr?» fragte Elisabeth ernsthaft.

Er war nur einen Augenblick verlegen, dann wies er auf den höchsten Turm von Whitehall: «Ich würde für Euch dort hinaufklettern, aber ich fürchte zu fallen.»

Die Königin lächelte spöttisch. «Wenn Ihr Euch fürchtet, so klettert nicht.»

«Auch der Mutigste hält Furcht gelegentlich für eine Tugend», verteidigte sich Raleigh, und er zitierte gewandt Sophokles:

«Und dennoch muß, wer rechte Einsicht hat,
sich bangen vor dem Fall des Glücklichen.»

So ein Satz bot Anlaß zu tiefgründigen Erörterungen. Am Fortunathema und dem Fall der Großen versuchten sich neuerlich die Stückeschreiber, und Philosophen hakten sich daran fest, aber eine Wegkreuzung bei unfreundlichem Wetter war wohl nicht der rechte Ort dafür und ein junger, unbekannter Mann nicht der geeignete Partner.

Sie nickte ihm wohlwollend zu und erkundigte sich nach seinem Namen. «Ich werde Ihnen den Mantel ersetzen.»

Dee erinnerte sie an das irische Memorandum.

«Sie sind der Verfasser?» Die Königin tat, als kenne sie das Schriftstück. «Darüber wollte ich ohnehin mit Ihnen sprechen, Captain Raleigh. Ich erwarte Sie morgen zur Audienz. Mein Sekretär wird Ihnen die Stunde mitteilen.»

Seit Weihnachten ersuchte der spanische Botschafter die Königin um ein Gespräch, aber Elisabeth hatte es ihm unter allerlei fadenscheinigen Begründungen abgeschlagen. Nun schickte sie in aller Herrgottsfrühe einen Eilboten nach dem Landgut nördlich von London, auf dem sich Don

Bernardino de Mendoza aufhielt, und bestellte ihn für elf Uhr in den Whitehall Palace.

Der kluge Walsingham war erstaunt über den plötzlichen Entschluß, aber die Königin strahlte ihn in bester Laune an. «Der selige Roger Asham, einer meiner ersten Erzieher, lehrte mich, daß die Lebenskunst darin besteht, Unerquickliches durch Angenehmes auszugleichen.»

«So wünsche ich, daß Eurer Majestät das Gespräch Vergnügen bereiten möge.»

«Mit Mendoza?»

«Nein, mit Captain Raleigh», sagte Walsingham und verzog keine Miene.

«Ihnen entgeht nichts, aber das habe ich nicht anders erwartet. Ich wollte Sie ohnehin fragen, was Sie von Raleigh halten.»

Walsingham war darauf vorbereitet, lobte Raleigh in militärischer Kürze und versäumte nicht, sich selbst ins rechte Licht zu setzen. «Ein jugendlicher Heißsporn zwar, aber in Irland hat er sich bewährt. Er ist von meinen Leuten geprüft worden und seiner Königin unbedingt ergeben.»

Elisabeth dankte ihm auf ihre Weise mit einem Stoßseufzer: «Was wäre ich ohne Sie, mein Spion.»

Der Minister lächelte geschmeichelt, aber er dachte, daß er nun wohl einen anderen Mann nach Frankreich schicken müsse.

Das Unangenehme also zuerst, der spanische Gesandte. Keine Unterredung unter vier Augen, ein förmlicher Empfang im großen Audienzsaal im Beisein von Herren des Staatsrates.

Die Königin erwartete Mendoza unter dem Purpurbaldachin auf ihrem Thronsessel in einem Gewand aus Goldbrokat, auf dem Stickereien, Rubine, Saphire und Perlen sich zu phantasievollen Arabesken verschlangen. Ein Prachtstück, das ein Vermögen wert war. Der Spanier sollte sehen, daß die verfemte Ketzerkönigin nicht im grauen Büßergewand einherging. Auch sonst kitzelte sie ihn gern ein wenig, hatte ihn absichtlich zu spät benachrichtigt und freute sich, ihn etwas außer Atem und derangiert zu sehen, den schwarzen Don.

Sie nannte ihn noch immer so, obwohl sein Haar in England grau und dünn geworden war und das einst hagere Gesicht feist und weniger finster. Aber auf die schwarze Kleidung würde er wohl nie verzichten. Er mußte Dutzende von diesen schwarzen Wämsern und Beinkleidern besitzen, ein Stück wie das andere, nicht zu unterscheiden.

Er verbeugte sich tief und dankte für den leider sehr kurzfristig anberaumten Empfang mit dünner, scharfer Stimme. Zu seiner Dickleibigkeit und seinem Alter hätte eine gewisse Jovialität gepaßt, aber die lag seinem Wesen, einer Mischung von Korrektheit und anmaßender Bedrohlichkeit, fern.

Sie mußte sich couragiert geben, obwohl sie gar nicht zuversichtlich war. Das alte Spiel also: Überlegenheit vortäuschen, sich verärgert zeigen. «Sie haben Uns warten lassen, Herr Gesandter.» Ihm nicht entgegengehen und die Hand nicht zum Kuß hinhalten, wie sie es zu tun pflegte. Den Mann, der ein Weltreich hinter sich hatte, herablassend anlächeln, obwohl sie sich über die Lage im klaren war. Die Situation war heute nicht viel günstiger als vor vier Jahren, kurz vor dem Tode von Philipps Halbbruder Don Juan d'Austria, als eine spanische Invasion unabwendbar schien. Selbst der listige Walsingham hatte damals resigniert: «Unser Heil liegt im Gebet, eine andere Hilfe sehe ich nicht.»

Sie hatte nicht nur gebetet, sondern auch gehandelt, und ein Ausweg hatte sich gefunden, wie er sich auch jetzt finden lassen würde. Nicht aufzugeben bedeutete vor allem, sich selbst nicht aufzugeben, sich zu freuen an dem, was man liebt, Kleider, Bücher, Theateraufführungen, die Jagd, den Tanz. Sich nicht immer an die Gefahr erinnern oder erinnern lassen. Ja, auch deshalb hatte sie die Begegnung mit Mendoza hinausgeschoben. Aber nun stand er vor ihr, schielte nach dem Tischchen, das sie neben den Thronsessel hatte stellen lassen. Dort lagen auf einem roten Samtkissen die neue Krone mit den fünf Smaragden, von denen die drei länglichen die Größe eines kleinen Fingers erreichten, und ein diamantener Frosch. Kunstvolle Arbeiten ihres Londoner Goldschmieds.

Natürlich kannte Mendoza die Herkunft der Steine. Sie stammten von Drakes Kaperfahrt im Pazifischen Ozean, dem Meer, in dem sich die Caballeros so sicher fühlten, einem spanischen Meer. Ausgerechnet dort hatte ein Engländer ihre Schiffe aufgebracht. Und was für eine Prise! Mit Silber für eineinhalb Millionen Dukaten war die «Golden Hind» im September achtzig in Plymouth eingelaufen, der Wert der Juwelen war nicht abzuschätzen. Eintausendvierhundert Prozent Gewinn hatte die Königin auf ihr investiertes Kapital eingestrichen und kein Gramm Silber, keinen stecknadelkopfgroßen Diamanten herausgegeben, trotz wütender Drohungen der Spanier. Eine Dreistigkeit von ihr, Mendoza nun auch noch die schönsten Steine vorzuführen – gegen den Willen der Herren ihres eigenen Staatsrats übrigens.

Die Königin merkte, wie schwer es Mendoza fiel, ein paar höfliche Floskeln herauszubringen. Das Blut war ihm ins Gesicht gestiegen, und sie befürchtete einen Zornausbruch, die Drohung mit der Gewalt, einen Eklat, Wiederholung von Sätzen aus einer früheren Begegnung. Damals hatte er geäußert: «Wenn Sie auf meine Worte nicht hören, werden Sie unsere Kanonen hören», und sie hatte erwidert: «Ich werde Sie an einen Ort bringen lassen, wo Sie mit niemandem sprechen können.»

Diesmal geschah nichts dergleichen. Mendoza löste seinen Blick von den Pretiosen. Ein nachdenklicher Zug lag auf seinem Gesicht, unschwer zu deuten. Er dachte, was er denken sollte: Die Königin muß festen Grund unter den Füßen haben, wenn sie mich so herausfordert. Ihr Halt ist Alençon, das englisch-französische Bündnis. Als er zu reden begann, erwähnte er Drake und seine Prise mit keinem Wort, sprach vielmehr von den Bedenken, die der spanische König gegen eine Verbindung der britischen Majestät mit dem französischen Herzog habe, und führte die widersprüchlichsten Argumente ins Feld.

Elisabeth zog ein grämliches Gesicht. «Entschuldigen Sie, Don Bernardino, die rheumatischen Hüftschmerzen», aber Burghley warf sie einen triumphierenden Blick zu: Da sehen Sie, wie man den Spanier behandeln muß.

Ihr Erster Minister stand wenige Schritte von ihr entfernt neben Leicester und Walsingham, ein kräftiger Sechziger mit vorspringendem Bauch, das Gesicht rot und fleischig, ein Mann, der Ruhe und Besonnenheit ausstrahlte. Sie schätzte diese Eigenschaften Burghleys ebenso wie seine immensen Kenntnisse und seinen scharfen Verstand. Ihr guter Geist, wie sie ihn nannte, besaß weniger Phantasie als Leicester und Walsingham, deren Vorschläge sie oft überraschten und anregten, aber bevor sie ihnen nachging, befragte sie ihren Ersten Minister. Burghley, seit vierundzwanzig Jahren ihr engster Berater, hatte sie von manchem unbedachten Schritt zurückgehalten. Sie hatten gelernt, einander mit den Augen und mit Gesten zu verständigen.

Als sie ihn anblickte, zuckte er die Schultern, nickte aber dabei. Das hieß: Ich bewundere, wie Ihre Majestät dem Spanier den Wind aus den Segeln nehmen, doch Ihre Taktik ist recht gewagt.

Sie deutete Mendoza Konzessionsbereitschaft an, was die Verbindung mit Frankreich betraf, knüpfte aber Forderungen daran. «Wir haben gehört, daß Unser spanischer Schwager in seinen Werften im Frühjahr ein Dutzend neue Kriegsschiffe auf Kiel legen lassen will. Wir wünschten, er würde sich mit einer geringeren Zahl begnügen, denn Wir halten dies für eine unmittelbare Bedrohung Unserer Insel, Don Bernardino.»

Mendoza bestritt das wortreich, sagte aber eine Prüfung zu.

Elisabeth wußte, daß dabei nicht viel herauskommen würde. Allenfalls eine Geste Philipps, der vorläufige Verzicht auf den Bau von ein oder zwei Schiffen. Immerhin: ein Schiff mehr oder weniger, das konnte eine Schlacht entscheiden.

Daher gab sie sich am Ende der Audienz versöhnlich und gebrauchte zur Bescheidung beider Parteien mahnende Worte: «Gebe Gott, daß jeder sein Eigenes habe und daß alle zufrieden wären.» So wichtig fand sie den Ausspruch, daß sie ihn wiederholte und dem Schreiber ein Zeichen gab, ihn genau zu protokollieren, obwohl sie wußte, zu einer wirklichen Aussöhnung mit Spanien würde es nicht kommen. Doch wollte sie die große Auseinandersetzung so lange wie möglich hinauszögern.

Audienz bei der Königin! Man kann ein solches Ereignis nicht hoch genug einschätzen. Der Tod eines Richters aus Suffolk, dem an der Tür zum königlichen Empfangszimmer das Herz versagte, bevor ihm die hohe Gunst zuteil wurde, blieb in den Annalen von Whitehall zum Glück ein Einzelfall. So aufgeregt war Raleigh nicht, doch auch er hatte Mühe, ruhig zu erscheinen, obwohl er sich sorgfältig vorbereitet und Dee sogar gefragt hatte, welches Duftwasser er wählen sollte, denn er wußte, wie empfindlich der Geruchssinn der Königin war. Erst kürzlich hatte sie einem ihrer Lords in aller Öffentlichkeit vorgeworfen, er stinke, so daß der hohe Herr sich aus ihrer Gesellschaft entfernen mußte.

Dee hatte Raleigh ein Flakon aus seinem Laboratorium und Pomade geschickt, aber Raleigh verwendete sie nicht. Das Haar sollte ungekünstelt fallen, und der Schnurrbart, der sich an den Enden leicht nach oben drehte, brauchte keine Festigung. Er verbeugte sich vor dem Spiegel und probierte allerhand Posen. Er wollte vor der Königin nicht verkrampft wirken und Höflichkeit ohne devotes Gehabe zeigen. Dazu bedurfte es keiner Verstellung. Wann begann überhaupt die Heuchelei? Wenn man sich so verhielt, wie es die anderen erwarteten? Und was erwartete die Königin von ihm? Brauchte sie einen neuen Kavalier?

Für die politischen Sorgen hatte sie ihre Ratgeber. Einige von ihnen spielten den Kavalier, aber dies schon seit Jahrzehnten. Ihre Schmeicheleien mußten die Königin langweilen, ihre Komplimente abgegriffen wirken, und ihr Äußeres hatte sich nicht zum Vorteil verändert. Wer konnte in Leicesters aufgequollenem Gesicht noch die scharfgeschnittenen männlichen Züge erkennen, die ihm der venezianische Botschafter vor fünfundzwanzig Jahren nachgerühmt hatte? In heiterer Stimmung nannte ihn die Königin auch heute noch «mein Robin», aber wenn sie, wie Lästerzungen behaupteten, tatsächlich jemals das Bett mit ihm geteilt hatte, so tat sie es jetzt gewiß nicht mehr. Und Hatton? Ein Musterbeispiel dafür, daß man jungenhafte Burschikosität nicht ins reife Mannesalter hinüberschleppen sollte. Seine Sprünge und Scherze wirkten wie eine Parodie auf die eigene Jugend, kindisch und peinlich. Der Hof wußte das so gut wie die Königin. Wer konnte ihr verübeln, daß sie sich, umgeben von älteren, allenfalls gleichaltrigen Kavalieren, nach Männern der nachfolgenden Generation umschaute? Sah er selbst mit seinen neunundzwanzig nicht gern ein Mädchen von sechzehn? Der Mensch mag Klugheit und Weisheit der Älteren verehren, sein Gefühl zieht ihn zu den Jüngeren, und er sucht Kontakt mit ihnen.

So und ähnlich dachte Raleigh, über Elisabeth dachte er nach, und eben mehr über die Frau als über die Königin.

Er wäre gern in neuen Kleidern vor ihr erschienen, aber sein Schneider gewährte ihm keinen Kredit mehr. Peter konnte nichts weiter tun, als die Flecke aus seiner vielgetragenen Hose zu entfernen, das Wams sorgfältig zu bürsten und die Schuhe zu wichsen, bis sie so glänzten, als wären sie neu.

Das Aussehen allein entschied noch nicht. Daher memorierte Raleigh Liebesgedichte, die er vor drei Jahren für eine Hofdame verfaßt, aber ihr weder vorgetragen noch zugesteckt hatte.

Deine Augen leuchten heller als die Sterne,
der Sonne Herrlichkeit verdunkelt deines Haares Glanz,
und deine Hände, die ich sehr bewundere,
sind weißer noch als Elfenbein.

Die schöne Lady, für die er diese Verse geschrieben hatte, war dreißig Jahre jünger als die Königin, doch auch Elisabeths Hände waren glatt und weiß. Als Raleigh ihr nach dem Kniefall gegenübersaß, wagte er es, dies mit Blikken und später mit Worten auszudrücken, ermutigt durch die Atmosphäre des Salons, durch ein sicheres Gefühl für die Situation und durch seine Erfahrungen im Umgang mit Frauen.

Elisabeth hatte ihn nicht im offiziellen Audienzsaal empfangen, sondern in einem kleinen, mit Gobelins behängten und mit Teppichen ausgelegten behaglichen Zimmer, das zu ihren Privatgemächern gehörte. Ein Spinett und die an der Wand hängende Laute verrieten, daß die Königin hier musizierte.

Elisabeth trug ein rötliches Samtkleid, lose, ohne den stützenden Reifrock, kostbar mit seinen Spitzenborten und dem Perlenbesatz, aber kein Staatsgewand. Draußen war es dunkel, im Kamin brannte ein Feuer, und die Kerzen reichten gerade aus, das Zimmer in mattes, für die Achtundvierzigjährige vorteilhaftes Licht zu tauchen.

Sie lehnte bequem in ihrem Sessel. Keiner ihrer hohen Herren war anwesend, und später erhielt auch Lady Stafford, die oberste Kammerfrau, einen Wink, sich zu entfernen.

«Sprechen Sie von Irland, Captain Raleigh! Der Kampf war bestimmt gefahrvoll.»

Gewiß wollte sie keinen sachlichen Bericht hören, eher etwas Abenteuerliches.

«In Irland lauert der Tod hinter jeder Hecke und in jeder

Waldschneise. Wir mußten überall und immer mit einem Hinterhalt rechnen, Majestät.»

«Wie schrecklich, Captain Raleigh.»

«Wir gewöhnten uns an diese Kriegführung und zeigten den Iren, daß wir keine Furcht kannten», versicherte er. «Auf einem Patrouillenritt von Youghal nach Cork gerieten wir an der Furt eines Flusses in einen Hinterhalt. Zwei Dutzend Iren wollten uns den Übergang verwehren, in unserem Rücken tauchte etwa die gleiche Anzahl auf.»

«Wie viele waren Sie?»

«Nur sechs, Majestät.»

«Mein Himmel!» Die Königin fächelte ihr Gesicht, als sei ihr heiß vor Aufregung, und obwohl er nicht wußte, ob sie über ihn spottete, fuhr er fort: «‹Wir müssen durch!› schrie ich, gab einen Pistolenschuß ab und stürmte los. Die Iren hatten mit unserer Verwegenheit nicht gerechnet. Ihre Schüsse verfehlten uns, und bevor sie ihre spanischen Musketen wieder geladen hatten, waren wir schon in der Mitte des Flusses.»

«Bravo!» rief die Königin.

Raleigh bemerkte das amüsierte Lächeln um ihre Mundwinkel, aber es störte ihn nicht. «Ich hatte das andere Ufer schon erreicht, da hörte ich den Schrei meines Kameraden Henry Moyle. Er war an der Schulter getroffen und rutschte vom Pferd. Ich trieb meinen Hengst in die Mitte des Flusses zurück. Mit der Pistole hielt ich drei nachfolgende Iren in Schach, zog Moyle auf mein Pferd, während mir die Kameraden Feuerschutz gaben. Wir erreichten Cork, ohne einen Mann verloren zu haben.»

«Lebte König Artus noch, würde er Sie ob dieser Heldentat zu den Rittern an seine Tafel laden.»

Die Augen der Königin glitzerten verdächtig. War es Spott oder nicht, jedenfalls unterhielt er sie mit seinen Geschichten.

«Haben Sie gehört, wie wir den verräterischen Lord Roche gefangennahmen?» fragte er unbekümmert.

Elisabeth schüttelte den Kopf. «Mir wurde nur seine Hinrichtung mitgeteilt. Sie machen mich neugierig.»

«Uns war zu Ohren gekommen, daß der hohe Herr auf seinem Schloß Bally, zwanzig Meilen von Cork, die Rebellen unterstützte. Wir wollten ihn darüber genauer befragen, aber er folgte unserer Vorladung nicht, so daß wir ihn holen mußten. Da Bally mitten im Rebellengebiet liegt, war das nicht ungefährlich. Unser Kommando umging einen Hinterhalt, vor dem uns ein Informant gewarnt hatte, und erreichte in der Dunkelheit glücklich das Schloß. Ich verteilte meine Leute und klopfte, nur von vier Männern begleitet, ans Tor.»

«Wie mutig!» warf die Königin ein.

«Der edle Herr lud uns zum Abendessen. Wir speisten vortrefflich, aber nach Cork wollte er nicht mitkommen. Als ich die Pistole zog, rief er nach seinen Knechten, doch meine Männer waren bereits ins Schloß eingedrungen und hatten sie überwältigt.»

«Großartig, Captain Raleigh!» Die Königin klatschte in die Hände und rief damit zugleich die Kammerfrau. «Der Mundschenk soll Canary-Wein bringen!» befahl sie.

Als Raleigh den Pokal hob, sagte sie: «Sie erzählen gut, Captain Raleigh, aber Sie verschweigen, für welche Dame Sie Ihre Taten vollbrachten.»

Sie wußte ebensogut wie er, daß es in diesem erbitterten Krieg keine Ritterromantik gab, aber er entgegnete galant, er habe für England gekämpft und für seine Königin – und beide liebe er über alles. Darauf leerte er den Pokal ein zweites Mal, und der Wein ermutigte ihn, in seinen Schmeicheleien ein wenig weiter zu gehen. In Stunden der Verzagtheit habe er das Antlitz der Königin vor sich gesehen, behauptete er, und ihre Augen hätten ihm Mut gemacht: Könne denn Kriegsdienst ohne Liebe sein, wo doch Ovid sage, Liebe sei Kriegsdienst?

«Ein hübsches Wortspiel», sagte die Königin, entzückt über seine Kenntnis der klassischen Literatur.

Er rutschte von seinem Sessel herab auf die Knie, legte die rechte Hand auf seine linke Brust, hielt den Kopf schräg nach oben, rollte mit den Augen und trug die Ovidstrophe mit tiefer Stimme vor:

«Liebe ist Kriegsdienst: wer hier träg ist,
mag sich entfernen.
Diese Fahnen sind nicht weichlichen Männern
vertraut.
Nacht, Unwetter, beschwerlicher Weg und grimmige
Schmerzen,
jegliche Mühe, sie ist eigen dem zärtlichen Dienst.»

Er hielt es für geraten, das Pathos ein wenig zu übertreiben und damit in den Bahnen höfischer Konvention zu bleiben.

Die Königin applaudierte ihm dafür. «Bravo», rief sie und lachte, «Sie parodieren Burbage besser als mein Narr.»

Von ihrem Beifall ermutigt, ahmte er den Schauspieler Burbage nach in einer Liebesszene, in der er ihn im Theatre gesehen hatte. Die Königin lachte wieder, und er ergriff, wie es die Szene vorschrieb, ihre Hände. Da hörte sie auf zu lachen und zog die Hände langsam zurück. Dieses Spiel mit Worten und Blicken und sogar die flüchtige Berührung gefielen ihr offensichtlich.

«Wir hörten, Sie schreiben selbst Gedichte, Captain Raleigh?»

So ermutigt, trug er ohne Scheu jene Zeilen vor, die ursprünglich einer anderen Dame galten, und behauptete, er habe sie in Gedanken an seine Königin verfaßt.

«Sie sind ein Schmeichler», sagte sie und ließ ihn die Verse wiederholen.

Er verstand sie gut. Ob Dienstmagd oder hochgeborene Lady, jede Frau ließ sich gern verehren. Warum sollte die Königin entbehren, was ihren schönen Hofdamen zuteil wurde?

Raleigh zitierte ein anderes Gedicht, beim dritten reichte

sie ihm die Laute, und er sang seine Verse nach einer eigenen Melodie.

Sie setzte sich ans Spinett, doch beim Versuch, ihn aus dem Stegreif zu begleiten, spielte sie falsch. Sie lachten darüber und vergaßen für eine halbe Stunde den Unterschied von Rang und Alter.

Beim Abschied war sie wieder die hoheitsvolle Königin, bedankte sich für seinen irischen Bericht und sagte eine ernsthafte Prüfung seiner Vorschläge zu. Raleigh kniete vor ihr nieder, küßte ihre Hand und dachte, daß von seinen Vorschlägen eigentlich gar nicht die Rede gewesen war.

Nicht lange danach war Walsingham von den Vorgängen in Elisabeths Salon informiert, und er befahl seinem Sekretär, Raleigh in Zukunft mit aller ihm gebührenden Hochachtung zu behandeln.

An einem klaren Februartag verließ der Herzog von Alençon London. Sein Abschied war prächtiger als sein Empfang. Graf Leicester begleitete ihn mit großem Gefolge bis Antwerpen, dem Ziel seiner Reise. Die Königin lud ihn in ihre mit erhitzten Steinen angewärmte Kutsche und gab ihm bis Canterbury die Ehre. «Ich möchte Sie die letzten Stunden ganz nahe bei mir haben, mein Herzog», seufzte sie und dachte betrübt an die dreißigtausend Pfund in Gold und die Schuldverschreibung über weitere zwanzigtausend in dem stark bewachten Gefährt am Ende des Zuges, ihr Abschiedsgeschenk für Alençon. Sei's drum! Die Herren des Staatsrats hatten recht. Es war klüger, für gute englisch-französische Beziehungen zu zahlen, als den Franzosen neben sich auf den Thron zu setzen.

Während der Fahrt tranken sie Glühwein, und obwohl die Königin Abschiedskummer zeigte, war sie im Herzen heiter. Jetzt, da sie sich den Heiratsgedanken endgültig aus dem Kopf geschlagen hatte und keinerlei Gefühl ihren Blick trübte, fand sie das pockennarbige Gesicht ihres Gegenübers doppelt häßlich. In meinem Alter hätte ich wahrscheinlich kein Kind mehr bekommen, sann sie weiter, das wäre nicht gut gewesen. Meine Untertanen sehen lieber eine jungfräuliche Königin auf dem Thron als eine unfruchtbare Ehefrau. Den Herzog aber sah sie gefühlvoll an und sagte zärtlich neckend: «Nun hüpft Ihr also davon, mein kleiner Frosch. Ich werde Ihre Gesellschaft sehr vermissen, aber ich bin nur eine schwache Frau und kann Sie nicht halten.»

Alençon griff nach dem Taschentuch und betupfte seine Augen. «Sie sehen mich zu Tode betrübt», sagte er und dachte: Schwache Frau! An deiner Seite hätte ich wahrscheinlich nie etwas zu melden gehabt. Ich habe dich durchschaut, Majestät. «Meine Liebe zu Ihnen wird erst mit dem Tod enden, und ich würde mich glücklich schätzen, diese zarten Hände für immer halten zu dürfen», beteuerte er beim Abschied. Auch ihm war es recht, daß sich die Heirat zerschlagen hatte. In den Niederlanden bot sich ihm eine große Chance. Prinz Wilhelm von Oranien hatte ihm durch Elisabeths Fürsprache die Generalstatthalterschaft über die sieben von den Spaniern befreiten niederländischen Provinzen angeboten. Ein Titel ohne Macht, das wußte er, denn der wahre Herr war Oranien, aber das mußte nicht so bleiben.

Der Prinz von Oranien reiste Alençon und Leicester bis Vlissingen entgegen. Von da segelten sie zusammen die Schelde aufwärts und hielten gemeinsam Einzug in Antwerpen.

Raleigh ritt neben Arthur Gorges nicht weit hinter ihnen in Leicesters Gefolge. Vom Hafen führte der Zug zum Großen Markt. Girlanden und Fahnen an den Bürgerhäusern, Glockengeläut, Triumphbögen an markanten Punkten. Arthur deutete auf breite Purpurtücher, die sich hier und da von einem Haus zum anderen spannten und den Blick in Seitengassen verwehrten. «Wer weiß, wie es dahinter aussieht.»

Raleigh zuckte mit den Schultern. «Die Paradestraßen putzt man immer heraus. Das ist in London nicht anders. Hast du gesehen, wie sie den Kingsway für einen Staatsbesuch vorbereiten? Da findest du keine schmutzige Ecke und kein Gerümpel.»

«Warum konfrontiert man die Regierenden so ungern mit dem Dreck in ihrem Land, Walter?»

«Mach nicht aus allem eine Prinzipienfrage! Oranien jedenfalls hat Grund, dem Franzosen eine heile Fassade zu zeigen. Sonst lehnt der im letzten Moment noch die Regentschaft ab.»

«Wäre auch kein Schade. Dieser Alençon ist doch ein Abenteurer, dem sein Herzogtum zu klein ist. Das sagt jeder. Der würde auch Sultan der Türkei, wenn man ihm das anböte. Die Niederlande interessieren ihn gewiß nicht.»

Raleighs Antwort machte seinem Lehrer, Walsinghams Sekretär, Ehre. «Mag sein, aber Oranien braucht ihn. Als Bruder des französischen Königs garantiert er gute Beziehungen zu Frankreich. Vor allem aber verfügt Alençon über eine Streitmacht. Oraniens Truppen benötigen dringend Verstärkung im Kampf gegen Spanien. Wenn dir das Wasser bis zum Hals steht, ergreifst du jede Hand, die sich dir zur Rettung bietet.»

«Auch wenn du befürchten mußt, daß dich die gleiche Hand bald untertauchen wird?»

Während ihres Gesprächs hatten sie den Marktplatz erreicht. Die Menschen drängten sich um eine mit Teppichen ausgelegte Bühne gegenüber dem Rathaus, auf der Alençon die neuen Ehren empfing: Graf von Flandern, Herzog von Brabant.

Arthur zweifelte, ob die Schreier ihr «Hoch!» auf den fremden Herrscher ehrlichen Herzens ausbrachten.

Am Nachmittag streifte Raleigh mit Arthur durch die Stadt. Überall stießen sie auf Spuren des Krieges. Sie kletterten über verkohlte Balken niedergebrannter Gebäude, blickten in Fensterhöhlen verlassener Häuser, die Bewohner von der Inquisition verbrannt, nach Deutschland, Frankreich oder England geflohen, wer weiß.

«Hab mir nicht vorgestellt, daß es noch so schlimm aussieht», murmelte Arthur erschüttert. «Vor sechs Jahren waren wir über die Nachrichten von der Plünderung Antwerpens durch spanische Söldner entsetzt: Lagerhäuser, Geschäfte, Wohnungen ausgeraubt, ganze Stadtviertel niedergebrannt, die reichste Stadt Europas durch die ‹spanische Furie› in drei Tagen ruiniert. Wie schnell haben wir das alles über anderen Neuigkeiten vergessen!»

An verrosteten Stangen knarrten das Firmenzeichen eines Radmachers, der blecherne Schuh eines Schusters, das Schild eines Goldschmiedes. War es vielleicht das Haus von Alices Schwester? Die Werkstätten waren leer.

Im Hafen ein umgestürzter Kran, ein paar Fischerboote, zwei Kauffahrteischiffe neben der Flottille, mit der sie gekommen waren. Zwei halbfertige Schiffsrümpfe lagen in der Werft auf Kiel, die anderen Liegeplätze waren leer. «Die Stadt ist kaputt», urteilte Raleigh, «und sie wird sich nicht so rasch erholen.»

Sie liefen zu dem Platz, wo Albas Zitadelle gestanden hatte. Der starke Wind vom Meer wirbelte Staub und Sand auf, der sich an den Mauerresten absetzte. Vor fünf Jahren, als die Spanier die Stadt verlassen mußten, hatten die Antwerpener die Zwingburg niedergerissen.

«Das haben sie immerhin geschafft», sagte Arthur.

«Was bedeutet eine zerstörte Festung?»

«Mehr als eine erbeutete gegnerische Fahne.»

Am nächsten Morgen ritten sie in südwestlicher Richtung durchs Waasland. Von dem Abstecher nach Gent versprach sich Raleigh nicht viel, aber Dee, der ihn gebeten hatte, bei einem Nicolaas Koninck vorzusprechen, war er den Gefallen schuldig.

«Werden wir in Gent noch ein Lastpferd kaufen müssen?» fragte Arthur.

«Ich weiß nicht. Dee hat nicht gesagt, worum es sich handelt.» Die Geheimnistuerei des Doktors auch in Kleinigkeiten gehörte zu den Marotten, die man hinnehmen mußte.

Eine dünne, graue Schneeschicht bedeckte die Felder und die weite, von einzelnen Sträuchern und Baumgruppen unterbrochene Heide. Flecken mit verödeten Höfen. Selten ein Bauerndorf ohne Zerstörungen. Auf einem kahlen Hügel drehten sich ächzend die Flügel einer Mühle, aber vom Haus des Müllers waren nur ein paar verkohlte Balken übriggeblieben.

Arthur hatte bei den Feierlichkeiten in Antwerpen bleiben wollen, wo es kostenlos Wein und Speise für Leicesters Leute gab. Nun war er froh, Raleigh die Begleitung nicht verweigert zu haben. Für einen einzelnen, nur von seinem Diener eskortierten Reiter war das Land zu unsicher. Schon kurz hinter Antwerpen hatte sich ihnen eine Gruppe zerlumpter Kerle in den Weg gestellt, um Almosen gebettelt und begehrlich ihre Kleidung und Mantelsäcke betrachtet. Gut, daß sie zu dritt waren und auch Peter Dean mit Pistole, Dolch und Degen ausstaffiert hatten, obwohl er nicht damit umgehen konnte.

Im Gasthaus, in dem sie rasteten, saßen Männer beim Kartenspiel und musterten sie unfreundlich. Der Krieg dauerte zu lange. Zu dem Haß gegen die Spanier hatte sich bei ihnen Unmut gegenüber allen bewaffneten Fremden gesellt. Zu viele Landsknechte aller Nationen hatten das Land durchzogen.

Raleigh und seine Begleiter legten die Waffen nicht ab. Zum Glück hatten sie eine Wegzehrung mitgenommen, denn der Wirt brachte ihnen für gutes Geld nur dünne Suppe, und es gab kein Brot.

In Gent trennten sie sich am Vrydagmarkt. Raleigh ging allein zum Zaadsteeg. Das Haus des Nicolaas Koninck war dreistöckig, schmal und lehnte sich altersschwach nach vorn, als wolle es jeden Moment in die Gasse stürzen, und nur ein Balken, der zwischen seinem und dem Giebel des gegenüberliegenden Hauses klemmte, hinderte es daran. Der Putz ließ die ursprüngliche Farbe nicht mehr erkennen. Die Fassade zeigte Risse. Am stabilsten war die Tür. Raleigh schlug mehrmals mit dem Klopfer gegen eine feste Eichenbohle, hörte kein Geräusch drinnen und überlegte, ob er zum Hintereingang gehen sollte.

Da öffnete sich die Tür so lautlos, daß er erschrak. Beim Anblick des Mädchens im Türrahmen hatte er Mühe, seine Fassung zurückzugewinnen. Zu dem Haus hätte eine Alte mit triefender Nase und grauem Zottelhaar gepaßt. Auf ein schönes Mädchen war er nicht gefaßt. Hochgewachsen und schlank stand sie vor ihm, das schwarze Haar lose über der weißen Leinenbluse, ein feines Gesicht, frischer Teint. Sie war nicht älter als neunzehn. Ihre Schönheit erschien ihm von einer Art, die jede Vertraulichkeit und rasche Annäherung von selbst verbot. Er verbeugte sich, stammelte eine Entschuldigung wegen der Störung und nannte seinen Namen. Als er den Kopf hob, bemerkte er ein Flimmern in ihren Augen, das ihn irritierte. Die Augen, von unbestimmter dunkler Farbe, leuchteten begehrlich und gaben ihm das Gefühl, sie habe auf ihn gewartet. Sie verwirrte ihn so, daß er, gewiß nicht schüchtern im Umgang mit Frauen, zu stottern begann, als er nach dem Herrn Nicolaas Koninck fragte.

«Kommen Sie herein!» Sie sprach Englisch mit leichtem Akzent. «Vater ruht um diese Zeit immer ein bißchen. Ich werde ihn gleich wecken.»

Aber dazu machte sie keine Anstalten. Vielmehr setzte sie sich in der düsteren Wohnstube neben ihn auf die Truhe und fixierte ihn unausgesetzt. Das Unstete in ihrem Blick drang nicht in sein Bewußtsein.

Sie nestelte an ihrer Bluse und öffnete die obersten Haken, zeigte ihm ihr Fleisch und wartete mit glitzernden, frechen Augen auf seine Reaktion, ohne auch nur einen Zoll näher zu rücken. Ihr Oberkörper war schmal, aber sie hatte volle Brüste wie die Spitzennäherin in Shoreditch, die sich von ihm nicht die geschminkten Lippen hatte küssen lassen. «Schminke ist teuer, Sir!» Als er sie bedrängte, hatte sie ihr Leibchen geöffnet und ihm ihre Brüste zum Kuß angeboten.

Gesten bedeuten nicht dasselbe. Verglichen mit jenem rührenden Gewährenlassen war dies hier eine dreiste, schamlose Aufforderung, da nichts vorausgegangen war, keine Umarmung, nicht einmal ein Händedruck. Selbst Huren benahmen sich anders. Aber er war einem Abenteuer nie aus dem Weg gegangen. Gegen seine Gewohnheit versuchte er nicht einmal, eine Unterhaltung in Gang zu bringen. Hier war das Verhalten seines Halbbruders Humphrey am Platze, der mit Mädchen nie tändelte: «Willst du, dann komm, willst du nicht, dann geh, heißt es bei mir», war sein Grundsatz.

«Komm doch!» sagten die Augen des Mädchens.

Er legte den Arm um ihre Hüfte. Das Mädchen sprang auf und schrie. Der Schrei war grell und kam völlig unerwartet. Sie atmete schnell und hob abwehrend die Hände, wich zurück, zog den Nähtisch vom Fenster weg, schob ihn zwischen sich und ihn, lief dann in die entfernteste Ecke. Sie schrie, als ob er sie verfolgte, obwohl er sich nicht von seinem Platz rührte und nur krampfhaft überlegte, was er tun könne. Der Hausherr enthob ihn einer Entscheidung.

Raleigh erkannte Koninck nach Dees Beschreibung an der Brandnarbe, die vom Haaransatz über die linke Stirnhälfte und Wange lief und sein Gesicht unverwechselbar zeichnete, aber nicht entstellte.

Bei seinem Eintritt hatte das Mädchen zu schreien aufgehört. Koninck, im Schlafrock und ungekämmt, ging langsam auf sie zu. Seine Bewegungen waren besonnen, beruhigend redete er auf sie ein, den Besucher schien er gar nicht zu bemerken. Offenbar war ihm das seltsame Verhalten des Mädchens nicht fremd. Koninck hielt sie umfangen, bis ihr Schluchzen und Zittern verebbte. Endlich ließ sie sich willig hinausführen, ohne Raleigh noch einmal anzusehen.

Als Koninck durch die Tür ging, nickte er dem Gast zu und sagte etwas auf flämisch.

Raleigh verwünschte Dee, weil er das sonderbare Mädchen nicht erwähnt hatte. Er hatte ihm doch sonst viel über Koninck erzählt.

Nicolaas Koninck, bis vor sechs Jahren Händler von Gebrauchs- und Kunstgegenständen in Antwerpen mit weitreichenden Geschäftsverbindungen, hatte durch die «spanische Furie» Haus und Vermögen verloren. Beim Versuch, ein paar Habseligkeiten zu retten, wäre er fast verbrannt. Aber von dem verrückten Weibsstück hatte Dee nichts gesagt.

Als der Händler zurückkehrte, hatte sich Raleigh gefaßt und ein paar Worte zurechtgelegt.

Koninck trug jetzt ein weißes Hemd und darüber eine Wolfsfelljacke, wie sie neuerdings in London Mode waren. Sein Haar war glatt gebürstet, und er schien trotz des Vorfalls ruhig und freundlich. Raleighs Entschuldigung unterbrach er sofort: «Manchmal führt sie sich wie eine Hure auf, und im nächsten Augenblick kriegt sie Zustände beim Anblick eines Mannsbildes. Seit sie von spanischen Söldnern vergewaltigt wurde, ist das so, es ist ihre Krankheit, und Sie müssen nicht denken, daß sie schwachsinnig ist», sagte er in fließendem Englisch und fügte hinzu, wie nützlich die Tochter im Geschäft und Haushalt sei. «Nur gegen Männer ist sie ..., nun ja, Sie haben es erlebt, mein Herr. Sie soll die Haustür nicht öffnen, aber ich kann sie nicht einsperren.»

Koninck schien keinen Diener zu haben, denn er holte selbst Wein herbei. Sie tranken aus irdenen Bechern, wie sie in Landschenken üblich waren, und der Gastgeber entschuldigte sich für die einfachen Gefäße. «Meine Pokale haben mir die Spanier geraubt, aber besuchen Sie mich in ein paar Jahren in meinem neuen Haus in Antwerpen, Mister Raleigh, dann trinken wir den Roten aus Silberpokalen oder venezianischen Gläsern. Ich habe große geschäftliche

Pläne. Jetzt lohnt es sich zu arbeiten, die Spanier können uns nichts mehr wegnehmen, und die Generalstaaten fördern den Handel. Das Schwerste ist überstanden.»

Koninck leerte seinen Becher, schob die in einfachen Draht gefaßten Augengläser auf die Nase und studierte Dees Brief. «Sie kommen also von Antwerpen. Haben Sie die Einsetzung Alençons miterlebt?»

Raleigh beschrieb lebhaft die Zeremonie und setzte hinzu: «Oranien und Alençon sind unterschiedliche Naturen, aber ich hoffe, der neue Regent wird die Niederlande mit Weisheit regieren.»

«Ach was», brummte Koninck, «wir brauchen den Franzosen ebensowenig, wie ihr Engländer ihn braucht. Die Fremden mit ihren Söldnern haben unserem Land wenig Glück gebracht. Die Geusen, unsere Leute, haben mehr erreicht als gekaufte Landsknechte. Anno zweiundsiebzig eroberten sie Brielle, ein kleines Städtchen, ein Punkt auf der Landkarte. Sehen Sie sich heute die Karte an! Sieben Provinzen von den Spaniern befreit und vereint. Es wird noch schwere Kämpfe geben, aber wir werden frei bleiben.»

«Ich habe in Irland auch gegen die Spanier gekämpft», sagte Raleigh, um Koninck zu zeigen, daß sie einen gemeinsamen Feind hatten. «Alençon wird Oraniens Heer stärken, so daß der Prinz die Entscheidungsschlacht gegen Parma nicht zu fürchten braucht.»

«Der pockennarbige, wetterwendische Zwerg wird nur sein eigenes Süppchen kochen», widersprach Koninck heftig. «Nein, Mister Raleigh, wir werden die Spanier nicht mit Alençons Hilfe, sondern durch den Hering in die Knie zwingen, verstehen Sie?»

Die Spanier mit Heringen besiegen! Raleigh konnte über diesen Unsinn nicht einmal lachen. Er ist so verdreht wie seine Tochter, dachte er.

«Sie glauben mir nicht, mein Lieber, aber es ist so. Unsere Truppen kämpfen mit Pistolen, Schwertern, Rüstungen und Kanonen aus Deutschland, Italien und anderen

Ländern. Wir bezahlen die Waffen mit dem Erlös aus unserem Heringsverkauf. Wir haben eine neue Methode zur Konservierung des Herings entwickelt und können ihn ohne Verluste in entfernte Länder bringen. Das erhöht den Gewinn beträchtlich! Unsere Fischereiflotte hat sich in kurzer Zeit verdreifacht, Dutzende von Booten liegen auf der Helling, auch große Handels- und Kriegsschiffe. Natürlich haben Sie davon in Antwerpen nichts gesehen. Besuchen Sie die gesicherten Werften der Nordprovinzen!»

Der Mann war nicht verrückt. Das hatte seine Logik! Von dieser Warte hatte Walsinghams Sekretär die Dinge nicht betrachtet. «Trinken wir auf die Heringe!» rief er.

«Und auf die Seefahrt, Mister Raleigh! Die sieben Provinzen der Niederlande und England können zusammen in wenigen Jahren eine größere und modernere Flotte als Spanien besitzen. Wenn sie gemeinsam operiert, werden wir die spanische Vormacht auf den Weltmeeren brechen. Doktor Dee weiß genau, wie wichtig die Seefahrt für England ist. Deshalb schickt er Sie ja her, und Sie kommen nicht umsonst. Ich habe Waghenaer in Leyden die neuesten nautischen Karten abgeluchst. Er wollte sie nicht herausrücken, weil er einen geschlossenen Seeatlas auf den Markt bringen will.»

Karten! Raleigh hatte an Pulver oder Essenzen für Dees Laboratorium gedacht, aber überrascht war er dennoch nicht. Die Alchimie war ja nur ein Teil von Dees vielseitigen Interessen.

Das erste von Koninck vorgelegte Kupfer zeigte den Oceanus Pacificus, Zuyd-Zee nannte es der Niederländer, geteilt durch die Mittellinie des Äquators und die Wendekreise von Krebs und Steinbock, zergliedert von zahllosen Kompaßlinien, gesprenkelt mit Inseln, Atollen und Sandbänken.

«Eine präzise Arbeit, nicht wahr?»

«Sind Sie schon einmal zur See gefahren?» fragte Raleigh, ohne die Augen von der Karte zu lösen.

«Nein.»

«Dann verstehen Sie auch nichts davon!» Das klang wie ein Tadel, aber Raleigh meinte, daß Koninck nur Linien, Punkte und Flecken sah, wo sich vor seinen Augen das sturmgepeitschte Meer ausbreitete, gefahrvolle Sandbänke lauerten oder gischtumsprühte Riffe die Zufahrt zur Küste verwehrten, denn das kleinste Zeichen auf der Karte verwandelte sich für ihn sogleich zu einem Bild der lebendigen Natur. Er verfolgte die Route, die Drake bei seiner Weltumseglung durch dieses Meer genommen hatte, an der Westküste Südamerikas entlang bis über den südlichen Wendekreis. «Hätte Drake eine solche Karte gehabt, wäre seine Fahrt einfacher gewesen.»

«Waghenaer ist auch an spanische Quellen herangekommen. Vor allem konnte er sich zwei spanische Roteiros beschaffen.»

«Sind das die Logbücher, in die die spanischen Steuerleute alle Daten und Beobachtungen eintragen?»

Koninck nickte. «Auf ihre Weitergabe und auf den Verkauf von Seekarten steht in Spanien und Portugal die Todesstrafe. Die Spanier und Portugiesen erschlossen als erste die Routen zu den Reichtümern Asiens und Amerikas und möchten sie für ewig geheimhalten. Aber warum soll ich mir keine Gewürze von den Gewürzinseln holen und sie mit Gewinn verkaufen, Sir? Sie können stolz auf Ihren Drake sein, weil er in die spanischen Herrschaftsgebiete eingedrungen ist.»

«Und er hat sie ganz schön gebeutelt.» Raleigh zeigte auf Lima. «Denken Sie nur, mit welcher Kühnheit er in den Hafen segelte. Die Spanier waren so überrascht, daß sie nicht einmal dazu kamen, eine Kanone gefechtsklar zu machen.»

Koninck füllte noch einmal die Becher. «Trinken wir darauf, daß Ihre Kapitäne ähnliche Unternehmungen bald wiederholen. Jede spanische Niederlage ist auch ein Sieg für uns, Mister.»

An Raleighs Finger, der auf dem rauhen Papier einer zweiten Karte Drakes Rückreise über die Molukken und das Kap der Guten Hoffnung nachzeichnete, steckte der Ring, den ihm die Königin geschenkt hatte, und er dachte: Statt eines Ringes sollte sie mir den Befehl über ein Schiff geben.

In Antwerpen wartete ein unscheinbarer Mensch in seinem Quartier auf ihn, der sich als Sekretär des Prinzen von Oranien auswies. Wilhelm von Oranien bat Raleigh zu sich.

«Ist es ein Empfang für die Gefolgsleute des Grafen Leicester?»

«Mein Herr möchte Sie unter vier Augen sprechen», sagte der Sekretär, und sein Englisch war nicht schlechter als das des Nicolaas Koninck. War es Zufall, daß sein Blick einen Moment auf dem Ring der Königin ruhte?

Anfang März kehrte Raleigh nach England zurück. Von Dover ging es zu Pferd bis Gravesend, von da zu Schiff themseaufwärts. In seinem Gepäck befand sich ein Brief Oraniens an die Königin. Die Sonne schien warm. Er ließ den Mantel in Whitehall und fuhr hinaus nach Schloß Greenwich. Dort verbrachte Elisabeth die Vorfrühlingstage. In seiner Hochstimmung gaukelte sich Raleigh vor, sie werde ihn am Pier erwarten.

Er irrte sich. Elisabeth ließ ihn erst am dritten Tag nach seiner Ankunft zu sich kommen, nicht allein und nicht am Abend, sondern bei Tage, als sie sich mit Vertretern von Städten und Universitäten unterhielt, um später im Staatsrat nicht nur auf die Meinung ihrer hohen Lords angewiesen zu sein.

Es ging geschäftig zu, Sekretäre und Regierungsbeamte waren anwesend, auch einige Herren des Staatsrates, unter ihnen Walsingham. Bevor sie sich Raleigh zuwandte, redete sie mit einem Dekan und dem Friedensrichter von Herfortshire. Gemessen an dem langen Gespräch mit ihnen war das mit Raleigh kurz. Gewiß, sie war freundlich, aber die Vertraulichkeit jenes Abends in ihrem Privatgemach stellte sich nicht ein, und Raleigh hatte das Gefühl, sie wolle mit der öffentlichen Audienz die Erinnerung daran auslöschen.

Oraniens Brief reichte sie sogleich ungelesen an Walsingham weiter, der sie ausführlich über den Inhalt unterrichten sollte. Raleigh hatte sich in der Rolle eines Botschafters gesehen, nun kam er sich wie ein Briefbote vor. Er wollte von seiner Unterredung mit Oranien berichten, aber sie unterbrach ihn: «Für Einzelheiten wird sich Mylord Walsingham interessieren. Es ist Uns eine Freude, Sie wohlbehalten zu wissen, Captain Raleigh.»

Jagdtage folgten, die Königin ritt in der Gesellschaft ihrer hohen Lords, Venedigs Gesandter begleitete sie und auch der aus Frankreich, aber Raleigh war nicht unter die Jäger geladen, und als Treiber wollte er nicht dienen.

Er sah Elisabeth erst in der folgenden Woche wieder, als sie im Beisein einer ausgewählten Hofgesellschaft im ersten Empfangssaal ihres Schlosses speiste. Das zeremonielle Dinner mit seinen strengen Regeln wurde nicht zufällig am Tage nach der Jagd gehalten, denn was im Eifer der Hatz an Rang und Ordnung durcheinandergeraten war – auch ein fröhliches Jagdfest hatte es gegeben, bei dem mancher über die Stränge schlug –, mußte wieder zurechtgerückt werden. Die erhitzte Diana, die vom Pferde die Kavaliere durch muntere Rufe angespornt hatte, präsentierte sich dem Hof wieder als Königin ihres Reiches.

Sie saß allein an dem ovalen Tisch unter dem riesigen Pendelleuchter. Edelknaben trugen Schüsseln und Platten auf, Vorkoster und Mundschenk versahen gravitätisch ihren Dienst, die königliche Hofkapelle spielte gedämpft.

Raleigh, unter einer Gruppe junger Adliger, gehörte zu den Zuschauern, und er war sich wohl bewußt, daß Männer wie er unentbehrlich, aber auswechselbar waren. Der Aufwand, für eine einzelne Person betrieben, diente dem

Zweck, die Würde der Monarchin zu unterstreichen und der Gesellschaft die Einmaligkeit ihrer Stellung ins Gedächtnis zu rücken. Beobachter waren nötig, die bezeugten, wie untertänig sich die Großen des Reiches ihr gegenüber verhielten.

Burghley, Leicester, Hatton, Walsingham und andere hohe Lords standen in gebührendem Abstand rechts neben der Tafel. Richtete die Königin an einen von ihnen das Wort, trat der Angeredete einen Schritt nach vorn, kniete nieder und stand erst wieder auf, wenn sie ihn mit einem Wink entließ.

Als das letzte Gericht abgetragen wurde, erhob sich Elisabeth und wandte dem Tisch den Rücken zu. Zwei Bischöfe traten heran. Auch sie erwiesen ihre Reverenz und knieten nieder, bevor sie das Dankgebet sprachen. In die Knie sanken auch die drei hohen Lords, die ein bedecktes Silberbecken und eine Kanne vor die Königin stellten.

Während Elisabeth ihre Ringe von den Fingern streifte und dem Oberkämmerer reichte, schweiften ihre Blicke durch den Saal, und Raleigh hatte das Gefühl, daß sie einen Moment auf ihm ruhten.

Ein Lord hob den Deckel des Beckens, ein anderer goß Wasser über die ausgestreckten Hände der Königin, und die Lords, die das Tuch hielten, trockneten sie ab. Der Oberkämmerer streifte die Ringe über Elisabeths Finger.

Die Musik, die vor dem Gracias aufgehört hatte, setzte wieder ein und klang ein wenig lauter als vorher. Ein junger Adliger neben Raleigh behauptete, an keinem europäischen Hof gehe es so steif zu wie am englischen. Raleigh gab distanziert zurück, er könne das nicht beurteilen.

In die Gesellschaft, die sich bisher kaum vom Fleck gerührt hatte, kam nun Bewegung. Man ging von einem zum anderen und unterhielt sich.

Auch die Königin, im Gespräch mit der Counteß von Shrewsbury, wandelte auf und ab, entließ dann die hohe

Dame und setzte sich auf die Kissen, die der Lord High Chamberlain, der Großkammerherr, in die Nische des äußeren Bogenfensters, ihren Lieblingsplatz, gelegt hatte. Hierher, von allen gesehen und doch abgesondert, beorderte sie nacheinander eine junge Hofdame, den Sohn eines Earls, einen Komödienschreiber und schließlich auch Raleigh.

Er kniete vor ihr nieder. Sie lächelte freundlich und nannte ihn ihren Ritter.

Er paßte sich ihrer Stimmung an und sagte in einer Mischung von Scherz und Ernst: «Ein trauriger Ritter, der sich grämt, weil er zur Jagd nicht an Eurer Seite reiten durfte.»

«Man sagt, Kummer beflügle die Poesie.»

«Und Sehnsucht treibt uns in die Nähe der Gottheit.» Der Ausspruch mochte nicht ganz passend sein, aber er war gefällig und schaffte den Übergang zu seinem letzten Gedicht, in dem er Schönheit, Ruhm und Macht der Göttin Diana pries, und in der Göttin konnte sich Elisabeth unschwer wiedererkennen.

Sie nahm das Gedicht gnädig entgegen und las es, einige Zeilen sprach sie halblaut.

> Gepriesen sei Dianas helles, unschädliches Licht.
> Gepriesen ihre Strahlen, der Ruhm der Nacht.
> Gepriesen ihre Knechte, in denen aufrechte Treue
> wohnt.

«Gehören Sie zu meinen treuen Knechten, Walter?»

Er neigte den Kopf und sagte ergeben: «Ich wünschte, ich bekäme mehr Gelegenheit, es Eurer Majestät zu zeigen.»

«Und ich fürchte den Tag, an dem alle in diesem Land ihre Treue beweisen müssen.»

Elisabeth spielte auf die spanische Gefahr an, und er ergriff, ohne zu zögern, die Gelegenheit, seine Meinung darüber zu sagen.

«In den Niederlanden bin ich zu der Überzeugung gelangt, daß dort Englands Unabhängigkeit verteidigt wird.»

Sie zog die Augenbrauen hoch. «Das hat Ihnen Oranien eingegeben, mein Politiker, nicht wahr?»

Ihre Ironie hielt ihn nicht ab, von seinem Gespräch mit dem Prinzen zu erzählen: «Er redete mit großem Respekt von Eurer Majestät und setzt seine Hoffnung auf Euch. Er sagte, die Niederlande werden unter dem Schatten der Flügel der Britischen Majestät verteidigt.»

Die Königin war gnädig genug, ihm zuzuhören, aber sie ließ weder Zustimmung noch Ablehnung erkennen. Ihr Blick ruhte auf ihm, gefällig, wie ihm schien, aber auch ein wenig spöttisch, jedenfalls nicht recht zu deuten, und ehe sie ihn entließ, sagte sie: «Der Prinz glaubt mehr zu wissen als ich.»

Raleigh kehrte nach Whitehall zurück, bevor die Königin Greenwich verließ. Dee lud ihn für Donnerstag ein. Morgen also. Er würde selbstverständlich nach Mortlake fahren. Und heute? Der Abend roch nach Frühling. Er ging zur Anlegestelle an der Themse, rief ein Boot und ließ sich zur London Bridge rudern. Von dort ging er zu Fuß zur Lombard Street. In Smythes Haus brannte Licht. Er klopfte. Smythe konnte zu Hause sein. Es war eine Dreistigkeit. Er tastete nach dem Degen an seiner Seite.

Alice empfing ihn, als habe sie auf ihn gewartet, und schlang ihre Arme um seinen Hals. Ihm war, als hätten sie sich erst am Morgen getrennt, und er sagte, daß er verrückt nach ihr gewesen sei.

«Es ist gut, wenn du verrückt nach mir bist. Mach dir keine Gedanken wegen Thomas.» Sie gab sich auch vor der Dienerschaft unbekümmert, ließ Essen auftragen und antwortete auf seine Frage, natürlich könne er die Nacht bei ihr bleiben.

Sie saßen im Wohnzimmer nebeneinander auf der weichen Sitzbank. Im Kamin knisterten Holzscheite. Kerzen brannten, aber der Raum war groß, und die entfernten Ekken waren nicht ausgeleuchtet.

«Ich komme mir wie der Hausherr vor.»

«Heute bist du's auch.» Alice kicherte. Sie hatte schon Wein getrunken. «Ich habe zwei Herren, dich und Thomas.»

Ihm konnte es recht sein. Wenn ihn aber die Vorstellung, einer von Alices Männern zu sein, amüsierte, liebte er sie dann überhaupt? Zum Teufel, es gab so viele Ungereimtheiten, und man lernte immer neue kennen! Er malte sich aus, wie sie mit ihrem Mann zusammenlag, und er sagte es ihr. Sie flüsterte etwas, was er nicht verstand, und küßte ihn heftiger.

Er erregte sich bei dem Gedanken an eine buhlerische Dreisamkeit.

«Vor dem Kamin ist es warm», sagte sie.

Später blieben sie nackt vor dem Feuer liegen. Alice, das Gesicht über dem seinen, fuhr mit ihren spitzen Fingernägeln über seine behaarte Brust. Er schüttelte sich. Sie lachte, deckte ein Fell über ihn und kroch mit darunter. «Vielleicht liegst du einmal so bei der Königin.»

«Dazu wird es nie kommen.»

«Möchtest du es nicht?» raunte sie, den Mund nahe an seinem Ohr, ohne jeden eifersüchtigen Unterton. Im Gegenteil, es klang, als fordere sie ihn auf, Elisabeth zu verführen.

Er versuchte sich vorzustellen, daß er bei der Königin lag, aber er konnte sich seine Empfindungen dabei nicht ausmalen. Er hatte sich oft bemüht, sie nur als Frau zu sehen, aber es war ihm nie möglich gewesen, darüber die Königin zu vergessen. Eine hohe Dame im alten Rom, so hatte er gelesen, nahm sich einen ihrer Sklaven zum Geliebten und spielte im Bett seine Sklavin. Nach den Liebesstunden traktierte sie ihn dafür um so herrischer. Weder die Königin noch sich selbst konnte er sich in ähnlich vertauschten Rollen vorstellen. Andere legten mit ihren Kleidern Rang und Würden ab, Elisabeth würde auch im Bett noch die Königin bleiben. Verwirrt über seine Gedankenspielerei, antwortete er ausweichend: «Man möchte nicht mit allen Frauen schlafen, die man verehrt. Außerdem weiß ich nicht einmal, ob sie mir je wieder die Hand zum Kuß reichen wird.»

«Wieso?» Alices Stimme klang jetzt wach und nüchtern.

«Ich habe ihr eine Botschaft Oraniens überbracht und ihr empfohlen, die Niederlande energischer zu unterstützen, aber sie nahm meinen Rat nicht ernst.»

Alice schüttelte leise den Kopf. Ihre Haare fielen nach vorn und kitzelten sein Gesicht. «Mein armer Junge», tröstete sie scheinheilig, «da kamst du ihr mit so einem klugen Gedanken, und sie versäumte es, dich dafür in den Adelsstand zu erheben.»

«Du darfst mich nicht verspotten», brummte er ärgerlich und blies ihre Haare weg.

«Kluge Männer hat sie genug um sich. Ihr politischer Ratgeber wirst du vielleicht einmal, wenn du graue Haare hast.»

«Was könnte ich also für sie sein?»

«Ihr Kavalier.»

«Ach was! Sie hat mich nach meiner Rückkehr lange warten lassen, bevor sie mich rief, also hatte sie keine Sehnsucht nach mir.»

«Das könnte mit Oraniens Schreiben zusammenhängen. Leicester wäre der richtige Bote für den Brief gewesen. Oranien händigte ihn dir aus und gab damit zu verstehen, daß er an deinen Einfluß glaubt. Die Königin wollte diesen Eindruck nicht bestätigen, vielleicht, weil sie nicht zugeben wollte, daß Oranien sie durchschaute, vielleicht, weil sie sich über ihre Gefühle und Absichten noch nicht im klaren ist.»

«Sie denkt bestimmt nicht über mich nach, ich bin ihr nicht so wichtig.»

«Meinst du wirklich?» Alice warf sich plötzlich auf ihn

und küßte ihn, daß ihm der Atem wegblieb. «Du verstehst mehr von Schiffen als von Frauen», sagte sie lachend, «aber schlimm ist, daß du dir einbildest, etwas von Frauen zu verstehen.»

«Ach, ich versteh nichts von dir?» fragte er herausfordernd.

«Sei kein dummer Junge! Erwartest du, daß ich auf die Königin eifersüchtig bin? Ich liebe dich, aber ich bin kein verträumtes Mädchen. Thomas meint, du könntest eines Tages Leicesters Platz bei der Königin einnehmen.»

Raleigh wurde hellhörig. Wie kam er darauf? Hatte sie ihrem Mann von ihm erzählt und gar gestanden, daß er ihr Liebhaber war? Wollte Smythe über ihn Einfluß auf die Königin gewinnen und förderte daher die Beziehungen seiner Frau zu ihm?

«Benutze jede Gelegenheit, in ihre Nähe zu kommen», fuhr sie fort. «Du siehst gut aus, aber andere Männer sind auch nicht häßlich. Gib dich jugendlich und unbekümmert. Nach Staatsratssitzungen will sie bestimmt von Politik nichts mehr hören. Eine Frau mag einen Mann, mit dem sie oft und gern lachen kann.»

«Ich muß über dich lachen», unterbrach er sie. «Du redest wie eine Mutter, die ihrem Sohn eine Braut gewinnen will.»

«Wer hat mich denn darum gebeten?» fragte sie, küßte ihn und grub ihre Zähne übermütig in seine Lippe.

Er schob sie mit gespieltem Ärger von sich. «Wahrscheinlich liegt es mir gar nicht, ihr Kavalier zu sein und immer um sie herumzutänzeln. General in einem Feldzug, Admiral einer Flotte, das wäre etwas für mich, eine Stellung, wo man beweisen kann, was in einem steckt.»

«Sie könnte dir eines Tages die Möglichkeit dazu geben.»

«Wenn ich vierzig bin und die Gicht habe. Mein irisches Memorandum hat sie gar nicht gelesen», klagte er.

Alice streichelte tröstend sein kräftiges, gewelltes Haar. «Wenn du einen Platz in ihrem Herzen erobert hast und sie sich nach deiner Gesellschaft sehnt, wird sie auch ein offenes Ohr für deine anderen Wünsche haben. Du mußt den ersten Schritt vor dem zweiten gehen.»

Beim Anblick von Dees Wohnsitz in Mortlake erinnerte sich Raleigh an die Klage des studieneifrigen Francis Bacon, der Reichtum eines Menschen an Wissen und Gedanken entspräche nur in wenigen Fällen seinem weltlichen Besitz. Das graue Haus, direkt an der Themse gelegen, zweistöckig und ohne jeden architektonischen Schmuck, sah einem der alten kleinen Speichergebäude in Deptford ähnlicher als dem Landsitz eines königlichen Hofastrologen.

Dee bemerkte, als er ihn die Stufen hochführte, er könne die Räume zu ebener Erde nicht bewohnen, weil der Schwamm in dem alten Gemäuer sitze, und der Keller stehe meist unter Themsewasser.

«Wenn du ein einflußreicher Mann bist, kannst du für den alten Dee bei der Königin eine neue Behausung erbitten.» Das brachte er mit Ironie und ohne klagenden Unterton vor.

Raleigh bezweifelte, daß Dee das Aussehen seiner Wohnung ernsthaft störte. Den Raum, in den er ihn führte, hätte er sich gemütlicher einrichten können. Die wuchtigen Möbelstücke schienen einzig unter dem Gesichtspunkt ausgewählt, möglichst viele Bücher, Karten und Gerätschaften unterbringen zu können. Zwei breite Eichenholzkästen und ein Kabinettschrank füllten die Wand gegenüber der Fensterseite, an der Stirnwand flankierten zwei holländische Truhen einen mit plumpen Schnitzereien verzierten Schrank. Die Möbel beanspruchten viel Platz und paßten nicht zueinander. Dees Sammlung von Astrolabien, Jakobsstäben, Oktanten und Schiffsmodellen, die auf den Truhen und dem Kabinettschrank ohne Sinn für Harmonie dicht nebeneinander standen, machte das Zimmer nicht anheimelnd, es wirkte vollgepfropft und überladen.

Unter einem von der schwärzlichen Balkendecke herabhängenden Modell einer Galeone unterhielt sich Raleighs Halbbruder Humphrey Gilbert mit zwei Männern. Raleigh war nicht erstaunt, ihn hier zu treffen. Seit sie einander in Whitehall wiederbegegnet waren, hatte sich Dee bemüht, ihn und Humphrey auszusöhnen. Das war nicht schwer, da die Gründe für den Zwist lange zurücklagen. Nachdem Humphrey sich für sein cholerisches Wesen entschuldigt hatte, gab sich Raleigh zufrieden.

Dee stellte ihm Humphreys Gesprächspartner vor, den Lotsen Simon Fernandez, einen kleinen, dunkelhaarigen Portugiesen in englischen Diensten, und Richard Hakluyt, einen Geistlichen, der sich mehr mit Globen, Land- und Seekarten als mit der Bibel beschäftigte und geographische Schriften veröffentlicht hatte.

Dann machte Dee mit Raleigh die Runde. Walter lernte Thomas Hariot kennen, Mathematiker und Instrumentenmacher, knapp über zwanzig, und zwei Kapitäne. Auch ein Seeoffizier, der mit Hawkins zusammen gefahren war, befand sich unter den Gästen.

Raleigh wechselte mit jedem ein paar höfliche Worte, seine Aufmerksamkeit aber galt dem schlanken, blonden Mann in einem roten, mit schwarzen Samtstreifen abgesetzten Wams im Nebenzimmer, der sich über einen Globus beugte. Nach einiger Zeit richtete sich der Blonde auf und versetzte der Erdkugel einen spielerischen Stoß. Tatsächlich Smythe! Ihn hatte Raleigh nicht unter Dees Gästen vermutet. Kein gutes Gefühl, dem Ehemann seiner Geliebten so plötzlich gegenüberzustehen, obwohl Alice ihm versichert hatte, er brauche sich Thomas' wegen keine Gedanken zu machen.

Er, Raleigh, würde natürlich keine Auseinandersetzung heraufbeschwören. Er wollte Smythe Alice nicht streitig machen. Aber würde Smythe seine Beziehungen zu Alice tatsächlich dulden? Oder wußte er gar nichts davon? Die Begegnung kam unerwartet, er hatte keine Zeit, sich sein

Verhalten zu überlegen, gab sich gelassen und verbeugte sich weltmännisch.

Der Kaufmann sagte in freundlichem Ton: «Ich habe schon von Ihnen gehört, Mister Raleigh.»

Die gleichen Worte, wie sie Oranien gebraucht hatte. Natürlich hatte Alice von ihm erzählt, es fragte sich nur, wieviel. Sie tauschten ein paar Redensarten und folgten dann Dees Aufforderung, die neuen Karten zu betrachten.

Dees Faktotum hatte den runden Tisch in der Mitte des Raumes ausgezogen und durch Einlegen zweier Platten verlängert. Auf der ovalen Fläche entrollte er die Zuyd-Zee- und andere Karten Waghenaers.

Die Herren traten heran und erörterten sachkundig die Abweichungen von anderen Darstellungen, erst beim Pazifischen, dann auch, ausführlich und lange, beim Atlantischen Ozean. Simon Fernandez berichtete von seiner Erkundungsfahrt an der nordamerikanischen Küste.

«Sind die Frauen dort so hübsch, daß sich die Reise lohnt?» fragte Smythe. Er wirkte wie ein großer Junge. Man sah ihm seinen Reichtum nicht an und auch nicht seine Stellung innerhalb der City. Das machte ihn Raleigh sympathisch, und er dachte: Vielleicht könnte ich mich mit ihm gut verstehen.

Der Portugiese zeigte Mitbringsel von der Reise: eine große, gegerbte Haut, seltsam verzierte Gürtel und eine dieser Tonpfeifen, von denen Raleigh schon in Frankreich gehört hatte. Smythe hielt lange ein Halsband in den Händen, an dem zwischen Perlen kleine polierte Knöchelchen aufgereiht waren. Er stellte Vermutungen über deren Herkunft an und versuchte, Raleigh ins Gespräch zu ziehen. War er zu Doktor Dee gekommen, um mit ihm, Raleigh, zu reden, oder hatte der Alte aus eigenem Antrieb die Begegnung arrangiert?

Humphrey Gilbert riß das Wort an sich. Er plante eine neue große Expedition. Raleigh hatte davon gehört. Die Route sollte hoch nach Norden führen, da schimmerte die

Hoffnung durch, endlich die Nordwestpassage zu finden, dann in südlicher Richtung die Ostküste Nordamerikas entlang. Mit dem Finger deutete er auf den vorgesehenen Landeplatz, darauf zog er mit dem Stift einen Halbkreis landeinwärts. «Dieses Gebiet ist schon an englische Interessenten verkauft.»

Papierland für feste Goldstücke, dachte Raleigh. Wie geschäftstüchtig, Brüderchen!

«Es fehlt trotzdem noch an Geld», fügte Humphrey hinzu und sah dabei Smythe an.

Der Kaufmann äußerte sich nicht zu der unausgesprochenen Aufforderung, sich an dem Unternehmen finanziell zu beteiligen. «Haben Sie denn kein Bier, Doktor Dee?» fragte er statt dessen.

Natürlich hatte Dee Bier, starkes, braunes Bier. Nach zwei, drei Humpen sah die Welt anders aus, die Gespräche über Leistungsvermögen und Ausrüstung der Schiffe verebbten, und einer der Kapitäne begann, Seemannsgarn zu spinnen.

«Ein, zwei Geschichten hör ich mir gern an», sagte Smythe nach einer Weile zu Raleigh, «aber dann hab ich von diesen Flunkereien genug. Gehen wir ins Nebenzimmer. Haben Sie sich den großen Globus schon angesehen?»

Raleigh folgte ihm, gespannt, was Smythe von ihm wollte.

Der Kaufmann drehte am Globus und zeichnete auf der Kugel die Route nach, die Humphrey nehmen wollte. «Ist denn dieser nördliche Umweg nötig? Man kann doch wohl nicht eine Niederlassung im Osten Amerikas gründen wollen und gleichzeitig nach der Nordwestpassage suchen.»

«Ich habe mich mit diesen Dingen noch nicht ernsthaft befaßt.»

«Sie sollten es aber tun», bemerkte Smythe beiläufig. «Hier bin ich gewesen», sagte er, den Globus drehend, «und hier, in Kairo. Da habe ich als Zwanzigjähriger versucht, den Ägyptern unsere Stoffe aufzuschwatzen. Die Transportkosten überstiegen den Gewinn. Mein Kompagnon hat es mir nie verziehen. Er wagte nichts und legte Penny auf Penny. Wenn es nach ihm gegangen wäre, hätte ich unsere schöne Insel nicht verlassen, und die Levante und Eastland Company wären nie gegründet worden.»

«Krämerseelen gibt es überall.»

«Auch bei Hofe, nicht wahr? Zum Glück ist ihr Einfluß auf die Königin gering. Die Herren sollten in jedes Zimmer so einen Globus stellen. Er erinnert daran, wie klein England und wie groß die Welt ist. Wir müssen uns nur unseren Teil davon nehmen.» Er wandte sich um und sah Raleigh an. «Davon muß die Königin überzeugt werden.» Nach einer Pause fuhr er fort: «Werden Sie an der Expedition Ihres Bruders teilnehmen?»

«Was raten Sie mir, Mister Smythe?»

Der Kaufmann zögerte.

Raleigh stieß den Globus an und richtete die Augen auf die sich unter leichtem Knarren drehende Weltkugel, um nicht zu zeigen, wie gespannt er auf Smythes Antwort war.

«An Ihrer Stelle bliebe ich in London», erwiderte Smythe endlich.

«Die Reise mit Humphrey könnte sehr interessant werden», äußerte Raleigh, obwohl er nicht die Absicht hatte, wieder mit seinem Halbbruder zur See zu fahren. In seinen Augen schimmerte Genugtuung. Smythe glaubte also an seinen Einfluß auf die Königin und hoffte, daß er ihn für die Kaufleute nutzen würde, sonst hätte er ihm nicht empfohlen, in London zu bleiben. «Halten Sie nichts von Humphreys Unternehmen, Mister Smythe?»

«Ihr Halbbruder hat Fehler begangen. Über siebzig Prozent dieser imaginären Landanteile wurden an Katholiken verkauft. Wir brauchen in Amerika eine Basis gegen die Spanier und einen Handelsstützpunkt, aber keine katholische Hochburg.»

«Sie werden sich also an Humphreys Vorhaben nicht finanziell beteiligen?»

«Wir warten die Entwicklung ab, Mister Raleigh. Sie wissen, daß sich eine solche Expedition nicht von heute auf morgen vorbereiten läßt, und in den nächsten Wochen kann noch eine Menge passieren. Der spanische Botschafter hat die englischen katholischen Herren vor diesen Landkäufen gewarnt. Wenn unter diesem Druck viele Katholiken auf ihre Anteile verzichten, werden wir Gilbert unterstützen. Allerdings glaube ich, er hat keine sehr glückliche Hand. Die Erfolgschancen sind gering.»

«Und trotzdem wollen Sie investieren?»

«Das verstehen Sie nicht, nicht wahr? Dabei hat meine Frau Ihre Klugheit gerühmt.» Zum ersten Mal lag ein vages Lächeln auf Smythes Gesicht. Er ging nicht sehr weit, verriet keine kumpelhafte Mitwisserschaft noch zeigte er Billigung seines Verhältnisses zu Alice.

«Es kommt darauf an, unsere Ansprüche auf einen Teil Amerikas geltend zu machen», fuhr Smythe fort, «je schneller und je häufiger, desto besser. Und die Königin hat nun einmal Ihrem Herrn Bruder diese Konzession gegeben. Als Kaufmann muß man Verluste einkalkulieren. Kein großes Geschäft ist ohne vorherige Investitionen möglich. – Ich könnte mir übrigens vorstellen, daß auch Ihnen mit einer kleinen Anleihe gedient wäre. Es würde Ihrem Auftreten in Whitehall zum Vorteil gereichen.»

«Wofür wollen Sie mir Geld anbieten?»

Der Kaufmann legte ihm die Hand auf den Arm, eine schmale, mädchenhafte Hand. «Ich will es Ihnen nicht aufdrängen, genausowenig, wie ich Ihnen meine Freundschaft aufdrängen will. Um ganz ehrlich zu sein: Ich habe Ihre Bekanntschaft gesucht, weil ich glaube, Sie könnten uns eines Tages von Nutzen sein.»

Smythe hatte «uns» gesagt, und er meinte natürlich die Kaufleute der City. Das waren nicht mehr als zwei, drei Dutzend große Händler. Ihr Kapital steckte in Schiffen, Wolle und Tuchen, in Eisen und Glaswaren, es arbeitete in Manufakturen und auf Werften, in Kohlebergwerken, in den Kupfer- und Zinngruben. Der City nutzen? Natürlich nicht als Kapitän auf einem von Humphreys Expeditionsschiffen! Er hatte richtig vermutet. Smythe dachte wie Oranien, er, Raleigh, könnte Einfluß auf die Königin gewinnen. Er sah ihn aufmerksam an. Smythe war gewiß nicht zimperlich, wenn es darum ging, seinen Reichtum und seinen Einfluß zu vergrößern. Ein Mann mit Energie und Tatkraft. Es war nicht schlecht, sich mit ihm zu befreunden, aber Smythes Freundschaft hing von seiner eigenen Stellung bei Hofe ab. Einem Bettler würde dieser Kaufmann keinen Penny geben.

«Vielleicht können wir uns eines Tages gegenseitig von Nutzen sein», sagte Raleigh ein wenig kühl, denn Smythe sollte nicht den Eindruck gewinnen, er wolle sich bei ihm anbiedern.

Dee trat aus dem Nebenzimmer zu ihnen und brachte ihnen ein Glas Wein. «Es freut mich, daß sich die Herren gut verstehen.» Er blinzelte Raleigh zu. Da wußte Walter, daß der Alte sein Zusammentreffen mit Smythe arrangiert hatte.

Smythe nahm Raleigh in seiner Barke mit nach London zurück. Ein Luxusschiffchen mit einem Luxussalon, kostbarer ausgestattet als der Galaraum von Leicesters Flaggschiff: venezianische Spiegel, Bezüge aus orientalischer Seide, Wandteppiche aus Flandern.

Smythe war von ausgesuchter Höflichkeit. Er ließ ihn bis zur Anlegestelle von Whitehall rudern. Von da leuchtete ihm Peter mit der Fackel den Weg zu seiner Kammer, aber drinnen durfte er kein Licht anzünden. Raleigh wollte seine kahlen vier Wände nicht sehen. Er warf sich angekleidet aufs Bett. Nicht einmal das gehörte ihm!

«Der königliche Hofschuhmacher war wieder da wegen des Geldes für Ihre Stiefel, Sir», bemerkte Peter am nächsten Morgen, während er ihm das Frühstück auf den Tisch stellte.

«Soll warten!»

«Das mußte ich ihm schon dreimal sagen, Sir.»

«Dann sag's ihm noch einmal», brummte Raleigh, während er sich die gebratenen Eier schmecken ließ. «Gestern hat mir ein Kaufmann ein Darlehen angeboten. Soll ich das Geld nehmen?»

«Was gibt es da zu überlegen, Sir?»

«Es hängen Bedingungen dran, die ich nicht erfüllen kann, wenn ich bei Hofe nur Mitglied der königlichen Wache bleibe.» Er drückte sich vorsichtig aus, aber Peter verstand ihn.

«Hätte ich Geld gehabt», erwiderte er, «dann hätte ich die Tochter eines reichen Bauern heiraten können. Ich gefiel ihr, aber dann fuhr einer mit 'ner Kutsche vor. Ein armer Hund kommt zu nichts, Sir.»

«Ich brauche keine Kutsche.»

«Aber ein paar neue Hosen. Sie können auch nicht ewig das gleiche Wams anziehen, Sir. Wer bei Hofe etwas erreichen will, braucht nun mal elegante Kleidung.»

«Auch der Diener, Peter?» fragte Raleigh.

«Mir ist's gleich, was ich anzieh, aber viele schließen vom Diener auf den Herrn, Sir.» Peter schenkte Walter Bier ein.

«Hol das Wasser zum Rasieren.»

«Ja, Sir», sagte Peter, aber er blieb am Tisch stehen. «Wenn Sie bei der Königin etwas erreichen wollen, müssen Sie auch den anderen Ladys am Hof gefallen, Sir. Wenn die sich über Ihre Kleidung lustig machen und man über Sie spottet, Sir, wird auch Ihre Majestät Sie wenig schätzen.»

Raleigh wischte die leere Pfanne mit Brot aus. «Möchte wissen, was dich das angeht, Peter Dean.»

Peter trat einen Schritt zurück. «Entschuldigen Sie, Sir, ich glaubte, Sie wollten meine Meinung hören.»

«Ach was, rasieren sollst du mich, verdammter Kerl!» Dann stieß er ihm die Faust in die Seite. «Sag deinem Schuhmacher, er kann sich nächste Woche sein Geld holen.»

Er gab Smythes Pfunde verschwenderisch für Kleidung

und Ohrringe aus. Kopfzerbrechen bereitete ihm ein Geschenk für die Königin. Elisabeth freute sich über die Aufmerksamkeiten ihrer Höflinge wie ein Kind. Burghley hatte ihr zu Weihnachten ein goldenes Tintenfaß samt Streusanddose geschenkt, das Jahr zuvor einen Satz goldener Teller mit emaillierten Vögeln, kunstvoll gearbeitet und im Wert höher als Smythes Anleihe, aber Ähnliches bekam die Königin auch von ausländischen Gesandten. Leicester kehrte mit seinen Gaben den Verehrer hervor. Die Königin trug ein Diamantarmband von ihm, in dessen Schloß eine Nürnberger Uhr tickte, und auf ihrem Toilettentisch stand ein Parfümflakon mit Leicesters Wappen. Persönliche Dinge nach Raleighs Geschmack, aber er durfte Leicester nicht nachahmen. Immerhin, etwas Unverwechselbares konnte er Elisabeth schenken: seine Gedichte. Er verfaßte neue Verse zum Preis der Königin und legte sie in ein mit rotem Samt ausgekleidetes Lederfutteral, das ein Täschner nach seinen Angaben gefertigt hatte. Das Wertvollste sollte der Verschluß sein, eine Goldschnalle, in die ein mit einem Pfeil durchbohrtes Herz gearbeitet war. Er entwarf eine Zeichnung davon und schickte Peter damit zu einem Goldschmied.

Im königlichen Ankleideraum in Whitehall bemühten sich Hofdamen um die Morgentoilette Ihrer Britischen Majestät. Die Königin überließ die flüchtige Reinigung ihres Gesichts und die Maniküre zwei Adelsfräulein vom Lande, die nach Weihnachten in den Hofstaat aufgenommen worden waren und hofften, nicht nur das Wohlwollen Ihrer Majestät, sondern auch die Zuneigung vermögender und einflußreicher Herren am Hofe zu gewinnen und sich günstig zu verheiraten. Heute erwartete die Königin ungeduldig das Ende ihrer Bemühungen. Allein mit ihrer obersten Kammerfrau, betrachtete sie eine Zahnlücke.

«Man sieht es kaum», tröstete Lady Stafford.

Die Königin schloß den Mund bis auf einen schmalen

Spalt und schob mit dem kleinen Finger die Oberlippe hoch, ihr Spiegelbild immer im Auge. «Wenn ich beim Sprechen den rechten Mundwinkel geschlossen halte, bemerkt man es wirklich nicht. Sehen Sie!»

«Mein Himmel!» Lady Stafford wußte nicht, ob sie lachen oder ein betrübtes Gesicht machen sollte. «Man wird denken, Majestät leiden unter Nervenreißen.»

«Man wird mich Elisabeth die Schiefmäulige nennen.»

Die beiden Damen, vertraut durch mancherlei Gespräche über persönliche Dinge, lachten gleichzeitig.

Dann fragte Elisabeth, ob sie John Almayer mit einer goldenen Kette oder einem neuen Bischofsmantel belohnen solle.

«War die Predigt so gut?»

«Ach, Sie wissen es nicht», sagte die Königin und erzählte ausführlich die Umstände der Zahnoperation, während ihr Lady Stafford das Gesicht mit einer milchigen, schaumig geschlagenen Flüssigkeit einrieb, deren Zusammensetzung allein Doktor Dee kannte. Sie bleichte die Haut und verlieh ihr das vielgerühmte Alabasterweiß.

Die Zahnschmerzen hatten Ihre Majestät, wie Lady Stafford wohl wußte, nicht mehr schlafen lassen und waren so arg geworden, daß sie alle Verpflichtungen absagte. Der Staatsrat war zusammengekommen und hatte den Fall erörtert, die Meinung der Ärzte eingeholt und den in der City wohlbekannten Zahnbrecher Fenatus gerufen, der über eine Salbe verfügte, die das Ausfallen des erkrankten Zahnes bewirken sollte, nach Fenatus' freimütig geäußerter Meinung jedoch nicht ungefährlich für die benachbarten Zähne war. So hatte der Staatsrat ihr empfohlen, sich für die herkömmliche Methode zu entscheiden. Da habe sie, gestand Elisabeth, recht unköniglich gejammert. Leicester, Burghley und selbst Walsingham wußten keinen Rat. Nur Bischof Almayer habe Courage bewiesen. «Weshalb klagen Majestät wegen einer solchen Lappalie?» Dann habe sich der Bischof vor ihren Augen, ohne zu stöhnen, einen gesunden Zahn herausreißen lassen. «Da sehen Sie, zu welchen Liebesdiensten ein alter Herr fähig ist. Können Sie sich erinnern, daß mir ein junger Kavalier versicherte, er würde alles für mich tun? Hätte er auch so gehandelt?»

«Es wäre schade um seine kräftigen weißen Zähne», sagte die Hofdame, die wohl wußte, wer gemeint war, und setzte der Königin die Perücke auf den Kopf.

«Ja, das wäre es», bestätigte Elisabeth.

«Von jungen Männern erwartet man andere Dienste!»

«Lady Stafford!» sagte die Königin mit gespieltem Tadel, und dann kicherten die hohen Damen wie zwei Fünfzehnjährige.

«Er hat mir übrigens neue Gedichte in einem hübschen Behältnis geschickt. Sehen Sie sich diesen kostbaren Verschluß an. Woher hat er das Geld dafür?»

«Man sagt, er sei seit kurzem mit Smythe befreundet.» Lady Stafford hatte ihre Ohren überall.

«Mit dem City-Kaufmann?» Sieh an! Der junge Raleigh war nicht nur Soldat und Poet, er dachte auch praktisch. Klug von ihm, Verbindungen zur City anzuknüpfen. Sie selbst hatte die Beziehungen zu den Kaufleuten vom ersten Regierungstag an gepflegt. Sie nahm das Blatt aus dem Futteral, las es und reichte es Lady Stafford. «Wie finden Sie dieses Gedicht?»

Lady Stafford lobte die außerordentlichen Fähigkeiten des jungen Captains.

Die Königin wandte sich wieder dem Spiegel zu, betrachtete die Krähenfüße in den Augenwinkeln und die langgezogenen Falten um den Mund, die nur noch eine dicke Schminkschicht überdecken konnte. Sie zog den Mund breit, sah die häßliche Zahnlücke und wiederholte die Verszeile: «Was ist der Winter anders als das Vergehen des herrlichen Frühlings!» Ihre Hand strich über die weichen Locken der Perücke. «Man sagt, das Haar stamme von einer achtzehnjährigen Dienstmagd. Sie soll sehr schön sein. Warum kann ich nicht ihren ganzen Kopf aufsetzen?»

Lady Stafford lächelte. «Majestät könnten England nicht mit dem Kopf einer Dienstmagd regieren.»

«Es käme auf einen Versuch an. Ich gäbe viel darum, jünger zu sein.» Die Königin schickte ihrem Wunsch einen Seufzer nach. Nicht mehr lange, und sie war fünfzig. Dann würden die Schmeicheleien über ihr Aussehen nur noch geheuchelt sein.

«Man muß die warme Jahreszeit nutzen, um im Winter von Erinnerungen zehren zu können», empfahl die oberste Kammerfrau.

Die Königin erhob sich und stieß das Fenster weit auf. Die Aprilsonne schien ihr ins Gesicht.

Sie ließ den Staatsrat wissen, in drei Tagen gedenke sie nach ihrem Schloß Hampton Court aufzubrechen. Dem Captain Raleigh hinterließ sie Weisung, ihr dorthin zu folgen.

DER GÜNSTLING

Zu Pferd nach Hampton Court, durch die morgendliche Frühlingslandschaft, durch Buchen- und Birkenwäldchen, vorbei an schmalen Äckern und den weiten, eingehegten Schafweiden. Gab es in anderen Gegenden so viel Grün wie in Middlesex?

Ein Stück ging es am Ufer der Themse entlang. Sie war hier schmaler als in London und strömte träger. Mancher Reiter paßte sich dem Fluß an und verfiel unwillkürlich in eine langsamere Gangart. Raleighs Hochstimmung vertrug sich nicht mit Gemächlichkeit. Er blieb im Galopp und spornte sein Pferd an, weiter auszugreifen. Die Königin hatte ihn gerufen!

Hinter einer Biegung, in einiger Entfernung, Hampton Court. Türme, Schloßflügel, Hallen in leuchtendem Rot. Ein Spielzeug, hineingesetzt in das flache Land, ein Riesenspielzeug. Keine starke Festung wie Windsor, keine mit der Tagespolitik, den Gerichten, der City verbundene Zentrale wie Whitehall. Ein Lustschloß, das dem Vergnügen diente und auch dazu, fremden Diplomaten englisches Selbstbewußtsein zu zeigen, denn auf Verteidigung war es nicht eingerichtet.

König Heinrichs VIII. mächtiger Kardinal Wolsey hatte es am gesündesten Ort, den seine Ärzte für ihn im Umkreis von zwanzig Meilen von London finden konnten, als Landsitz errichtet. Geld wurde nicht gespart, die kunstfertigsten Handwerker herangezogen. Erweckten Pracht und Bequemlichkeit des Schlosses den königlichen Neid? Trugen sie zum Sturz des Kardinals bei, der ein anderer Papst werden wollte? Einige Jahre nach dem ersten Besuch Heinrichs in Hampton Court mußte der Kardinal das Schloß seinem König schenken. Denk nicht an das Ende des Fleischersohnes Wolsey, denk an seinen phantastischen Aufstieg, Walter! Wolsey wurde in einer strohgedeckten Lehmhütte geboren und erbaute diesen Landsitz, jetzt königlicher Palast mit mehr als tausend Zimmern.

Raleigh ritt über die Grabenbrücke zum großen Torhaus. Zwei Posten verstellten ihm mit ihren Hellebarden den Weg. Er blickte über sie hinweg und wartete. Im Relief des königlichen Wappens Heinrichs VIII. unter dem Erker hatte ein Vogel sein Nest gebaut. Krähen kreisten um die vergoldeten Wetterfähnchen und Bleikuppeln der Tortürmchen.

«Seht ihr nicht, es ist Captain Raleigh, ihr Dummköpfe!» schrie der Wachoffizier seine Leute an und entschuldigte sich.

Ein Hofbeamter holte ihn ab. Belustigt nahm Raleigh zur Kenntnis, wie Gleichgestellte ihn zuerst grüßten. Hohe Lords musterten ihn mit Interesse.

«Das Schloß ist überfüllt», erzählte ihm sein geschwätziger Führer, «das größte Turnier des Jahres will keiner versäumen. Gestern sind noch die Earls von Lincoln, Southampton und Oxford gekommen. Wir wußten nicht, wo wir ihre Begleitung unterbringen sollten, aber für Sie, Captain Raleigh, hat Ihre Majestät ausdrücklich eine gute Unterkunft befohlen.»

Sein Zimmer war heller und größer als die Kammer in Whitehall. Ledertapete aus Arras an den Wänden, das Himmelbett mit weißem Damast bedeckt. Er zog die Stiefel aus, bevor er sich darauf legte, aber er ruhte nicht lange, zum Schlafen war er nicht hergekommen. Auf der Treppe lief er Doktor Dee in die Arme.

«Habe gehört, daß du hier bist, und wollte dich zu einem Rundgang abholen.» Der Alte blickte ihn munter an, seine Haut war glatt wie eh und je, und der frischgestutzte Kinnbart wippte unternehmungslustig.

Vom Vorhof, der bis auf einen schmalen, sonnenbeschienenen Streifen schon im abendlichen Schatten lag, gingen sie durch das Tor in den Uhrenhof. Raleighs Fragen nach den Reliefs über den Fenstern beantwortete Dee unbestimmt, dagegen machte er ihn auf ein paar Kamillenpflanzen aufmerksam, die sich neben einem kümmerlichen, aber stark riechenden Thymianbüschel in den Ritzen zwischen den Pflastersteinen behaupteten.

Es erstaunte Raleigh nicht, daß Dee an der weitgerühmten astronomischen Uhr über dem Anne-Boleyn-Tor die kunstsinnige Anordnung der Ziffern, Zeichen und Symbole des Tierkreises mit keinem Wort erwähnte und dagegen begeistert von ihrer Mechanik sprach. «Ein einzigartiges Werk! Dort zeigt sie den Tag im Monat, da die Zahl der seit Jahresbeginn verstrichenen Tage. Neben den Mondphasen kannst du sogar die Zeit der Hochflut der Themse an der London Bridge ablesen. Das Wunder hat nur einen Fehler. Siehst du die Sonne am großen Zeiger? Sie dreht sich um die Erde. Ich habe dem Oberhofbaumeister deswegen geschrieben. Wenn wir's nicht abändern, wird man uns Engländer wegen unserer rückständigen astronomischen Ansichten belächeln.»

Raleigh war aufmerksam Dees Erklärungen gefolgt. «Die Uhr steht doch», sagte er plötzlich. «Heißt es nicht, eine hochgestellte Persönlichkeit im Palast stirbt, wenn sich ihre Zeiger nicht mehr drehen?»

«Man nennt sie die Uhr des Todes», bestätigte Dee, «aber du darfst nicht jeder Legende glauben. Übrigens stand sie schon, bevor Ihre Majestät ankam.»

Einige Edelleute gingen in die große Halle, wo das Abendessen für die hohen Gäste serviert wurde, doch Dee meinte, es sei noch Zeit. Er führte Raleigh durch die Parkanlage zu dem mit einer brusthohen Ziegelmauer umgebenen Tilt Yard, dem Turnierplatz. Der Platz lag verlassen. Außerhalb der Umfassung hämmerten Zimmerleute auf den Zuschauertürmen. Auf der gegenüberliegenden Außenbahn stak auf einem Pfahl in Roßhöhe ein schwärzlicher Harnisch mit ovalem Schild und geschlossenem Visier, ein Torso ohne Beckenschutz und Beinzeug. Am ausgestreckten rechten Eisenarm hing ein Sandsack.

«Schon mal so einen Gliedermann gesehen, Walter?»

«Ich hab in Frankreich zugeschaut, wie die edlen Seigneurs gegen solche eisernen Herren mit der Lanze ritten. Sie nennen's Quintaine.»

«Es ist die beste Vorbereitung für ein Stechen», brummte der Alte. Beim Näherkommen hörten sie den eisernen Herrn im Abendwind klappern und knirschen. Dee bückte sich nach einem abgebrochenen Lanzenschaft, richtete sich auf, streckte den Arm nach hinten, lief einige Schritte und schleuderte den Schaft mit erstaunlicher Kraft gegen den Schild des Gliedermannes.

Die Figur drehte sich am Pfahl, dabei schwebte der Sandsack dicht über Dees Kopf und streifte seine Kappe. Der Alte fluchte.

«Sie haben nicht genau die Mitte getroffen, Doktor Dee. Bei der Quintaine, die ich sah, fiel manchem stürmenden Ritter zum Gaudi des Publikums der Sandsack auf Nacken und Schultern, weil er das Ziel um Zentimeter verfehlte, und die ganz Ungeschickten kamen zu Fall.»

«Es ist nicht einfach», keuchte der Alte, von der Anstrengung außer Atem, «man muß es üben. Ich will dich jeden Tag auf dem Turnierplatz sehen.»

«Wozu? Ich bin nicht adlig und kann daher nicht an den Spielen teilnehmen.»

«Das wird sich finden, mein Junge. Wenn du vor der Königin reitest, darfst du nicht in den Sand fallen.»

«Ich besitze keinen Turnierharnisch, und mein Pferd ist nicht an einen Reiter in schwerer Rüstung gewöhnt. Außerdem würde es scheuen, wenn es das klappernde Metall hört.»

«Ich werde mich um alles kümmern», versprach Dee, versetzte dem Gliedermann einen Stoß und kehrte um.

Kurz vor der großen Halle stürzte ein aufgeregter hoher

königlicher Beamter ohne Hut auf sie zu und forderte Dee hastig auf mitzukommen.

«Entschuldigen Sie mich, Walter!» Dee folgte dem Mann eilig nach den königlichen Gemächern.

Etwas Ungewöhnliches mußte geschehen sein. Raleigh blickte nach der Turmuhr mit den stillstehenden Zeigern. War der Königin etwas zugestoßen? Von Besorgnis getrieben, lief er hinter Dee her.

Im Vorzimmer zum königlichen Salon standen Hofbeamte und Edelleute in Gruppen zusammen und tuschelten miteinander. Die kleine Vavasour machte Raleigh Zeichen. In ihrem weißen Seidenkleid mit dem enggeschnürten Mieder, das die Brustansätze frei ließ, sah sie nicht übel aus, die schwarzhaarige Anne Vavasour, und sie waren miteinander vertraut. Bei einer heimlichen Umarmung hatte sie erst «Nein, sweet Walter» geflüstert, aber als er fester zugriff, nur noch «sweet» und «sweeter» gestammelt und war ganz wild geworden, die hübsche Anne. Er konnte sie haben, aber besser kein Liebesverhältnis mit einer Hofdame. Die Erfahrung hatte ihn gewitzt gemacht. Er hielt sich Annes Zuneigung mit einem gelegentlichen Blick, mit einem Streicheln, mit einem flüchtigen Kuß in den Nacken, und sie lächelte ihn mit ihren wasserblauen Augen etwas sehnsüchtig an. Diese Art Freundschaft war nützlich. Durch Anne erfuhr er manches aus der Umgebung der Königin.

Sie zog ihn ans Fenster und flüsterte aufgeregt, der königliche Mundschenk sei an der Tafel zusammengebrochen, nachdem er vom königlichen Wein gekostet habe, wie es seine Aufgabe sei.

«Die Glockenuhr draußen steht. Ist der Königin wirklich nichts passiert?» Angst klang in seiner Stimme. Starb sie, dann waren alle seine Hoffnungen vergeblich.

«Nein», versicherte Anne Vavasour, «aber es hätte schlimm ausgehen können, denn manchmal vernachlässigt der Mundschenk seine Pflicht.»

Vielleicht hatte Walsingham die Geschichte von dem

vergifteten Mundschenk nur verbreitet, um die Leute zu beruhigen und den Anschlag auf die Königin geheimzuhalten? Raleigh lief zur Tür, die zu den königlichen Gemächern führte.

Die Wache kreuzte vor ihm ihre Hellebarden.

«Ich muß zu Ihrer Majestät!»

«Ohne ausdrückliche Order hat niemand Zutritt, Sir», sagte der Rangältere.

Raleigh blieb stehen, bis Dee herauskam und ihn in eine Ecke zog. «Die Königin ist wohlauf, aber noch sehr erregt. Sie wird dich heute nicht empfangen, mein Junge.»

Der Doktor hatte unrecht. Die Königin ließ ihn wenig später in ihr Kabinett bitten, dem Gemach ihrer ersten Begegnung ähnlich, nur kostbarer ausgestattet. Tapeten aus hellem Leder mit goldenen und silbernen Ornamenten von seltsamer Transparenz, als sickere Licht hindurch. An einer Stelle ein karmesinroter Behang mit dem königlichen Wappen. In der Mitte ein Diamant von ungewöhnlicher Größe. Ein Baldachin, mit Diamanten, Rubinen und Saphiren besetzt. Die Königin auf dem Thronsitz im hellen, fließenden Gewand. Daneben eine Art Harfe, ein Instrument, wie er es noch nie gesehen hatte, bis auf die Saiten ganz aus Glas. Man nannte das Zimmer Paradies.

Raleigh kniete nieder. Sie überließ ihm länger als üblich die Hand zum Kuß.

«Ich freue mich, Eure Majestät gesund zu sehen, ich hatte solche Furcht, die Glockenuhr ...»

«Seien Sie nicht abergläubisch, Captain!» unterbrach sie ihn streng. «Dem Mundschenk ist nicht wohl, das kann vorkommen.»

«Nachdem er von dem für Eure Majestät bestimmten Wein getrunken hatte.»

«Eine Königin ist mancher Gefahr ausgesetzt», entgegnete sie leichthin, aber er sah, wie aufgeregt sie war. Unablässig drehte sie den Ring an ihrem rechten Zeigefinger. «Ich habe keine Angst vor dem Tode», fuhr sie hastig und ein wenig schrill fort, so daß ihr Bekenntnis nicht glaubhaft wirkte. «Irgendein größenwahnsinniger antiker Herrscher wollte unsterblich werden, nicht aus Freude am Leben, sondern aus Angst vor dem Tode. Jener Fürst gab viel Geld für zweifelhafte Elixiere aus. Mit einem wurde er vergiftet. Ich glaube nicht an Wunder. Ich weiß, daß ich sterben muß. Der Zeitpunkt ist gleichgültig!»

«Nicht für Eure Majestät. Mit Eurem Herzen hörte Englands Herz auf zu schlagen.»

Sie nahm seine pathetische Erklärung mit einem nervösen Lächeln auf. «Sie reden wie Burghley, Leicester oder Walsingham. Sie brauchen nur noch hinzuzufügen, wie sehr sich mein Volk um mich sorgt. Meine Berater versäumen das selten, und dann tragen sie mir auch gleich die Wünsche des Volkes vor, die sich immer mit ihren eigenen Vorstellungen und Absichten decken. Walsingham zitiert das Volk, wenn er schärfere Gesetze gegen die Katholiken fordert, Leicester, wenn er mich zum stärkeren Engagement in den Niederlanden zu überreden sucht.» Ihre Augen verengten sich. «Was wollen Sie von mir, Captain Raleigh?»

Walter versicherte leidenschaftlich: «Nicht mehr, als häufiger in Eurer Nähe zu sein, Majestät. Ich möchte Euren Wein kosten, bevor Ihr ihn trinkt, und Eurem Feind den Dolch aus der Hand winden.»

«Durch diese Dienste können Sie Ihr eigenes Leben verkürzen.»

«Das würde ich gern tun, könnte ich das Eure damit verlängern!»

Die Königin lehnte sich zurück und sah ihn prüfend an. Sie glaubte ihm gern, daß er gezittert hatte, als er von dem Anschlag erfuhr, aber hatte er wirklich um sie gebangt, oder war er nur besorgt um die eigene Zukunft?

«Ich habe nie mit einem langen Leben gerechnet. Meine Mutter, Anne Boleyn, mußte ihren Kopf im Tower auf den Block legen. Unter der Regierung Marias, meiner Halbschwester, hing mein Leben an einem seidenen Faden. Der Papst hat mich mit seinem Bann belegt. Der Anschlag heute war nicht der erste und wird nicht der letzte sein.» Dabei beobachtete sie, wie sich Raleighs Augen verdunkelten. Das Mitleid und die Betroffenheit in seinem Blick wärmten sie. Warum zweifelte sie an ihm? War sie nicht sehr selbstsüchtig, wenn sie von ihm Selbstlosigkeit erwartete? Es war natürlich, wenn er wie jeder andere hoffte, daß sie ihn für seine Dienste belohnte. «Es wäre unklug von mir, Ihre Bereitwilligkeit und Ihren Opfermut zurückzuweisen, Captain Raleigh», sagte sie und deutete den Umschwung ihrer Stimmung durch ein huldvolles Lächeln an. «Der heutige Tag hat mich ein anderes Mal gelehrt, wie sehr ich gute und tapfere Beschützer brauche.»

Von dieser Stunde an sah man Raleigh oft in der Nähe der Königin. Er ritt bei der Jagd an ihrer Seite. Er tanzte mit ihr beim Ball in der Great Hall die ausgelassene Gagliarde und hob sie bei der Volte höher als Hatton und drehte sie in der Luft, so daß die königlichen Untergewänder zu sehen waren.

Der schwedische Gesandte schüttelte mißbilligend den Kopf und schrieb an seinen Herrn: «Ihre Majestät tanzte mit Herrn Walter Raleigh, einem Kavalier, der seit einigen Wochen hoch in ihrer Gunst steht, Figuren, die die Grenzen des guten Geschmacks übersteigen und in unserem Land zu Recht verpönt sind.»

Lord Burghley schleppte sich, auf seinen silberbeschlagenen Stock gestützt, über den kurzen Anlegesteg, an dem seine Barke lag. Jede Bewegung tat ihm weh. Die verdammte Gicht! In diesem Frühling war der Anfall besonders heftig und langwierig gewesen. Obwohl ihn seine Ärzte in Whitehall vor jeder Anstrengung warnten, hatte ihn die Nachricht vom Attentatsversuch auf die Königin nach Hampton Court getrieben. Die Schmerzen bohrten in den Gelenken. Ein kühler Wind strich die Themse entlang, aber dem Ersten Minister stand der Schweiß auf dem blassen Gesicht, als er in die mit zwei bekrönten Löwen und dicken Purpurkordeln verzierte Sänfte stieg, die ihn zum Eingang des Seitenflügels brachte, in dem seine Räume lagen. Zwei Diener stützten ihn beim Aussteigen. Sein Sekretär riet ihm, sich in einem Stuhl hinauftragen zu lassen und sich auszuruhen.

«Ich bin nicht müde, und Arbeit tut mir gut», knurrte der Erste Minister mißmutig. «Wo ist Walsingham?»

Sir Francis traf mit ein paar Herren letzte Vorbereitungen für das Turnier. Burghley platzte in die Zusammenkunft und verbat sich jede langatmige Begrüßung. «Lassen Sie sich durch mich nicht stören, Mylords.»

Ein Lakai polsterte für ihn einen schweren Lehnsessel mit Kissen. Während der Oberzeremonienmeister die Sitzordnung auf der Tribüne der Königin erläuterte, Walsingham über die Vorkehrungen zum Schutz Ihrer Majestät sprach und der Intendant der Hoflustbarkeiten eine Übersicht über den Ablauf der Festlichkeiten und Kämpfe gab, entspannte sich Burghleys Gesicht. Erst jetzt, da er die Herren so sachlich das bevorstehende Turnier erörtern hörte, war er gewiß, daß der Anschlag keine nachhaltigen Folgen hatte, und beteiligte sich an dem Gespräch nicht, bis er Raleighs Namen hörte.

«Weshalb darf er mit den Adligen kämpfen, Mylord Walsingham?»

«Ich wollte es Ihnen im heutigen Brief melden, Mylord Burghley. Die Königin hat Walter Raleigh zum Gentleman Pensioner, zum Mitglied ihrer Ehrenwache, ernannt und ihm die goldene Axt überreicht. Das macht ihn eines Ritters würdig. Ihre Majestät wünscht ausdrücklich seine Teilnahme an dem Stechen.»

«Seht an!» Der Erste Minister hatte seine Schmerzen vergessen.

«Pferd und Rüstung für Raleigh kosten mich fast fünfzig Pfund», seufzte der Schatzmeister, und der Intendant der

Hoflustbarkeiten setzte hinzu, Raleighs Gegner stehe noch nicht fest.

Als die Herren auseinandergingen, hielt Burghley Walsingham zurück. «Wie geht es dem Mundschenk?»

«Er ist gestorben. Wir wollen seinen Tod bis nach dem Turnier geheimhalten.»

Burghley nickte, als habe er keine andere Nachricht erwartet. «Und der Attentäter?»

«Leider noch keine Spur.»

Burghley blickte mit zusammengekniffenen Augen an Walsingham vorbei durchs Fenster, als erwarte er das Auftauchen des Mörders in dem sonnenbeschienenen Hof. «Ich habe gehört, Henry Howard befindet sich in Hampton Court. Es würde mich nicht wundern, wenn er in die Sache verwickelt ist.»

«Haben Sie Anhaltspunkte, Mylord Burghley?»

Leider gründete sich Burghleys Verdacht lediglich auf seine üblen Erfahrungen mit den Howards. Damit konnte Walsingham nichts anfangen. «Wenn Lord Henry seine Finger im Spiel hatte, wird man es ihm schwer nachweisen können. Er kam drei Tage nach dem Attentat hierher», sagte er mit Bedauern. Er teilte Burghleys Abneigung gegen den Lord und die ganze weitverzweigte Howard-Sippe, denn der alte katholische Adel war eine latente Gefahr für die bestehende Ordnung. Immer wieder hatten die Howards im Bunde mit befreundeten Peers gegen Burghley und Walsingham intrigiert und versucht, beide zu stürzen.

Burghley ließ Walsinghams Einwand nicht gelten. «Er kann dennoch der Anstifter sein. Warum erlaubten Sie überhaupt Lord Henrys Besuch in Hampton Court? Es wurde ihm doch verboten, sich bei Hofe aufzuhalten.»

Obwohl Walsingham Henry Howard und seine Freunde nicht anders als Burghley einschätzte, gingen ihre Meinungen, wie man sich am klügsten verhielt, auseinander. «Ich habe mit Zustimmung der Königin die Anordnung gegen Lord Henry gelockert. Alles, was in England Rang und Namen hat, besucht das Turnier. Eine gute Gelegenheit, zu beobachten, mit wem Henry Howard Kontakt pflegt», verteidigte er sich.

Burghley schüttelte mißbilligend den Kopf. «Ich sehe ihn nicht gern in der Nähe Ihrer Majestät.»

«Nach seiner Towerhaft schwor er Loyalität.»

«Behaupten Sie nur, Sie glauben Henry Howard, Walsingham! Erinnern Sie sich, wie eifrig sein Bruder, der saubere Herzog von Norfolk, im Staatsrat versicherte, treu zur Königin zu halten? Ein paar Wochen später führte er die Rebellion der katholischen Grafen im Norden an, wollte Maria Stuart befreien und sich nach dem Sturz Elisabeths neben sie auf den englischen Thron setzen. Es war der gefährlichste Aufstand während der Regierungszeit Ihrer Majestät.»

«Ich war damals Gesandter in Paris, aber soweit ich weiß, konnte man Henry Howard keine Unterstützung der Rebellion von fünfzehnhundertneunundsechzig nachweisen.»

Burghley ließ den Einwand nicht gelten. «Vor drei Jahren haben Sie selbst Lord Henry wegen Staatsverleumdung für ein paar Wochen in den Tower gesteckt, Walsingham.»

«Vielleicht war das ein Fehler», erwiderte Sir Francis, «und hat ihn nur veranlaßt, seine Fäden feiner zu spinnen. Das könnte ich ihm nicht nachweisen, wenn ich ihn jetzt festnehmen ließe. Wer für Sicherheit sorgen will, darf nicht unsicher um sich schlagen. Man muß geduldig beobachten und im richtigen Moment zupacken.»

«Und wenn Sie den richtigen Moment verpassen, Walsingham? Das Feuer löscht sich leichter, wenn es glimmt.» Mit dieser Sentenz schien Burghley das Gespräch beenden zu wollen, denn er bat um seinen Stock, blieb aber dann doch sitzen und redete weiter: «Henry Howard wird Ihnen und mir die Towerhaft nicht verzeihen, Walsingham. Aber er haßt und verachtet uns ohnehin, denn er sieht in uns Emporkömmlinge. Ausnahmsweise stimme ich da mit ihm überein, wir sind emporgekommen und mit uns die Gentry.» Burghley geriet in Eifer. «Die Peers verbittert, daß dieser neue Adel mit den Kaufleuten und Manufakturherren verschwägert ist, ein Bürgeradel, wenn Sie so wollen, der die Privilegien der großen Feudalherren auf die Dauer nicht akzeptiert und fest am neuen Glauben hängt.»

Er hat ja recht, dachte Walsingham, aber ich habe das alles schon hundertmal gehört. Rasch, um Burghley von seinen allgemeinen Betrachtungen abzubringen, warf er ein, Lordadmiral Charles, obwohl auch ein Howard, sei ein redlicher Diener der Königin.

«Eine löbliche Ausnahme, Walsingham. Henry Howard tritt leider nicht in seine Fußstapfen.»

«Wir sollten ihn trotzdem nicht ohne triftigen Grund auf Dauer vom Hof verbannen, zumal er ein entfernter Verwandter Ihrer Majestät ist», verteidigte Walsingham noch einmal seine Entscheidung. «Wir sind stark genug, die Opposition unter Kontrolle zu halten. Wir haben den aufsässigen Grafen viel Land weggenommen. Sie besitzen nicht mehr die Kraft für eine neue Rebellion.»

Burghley lächelte. Walsingham hatte viel von ihm gelernt. Immerhin schien es ihm geraten, den Optimismus des Polizeiministers zu dämpfen. «Die Howards, Percys, Nevilles, Dacres und wie sie alle heißen, hoffen auf Hilfe von außen, und wir liefern den katholischen Mächten einen Vorwand, sich in die englischen Verhältnisse einzumischen, solange wir Maria Stuart gefangenhalten.»

«Soll Ihre Majestät die Schottenkönigin freilassen?»

«Das hieße den Teufel mit dem Beelzebub austreiben und die Gefahr verdoppeln. Nein, daran habe ich nie gedacht», versicherte der Erste Minister mit Nachdruck und setzte flüsternd hinzu, «von der Bedrohung, die von Maria Stuart ausgeht, kann uns nur ihr Tod befreien, Walsingham.»

So deutlich hatte Walsingham das aus Burghleys Munde noch nie gehört, aber er zuckte mit keiner Wimper. «Meinen Sie ...?»

Er vollendete den Satz nicht, doch Burghley las in seinen Augen, daß er ihn verstanden hatte. «Die Zeit wird uns eine Entscheidung abverlangen, Walsingham, und Sie werden sie mittragen müssen. Gebe Gott, daß sie unser Gewissen nicht belastet.»

Er ließ das Thema abrupt fallen und ermahnte Walsingham noch einmal, in Henry Howards Überwachung nicht nachlässig zu sein.

Der Polizeiminister versprach es, gab aber die Neuigkeiten, die er wenig später erfuhr, nicht an Burghley weiter.

Henry Howard hatte gestern mit einem Dutzend junger Herren, durchweg Söhne großer Adliger aus den nördlichen Grafschaften, im Black Bull, drei Meilen von Hampton Court entfernt, gezecht. Dabei waren Dinge gesagt worden, die den Ersten Minister gewiß veranlaßt hätten, von ihm strenge Maßnahmen gegen Henry Howard und seine jungen Freunde zu verlangen. Lord Henry hatte das ganze Wirtshaus gemietet, um keine unliebsamen Zuhörer zu haben, aber die Bedienerin berichtete dem Minister, daß die jungen Herren von Maria Stuart als von einer anbetungswürdigen Frau geschwärmt hatten. Einer hatte weinselig geprahlt, er würde sie aus ihrer Gefangenschaft in Sheffield Castle befreien, und Henry Howard hatte ihm beifällig auf die Schulter geklopft. Der Mann war zwar ein Wichtigtuer, aber er würde ihn beobachten lassen. Sein Name stand nicht nur in den Akten, Walsingham hatte ihn auch im Gedächtnis: Anthony Babington.

Trotz der schweren Rüstung schwang sich der Earl of Oxford elegant vom Pferd, hob die Eisenhaube vom Kopf und fuhr sich mit einer flüchtigen Bewegung durch die braunen Locken. «Nimm mir den Panzer ab, John!»

«Eure Lordschaft haben sich keine halbe Stunde im Ringstechen geübt, und übermorgen ist das Turnier», bemerkte der Diener mit leichtem Vorwurf, aber sein Herr würdigte ihn keiner Antwort.

«Mach schnell!»

Der Diener befreite ihn geschickt von der Rüstung und half ihm in sein helles, mit Goldfäden durchwirktes Wams. Bevor er die oberen Haken geschlossen hatte, stürzte Oxford davon. Unterwegs schob sich der Earl sein rotes Samtbarett unternehmungslustig schräg auf den Kopf. Vom Pferd aus hatte er Anne Vavasour an der Pforte entdeckt, aber als er nun hindurchtrat, war sie verschwunden. Er blickte sich um und ging dann rasch den Wiesenweg entlang in Richtung Themse. Die Sonne hatte die Tautropfen von dem frischen, weichen Gras geleckt und die Blüten der Narzissen weit geöffnet. Neben einer Birkengruppe grasten Rehe, aber der Earl hatte keinen Blick für das idyllische Bild. Als er am Ufer des Flusses die schwarzen Haare und das leuchtend weiße Kleid der Hofdame entdeckte, beschleunigte er seine Schritte, doch er hatte Anne noch nicht erreicht, als er seinen Namen rufen hörte.

Hinter einer Hecke trat ein in roten und schwarzen Samt gekleideter Herr hervor und winkte ihm zu. Der elegante Schnitt seines Wamses verriet einen teuren Schneider, aber die gutsitzende Kleidung vermochte weder die schmalen, eckigen Schultern noch das Mißverhältnis zwischen dem übermäßig langen Oberkörper und den kurzen Beinen zu verbergen.

«Hallo, Henry!» rief Oxford mit gespielter Freundlichkeit und verzichtete mit einem stillen Seufzer auf die Begegnung mit der Vavasour. Er konnte an Henry Howard, mit dem er einige Wochen im Tower gesessen hatte, nicht einfach vorbeigehen.

Lord Henry humpelte näher. Vor Jahren war bei einem Sturz vom Pferd sein Hüftgelenk verletzt worden. Der Degen pendelte neben dem lahmen Bein, so daß seine Spitze fast den Boden berührte.

Oxford ging ihm entgegen und ergriff mit beiden Händen Howards Arme. «Welche Freude, dich zu sehen.»

Howard deutete mit dem Kopf in die Richtung, wo Anne

Vavasour stand. «Ich hab dich doch nicht auf einem Pirschgang gestört, Edward?»

Oxford lachte jungenhaft, ohne darauf zu antworten, und fragte dann: «Wie hast du's geschafft, wieder bei Hofe Zutritt zu erhalten?»

«Man hat Beziehungen», sagte Lord Henry und fügte spitz hinzu: «Jedenfalls brauchte ich deswegen nicht wie du die Tochter Burghleys zu heiraten.»

Oxford überging die Unverschämtheit mit einem Achselzucken, revanchierte sich aber sofort.

«Hast du denn schon einen Gegner für das Turnier, lieber Henry?» fragte er maliziös, denn er wußte, daß sich Howard seines Gebrechens wegen kaum auf einem Pferd halten konnte.

Oxfords Taktlosigkeit prallte an Henry Howard ab, der ständig wegen seines Leidens gehänselt wurde. Die kränkende Frage bestärkte ihn nur in seinem Urteil über die Mitmenschen: gefühlloses, falsches Gelichter, das nichts Besseres verdiente, als belogen, betrogen und hinters Licht geführt zu werden.

«Leider werde ich nie wieder mit der Lanze kämpfen können, Edward», seufzte er und deutete mit einer leichten Handbewegung auf das Schloß. «Ich würde gern einige der Herren da drüben in den Sand strecken, vor allem jene, die am Tod meines Bruders mitschuldig sind. Sie bilden sich ein, ihre neuen Adelswappen leuchteten heller als unsere alten. Es sind die gleichen Herren, die Ihre Majestät in ihrem frevelhaften Verhalten gegen Maria Stuart bestärken. Statt der Schottenkönigin wieder auf den ihr von Gott bestimmten Platz zu verhelfen, hält Elisabeth sie gefangen. So weit ist es mit dem Recht und den alten Freiheiten in England gekommen!»

«Sei vorsichtig mit deinen Reden, Henry, sonst sitzt du bald wieder im Tower.»

«Vor dem Tower habe ich keine Angst», prahlte Howard, «und du brauchst erst recht nichts mehr zu befürchten.

Habe ich dir schon zu deiner Heirat mit Burghleys Tochter gratuliert?»

«Das Hochzeitsgeschenk hast du auf jeden Fall vergessen.» Oxford war wütend. «Kannst du dir vorstellen, daß man nicht aus Berechnung heiratet?»

Howard bereute, Oxford gereizt zu haben. «Ich habe nie behauptet, daß du berechnend bist, Edward», lenkte er ein. «Alle sprechen ja von der Schönheit deiner Frau.»

Oxford schwieg.

Lord Henry versuchte vergeblich, mit ihm Schritt zu halten. «So warte doch! Ich habe dir noch etwas zu sagen.»

«Du hast schon genug gesagt», erwiderte Oxford scharf und ging erst langsamer, als Henry Howard seine Bitte wiederholt hatte.

«Also?»

«Weißt du, auf wessen Aussage hin wir damals in den Tower gekommen sind, Edward?»

«Kleine Spitzel interessieren mich nicht», wehrte Oxford kühl ab.

«Aber sie haben in dieser segensreichen Ordnung Aufstiegsmöglichkeiten. Raleigh verdanken wir unser damaliges Quartier.»

«Raleigh?» Oxford zog die Augenbrauen hoch.

«Zweifelst du?»

«Nein, nein, Walsingham hat viele Agenten, warum nicht Raleigh.» Oxford sah Howard nachdenklich an. «Und nun willst du dich rächen.»

«Ich wünsche diesem Herrn, der uns das eingebrockt hat, nichts Gutes», gab Henry zu. «Die Wochen im Tower waren wenig erholsam.»

Daran brauchte er Oxford nicht zu erinnern. Wer vergaß schon einen solchen Aufenthalt? Aber jetzt spielte er als Burghleys Schwiegersohn wieder eine Rolle bei Hofe. Sollte er seine neue Stellung durch eine engere Bindung an Henry Howard und durch Machenschaften gegen den neuen Günstling der Königin gefährden?

Lord Henry erriet seine Gedanken. «Du kannst es ihm heimzahlen, ohne daß es wie ein Racheakt aussieht. Wähl ihn dir beim Turnier zum Gegner!»

«Er ist noch nie bei einem Stechen geritten und ist nicht adlig.»

«Nun darf er dennoch antreten, und er ist verdammt geschickt. Ich hab ihn auf dem Turnierplatz bei der Quintaine beobachtet. Du bist der einzige, der ihn besiegen kann.»

«Für so gut hältst du ihn?» Oxford war erstaunt, denn er wußte, daß sich Howard selten in der Beurteilung eines Ritters irrte.

Lord Henry, erfreut, die richtige Saite angeschlagen zu haben, unterdrückte ein Lächeln. «Er ist vier Jahre jünger als du», stichelte er, «du wirst es nicht leicht haben.»

Dabei malte er sich aus, wie Oxford den neuen Günstling der Königin aus dem Sattel hob. Raleigh vor aller Augen im Sand der Kampfbahn. Das wäre das Ende einer Karriere.

«Was bedeuten schon vier Jahre», erwiderte Oxford verächtlich.

«Er hat in Irland gekämpft.»

«Gegen Halbwilde, aber nicht gegen einen Earl of Oxford.»

«Du wirst ihn also fordern?» Henry klatschte in die Hände. «Der neue Günstling der Königin gegen einen Earl vom alten Adel, das wird der Höhepunkt des Turniers, Edward!»

Für das große Turnier in Hampton Court hatte Raleigh Plätze für Smythe und Alice in der ersten Reihe der mittleren Zuschauertribüne sichern können. Alice, zwischen dem Geliebten und dem Ehemann sitzend, rieb ihre Schulter leise an Raleighs Arm und streichelte mit der Rechten seine Hand unter dem Mantel. Sie fand Vergnügen daran, ihm ihre Zuneigung heimlich in der Öffentlichkeit zu zeigen, und wünschte sogar übermütig, einer der Umsitzenden würde mit stillem Neid ihre Vertrautheit beobachten. Doch niemand bemerkte etwas, da die Zuschauer dicht aneinandergedrängt saßen und gespannt auf den Turnierplatz blickten.

Dort waren auf schweren, mit reichbestickten Schabrakken geschmückten Turnierpferden hohe Lords eingeritten. Auf ihren Prunkharnischen und Helmen blinkten goldene und silberne Verzierungen in der Sonne. Neben ihnen Ritter in schlichter, dunkler Rüstung, Knechte und Pagen in farbigen Livreen. Beauftragte des Intendanten der königlichen Hoflustbarkeiten bemühten sich um Ordnung. Trompetengeschmetter verkündete die Ankunft neuer Edler.

Alice hielt ihre freie Hand schützend über die Augen, obwohl sie nicht gegen die Sonne blickte und das blaue Segeltuch über der Galerie Schatten spendete. Das bunte, glänzende Bild berührte sie wenig, und sie ließ die Hand nur an der Stirn, um unauffällig den Geliebten beobachten zu können. Walter sah braungebrannt aus. In der Stube hatte er nicht gehockt. Vielleicht sollte er sich sein Haar von einem geübten Barbier und nicht von seinem Diener Peter pflegen lassen. Der Bart, der sich bis hinunter zum Kinn kräuselte, wucherte üppig im Gesicht. Die Königin und die feinen Hoffräulein konnten daran Anstoß nehmen. Alice lächelte. Vielleicht liebten sie ihn gerade deswegen. Sie kämpfte mit der Versuchung, ihm ins Haar zu greifen, seine Schläfe zu berühren, ihm die Hand auf die Stirn zu legen, über die Wange zu fahren, mit den Fingern seine schmale, scharfgeschnittene Nase und den festen Mund unter dem Schnurrbart nachzuzeichnen. Nicht ohne geheimen Stolz, seine Geliebte zu sein, freute sie sich an diesem intelligenten, männlichen Gesicht und dachte mit leichtem Bedauern, daß er es beim Stechen mit Oxford, wenn die Blicke aller auf den Kämpfenden ruhten, unter dem heruntergeklappten Visier verstecken mußte. Ach, zum Teufel mit den Leuten! Sie wäre jetzt gern mit ihm allein.

Walter starrte nach dem Balkon auf der anderen Seite des

Tilt Yards, auf dem die Königin mit ihrem Gefolge saß. Mit der freien Hand drehte er an seinem Spitzbart, aber auch ohne diese unkontrollierte Bewegung spürte Alice seine Nervosität. Kein Wunder! Der Ausgang des Kampfes entschied über seine Zukunft! Das war ihr klargeworden, als sie von seiner Teilnahme und dem Kampfgegner hörte. Sie hatte auf Thomas eingeredet, die Einladung, beim Turnier zuzusehen, anzunehmen. Vielleicht würde ihre Anwesenheit sein Selbstvertrauen stärken.

Sie seufzte und ließ die Hand sinken. «Wie kann man nur die wohlgeborenen Herren in ihren Rüstungen unterscheiden?»

«Was sagtest du?» Mit einem verlegenen Lächeln hörte Walter auf, sein Bart zu bearbeiten. Alice wiederholte ihre Frage.

Walter schaute auf den Platz, als sähe er erst jetzt, was dort vor sich ging. «Merk dir die Hutfarbe ihrer Pagen», riet er ihr. «Lord Windsors Leute tragen schwarze Kappen mit silbernen Bändern und weißen Federn. Die mit den roten Hüten und gelben Federn gehören zu Arundel und die mit den gelben Kappen und weißen Federn zu Sidney.»

«Hör auf!» Sie hielt sich die Ohren zu.

Smythe beugte sich vor. «Die goldene Rüstung des Earls of Arundel ist fast soviel wert wie eines meiner Schiffe.»

«Sie übertreiben, Thomas.» Smythe hatte darauf gedrungen, daß Raleigh ihn beim Vornamen nannte, und Walter hatte sich schnell daran gewöhnt.

«Jedenfalls hat er soviel Geld bei Sanderson geborgt. Die Herren treiben großen Aufwand.»

«Was wollen Sie, schon im alten Rom liebte man Spiele. Es ist doch nicht Ihr Geld.»

«Wissen Sie das so genau, mein Lieber? Woher kommen denn die Pfunde, die das Parlament der Königin bewilligt? Dazu trägt die City einen Batzen bei, und dann wird das Geld für so ein Spektakel zum Fenster hinausgeworfen!»

«Wenn ein paar hübsche Amazonen mitritten, würdest du nicht ans Geld denken», hänselte ihn Alice.

Raleigh war ihr für den Einwurf dankbar. Was hätte er dem Kaufmann auch erwidern können? Ein Spektakel konnte man das Turnier nur nennen, wenn man es aus der Sicht der City-Kaufleute betrachtete. Für die Herren da unten aber bedeutete es mehr, da ging es um Repräsentation, um Rang und Ansehen, und auch für ihn, Raleigh, war es mehr als ein unterhaltsames Spiel, das wußte auch Smythe. Und doch mutete es an wie ein Relikt aus lange vergangenen Zeiten.

Unten auf dem Tilt Yard verkündeten Fanfaren den Beginn des Maskenspiels, das den Einzelkämpfen vorausging. Ein ganz in Scharlach gekleideter Bote trat durch das goldglänzende Tor unmittelbar vor den Balkon der Königin und bat die Wächter, ihm, dem Abgesandten der Kinder der Gottheit der Begierde, Einlaß in das Reich der Gerechtigkeit zu gewähren, das die große Königin regierte. Danach wandte er sich an die Königin und huldigte ihr in langen, holprigen Versen.

Smythe, der noch immer an die Kosten dachte, meinte schlechtgelaunt: «Wie kann die Königin an den billigen Schmeicheleien Gefallen finden. Sie ist doch eine kluge Frau.»

«Wenn es um Schmeicheleien geht, spielt das keine Rolle. Kennen Sie jemanden, den Klugheit vor Eitelkeit schützt?»

«Haben Sie das an sich selbst erfahren, Walter?»

«Hört lieber zu», unterbrach Alice den Wortwechsel der beiden.

«Ritter, die den Kindern der Begierde den Einzug durch jenes Tor verweigern, mögen sich zum Kampf stellen», rief der Bote mit heller Stimme.

Es fanden sich Verteidiger. Mit Kampfgeschrei stürzte eine große Zahl von Rittern, Yeomen, Knappen und Pagen aus dem Tor.

Der Bote und die ihn begleitenden Trompeter wichen zurück, blieben einige Schritte vor den Verteidigern stehen, die Trompeten gaben erneut Signal. «Gebt auf, gebt auf, ihr, die ihr dieses Schloß halten wollt!»

Die Gegenseite antwortete: «Alarm, Alarm, wir geben nicht auf!»

Auf Rede folgte Gegenrede, lange Tiraden.

«Geh doch in dein Zimmer und ruh dich vor dem Kampf aus», raunte Alice Walter zu, aber er schüttelte den Kopf. Schlafen konnte er jetzt nicht, und wenn er allein war, grübelte er nur.

«Ich bin nicht müde», sagte er und kommentierte, um es zu beweisen, das Geschehen mit witzigen Bemerkungen. Als ein Kriegswagen aus hölzernen Kanonen Duftwasser und süßlich riechenden Puder in die Luft schoß, nannte er es einen Firlefanz, der vom eigentlichen Sinn des Stechens wegführt.

«Aber auch die Kämpfe mit der Lanze in schweren Rüstungen sind veralteter Schnickschnack», behauptete Smythe. «Die Herren sollten sich im Umgang mit Muskete und Pistole üben. Wir werden Spanien nicht mit der Ausrüstung der Rosenkriege besiegen.»

Auch die Iren nicht, fügte Raleigh in Gedanken hinzu und sagte: «Kein übler Vorschlag, Thomas. Wenn ich die Möglichkeit dazu habe, werde ich ihn der Königin nahebringen, aber lassen Sie auch der Tradition ihren Platz. Das Stechen erfordert Mut und Geschicklichkeit. Diese Tugenden dürfen nicht einschlafen.»

«Ich traue Ihnen beides zu», versicherte Smythe, «und doch können Sie heute leicht unterliegen. Sie sind die schwere Rüstung nicht gewohnt und kämpfen mit Schwert und Pistole bestimmt besser als mit der Lanze.»

Da hatte Smythe den wunden Punkt berührt. Die Unruhe packte Raleigh wieder. Die Tiraden und Aufzüge waren vorüber. Trompeten gaben das Zeichen zum ersten Stechen. Farben, Verkleidung, Worte spielten keine Rolle mehr, nur noch Geschicklichkeit und Sattelfestigkeit zählten. Beides besaß er, nur eben keine Erfahrung in solchen Kämpfen wie sein Gegner Oxford.

Die ersten Gruppen, drei auf jeder Seite, rannten mit eingelegter Lanze aufeinander zu; anfeuernde Rufe begleiteten das Stampfen der Hufe und das Wiehern der Pferde. Erregung auf den Galerien wie bei einer Bärenhatz.

Raleigh wünschte sich seine unbekümmerte Sicherheit zurück. Erfahrung war nicht alles. Er hatte ein Buch über die Kunst des Stechens gelesen, hatte an der Querstange im Galopp Ringe von drei Zoll Durchmesser auf die Lanze gestochen und an dem Gliedermann ein Dutzend Lanzenschäfte zerbrochen. Aber in dieser verdammten schweren Eisenrüstung war er nie gegen einen anderen geritten.

Er beugte sich vor und verfolgte den Reiter mit dem Federbusch. Sieh genau hin! Vielleicht kannst du einen Trick stehlen, eine Bewegung absehen, die dir den Sieg sichert.

Die Lanzen der Gegner trafen fast gleichzeitig das Eisen der Rüstung oder den Schild. Zwei Lanzen splitterten mit einem Geräusch, als mische sich der Knall einer Musketenkugel mit dem Knirschen und Bersten eines fallenden Baumes. Für das Auge ging es wie immer zu schnell. Weshalb war der Reiter mit dem blauen Federbusch trotz aller Gewandtheit vom Pferd geworfen worden? Raleigh stellte sich vor, er läge dort, nicht weit von der Königin entfernt. Würde sie ihm einen mitleidigen Blick zuwerfen oder über den Besiegten hinwegsehen? Sie würde den Captain, der ihr mit seinen Bravourstückchen in Irland zu imponieren suchte, für einen Maulhelden halten, mit dem sie nichts mehr zu tun haben wollte. Aus. Besinge die Königin in den schönsten Versen, erringe für sie Siege in Irland, bringe die reichsten Prisen für sie ein, unter die Augen trete ihr nicht mehr! Oxford hat dich mit seiner Lanze im richtigen Winkel getroffen und aus dem Sattel gehoben. Du liegst im Dreck. Die Lords und ihre Pagen, die Hofdamen, Kammerherren, Sekretäre, Schreiber, selbst der Herr Erzbischof und seine Geistlichen bejubeln den Sieger. Der Verlierer – ein lächerliches Nichts. Im alten Rom senkte der Kaiser den Daumen, und der Besiegte erhielt den Gnadenstoß. Er, Raleigh, durfte sich aus dem Tilt Yard davonschleichen, irgendwohin.

Nach den ersten beiden Durchgängen verließ er die Galerie. Peter half ihm in den Panzer.

«Sie zittern ja, Sir.»

«Die Aufregung, Peter.» Vor dem Diener verstellte er sich nicht.

Auf dem Tilt Yard verkündete der Intendant der königlichen Hoflustbarkeiten die erfolgreiche Verteidigung des Schlosses der Gerechtigkeit. Raleigh hörte den Jubel und sagte: «Und sie rannten so gegeneinander, daß der Ritter seine Lanze an Sir Marhaus zerbrach, und Marhaus traf ihn so gewaltig, daß er sein Genick und das Rückgrat des Pferdes brach.»

«Was reden Sie, Sir?» fragte Peter erschrocken.

«Das ist aus der Geschichte von König Artus' Tafelrittern.»

Als Kind hatte er Ritterbücher verschlungen und ganze Passagen auswendig gewußt. Später hatten ihn die Abenteuer der Seefahrer mehr interessiert.

«Bisher ist bei diesem Turnier keiner zu Tode gekommen, Sir», suchte ihn Peter zu beruhigen, während er vor ihm kniete und die Beinschienen befestigte.

«Es geht nicht um mein Leben, es geht um mehr.»

«Mehr als ums Leben, das gibt's gar nicht. Was tut's, wenn Sie verlieren, Sir? Der Hof ist doch nicht die Welt. Ein Kriegsmann wird überall gebraucht, und gute Seekapitäne gibt es nicht viele. Ich wünschte, ich hätte Ihre Fähigkeiten.»

«Red nicht soviel und beeil dich!»

Der Panzer drückte auf die Brust. Er schwitzte. Jetzt im Leinenhemd auf dem Kastell eines Schiffes stehen und sich vom Wind durchblasen lassen!

Er hob die Lanze und wog sie. Mit dem Eisenhandschuh hatte er kein Gefühl für die Waffe.

«Ich fürchte, sie rutscht mir einfach weg.»

«Sie sollten den Handschuh besser abnehmen, Sir, dann sind sie beweglicher. Der kleine Schild vor dem Griff schützt Ihre Rechte genug.»

Walter hielt Peter die bewehrte Hand hin. «Gut, daß ich dich habe.»

Die Pause ging zu Ende. Raleigh tätschelte sein Pferd. Gute Zucht, aus einem Waliser Gestüt, wenigstens fünfzehn Kühe wert, an Rüstungen und Schwerterklirren gewöhnt, ruhiger als sein Reiter. Schon im Sattel, repetierte er noch einmal Leitsätze. «Versuch, an seinem Schild vorbeizukommen. Triff ihn am besten am Kopf!»

Am anderen Ende des Platzes stand Oxford in voller Rüstung, aber noch ohne Helm. Es schien, als lächle er zu ihm herüber. Das Lächeln machte Raleigh wütend. Für Oxford war der Kampf ein Spiel, bei dem es um nichts ging. Er würde weder seinen Adelsrang noch seine Stellung noch seine Privilegien bei einer Niederlage verlieren. Von einem Herrn Raleigh bezwungen zu werden war für ihn keine Schande. Wer war gegen Zufälle gefeit? Ich habe in zwei Dutzend Turnieren gesiegt, das nächste Mal ist das Glück wieder auf meiner Seite. Im Zorn verlor sich Raleighs Unruhe. Er dachte nur noch: Ich werd's dem hohen Herrn zeigen!

«Ihr Visier, Sir!»

Verdammt! Heinrich VIII. war einmal mit offenem Visier beim Turnier gegen einen Herzog angetreten. Das hatte ihn fast das Leben gekostet.

Raleigh ritt an den vorgeschriebenen Platz und wandte den Kopf nach der Galerie, auf der Alice saß. Er sah sie nicht. Das heruntergeklappte Visier verengte die Perspektive. Gleichzeitig mit Oxford verbeugte er sich vor der Königin und senkte die Lanze.

Elisabeth blickte von einem zum anderen und ließ dann

die Augen schweifen. Mit Genugtuung registrierte sie die atemlose Stille und Spannung auf den Galerien. Jeder wußte: die beiden Rivalen kämpften um ihre Gunst. Weshalb hätte Oxford sonst Raleigh herausgefordert? Er war fast um einen Kopf kleiner als sein Gegner, aber er machte keine üble Figur. Mit leichter Wehmut erinnerte sich die Königin an die Tage, da der wendige, kunstsinnige Earl ihrem Herzen sehr nahegestanden und sie durch ihr Entgegenkommen Gerüchte genährt hatte, Oxford sei der künftige Throngemahl. Aber dann hatte sich ihr Verhältnis abgekühlt. Ganz hatte sie ihm seine Heirat nie verziehen, obwohl er mit Burghleys Tochter eine kluge Wahl getroffen hatte. Dennoch beschloß sie bei sich, seine neuerlichen Bemühungen um ihre Gunst zu belohnen und ihn wieder in den engeren Kreis ihrer Gesellschaft aufzunehmen.

«Ich drücke beide Daumen», flüstere Lady Stafford der Königin zu.

«Für wen?»

«Für Raleigh natürlich, Majestät.»

«Mir ist heiß», erwiderte die Königin leise. «Sieht man, daß meine Wangen glühen?»

«Majestät haben genug Puder aufgelegt», beruhigte sie die oberste Kammerfrau.

Oxford ist ein gefährlicher Gegner für den jungen Captain, dachte die Königin. Sie hätte die Begegnung verhindern können, aber es reizte sie, das Treffen der beiden zu beobachten. Wenn Raleigh als Offizier der Ehrenwache in ihrer Umgebung bleiben wollte, mußte er sich auch im Ritterkampf bewähren, und wenn er verlor, war es am besten, ihm ein neues Kommando in Irland zu geben. Sie seufzte leise. Sie wollte ihn nicht aus ihrer Umgebung entfernen, aber wenn es sein mußte, würde sie den Verlust verschmerzen.

Auf der Galerie drücke Alice Thomas' Arm. «Wird er es schaffen?»

«Er muß siegen», antwortete Smythe, ohne den Blick

vom Turnierfeld zu lassen, und fügte offenherzig hinzu: «Ich habe eine hübsche Summe in ihn investiert.»

Geld, immer nur Geld, dachte Alice. Aber konnte sie mehr von Smythe erwarten?

«Gibst du ihm das Kommando auf einem Schiff, wenn er es nicht schafft?»

«Aber keine Heuer», knurrte Smythe. «Die behalt ich ein, bis die Schulden abgetragen sind.»

Noch einmal wurden die Namen der Gegner aufgerufen. Ein letzter Fanfarenstoß. Sie sprengten aufeinander zu. Die Lanze wog schwer in der Hand, obwohl das Ende des Schafts auf dem Rüsthaken der Harnischbrust ruhte. Lag die Spitze nicht zu tief? Nur nicht den Stoß gegen den Kopf oder den Hals des Pferdes führen! Das war gegen die Regel. Raleigh riß die Waffe höher, wollte Oxfords Helm treffen, fand sein Ziel nicht, war froh, daß die Spitze seitlich auf Oxfords Schild prallte und nicht ins Leere stieß.

Oxfords Lanze traf ihn an die Brust, ein kräftiger Stoß, aber nicht so stark, wie er erwartet hatte. Einen Bruchteil vorher hatte er an den Zügeln gerissen, das Pferd zum Halten gebracht und so die Wucht des Anpralls gemindert. Er schwankte im Sattel, aber er ließ die Zügel nicht los. Das Pferd bäumte sich auf. Er stemmte die Beine gegen die Steigbügel und hielt sich im Sattel.

Sie waren aneinander vorbei. Durch den Helm drangen wie von fern Bravorufe und Beifall. Auf den Galerien wurden Tücher geschwenkt. Man war zufrieden, wollte einen harten Kampf und kein schnelles Ende.

Raleigh ritt an den Ausgangspunkt zurück, prüfte die Lanze, ließ sich eine neue geben, da sie angebrochen war.

Auch beim zweiten Treffen gelang es Oxford nicht, ihn aus dem Sattel zu heben, beim dritten traf er Oxford voller Wucht am Helm, ein glücklicher Zufall. Erst an den Schranken, unter dem Balkon der Königin, wandte er sich um und sah seinen Gegner auf dem Rasen liegen. Er stieg vom Pferd und lief zu dem Besiegten.

Knechte halfen Oxford auf die Beine. Der Earl taumelte, aber dann stand er fest und nahm den Helm ab, ging einen Schritt auf seinen Gegner zu und legte ihm die Hand auf die Schulter. «Sie waren großartig, Raleigh! Der letzte Stoß war verdammt gut. Ich lag auf dem Boden und weiß nicht, wie ich hingekommen bin.» Dann lachte er so, daß es alle sahen. «Jeder fällt einmal, das wichtigste ist, wieder aufzustehen, nicht wahr?» Er ergriff Raleighs Arm und hob ihn hoch, um allen zu zeigen, daß er den Sieg anerkannte.

Die ungewöhnliche Geste erweckte die Sympathie der Zuschauer. Dann kniete Walter benommen vor der Königin. Ihre Majestät beschenkte ihn mit einer Goldkette, einem Lächeln und freundlichen Worten. «Sie haben das Zeug zu einem Ritter, Walter.»

Am Abend eröffnete die Königin mit dem Grafen Leicester den großen Ball. An Glanz und Aufwand stand er den Festen nicht nach, die der Hof für Alençon gegeben hatte. Damals, eine Ewigkeit schien es her, war Raleigh ein namenloser Kavalier gewesen. Heute gab ihm die Königin die Ehre des zweiten Tanzes.

Oxford lehnte nachlässig an einem der eichenen Pfeiler, die die Musikantengalerie stützten, und suchte in dem festlichen Gewühl nach Anne Vavasour.

«Trübsinnig?» erkundigte sich Henry Howard. Er hatte Oxford schon bald entdeckt und glaubte, ihn trösten zu müssen. «Du warst nicht schlecht, aber du hättest beim dritten Treffen die Lanze um eine Handbreit höher halten müssen.»

Oxford warf einen mißbilligenden Blick auf Lord Henrys geschmackloses orangefarbenes Wams. Dann sah er wieder zu den Tanzenden hin und murmelte: «Was schert mich der hergelaufene Landjunker!»

Sein Gleichmut war nicht gespielt. Gewiß hätte er dem neuernannten Offizier der königlichen Ehrenwache gern die Überlegenheit eines Peers vom alten Adel auch beim Waffengang bewiesen, aber er war nicht der Mann, sich lange über eine Niederlage zu ärgern, und im Moment interessierte ihn Anne Vavasour mehr.

Henry Howard ließ nicht locker. «Wenn du ihn in den Sand gestreckt hättest, dürftest du jetzt neben der Königin schreiten.»

Oxford tätschelte Lord Henry die Schulter, wie man ein unruhiges Pferd besänftigt. «Ich habe dieses Glück vor Jahren genossen, mein Lieber, und bin nicht mehr erpicht darauf. Es gibt hübschere Ladys als die Königin.» Er machte hinter Henrys Rücken Anne Vavasour ein Zeichen. Die Hofdame winkte verstohlen zurück.

Lord Henry bemerkte es nicht. «Siehst du, wie die Königin ihren Günstling anhimmelt?» zischelte er Oxford ins Ohr. «Es ist eine Schande, Edward.»

«Wieso? Du bist auf einem Ball, Henry», bemerkte der in Liebesdingen großmütige Oxford trocken.

«Sie tanzt und amüsiert sich, während ihre arme Cousine in der Gefangenschaft schmachtet. Sie beantwortet nicht einmal Marias Briefe. Zum Glück kann sich alles schnell ändern, mein Lieber. Vielleicht gibt im nächsten Frühjahr Maria Stuart in Hampton Court ihren ersten Ball. Ich könnte mir vorstellen ...»

«Was redest du?» fragte Oxford, hellhörig geworden. «Und woher weißt du von den Briefen?»

«Man hat seine Verbindungen.» Lord Henry tat geheimnisvoll und gab nicht preis, daß er seine Informationen vom spanischen Botschafter erhielt.

Oxford fing einen Blick Walsinghams auf. Der Minister beobachtete sie. Das beunruhigte ihn. Warum sprach Henry so viel von Maria Stuart? Dachte er vielleicht, ihn zu überreden, in die Fußstapfen seines toten Bruders zu treten? Nein, er würde nie wie Norfolk in der vagen Hoffnung, einen Thron zu gewinnen, im geheimen um die Hand der Schottenkönigin werben. Dafür war ihm sein

Kopf zu lieb. Besser, er hörte sich das Geschwätz nicht länger an. «Entschuldige mich!»

Er verließ Lord Henry und ging quer durch die Halle. Der Tanz war beendet. Die Königin stand mit Hatton und Raleigh auf dem erhöhten Platz unter dem wappengeschmückten Erkerfenster. Oxford beschloß, seinem Turniergegner mit der gleichen herablassenden Großmut zu begegnen, die er am Ende des Kampfes gezeigt hatte. Es wäre dumm von ihm, den neuen Günstling vor den Kopf zu stoßen, aber bei Gelegenheit wollte er ihm zeigen, daß er, Oxford, höher stand als jeder Emporkömmling.

Die Königin empfing ihn huldvoll und lobte seine Ritterlichkeit. Die Musik setzte ein, und Elisabeth reichte Raleigh die Hand. «Eine Gagliarde, kommen Sie!»

Hatton zog ein wehleidiges Gesicht. «Mir schlafen die Beine ein, wenn mir Eure Majestät nicht die Ehre des nächsten Tanzes geben.»

«Mir geht es nicht anders», klagte auch Oxford, der wußte, daß der Königin solche Töne gefielen.

«Das ‹Wasser› von Devonshire treibt eben nicht nur Mühlräder an», lachte Elisabeth. Dabei ahmte sie Raleighs Dialekt nach, in dem Walter wie «Water» klang.

Die Herren verstanden und taten, als wären sie eifersüchtig.

Oxford tanzte mit der Vavasour. Anne trug einen roten Ledergürtel, der ihre schlanke Taille betonte. Sie blitzte ihn mit ihren dunklen Augen an und war einverstanden, als er ihr vorschlug, sich später im Park zu treffen.

In einer Tanzpause bat ein älterer Esquire der königlichen Leibgarde Raleigh in schamloser Offenheit, sich für ihn bei der Königin zu verwenden. Raleigh wehrte verlegen und unmutig ab. Er habe keinen Einfluß.

Oxford trat zu ihm und gestand, die Szene beobachtet zu haben. «Als Günstling müssen Sie damit rechnen, daß man von Ihnen Gunst erbittet.»

Raleigh blickte ihn stirnrunzelnd an. War das eine Stichelei? «Ich fürchte, Sie überschätzen mich genauso wie jener Esquire, Mylord.»

«Spielen Sie nicht den Bescheidenen, Walter, das paßt nicht zu Ihnen und auch nicht zu Ihrer neuen Stellung. Bescheidenheit ist unangebracht im Nehmen wie im Geben. Übrigens gönne ich Ihnen die königliche Huld genauso wie Ihren Sieg.»

«Beim Schwertkampf über die Schranken habe ich Sie nicht bezwungen, Mylord.»

Oxford nahm zwei Pokale von der Tafel und trank mit ihm auf den Kampf. «Lassen Sie doch die steife Anrede, Walter. Sie gehören jetzt zum engsten Kreis der Königin, daran müssen Sie die anderen und sich selbst gewöhnen.»

«Ich glaube, Sie übertreiben. Die Königin hat mir die Ehre erwiesen, ein paarmal mit mir zu tanzen, eine Laune, die Sie nicht überbewerten dürfen.»

«Untertreiben Sie nicht, Wertester. Sie sind ihr Favorit. Vor mir brauchen Sie Ihre Freude darüber nicht zu verbergen. Wer draußen steht, will hinein, wer unten steht, nach oben, und wer die Mühen des Aufstiegs geschafft hat, fühlt sich glücklich, leider nur für sehr kurze Zeit.» Er seufzte, verdrehte theatralisch die Augen und fuhr nach einer Pause fort: «Was aber macht einer wie ich, der von Anfang an oben steht, geboren als Edward de Vere, siebzehnter Earl of Oxford, dem Reichtum selbstverständlich ist? Ich kann es mir leisten, die Dinge aus einer anderen Perspektive zu sehen. Mit vierundzwanzig Jahren war ich stolz darauf, schon sechstausend Pfund Schulden gemacht zu haben. Ich habe mir angewöhnt, das Leben als Spiel zu betrachten. Ein guter Spieler ärgert sich nicht über eine Niederlage.»

Oxford sprach in einer Mischung von jovialer Herablassung, die sehr nach Hochmut klang, und Selbstironie. Raleigh fragte mißtrauisch: «Warum erzählen Sie mir das?» Der Name Edward ging ihm, da sie mehr getrunken hatten, schon leicht über die Zunge.

«Um mich zu rechtfertigen. Vielleicht auch aus Egoismus. Ich mißgönne Ihnen trotz allem den Triumph des Siegers. Ein harter Kämpfer sieht seinen Gegner gern am Boden, und ich glaube, Sie sind hart, das sagt man von allen, die in Irland waren und wiedergekommen sind. Außerdem mache ich mir Gedanken über Charaktere. Ich gehe gern ins Theater.»

Raleigh benutzte die Gelegenheit, das Gespräch in andere Bahnen zu lenken.

«Ich hörte, Sie haben sich sehr für die Blackfriars engagiert?» Das war eine Gesellschaft von Knabenschauspielern aus Chorsängern der Paulskirche und der königlichen Kapelle, die im ehemaligen Dominikanerkloster Blackfriars Theater spielten.

«Ich unterstütze sie. Die Jungens sind sehr gut, aber sie stecken in Schwierigkeiten. Es wäre ein Verlust, wenn sich die Truppe auflöste.»

Anne Vavasour tanzte vorbei. Sie lächelte beide nacheinander an.

Oxford verfolgte die Hofdame mit seinen Blicken. «Hübsch, nicht wahr?» Dann wandte er sich wieder Raleigh zu: «Ich beneide Sie nicht um Ihre Stellung bei der Königin. Sie haben in mir keinen Konkurrenten. Ganz im Dienst der jungfräulichen Dame zu stehen ist mir zu anstrengend und einseitig. Einer meiner Sekretäre, John Lyly, schreibt ein allegorisches Stück. In ihm verehrt der Schäfer Endymion seine Herrin Cynthia, die kluge, kühle, jungfräuliche Göttin der Jagd und des Mondes. Gleichzeitig verliebt er sich in die Erdbewohnerin Floscula. Eine fatale Lage. Cynthia ist natürlich unsere Königin. Sie dürfen raten, wer die anderen sind. Ich bin gespannt, ob das Stück von der Truppe der Königin aufgeführt wird. Fürchten Sie nicht, in die Situation Endymions zu geraten?»

Der spöttische Hochmut in seiner Stimme war nicht zu überhören. Oxford wollte ihm zu verstehen geben, daß ein großer Herr vom alten Adel es nicht nötig hatte, um die Gunst der Königin bemüht zu sein, wie Raleigh es tun mußte. Walter reagierte gereizt: «Vielleicht empfinde ich für die Königin wie dieser Schäfer für Floscula?»

«Dann wäre es unklug von Ihnen, Ihren Gefühlen freien Lauf zu lassen.»

Das war kein schlechter Rat. Ähnliches hatte Walter sich schon selbst überlegt.

«Wie gefällt Ihnen die Vavasour?» fragte der Earl sprunghaft.

«Ich schätze alle schönen Damen, die mit ihren Gunstbeweisen nicht geizig sind», sagte Raleigh leichtfertig, und plötzlich lachten beide. Zum ersten Mal fand er Oxford sympathisch.

Einmal nur tanzte Raleigh mit Alice. Sie bewegte sich unter der Hofgesellschaft, als gehöre sie dazu. Smythe erklärte ihm, er fände es nicht ungewöhnlich, mit einer Herzogin bei der Gagliarde durch den Saal zu springen, da doch die Königin schon mit einem Kaufmann in einer Kutsche durch London gefahren sei. «Wir haben gelernt, miteinander umzugehen, wissen Sie.»

Smythe machte ihn mit Sanderson bekannt, einem fünfundvierzigjährigen untersetzten Herrn mit fleischigem Gesicht und Tränensäcken unter den Augen.

«Ich habe gehört, Sie würden sich an dem Unternehmen Ihres Bruders gern mit einem Schiff beteiligen, Mister Raleigh. Der größte Teil der Katholiken ist ja nun zurückgetreten, aber Humphrey Gilbert hat bei den Bristoler Kaufleuten Interesse für sein Projekt wecken können. Dadurch sind seine Erfolgsaussichten gestiegen. Ich wäre bereit, Ihnen einen Kredit bis zu zweitausend Pfund einzuräumen», sagte Sanderson, als sie allein waren.

Raleigh staunte, wie gut der Kaufmann Bescheid wußte. «Und Ihre Bedingungen?» fragte er, ohne mit der Wimper zu zucken, Oxfords Ratschlag befolgend: großzügig sein im Nehmen wie im Geben.

«Ich begnüge mich mit einem geringen Zinssatz. Dafür räumen Sie mir das Recht ein, Sie später in Ihren finanziellen Angelegenheiten zu beraten, zum gegenseitigen Vorteil, versteht sich.»

«Aber ich besitze nichts», sagte Raleigh.

«Oh, das dürfte sich bald ändern, junger Freund. Außerdem wäre ich Ihnen dankbar, wenn Sie hin und wieder Wünsche der City an das königliche Ohr herantrügen.»

Ähnlich hatte sich schon Smythe geäußert, aber ohne ihm zweitausend Pfund anzubieten.

«Welche Art Wünsche?»

«Das wird sich ergeben, Mister Raleigh, und sie sind leicht zu erfüllen. Im letzten Jahr kündigte die Königin der Hanse ihre Zollprivilegien in England auf. Uns läge daran, daß der Stalhof geschlossen wird. Die Hanse braucht keine Niederlassung in London.»

Das königliche Schatzamt nahm jährlich nicht mehr als zweihundertfünfzigtausend Pfund aus Zöllen, Kronländern und anderen Quellen ein. Damit ließen sich die königlichen Ausgaben kaum decken. Goldstücke hatte Elisabeth nicht zu verschenken, aber sie besaß andere Möglichkeiten, Günstlinge zu belohnen. Raleigh erhielt zwei Güter, die zum All Souls College von Oxford gehörten, als Lehen. Ein paar Monate später übertrug sie ihm das ausschließliche Recht, Lizenzen für den Weinhandel zu vergeben. Keiner erwartete von ihm, daß er selbst im Lande umherreiste, die Qualität des Weins überprüfte und die jährliche Abgabe von den Weinhändlern eintrieb, am wenigsten die Königin. Sanderson empfahl ihm einen Kaufmann, an den er das Weinmonopol verpachtete. Das sicherte ihm jährlich eine hübsche Summe, die es ihm ermöglichte, auf der Werft in Deptford ein Schiff in Auftrag zu geben.

Er hatte fünf Bedienstete, einen Sekretär, zwei Truhen voller Kleider, bewohnte in Whitehall vier Räume, und dennoch fühlte er sich nicht glücklich, obwohl er erreicht hatte, wovon andere ein Leben lang träumten. Er ging an der Seite der Königin in Samt und Seide. Er besaß eigene

Einkünfte. Da zählte es nicht, wenn er gelegentlich etwas übertreiben und sich abstrampeln mußte, der Dame ein wenig albern anmutende Artigkeiten zu sagen. Das gehörte zur Courtoisie, und ihr Narr war er deswegen noch lange nicht. Auch erschöpfte sich ihre Unterhaltung nicht darin. Wie es zum guten Ton gehörte, waren beide belesen, und die Königin schätzte sein Urteil. Sie war eine kluge Frau. Mit klugen Frauen langweilte er sich nicht. Aber wie sicher war seine Stellung? Wichtig war, daß ihn kein anderer verdrängte.

Einmal, im Herbst, ritt er neben Elisabeth in kleiner Gesellschaft durch den Park von Greenwich. Hinter einer Baumgruppe trat ein Höfling hervor und übergab der Königin in Christopher Hattons Namen einen kleinen silbernen Wassereimer, ein Buch und eine mit Diamanten besetzte Haarnadel. Im Buch lag ein Brief Hattons. Der Eimer symbolisierte das «Water» und die Nadel den Dolch, mit dem sich Hatton erstechen wollte, wenn die Königin dem «Water» mehr Aufmerksamkeit widmete als ihm.

Kindische Spielereien, dachte Raleigh, aber die Königin sagte entzückt: «Ich bin seine getreue Hirtin», und sie ließ sogleich eine Taube holen.

«Weshalb schicken Sie Hatton eine Taube, Majestät?» fragte Raleigh.

«Sie begreifen sehr langsam, Walter. Die Taube ist das Tier, das der Arche Noahs die gute Nachricht brachte, daß es keine Zerstörungen durch das ‹Water› mehr geben würde.»

Er zeigte sich betroffen, und dann flüsterte er Peter etwas zu. Nach einer Viertelstunde kam Peter mit einem goldenen Becher zurück. Raleigh schenkte ihn der Königin, gefüllt mit Wasser. «Jeder muß mit ‹Water› seinen Durst löschen. Ohne ‹Water› gibt es kein Leben.»

Die Königin strahlte. Solche Allegorien waren nach ihrem Geschmack.

Raleigh fing einen ironischen Blick Oxfords auf. «Ich

bewundere Ihren Einfallsreichtum», sagte er wenig später zu ihm.

«Bringen Sie noch etwas Mythologisches in Ihre Sentenzen, und Sie werden Hatton absolut überlegen sein.»

«Ihre Ratschläge sind mir immer willkommen.» Raleigh wußte, daß solche Einfälle auf die Dauer nicht ausreichten, um die Gunst der Königin zu behalten, und fragte sich, was der Earl eigentlich von ihm wollte.

Trinken wolle er mit ihm, weg von der parfümierten, gepuderten Hofgesellschaft, ausbrechen wolle er, behauptete der Earl. Einseitigkeit gehe mit Einfältigkeit daher, nur der schöpfe das Leben aus, der vielseitig lebe.

Er führte ihn nicht in eine gepflegte Bierstube in der Cheapside, sondern in The Magpie and the Stump, eine üble Kneipe gegenüber dem Newgate-Gefängnis. Kaum hatten sie sich an einen Fensterplatz gesetzt, hielt draußen unter dem Kneipenschild – eine rostzerfressene Elster auf dem Baumstumpf – ein vergitterter Armesünderkarren mit zwei Kandidaten für den Galgen in Tyburn. Der Earl stieß das Fenster auf. Vor der Tür war ein kleiner Menschenauflauf entstanden. Der Wirt drängte sich durch und reichte den Gefangenen Bier, Brot und Speck durch die Stäbe.

«Was haben sie verbrochen?» fragte Raleigh den Wirt.

«Man hat sie im Hyde Park beim Wildern erwischt, Sir.»

«Wie sie schlingen», bemerkte der Earl. «Ich habe hier mehr als drei Dutzend die Henkersmahlzeit nehmen sehen, und nur einer zeigte keinen Appetit. Der Todkranke will nicht mehr lieben und nicht mehr essen. Beim Todeskandidaten bleiben alle natürlichen Bedürfnisse bis zum letzten Augenblick erhalten. Mancher läßt sich in seiner letzten Nacht sogar 'ne Hure in die Todeszelle schicken, wenn er ein paar Pennys übrig hat. Bis zum letzten Augenblick leben zu wollen scheint mir ein Vorteil des unnatürlichen Todes zu sein.»

«Ich würde mir da ohne eigene Erfahrungen kein Urteil zutrauen.»

«In Ihrer jetzigen Stellung werden Sie dazu auch keine Gelegenheit haben. Die Chancen, in so einem Gefährt nach Tyburn gebracht zu werden, sind unter der Regierung Ihrer Majestät für einen armen Teufel weitaus größer als für einen, der das Weinmonopol besitzt.»

«Oder für einen Peer vom alten Adel.»

Oxford wies den Vergleich mit einer Handbewegung zurück. «Meine Privilegien bewahren mich vor dem Galgen. Ich hätte den Vorzug, mein Haupt auf den Block legen zu dürfen. Auf diese Weise hat unter den Tudors mancher Peer seinen Kopf verloren.»

Da Elisabeth eine Tudor war, klang das wie ein Vorwurf, und Raleigh fragte unverblümt: «Sie mögen die Königin nicht, Edward, nicht wahr?»

«Da irren Sie sich, Walter, obwohl ich sie nicht für die beste aller Königinnen halte. Ich kann verstehen, wenn mancher von den armen Hunden, die Sie hier in der Kneipe sehen, nicht so laut ‹hoch› schreit, wenn sie vorbeigetragen wird.»

Er sah dem Gefährt nach, das sich draußen in Bewegung setzte. Die beiden Todeskandidaten preßten ihre bärtigen Gesichter zwischen die Stäbe des Karrens und starrten mit weiten Augen nach der Kneipe. Oxford hob den Humpen, als proste er ihnen zu.

Raleigh ärgerte die theatralische Geste. «Warum verhöhnen Sie die armen Kerle?»

«Sie mißverstehen mich», entgegnete der Earl mit hochgezogenen Brauen. «Ich habe Mitleid mit ihnen. Ich gelte in meinen Kreisen als Exzentriker.»

«Haben Sie mich hierhergeschleppt, um mich davon zu überzeugen?»

«Vielleicht werden Sie mich besser verstehen, wenn Sie das Hofleben lange genug kennen», parierte der Earl. «Sie genießen die Vorzüge von Whitehall stärker, wenn Sie hin und wieder in so eine Kneipe gehen. Auf mich wirkt das aufmunternd wie ein deftiges Zwischenspiel in einer Tragödie. Außerdem können Sie Ihre Menschenkenntnis erweitern. Sehen Sie sich um! Was für Typen!»

Er unterrichtete Raleigh über die Lebensumstände von Gefängniswärtern, Zuhältern, einem abgerissenen Gaukler, zwei bleichgeschminkten Schauspielern und einem Frauenzimmer mit rot gefärbtem Haar, ohne auf viel Interesse zu stoßen.

Fast alle Plätze waren besetzt. «Einen Maßkrug für jeden!» rief der Earl. Der Wirt und die junge Bedienerin schleppten schwitzend Bier herbei.

«Heut wird's noch lustig», versicherte Oxford. «Der Einarmige dort in der Ecke ...» Mitten im Satz brach er ab, lächelte, als erriete er, was in Raleighs Kopf vorging, und sagte entschuldigend: «Die Vagabunden hier interessieren Sie natürlich nicht, und ich bin Ihnen noch den anderen Teil der Antwort auf Ihre Frage schuldig. Sie wollen wissen, wie ich als Peer vom alten Adel zur Königin stehe, und Sie hegen Ihre eigenen Vermutungen, da Ihnen bekannt ist, daß ich seinerzeit mit ein paar katholischen Heißspornen geliebäugelt habe, deren Sympathien Maria Stuart galten. Sie haben mich ja an Walsingham verpfiffen und mir den Aufenthalt im Tower verschafft.»

Darauf war Raleigh nicht vorbereitet. Woher wußte der Earl davon? Er rückte mit seinem Schemel ein wenig vom Tisch ab und blickte Oxford scharf an. Wenn er Kampf suchte, konnte er ihn haben. Oxfords nächste Worte verblüfften ihn. «Keine Sorge, ich will Sie nicht zum Duell fordern, mein Lieber. In gewisser Weise hat mir der Toweraufenthalt sogar genützt. Ich hatte dort Zeit zum Nachdenken.»

«Und das Ergebnis?»

«Das kennen Sie doch. Ich habe Burghleys Tochter geheiratet. Weder Sie noch irgendein anderer bei Hofe ist so naiv, an eine Liebesheirat zu glauben. Zugegeben, es war vor allem eine politische Wahl. Durch die enge Bindung an Burghley habe ich mich vor aller Welt der Königin verpflichtet und meine katholischen Verwandten vor den Kopf gestoßen, die mir jahrelang prophezeiten, ich würde im Fegefeuer schmoren, wenn ich der Ketzerkönigin diente. Sie machten mir die Hölle heiß, nachdem der Papst Elisabeth mit dem Bann belegt hatte!»

Oxford muß sich seiner Stellung bei Hofe sehr sicher sein, sonst würde er nicht so freimütig reden, sagte sich Raleigh mit leisem Neid.

«Zum Wohl, Euer Lordschaft!» rief der Einarmige am Ecktisch. «Lang lebe Euer Gnaden!» An allen Tischen hoben sie die Humpen.

Oxford tat ihnen nicht Bescheid, sondern bedachte sie nur mit einem leisen, Distanz haltenden Lächeln. Ähnlich hat er wahrscheinlich auf die Vorhaltungen seiner Verwandten reagiert, dachte Raleigh. «Und im Tower haben Sie Ihre Angst vor dem Höllenfeuer überwunden?»

Oxford überhörte den ironischen Unterton. «Über Religion und Jenseits habe ich nicht viel gegrübelt, mein Freund, aber in den Mauern meines Turmzimmers waren Namen von Leuten eingeritzt, die längst tot sind, und mir wurde zum ersten Mal bewußt, daß auch mein Leben nicht ewig währt. Da habe ich mir überlegt, wie ich es nach meiner Freilassung am gescheitesten einrichten könnte, und in meinem Mitgefangenen, Henry Howard, hatte ich einen guten Ratgeber.»

«Wollte er Sie ermuntern, auf Ihren Besitzungen eine Manufaktur zu gründen oder Anteile der Levante Company zu erwerben? Heute beteiligen sich ja nicht wenige Lords an Unternehmungen, die früher nur Kaufleute betrieben.»

Oxford schüttelte den Kopf. «Wie kommen Sie darauf?» Dann zwinkerte er ihm zu. «Ach so, ich vergaß, Lord Henry ist ja für Sie kein Unbekannter. Wie ironisch Sie sein können, Walter! Für Lord Henry werden Kaufleute immer Pfeffersäcke bleiben, denen ein Peer nicht die Hand reichen sollte. Der gute Henry räsonierte über die Emporkömmlinge in der Umgebung der Königin, in der City und in den Grafschaften und wünschte sich die Zeiten zurück, in denen die kleinen Adligen absolute Treuepflicht an die großen Peers band, wo Bauern Leibeigene waren und ein Peer in seiner Grafschaft schalten und walten konnte, wie er wollte.»

«Ist das nicht auch Ihr Traum, Edward?»

Oxford wartete mit der Antwort, da die Bedienerin, ein schlankes Mädchen mit schwarzem Haar und dunklem Teint, die leeren Humpen vom Tisch nahm und die Platte abwischte. Der Earl faßte sie um die Hüfte und bestellte eine Kanne Wein. Das Mädchen schob seinen Arm weg, behielt aber seine Hand einen Augenblick in der ihren. Er raunte ihr etwas ins Ohr. Sie lachte und blies ihm eine Locke aus der Stirn. Ihre Augen streiften sein Gesicht. Oxford hatte glatte, zarte Haut. Das dünne Bärtchen auf der Oberlippe sah wie Flaum aus. Ein großer Junge mit jungenhaftem Lächeln. Sie stupste ihn an die Schulter und ging weiter.

Oxford schnalzte leise mit der Zunge. «Zigeunerin!»

Dann lag wieder der nachdenkliche Zug auf dem Gesicht des Earls. «Vielleicht war es ein Traum von mir», gab er achselzuckend zu. «Lord Henry redete auf mich ein, für die Rückkehr jener Zeiten zu wirken, aber die kahlen Towerwände ließen mich die Dinge nüchtern sehen. Gentry und Kaufleute im Einvernehmen mit der Königin sind heute stärker als ein paar katholische Peers vom alten Adel. Ihre Hoffnung, Maria Stuart könnte in Whitehall einziehen und ihnen ihre Allmacht zurückgeben, die sie unter den Tudors eingebüßt haben, ist eine Illusion.»

Erzählte ihm der Earl dies, um ihn von seiner loyalen Gesinnung gegenüber der Königin zu überzeugen und in der Hoffnung, er, Raleigh, würde es der Königin berichten? Vielleicht hatte er einflußreiche Feinde und wollte Verleumdungen vorbeugen? «Haben Sie eine Vorstellung, wie Sie der Königin dienen wollen, Edward?»

«Sie meinen, ob ich Oberhofmarschall werden möchte

oder Mitglied des Staatsrates?» Oxford lachte. «Wozu mir Lasten aufbürden? Ich habe in dieser Hinsicht keinerlei Ehrgeiz. Mir genügt es, bei Hofe ein und aus zu gehen, auf den Hofbällen zu tanzen, zu fechten, bei Empfängen das Gefolge Ihrer Majestät zu vergrößern, die Theatervorstellungen in der Bankethalle zu besuchen, ganz einfach als Hofmann zu leben. Damit diene ich der Königin. Alle Gesandten berichten ihren Herren: Der Earl of Oxford, einer der großen Peers Englands, ist ein treuer Gefolgsmann Ihrer Britischen Majestät. So trage ich zum Ruhm der Königin bei, bin ein Juwel in ihrer Krone, verstehen Sie?»

«Ihre Logik ist bestechend.»

«Indirekt haben Sie mir zu dieser Einsicht verholfen.»

«Dann darf ich es mir zur Ehre anrechnen.» Raleigh fiel keine andere Floskel ein, und der Konzilianz Oxfords mißtraute er noch immer.

«O nein», widersprach Oxford impulsiv, «schätzen Sie mich nicht falsch ein. Ich bin Ihnen nicht dankbar. Ich wünschte, das Schuldgefühl plagte Sie. Dann würden Sie den kleinen Dienst, um den ich Sie bitte, gern leisten. Ich möchte nämlich nicht ein zweites Mal in den Tower.»

«Ich verstehe Sie nicht.»

Oxford nahm einen tiefen Zug aus dem Weinbecher, setzte ihn ab, wischte sich mit dem Handrücken über den Mund und sagte langsam: «Ich habe die Vavasour geschwängert. Jedenfalls behauptet sie, daß ich es war, und sie ist schon stark um den Leib. Sie wissen, wie die Königin in solchen Fällen handelt.»

Raleigh konnte sich eine leise Kritik nicht verkneifen: «Sie sind verdammt leichtsinnig, Edward», sagte er, fügte aber hinzu: «Vielleicht gerate ich auch einmal in eine solche Situation. Jedenfalls werde ich mein Bestes für Sie tun.»

Die große Kastanie im Garten des Smytheschen Hauses leuchtete in herbstlichen Farben. Der Wind hatte schon die Blätter in der Lombard Street tanzen lassen, aber heute war die Luft still, und nur selten schwebte ein gelbbraunes Blatt zur Erde.

Alice saß auf der Bank unter dem gelichteten Laubdach und hielt ihr Gesicht, die Augen geschlossen, der warmen Nachmittagssonne entgegen. Sie hörte Walters Schritte nicht und bemerkte ihn erst, als sie seine Lippen auf ihrem Mund spürte. Sie schlang die Arme um ihn und murmelte verwirrt: «Ich hab auf dich gewartet, und da bin ich wohl eingeschlafen.»

«Das Festessen für die Gesandtschaft aus Schweden dauerte eine Ewigkeit.»

«Du hast dich wohl für den Empfang am Abend so herausgeputzt?» fragte sie und strich über den bestickten Silberbrokat seines Wamses, das vorn ausgepolstert war, da die Mode den Gänsebauch verlangte. Von der gestärkten, hochstehenden Halskrause über die Brustmitte bis zum Gürtel lief eine Leiste mit Zierknöpfen aus Rubinen. Den Zierdegen schmückte ein kunstvoll geschmiedeter goldener Korb.

«Den hab ich noch nicht bei dir gesehen», sagte sie anerkennend.

«Ein Geschenk der Königin», erwiderte er achtlos. Alice berührte den Griff, dann liefen ihre Hände an seinem Rükken entlang und schlangen sich um seinen Hals. Ihre Zähne gruben sich in sein Ohr, und ihre Zungenspitze spielte mit der großen Perle, die er im Ohrläppchen trug.

«Ich muß gleich wieder weg.»

Sie schob ihn von sich und murmelte: «Lassen dir deine Kavalierspflichten keine freie Minute mehr?»

Er zuckte mit den Schultern. «Ihre Majestät wünscht mich in ihrer Nähe. Meinst du, diese Festessen machen mir Spaß? Ich sitze an der Tafel, und während ich rede und lächle, zermartere ich mir mein Hirn nach witzigen Aussprüchen. Ich weiß nicht, was ich esse und welchen Wein ich trinke. Ich drechsle an Komplimenten für die Königin. Und dann schäme ich mich manchmal, wenn sie über meine banalen Wortspiele kichert und wie eine Fünfzehnjährige errötet.»

«Auch große Leute unterhalten sich mit Trivialitäten. Hast du mir nicht erzählt, Burghley verschlinge spanische Ritterromane und Walsingham Geschichten über Diebe und Vagabunden, wie sie die Dienstboten lesen? Ihre Majestät kann schließlich nicht immer gelehrtes Gerede anhören», verteidigte Alice die Königin. «Hatton würde sich freuen, wenn er sie so erheitern könnte wie du.»

«Er hat wenigstens ein Amt. Kapitän der königlichen Leibwache – das ist doch etwas.»

Alice verschloß seinen Mund mit einem Kuß, drängte sich an ihn und zog ihn ins Haus. «Nutzen wir die Zeit», flüsterte sie.

Er streichelte ihre glatten, kühlen Arme und fuhr ihr über das Haar, blieb aber mit sich selbst beschäftigt. «Manchmal komme ich mir wie ihr Spielzeug vor. Sie wird mich eines Tages einfach beiseite legen.»

«Du hast doch viel erreicht, Walter.» Sie zählte die Güter auf, die ihm die Königin zum Lehen gegeben hatte, das Weinmonopol, seine Erhebung in den Adelsstand.

«Besitz», sagte er verächtlich, als sei er daran nie interessiert gewesen, und dann aufgebracht: «Was hab ich von diesem Degen, den Diamanten, all dem Kram? Ich will etwas tun, etwas leisten, verstehst du? Mir genügt es nicht, wie Oxford am Hofe in den Tag hineinzuleben, ein Müßiggänger. Ich halte dieses Leben in Whitehall nicht mehr aus!»

Alice erschrak. Hin und wieder hatte er sich unzufrieden gezeigt, aber so heftig war er nie geworden.

«Hast du die Königin schon einmal um einen Auftrag gebeten?»

«Einmal? Ein dutzendmal! Im Mai, als es um die Mission nach den Niederlanden ging, habe ich sie ersucht, mich zu schicken. Ich habe mich um eine Aufgabe im Marinedienst bemüht und um andere Ämter. Sie hat mir alles abgeschlagen. Nur für andere hab ich etwas erreicht. Humphrey, gegen dessen Expedition sie Einwände hatte, durfte auf meine Fürsprache hin in See stechen. Oxford mußte wegen der Affäre mit Anne Vavasour nur drei Tage in den Tower und wurde danach wieder gnädig bei Hofe aufgenommen. Mich läßt sie nicht einen Tag von ihrer Seite.»

Alice blickte ihn an. «Die Königin will dich eben immer um sich haben, ich kann sie schon verstehen.»

«Wenn ich graue Haare bekomme, wird sie einen anderen zum Günstling wählen, aber mein Leben ist dann vorbei. Was soll ich machen, Alice?»

Alice hockte sich auf das Fell vor dem Kamin, auf dem sie manchmal zusammen gelegen hatten. Sie starrte in die graue Asche und auf die verkohlten Holzstücke.

«Sag doch was!»

Sie lachte, erhob sich halb, faßte ihn um die Hüften und riß ihn zu sich herab. «Vergiß nicht, daß die Königin eine Frau ist.» Sie zog seine Hand an ihre Brust und sagte halb lachend, halb im Ernst: «Fasse sie so an, sag ihr, daß du es nicht mehr erträgst, nur mit ihr zu tanzen und zu tändeln, gib ihr zu verstehen, daß sie dich quält, wenn sie nicht das Bett mit dir teilt, und daß du erhoffst, daß sie dich neben sich auf den Thron erhebt.»

«Du bist verrückt! Wenn ich sie so bedränge, läßt sie mich in den Tower werfen.»

Alice schüttelte den Kopf. Ihre Haare hatten sich gelöst und fielen ihr ins Gesicht. «Das glaub ich nicht. Sie mag dich. Deine Leidenschaft wird ihr schmeicheln, aber sie darf ihr nicht nachgeben. Was wird sie also tun? Sie muß dich abkühlen, ohne dich zu verlieren. Sie wird sagen, es sei gut, wenn ihr einander nicht ganz so häufig seht. Wenn du in diesem Augenblick von ihr wünschst, daß sie dich zum Vizeadmiral ernennt, wird sie es tun.»

Je intensiver Alice ihren Einfall verfolgte, desto fester war sie von seinem Erfolg überzeugt. Sie dachte dabei auch an sich. Wenn sich sein Verhältnis zur Königin änderte, würde er häufiger mit ihr zusammen sein können. Sie bemühte sich, seine Bedenken zu zerstreuen, zeigte ihm im Scherz, wie er die Königin küssen sollte, und machte ihn so wild, daß er sich nicht von ihr trennen konnte.

Sie war es, die ihn zu dem Empfang trieb. «Thomas will zum Abendessen hier sein.»

Wie Alice sich das vorstellte! Die Königin einfach umarmen, wie er Alice damals nach dem Besuch im Bear Garden umarmt hatte. Unmöglich! Aber Raleigh konnte Alices närrischen und gefährlichen Rat nicht vergessen.

Bei einer Jagd im Hyde Park half er Elisabeth vom Pferde und preßte sie an sich, bevor er sie auf die Erde gleiten ließ.

«Wollen Sie Ihre Königin zerdrücken, Walter?» fragte sie mit abgewandtem Gesicht. Wie würde sie reagieren, wenn er sie festhielt? Nein, er wollte es nicht ausprobieren.

Im November bestellte sie ihn in ihr Arbeitskabinett. Hier beriet sie mit ihren engsten Vertrauten. Wollte sie mit ihm eine Staatsangelegenheit besprechen? Vielleicht hatte sie einen Auftrag für ihn? Der Raum war größer als jenes Zimmer mit dem Spinett, in dem sie ihn häufig empfangen hatte, und nüchterner ausgestattet, wirkte aber nicht kalt. Kostbare Brüsseler Tapeten hingen an den Wänden bis zu der mannshohen dunklen Holztäfelung. Die Schränke, in denen er Akten vermutete, waren mit reichem Schnitzwerk verziert, orientalische Läufer bedeckten zwei riesige Truhen. Polster und Kissen auf den Stühlen, die Hocker waren mit golden und silbern schimmernder Seide bezogen. Die frischen, mit Duftkräutern vermischten Binsen auf den Lindenholzdielen verströmten einen herben Geruch. Die Füße der Königin, die an einem wuchtigen Eichenholztisch in der Mitte des Raumes saß, ruhten auf einem dicken türkischen Teppich.

Raleigh näherte sich ihr erwartungsvoll. Als er nach dem Kniefall den Kopf hob, blickte sie ihn an.

«Wir haben eine traurige Nachricht für Sie, Sir Walter.

Wir erhielten sichere Kunde, daß Ihr Halbbruder Humphrey Gilbert nördlich der Azoren mit seinem Flaggschiff untergegangen ist.»

«Mein Gott!» Hundert Gedanken schossen ihm durch den Kopf. Großen Schmerz empfand er nicht. Sie hatten einander nie sehr nahegestanden, daran hatte auch die von Doktor Dee vermittelte Aussöhnung wenig geändert. Tiefer berührte es ihn, daß mit dem Verlust des Flaggschiffs die Expedition gescheitert war. Daran war auch die Königin schuld. Sie hatte Humphrey zu wenig unterstützt. Die Flotte, wenn man fünf Schiffe eine Flotte nennen konnte, die sie Humphrey anvertraut hatte, war für dessen ehrgeizige Ziele viel zu klein gewesen. Aber auch er machte sich Vorwürfe. Er hätte Elisabeths Bedenken teilen müssen, statt sie zu zerstreuen. Die größte Schuld an dem Unglück aber traf doch wohl Humphrey selbst. Wie konnte er, nachdem sein eigenes Schiff leck geworden und die «Bark Raleigh» beim ersten Sturm umgekehrt war, die lächerlich kleine «Squirrel» zum Flaggschiff wählen? Diese Nußschale von nur zehn Tonnen mußte ja zum Spielball der Wellen des Ozeans werden. Er hatte ihn gewarnt.

Die Königin erhob sich. Der Saum ihres Kleides streifte den Boden und hinterließ eine Spur in den Binsen. Sie legte Raleigh, der noch immer kniete, flüchtig die Hand auf das Haupt und hieß ihn aufstehen. «Der Erzbischof von London soll für Ihren Bruder eine Trauermesse in der Westminsterabtei halten.»

«Eine hohe Ehre für den Verstorbenen», murmelte Raleigh und entschloß sich, die Gelegenheit zu nutzen. «Humphrey wollte, daß England auf dem neuen Erdteil Fuß faßt. Sein Bestreben war, Besitz und Ruhm Eurer Majestät zu mehren», behauptete er, obwohl er überzeugt war, daß Humphrey vor allem die Nordwestpassage interessiert hatte. «Majestät könnten meinen Bruder am besten ehren, wenn Sie seine Ziele weiterverfolgten. Eine Basis an der nordamerikanischen Küste wäre für England in der Auseinandersetzung mit Spanien sehr wichtig.» Er fiel erneut auf die Knie. «Geben Sie mir Humphreys Patent, Majestät.»

Die Königin schüttelte so energisch den Kopf, daß sich eine Rubinnadel aus ihrem aufgetürmten Haar löste. «Ich hätte diesen Unglücksmenschen nicht fahren lassen dürfen», erklärte sie fest und verschwieg den wahren Grund für ihre Bedenken: eine weitere Belastung des englisch-spanischen Verhältnisses. «Ich will meinen Fehler nicht vergrößern, indem ich nun Sie schicke. Ich brauche Sie hier in Whitehall, Walter.»

Raleigh hielt den Kopf gesenkt, damit sie die Enttäuschung nicht in seinem Gesicht las. Rasch, wie es ihre Art war, wechselte die Königin das Thema und fragte ihn, ob sie zum Empfang der Mailänder Gesandtschaft am Abend ein grünes oder ein rotes Kleid tragen sollte.

Walter traf die läppische Frage mehr als die Ablehnung seines Ansinnens. Er mußte an sich halten, nicht gereizt zu reagieren. Er blieb ihr Berater in Kleiderfragen, ihr galanter Tänzer, ihr Jagdbegleiter und Tischgefährte, ein Gespiele, weiter würde er es nicht bringen, wenn er sich nicht entschloß, Alices Rat zu befolgen.

«Majestät sollten ein grünes Kleid tragen. Da wirken die Rubine wie Früchte an einem Baum.»

«Sie Spötter. Ich werde das rote wählen.»

«Darf ich die Nadel wieder in die königlichen Locken stecken?»

Sie lächelte und neigte leicht den Kopf. Er trat nicht zurück, nachdem er das Schmuckstück befestigt hatte, sondern seufzte und murmelte, der Duft ihres Parfüms betäube ihn. Seine Hände faßten ihre Schultern und strichen über ihre Arme.

«Elisabeth – ich kann nicht bloß Ihr Kavalier bleiben.» Und da er befürchtete, sie würde seine Worte nur als höfisches Kompliment nehmen, setzte er hinzu: «Ich möchte Ihnen mehr sein, viel mehr.»

In einer Mischung von empfundener und gespielter Leidenschaft steigerte er sich in einen Rausch, preßte seine Lippen auf ihren Hals, stammelte Liebesbeteuerungen, den Wunsch, ihr Bettgefährte und Stütze ihres Throns zu werden.

Der Königin kam der Ausbruch unerwartet. Welch ungeheuerliche Dreistigkeit, ich darf ihn nicht anhören, sagte sie sich und ließ ihn reden. Hatte sie sich nicht nach solchen Worten und nach Liebkosungen gesehnt, wenn sie an ihn dachte? Schweigen Sie, wollte sie sagen, aber gelähmt vom Widerspruch ihrer Gefühle brachte sie den Satz nicht über ihre Lippen. Der Kuß brannte auf ihrem Hals. Wie wütend war sie geworden, als sie eine Hofdame in der Umarmung eines Mannes beobachtet hatte. Jetzt war sie selbst versucht, die Arme um diesen Mann zu schlingen. Mit fünfzig noch einmal empfinden, was sie in jungen Jahren bei Leicesters Umarmungen empfunden hatte! Alle Affären danach waren Spielereien gewesen, gepaart mit politischen Erwägungen.

Raleigh hielt sie noch immer in seinen Armen, nicht sehr fest. Sie konnte sich leicht befreien, aber sie stieß ihn nicht weg, sondern dehnte den Moment. Als sie sich von ihm löste, sagte sie leise, nach Atem ringend: «Sie sind kräftig und jung, Walter, eine Frau möchte sich gern in Ihren Schutz begeben, aber für eine Königin ist es nicht gut, sich einem einzigen starken Mann anzuvertrauen, und wenn sie sich gar in ihn verliebt, könnten ihr Wille und ihre Klarsicht darunter leiden. Damit gefährdet sie sich selbst und den Staat.» Und mit gezwungener Festigkeit fuhr sie fort: «Ich wünsche, daß Sie Ihren Gefühlen kräftigere Zügel anlegen, Sir Walter!»

Raleigh sank in die Knie. Sie sah nachdenklich auf ihn nieder. Eigentlich müßte sie ihn nach dieser Dreistigkeit vom Hof verbannen, aber damit würde sie sich seiner Gesellschaft für immer berauben und sich selbst bestrafen. Sie wollte, daß er seine Leidenschaft für sie bewahrte, aber er mußte sie in sich verschließen. In einem arabischen Märchen führte ein Kaufmann einen mächtigen Geist in einer Flasche mit sich. Walters Leidenschaft hinter Glas, zum Betrachten, zum Träumen – das wäre gut. Sie reichte ihm die Hand zum Kuß. «Wir haben Unsere Privataudienz zu lange ausgedehnt und den guten Walsingham warten lassen.» Als er sich erhob, fügte sie zu seiner Überraschung hinzu: «Es wird Ihren heißen Kopf ein wenig abkühlen, wenn Sie meiner Unterredung mit dem Minister beiwohnen.»

«Wie Majestät gütigst befehlen.» Er sprach die Floskel mit Erleichterung und aufrichtiger Dankbarkeit, und das Wort «gütigst» schien ihm kein bloßes Füllwort. Sie hätte sich auch von ihm belästigt fühlen und ihn in den Tower werfen lassen können. Die Aufforderung zu bleiben zeigte, daß sie ihm ihre Gunst bewahrte. Aber warum flüsterte sie, als Walsingham eintrat, erst mit dem Minister, bevor sie ihn aufforderte, sich mit an den kleinen Beratungstisch zu setzen? Der erste Satz, den sie sprach, beruhigte ihn. «Wir haben vor Sir Walter keine Geheimnisse. Berichten Sie, Sir Francis!»

«Throckmorton hat alles gestanden, Majestät», verkündete Walsingham und machte nach dem gewichtigen Satz eine Pause.

Raleigh hatte von der Verhaftung des jungen Edelmanns gehört, kannte aber dessen Vergehen nicht, doch die nächsten Worte der Königin gaben ihm Aufschluß.

«Ich kann nicht glauben, daß der Neffe meines treuesten Ministers und Ersten Botschafters in Frankreich ein Verschwörer ist. Vielleicht hat Ihr Folterknecht ein falsches Geständnis aus ihm herausgepreßt?»

«Anders als sein Onkel ist Throckmorton Katholik, Majestät. Ich ließ ihn lange beobachten, auch auf seinen Reisen in Italien und Frankreich. Er hatte Umgang mit englischen Emigranten und Jesuiten.»

«Also wieder ein Attentatsplan, und abermals verdanke ich Ihnen das Leben, Sir Francis!»

Der Minister tat das Lob mit einer Handbewegung ab.

«Man plante mehr als die Ermordung Eurer Majestät», sagte er mit falscher Bescheidenheit. «Francis Throckmorton führte mich auf die Spur eines neuen weitreichenden Komplotts der katholischen Mächte gegen Eure Majestät und gegen England. Es geht um nichts anderes als um die Befreiung Maria Stuarts. Throckmorton war so leichtsinnig, ein Verzeichnis englischer Katholiken anzufertigen, die bereit sind, für Maria zu kämpfen. Sogar ihre Bewaffnung und die Zahl ihrer Pferde schrieb er auf.»

Der Minister zog aus seiner Ledertasche Papiere, legte sie aber beiseite. Es war nicht nötig, die Königin jetzt mit Einzelheiten zu behelligen. Vor allem mußte er sie beruhigen.

«Mit Throckmortons Verhaftung konnten wir alle Pläne vereiteln», sagte er stolz.

«Welche Rolle spielte Maria Stuart dabei, Sir Francis?» fragte Elisabeth.

«Sie wußte von allem und war einverstanden. Throckmorton diente als Mittelsmann zwischen Ihrer königlichen Cousine, dem Herzog von Guise und dem spanischen Botschafter Mendoza.»

«Ich werde den schwarzen Don ausweisen.»

«Maria Stuart stellte von ihrem Gefängnis aus geheime Kontakte zur französischen Botschaft in London her. Throckmorton leitete ihre Briefe an Mendoza weiter.»

«Wann übergeben Sie den Lumpen dem Scharfrichter, Sir Francis?» fragte Raleigh impulsiv.

«Damit hat es keine Eile», versicherte Walsingham. «Wichtiger ist es, rasch und energisch gegen die anderen Beteiligten vorzugehen.»

«Reichen die Beweise gegen Maria Stuart aus, um einen Prozeß gegen sie anzustrengen, Sir Francis?» fragte Raleigh.

«Was reden Sie da, Walter!» wies ihn die Königin zurecht. «Maria ist durch ihre Geburt und durch feierliche Salbung Königin von Gottes Gnaden wie Wir selbst. Alle Herrscher

Europas werden sich darin einig sein, daß kein irdisches Gericht über ihr Schicksal entscheiden darf.»

«Und welches gekrönte Haupt wird seine Stimme erheben, wenn Eure Majestät durch Marias Intrigen den Tod erleiden?» warf Walsingham ein.

«Sie könnte in ihrem Gefängnis sterben, Majestät», sagte Raleigh und fügte, um seine Treue zu beweisen, hinzu: «Ich würde sie hundertmal töten, um das Leben Eurer Majestät zu retten.»

Die Königin wehrte scheinbar entsetzt ab: «Sie wollen sie umbringen? Das ist nicht Ihr Ernst. Ich müßte sonst von Ihnen verlangen, Whitehall sofort zu verlassen und mir nie mehr vor die Augen zu kommen.»

«Aus Sir Walter spricht nur die Sorge um England und Eure Majestät», versicherte Walsingham. «Diese Sorge gebiert wilde Gedanken, sehen Sie es ihm nach. Er hat insofern recht, als wir eine Lösung des leidigen Problems finden müssen. Majestät dürfen die Entscheidung über die Gefangene nicht länger aufschieben.»

«Und Sie teilen die Auffassung meines Ministers, Sir Walter?» fragte die Königin.

Jetzt durfte er nicht einfach «Ja» sagen. Sie wollte seine Meinung hören, zum ersten Mal nicht nur über ein Theaterstück, über ein Gedicht, einen neuen Tanz oder ein modisches Kleid, sondern in einer wichtigen Staatsangelegenheit. Er fühlte sich wie vor dem Turnier in Hampton Court. Die Bewährungsprobe kam unerwartet, aber Walsinghams Sekretär hatte ihn nicht umsonst geschult, und über Maria Stuart hatte er oft nachgedacht. Nach kurzem Zögern sagte er: «Lassen Eure Majestät Maria Stuart frei, wird sie sich an die Spitze des alten katholischen schottischen und englischen Adels stellen und mit Hilfe König Philipps, des Herzogs von Guise und des Papstes den englischen Thron erobern wollen. Bleibt sie Ihre Gefangene, werden die Komplotte nicht aufhören.»

Er sprach betont langsam, als überlege er angestrengt

und plappere nicht bloß die Ansichten anderer nach. «Sollte Eure Majestät vor Maria zu Gott berufen werden, wäre die Stuart nach dem Gesetz Eure Nachfolgerin auf dem englischen Thron, nach allem, was geschehen ist, ein ungeheuerlicher Gedanke! Man kann die Sache wenden, wie man will: Nur eine tote Maria ist England nicht mehr gefährlich.»

Das Leuchten in den Augen der Königin sagte ihm, daß er mit seinem Urteil ins Schwarze getroffen hatte. Dennoch widersprach sie ihm lebhaft: «Setzen wir den Fall, die großen Peers dieses Landes verurteilten sie in einem Hochverratsprozeß. Dann gäbe ihre Hinrichtung Unserem spanischen Vetter vor aller Welt einen Vorwand, in England einzufallen, und er würde in diesem Augenblick bestimmt nicht zögern.» Sie blickte Walsingham an. Wahrscheinlich hatte sie dieses Argument schon öfter in ihren Erörterungen mit dem Minister über das Schicksal der Maria Stuart gebraucht.

«Wenn wir stark genug sind, wird es König Philipp nicht wagen, uns anzugreifen», behauptete Raleigh.

«Stark sein! Wissen Sie, wie mächtig Philipp ist und welche Anstrengungen erforderlich sind, um auf einen annähernd gleichen Stand der Rüstung zu kommen, abgesehen von dem Geld, das dafür erforderlich ist», empörte sich die Königin, aber ihre Verärgerung schien gespielt.

«Wenn das Parlament erfährt, wie weit die Verschwörung gediehen ist, wird es nicht zögern, die erforderlichen Summen zu bewilligen.»

«Meinen Sie?» fragte die Königin, aber ihr Gesicht verriet eher Zustimmung als Zweifel. «Und wie steht es mit den Beweisen gegen Maria Stuart, Walsingham?»

«Sofern sich Eure Majestät für den Prozeß entscheidet, werden die Beweise nicht fehlen.»

Elisabeth und ihr Minister kreuzten die Blicke. Dann senkte die Königin die Augen und sagte fast sanft: «Wir dürfen nichts übereilen, Sir Francis.»

«Aber auch nicht warten, bis die Wellen über uns zusammenschlagen», erwiderte Walsingham. «Sir Walter hat sehr klug gesprochen.»

Das war ohne Ironie gesagt, obwohl Walter sicher war, daß er der Königin nichts Neues verraten hatte und Walsingham ihn nur lobte, weil er die gleichen Ansichten wie er vertrat. Es war notwendig, etwas hinzuzufügen, was eigenem Wissen entsprach. «Um es mit Spanien aufnehmen zu können, müßte vor allem unsere Flotte noch schlagkräftiger und besser gerüstet sein. Als ich die ‹Bark Raleigh› bei Phineas Pett in Deptford bestellte, versicherte mir der Schiffsbaumeister, er könne mehr Schiffe auf Kiel legen, und die Kanonengießerei in Sheffield klagte über Mangel an Aufträgen.»

Die Königin seufzte. «Ich gebe mein Geld lieber für Schmuck und Kleider aus als für Kriegsschiffe und Kanonen, aber Wir werden ...» Sie stockte. Bevor sie sich festlegte, wollte sie sich mit Burghley und den anderen Herren des Staatsrates beraten.

In der Woche darauf reiste die Königin überraschend für einige Zeit auf ihr Schloß in Greenwich. Nach Whitehall zurückgekehrt, zwang sie ein fiebriger Katarrh, das Bett zu hüten. Auch in den ersten Tagen nach ihrer Genesung empfing sie Raleigh nicht. Er befürchtete, daß sie wegen seines Verhaltens in ihrem Arbeitskabinett erzürnt war, aber kurz vor Weihnachten lud sie ihn zu einer Fahrt in der königlichen Barke nach Deptford ein und plauderte, als hätten sie sich erst gestern gesehen.

Der Tag war für eine Besichtigung der Werften glücklich gewählt. Die Sonne schien, und es war für die Jahreszeit außergewöhnlich mild. Der Rundgang durch die weitläufigen Anlagen endete vor einer auf der Helling liegenden Galeone. Die Arbeit wurde trotz des hohen Besuchs nicht unterbrochen. Zimmerleute hackten an den Berghölzern über den Geschützpforten, sägten und hämmerten an der

Back und setzten in den Bordwänden Ringbolzen und Fischungen für die verschiedenen Taue. Der Schiffsbaumeister erklärte einzelne Hantierungen und bat wegen des starken Harpüsegestanks um Entschuldigung. Teer halte nun einmal das Schiff besser zusammen als alle Nägel, Bolzen und Keile.

Die Königin unterbrach ihn: «Ist das Schiff nicht zu niedrig?»

«Das frage ich mich auch», pflichtete ihr ein im Dienst des Marineamtes ergrauter hoher Beamter bei. «Wir wollen von unserem guten Phineas Pett keine Fischerboote, sondern schwimmende Festungen, die den Zugang zu unseren Häfen verteidigen.»

Marineschatzmeister Sir John Hawkins widersprach und pochte auf seine Erfahrungen als Kaperkapitän. «Wozu hochbordige Kästen, wie sie die Spanier bauen? Unsere Kriegsschiffe müssen schnell und wendig sein, also schmal und niedrig, mit weitreichenden, guten Kanonen bestückt.»

Der sich entspinnende Streit bereitete der Königin offensichtlich Vergnügen. «Was sagen Sie dazu, Sir Walter?»

Raleigh nahm für Hawkins Partei. «Die ‹Revenge›, das erste unserer neueren, kleineren Kriegsschiffe, hat sich durch ihre hohe Manövrierfähigkeit bewährt. Sie kann mit der Breitseite auf die spanischen Kolosse feuern, ohne sich selbst allzu großer Gefahr auszusetzen. Sie benötigt auch weniger Mannschaft und besitzt daher einen größeren Aktionsradius, denn Nahrung und Wasser reichen länger. Wir verteidigen unsere Häfen am besten, indem wir auf hoher See angreifen, Eure Majestät.»

«Da hören Sie unseren Draufgänger!» Die Königin sah ihn belustigt an. «Hoffen wir, daß Sie recht haben.»

Sie bestellte auf der Werft des Phineas Pett drei weitere Kriegsschiffe in der Art der «Revenge», zumal die City ihr einen hohen Kredit zum Ausbau der Kriegsflotte gewährt hatte.

Die Rückfahrt nutzte sie zu einem Gespräch mit Raleigh

in ihrer Kabine, freilich nicht unter vier Augen, die oberste Kammerfrau stand still hinter ihr. «Ich habe an der Helling mit Vergnügen Ihre sachkundigen Bemerkungen gehört, Sir Walter. Unser guter Hawkins muß mit vielen Widerständen kämpfen, und auf unseren Werften herrscht Schlamperei. Hawkins kann sich nicht um alles kümmern. Ich habe die Absicht, Sie zum stellvertretenden Marineschatzmeister zu ernennen.»

Das Angebot kam überraschend. Zum Aufbau der englischen Flotte beitragen, Englands Macht auf den Meeren stärken! Davon hatte er geträumt. Mit Schiffen kannte er sich aus, da würde er seine Fähigkeiten beweisen können. Er stammelte Dankesworte und küßte der Königin die Hand.

Die Königin entzog sie ihm. «Sie werden auf Inspektionsreisen gehen und Ordnung schaffen müssen. Ich werde Sie mit Sondervollmachten ausstatten. Ich werde Sie freilich entbehren, aber es ist gut, wenn wir uns nicht so oft sehen.»

Er hörte aus ihrem Ton Verzicht, erfaßte mit feinem Gespür ihre Stimmung, gab sich melancholisch und versicherte, wie sehr ihn die Trennung von ihr, seiner Sonne, betrübe, ohne deren Strahlen er verloren sei in unheimlicher Finsternis. In seiner Hochstimmung fiel es ihm schwer, so zu sprechen, aber die Königin fand wie immer Gefallen an der höfischen Redeweise und tröstete ihn, indem sie bemerkte, gänzlich gedenke sie ihn nicht von seinen Kavalierspflichten zu entbinden. Fast heiter fuhr sie fort: «Sagten Sie nicht, ohne ‹Water›» – sie ahmte wieder seinen Devonshire-Dialekt nach – «kann man nicht leben? Auf den Festen in den zwölf Nächten hoffe ich in Ihnen einen guten Tänzer zu finden.» Dann wurde sie wieder ernst und kam auf die Throckmorton-Verschwörung zu sprechen. «Haben Sie gehört, was Mendoza sagte, als er England verlassen mußte?»

Raleigh verneinte, und sie zitierte die Worte des Spaniers, die ihr Walsingham übermittelt hatte: «Da ich mir als Botschafter des Friedens die Anerkennung der Königin nicht verdienen konnte, zwingt sie mich, in Zukunft zu versuchen, sie im Krieg zufriedenzustellen.»

«Botschafter des Friedens. Wie verlogen und unverschämt!»

Die Königin zuckte die Schultern. «Wir müssen der Entwicklung der Dinge zuvorzukommen suchen. Ich habe noch einmal Ihren Vorschlag überdacht, einen englischen Stützpunkt in Nordamerika zu errichten. Mir erscheint eine solche Basis unter den neuen Gegebenheiten sehr wichtig!»

Raleigh fragte mit glänzenden Augen: «Sie wären bereit, mir Humphreys Patent zu übertragen, Majestät?»

«Nicht so stürmisch, Walter! Dieses Unternehmen muß gründlich vorbereitet werden.» Und mit abgewandtem Gesicht fügte sie hinzu: «Für eine solche Aufgabe reichen die Räume in Whitehall, die Sie jetzt bewohnen, nicht aus.»

Zwei Monate später zog Raleigh in Durham House ein.

DURHAM HOUSE

Durham House am Strand gehörte zu den alten Palästen zwischen Westminster und der City. Von der Themse sah es mit seinen steil aus dem Fluß steigenden Mauern wie eine normannische Festung aus. Lange Zeit hatte es den Bischöfen von Durham als Londoner Residenz gedient. Nach der Reformation von der Krone beansprucht, war es Wohnsitz hoher Herren gewesen, die bei den Tudors in Gunst standen.

Von den Besuchern, die in den ersten Wochen nach seinem Einzug aus Höflichkeit, Neugier oder um Raleigh zu schmeicheln nach Durham House kamen, war ihm Drake der wichtigste, denn er wollte den berühmten Kapitän für seine Pläne gewinnen. Ungeduldig erwartete er ihn an der Anlegestelle.

Vom Boot schwenkte Drake zur Begrüßung ruckartig, als signalisiere er einem Schiff Befehle, seinen Hut. Die Bewegung erweckte bei Raleigh Erinnerungen. So hatte Drake im April einundachtzig in Deptford, wo er ihn zum ersten Mal gesehen hatte, der jubelnden Menge nach dem königlichen Ritterschlag zugewinkt. Walter, damals ein Namenloser im großen Gefolge der Königin, hatte nicht wie die anderen sein Barett in die Luft geworfen, weil er das einzigartige Bild keine Sekunde aus den Augen lassen wollte: die Königin an der Seite des von ihm seit langem bewunderten Kaperkapitäns. Ein «Sir» nun, nach dreijähriger Weltumseglung als ruhmvoller englischer Entdecker geehrt, belohnt für seine reiche Beute, die er den Spaniern abgejagt und der Königin zu Füßen gelegt hatte.

Mit offenem Munde hatte der junge Walter zugehört, wenn die Fischer in Devonshire erzählten, wie Drake Porto

Bello geplündert, bei Nombre de Dios eine spanische Kolonne überfallen und viele Kisten Gold erbeutet hatte, wenn sie von seinem gewagten Angriff auf Veracruz redeten oder wie Drake kühn die mit Gold beladenen spanischen Galeonen vor Cartagena gekapert hatte. «Das sind keine Piratenstückchen, sondern mutige Taten gegen die Spanier, mein Junge», hatten sie behauptet. In Dees Haus hatte ihm Drake dann seine Freundschaft angeboten: «Wir sind beide nicht durch Geburt privilegiert, Walter, wir haben uns unsere Stellung erobert.» Raleigh hatte dankbar nach der ausgestreckten Hand gegriffen, aber die leise Scheu vor dem berühmten Mann war geblieben.

Noch ehe die Barke festgemacht hatte, sprang Drake an Land, rückte den goldenen Zierdegen am Wamsgürtel zurecht und schlug Walter freundschaftlich auf die Schulter. «Fein, Sie zu sehen, Sir! Grüße von meinem Onkel John Hawkins. Er fand es großartig, wie Sie ihm auf der Werft beigesprungen sind.»

Walter ging auf seinen ungezwungenen Ton ein: «Jeder im Marineamt sollte so lange zur See gefahren sein wie Hawkins. Die Landratten dort schwatzen nur Unsinn.»

Raleigh führte ihn durch einen Seitengang zu dem Palast, denn das Hauptportal war eingerüstet und nicht passierbar.

«Stolpern Sie nicht über einen Mörtelkübel», warnte er seinen Gast auf der Treppe zum Eingang. «Ich muß viel Geld in das Haus stecken, denn von meinen Vorgängern hat keiner etwas machen lassen. Die betrachteten Durham House nur als zeitweiligen Aufenthalt.»

«Wie finden Sie sich nur in diesem Labyrinth zurecht?» fragte Drake.

«Am Anfang kam mir alles sehr groß vor, aber ich habe mich daran gewöhnt und freue mich, daß ich Platz für Gäste habe.»

«Thomas Hariot wohnt bei Ihnen, nicht wahr?»

«Nicht nur Hariot, auch John White, der Zeichner und

Vermesser, und Simon Fernandez, der portugiesische Navigator. Wahrscheinlich kommt auch Hakluyt nach Durham House. Doktor Dee habe ich im Westflügel ein paar Räume abgetreten. Er bleibt hier, wenn er zu müde ist, um noch nach Mortlake hinauszufahren.»

Ihr Rundgang endete im Turmzimmer. «Mein Lieblingsraum. Sehen Sie den herrlichen Ausblick!»

Raleigh stieß das Fenster auf. Unter ihnen breitete sich das Band der Themse aus. Von hier oben gesehen, schien das Wasser still und reglos zu stehen. Die Dämmerung senkte sich über den Fluß, und von den Barken blinkten schon Windlichter.

«Heave and ho and rumble-o!» scholl es von einem Kahn im Rhythmus der Ruderschläge.

Walter trat hinter Drake. «Wenn ich den alten Spruch zum Hieven der Anker und zum Setzen und Reffen der Segel höre, zieht es mich aufs Meer. Die dort unten waren bestimmt auf dem Ozean. Ich werde für meine Amerika-Expedition unter den Themseschiffern werben.»

Er hoffte, Drake würde sich zu dem Projekt äußern, aber Sir Francis schwieg. Raleigh bat ihn an den Tisch und bot ihm Wein an.

«Nachher geht's noch aufs Dach. Sie müssen sich Hariots neues Instrument anschauen, mit dem er die Himmelskörper betrachtet. Er hat sich von einem holländischen Glasschleifer Linsen schicken lassen und sie in ein Rohr eingefügt.»

«Ist der Mathematiker unter die Sterngucker gegangen?»

«Spotten Sie nicht, Sir Francis, seine Beobachtungen bringen recht praktische Resultate, Sie werden staunen. Er arbeitet an neuen Tabellen zur Berechnung der Breitengrade. Sie kennen doch unser Dilemma auf See. Berechnen wir den Breitengrad nach dem Polarstern, haben wir ein anderes Ergebnis, als wenn wir uns nach der Sonne richten. Manchmal ein Grad Abweichung! Hariot sagt, nun stimmten Sonne und Polarstern überein.»

Drake bekundete sein Interesse. «Das wird die Navigation erleichtern. Kann ich eine Kopie der Tabellen haben?»

«Selbstverständlich, sobald Hariot seine Arbeit abgeschlossen hat.»

«Wann rechnen Sie damit?»

«Bevor die Expeditionsflotte nach Amerika in See sticht. Ich wünschte mir einen erfahrenen Mann wie Sie dafür. Hätten Sie nicht Lust, Hariots Berechnungen auf der Fahrt nach Amerika auszuprobieren?»

Das war es, was er auf dem Herzen hatte. Er dachte bei dem Vorschlag nicht nur an Drakes seemännisches Können. Sein Name würde auf die City wirken. Da alle Unternehmen Drakes hohen Gewinn abgeworfen hatten, würden sich die Kaufleute um Schiffsanteile reißen.

Drake massierte mit Daumen und Zeigefinger seine Unterlippe und zwirbelte dann die Enden seines Schnurrbarts. Da er nicht antwortete, drang Walter auf ihn ein: «Wenn England in Amerika festen Fuß faßt, ist das der Anfang vom Ende der spanischen Weltmacht. Wir dürfen uns nicht damit zufriedengeben, einzelne spanische Häfen in Amerika zu plündern und sie dann wieder den Spaniern zu überlassen. Wir gründen dort eine englische Kolonie, und Ihr Name wird für immer damit verbunden sein.» Er brachte die gleichen Argumente vor, die er bei der Königin verwendet hatte, redete mit Eifer und bot Drake das Kommando an. Aber der erfahrene Kapitän ließ sich von seiner Begeisterung nicht anstecken.

«Ein großes Vorhaben, Sir Walter, aber ich sehe dabei keine Aufgabe für mich. Ich kann die Schiffe mit den Siedlern nach Amerika bringen und ihnen bei der Landung mit meinen Matrosen, wenn nötig, militärischen Schutz geben, aber Sie werden sich ja nicht gerade einen von den Spaniern befestigten Platz dafür aussuchen.»

Er drehte gedankenvoll den Becher und fuhr fort, ohne Raleigh anzusehen: «Was soll ich dann dort drüben? Wollen Sie mich zum Gouverneur der Kolonie machen? Das ist nichts für mich!» Mit einem entschiedenen Ruck schob er den Becher fort. «Ich bleibe Kaperkapitän, Walter, auch wenn mich die Königin geadelt hat, denn Ihre politischen Hoffnungen kann ich nicht teilen. Um einen vor Angriffen geschützten Hafen zu bauen, braucht es Jahre. Besser ein geheimer Schlupfwinkel als ein schwacher Stützpunkt. Nein, seien Sie nicht böse, ich habe andere Pläne.»

«Und die wären?» Walter verbarg mit Mühe seine Enttäuschung. Er hatte Drake falsch eingeschätzt, als er glaubte, der erfolgreiche Freibeuter würde sich für ein großes politisches Projekt begeistern lassen.

«Cadiz!» rief Drake triumphierend, als hielte er den Schlüssel zum Sieg über Spanien in der Hand. «Ich will König Philipp in seinem eigenen Land angreifen. Wenn die Königin ihre Zustimmung gibt, werde ich ihm dort kräftig den Bart versengen.»

Der Gestank aus dem Laboratorium, das Raleigh mit Dees Hilfe neben der Garküche in Durham House eingerichtet hatte, machte vor Arthur Gorges' Arbeitszimmer nicht halt. Walter experimentiert wieder im Laboratorium, dachte Arthur ärgerlich. Als ob es für ihn jetzt nichts anderes zu tun gäbe! Er rief Peter und fragte ihn: «Ist der Earl of Northumberland beim Herrn?»

«Gewiß, Sir. Sie brauen in der Hexenküche irgendein neues Elixier und möchten nicht gestört werden.»

«Ich wünschte, wir könnten Northumberland aus dem Haus treiben», brummte Arthur. «Kannst du ihm nicht ein Abführmittel in den Wein mischen?»

«Ein Purgativum dürfte ein noch längeres Verweilen Seiner Lordschaft in Durham House bewirken.» Peter ahmte augenzwinkernd die umständliche Ausdrucksweise Northumberlands nach.

«Sir Walter vertut zuviel Zeit mit ihm», klagte Arthur.

Er hatte nicht immer so gedacht. Als der Earl of Northumberland vor Wochen mit seiner wappengeschmückten

Kutsche vorgefahren war, hatte Arthur sich darüber gefreut, daß Durham House die Aufmerksamkeit des gelehrtesten und reichsten Peers von England erweckte. Der Besuch bedeutete Anerkennung von Raleighs Bemühungen um die Wissenschaft. Die Beziehung versprach neben geistigem Austausch und wechselseitiger Anregung besondere Vorteile für Durham House, da Northumberland Walter sofort die Benutzung seiner reichen Bibliothek mit ihren seltenen Werken über Kriegskunst, Schiff- und Befestigungsbau, Astrologie, Medizin und Philosophie anbot. Nach einiger Zeit sah jedoch Arthur Northumberland nicht mehr so gern, weil er zu häufig kam und Walter von anderen Dingen abhielt. Jeden Tag verbrachten die beiden viele Stunden im Laboratorium oder disputierten bis in die Nacht im Turmzimmer.

«Vielleicht sprechen Sie einmal mit der Dame Alice», schlug Peter, der Arthurs Sorgen verstand, vor. «Sie hat doch großen Einfluß auf den Herrn.»

«Ich sehe nicht, was Mistreß Smythe mit den Angelegenheiten von Durham House zu tun hat», entgegnete Arthur kühl und gab Peter damit zu verstehen, daß er die Grenzen gewahrt wissen wollte.

Der Diener senkte den Kopf, und Arthur bat ihn freundlicher, den neuen Schreiber nach den Kopien der Hakluytschen Abhandlung zu fragen.

Bald darauf überreichte ihm ein schmalbrüstiger, unauffällig gekleideter Mensch mit schwarzem Haar und gelblichem Teint die gewünschten Schriftstücke unter einer tiefen Verbeugung. Arthur bemerkte die taubeneigroße Geschwulst im Nacken des Mannes, und er sagte impulsiv: «Sie sollten sich das Ding von einem Bader aufschneiden lassen, Mister ...» Er suchte nach dem Namen des Schreibers.

«Bushil», half ihm dieser beflissen, «Basil Bushil. Danke für den gefälligen Rat.»

«So eine Schwellung kann sich entzünden und Kummer

bereiten», ergänzte Arthur beiläufig, denn er hatte seine Aufmerksamkeit schon den Papieren zugewandt, überflog eine Seite nach der anderen und nickte am Ende zufrieden. Alle drei Kopien von Richard Hakluyts Traktat «Erörterungen einer Niederlassung westlich des Atlantischen Ozeans» waren in schnörkelloser, klarer Schrift auf feinstem Pergament gefertigt. Ein Exemplar sollte die Königin erhalten, das zweite würde er der Druckerei des Herrn Richard Field an der Paulskirche zur Vervielfältigung und Verbreitung übergeben. Es wäre nicht unbillig, wenn Walters und sein, Arthurs, Name neben dem Hakluyts auf dem Titelblatt stünden, denn sie hatten ihren Anteil an der Abhandlung, aber sie hielten es für klüger, nur Hakluyt als Verfasser zu nennen. Die Beschreibung der Vorteile des amerikanischen Unternehmens und seine Rechtfertigung würde ihren Zweck am besten erfüllen, wenn sie von einer unabhängigen Autorität kam, und in Hakluyt hatten sie den richtigen Mann gefunden. Seine Leistungen auf dem Gebiet der Kartenkunde und der Beschreibung ferner Länder genossen hohe Wertschätzung. Das Marineamt forderte seine Gutachten an. In Walters Auftrag hatte er alles, was er über Amerika finden konnte, zusammengetragen und zu einem achtbaren Traktat verdichtet, aber wichtige Gedanken hatten Walter und er, Arthur, beigesteuert. Aus Hakluyts Feststellung, John und Sebastian Cabot hätten in englischen Diensten auf der Suche nach einer nordwestlichen Durchfahrt vierzehnhundertsiebenundneunzig das nordamerikanische Festland entdeckt, leiteten sie den Anspruch Englands auf Herrschaft über Amerika ab. Seiner Beschreibung der Indianer und ihrer heidnischen Bräuche hatten sie die Pflicht Englands, die Ungläubigen zum wahren christlichen Glauben zu bekehren, nachgestellt. Seine Schilderung der Pflanzen und Tiere schließlich gewann nur Sinn, wenn man den englischen Kaufleuten begreiflich machte, wie billig die Einfuhr nützlicher Rohstoffe, die man im Ausland teuer kaufen mußte, aus der eigenen Kolonie sein konnte.

Eben das hatten sie getan und auch einen Abschnitt über die strategische Bedeutung der Kolonie als Flottenstützpunkt hinzugefügt. Schließlich hofften sie, der Hinweis, Bettler und Beschäftigungslose könnten in der neuen Kolonie eine christliche Existenz finden, würde der Königin, der die große Zahl von Landstreichern und Vagabunden Sorge bereitete, gefallen.

Arthur hatte den Entwurf stilistisch überarbeitet, während Walter seine Tage mit Northumberland verbrachte. Das Manuskript war am Ende durch Streichungen und zwischen die Zeilen gekritzelte Zusätze fast unleserlich geworden, aber nun lag alles sauber geschrieben vor. «Sie haben gut und schnell gearbeitet. Mister Bushil», lobte er den Schreiber. «Mir ist in Erinnerung, daß Sir Walter Sie nur zur Aushilfe beschäftigt. Ich werde ihn bitten, Sie zu behalten.»

Basil Bushil strahlte. «Nichts würde mich mehr freuen, als Sir Walter ständig dienen zu dürfen.»

Sein treuherziger Blick verriet Arthur nicht, daß der Schreiber schon einen anderen Herrn hatte: Lord Henry Howard. Der ehrenwerte Lord hatte ihn mit gefälschten Zeugnissen nach Durham House geschickt und bezahlte ihn für alle Informationen. Eine vierte Kopie des Hakluytschen Traktats befand sich bereits in Henry Howards Händen und wartete auf den geheimen Boten, der sie nach Frankreich zu seinem Freund Don Bernardino de Mendoza bringen würde. Spanien verfolgte Raleighs Amerikaprojekt mit Sorge. Der schwarze Don intrigierte von Paris aus gegen England und wollte über die Vorbereitungen genau Bescheid wissen.

Basil Bushil ließ die Silbermünze, die ihm Arthur zur Anerkennung schenkte, rasch in der Tasche verschwinden und entfernte sich unter Bücklingen.

Am Abend zeigte Arthur Raleigh die Reinschrift des Traktats.

«Bring es selbst zu Richard Field», bat ihn Walter. «Er

soll es rasch drucken. Ich will den wichtigsten City-Kaufleuten ein Exemplar schicken.»

«Hast du bei dem Gespräch mit ihnen in der Guildhall etwas erreicht?»

«Viel nicht», gestand Raleigh. «Leider sind Smythe und Sanderson auf Reisen, ihre Unterstützung fehlte. Ein paar haben Anteile erworben, aber die Ablehnung überwog. Der alte Radbrooke von Radbrooke & Richardson, verdammt finanzkräftiges Handelshaus, erklärte rundweg, er werfe sein Geld nicht zum Fenster hinaus. Du hättest ihn hören sollen: ‹Was wissen wir schon von Amerika? Halten Sie mich nicht für altmodisch, Gentlemen! Ich verschließe unsere Pfunde nicht in der Truhe. Unser Kapital arbeitet in den Minen von Cardiganshire, wir haben Anteile bei der Levante Company und werden uns an der von der Regierung geförderten Kolonisation Irlands beteiligen. Aber Amerika, das ist eine Utopie!›»

«Und was hast du geantwortet?»

«Ich habe die nationalen Interessen Englands ins Feld geführt, aber er konterte geschickt. Von Höflingen, die ihre Einkünfte aus Monopolen bestritten, die im Grunde der City zustünden, lasse er sich nicht über nationale Interessen belehren. Das hatte natürlich nichts mit Amerika zu tun, aber es brachte ihm Sympathien ein. Ich habe nicht klein beigegeben, aber viel erreicht habe ich nicht.»

«Hakluyts Traktat wird den Umschwung bringen.»

«Ich werde noch mehr tun, Arthur. Wenn die Erkundungsschiffe aus Amerika zurück sind, lade ich die halbe City nach Durham House ein, und wenn's ein paar hundert Pfund kosten sollte. Und dann wollen wir mit ihnen reden!»

Ihre Majestät begab sich ohne Raleigh auf ihre sommerliche Rundreise, aber er sah darin kein Zeichen königlicher Ungnade, denn er verstand, daß sie ihre Gefühle nicht durch tägliches Beisammensein mit ihm auf eine neue Probe stellen wollte. Er schickte ihr warmherzige Briefe und huldigende Gedichte, war aber im Grunde froh, der Verpflichtungen bei Hofe eine Weile ledig zu sein. Ein unverhoffter Besuch Walsinghams in Durham House bewirkte, daß er die Königin früher als erwartet wiedersah und die eigenen Angelegenheiten eine Weile vernachlässigte.

Als Walsingham Mitte Juli in seiner unauffälligen schwarzlackierten Kutsche vorfuhr, ahnte Raleigh bereits, daß ihn Außerordentliches herführte, denn bisher hatte ihn der Minister stets in seine Amtsräume nach Whitehall gebeten. Walsingham wirkte nervös, verzichtete auf Floskeln und sagte, kaum daß sie sich im großen Kaminzimmer in die schweren Armstühle gesetzt hatten: «Ich habe vor ein paar Stunden die Nachricht erhalten, daß der Prinz von Oranien in Delft ermordet worden ist.»

Einen Moment starrte Raleigh, von der Mitteilung überrascht, Walsingham ungläubig an. «Oranien?» wiederholte er, als wolle er sich vergewissern, daß er sich nicht verhört hatte. Dann veränderte sich sein Gesichtsausdruck. Er fragte nicht, weshalb Walsingham ihm die Hiobsbotschaft persönlich brachte, sondern sagte erschüttert: «Da ist es diesen verdammten Fanatikern also doch gelungen!»

Walsingham nickte mehrmals nachdenklich. Die bittere Äußerung Walters entsprach ganz seinen eigenen Empfindungen. Raleigh hätte auch pathetisch und lautstark über den Tod des großen Führers des niederländischen Befreiungskampfes klagen können und daß England in Oranien seinen besten Freund auf dem Kontinent verloren hatte. So redeten sie auch, aber erst später. Da Oranien mehreren Anschlägen entgangen war und andere verhindert werden konnten, hatten sie ihn ebenso wie die Königin sicher und geschützt geglaubt. Das erwies sich nun als Trugschluß, und Walsingham beschloß, die Sicherheitsvorkehrungen zu verstärken. Wenn es ihm nicht gelang, die Königin zu schützen, Gott würde sie nicht vor dem Schicksal Oraniens bewahren.

«Ich möchte, daß Sie der Königin die Nachricht bringen, Walter», sagte er nach längerem Schweigen.

Davor scheute Raleigh zurück, denn der Überbringer einer schlimmen Botschaft erntete selten Dank. Er tat, als habe er die Bitte überhört, und äußerte seine Befürchtungen für die Zukunft: «Nun wird der Herzog von Parma mit den rebellischen Provinzen leichtes Spiel haben, und für England kompliziert sich die Lage. Die Niederlande liegen wie eine große Festung zwischen Madrid und London und binden König Philipps Kräfte.»

«Die Festung wird nicht fallen. Der Tod Oraniens ist ein Rückschlag für die sieben Provinzen, aber nicht ihr Untergang», versicherte Walsingham. «Ich habe eine andere Sorge. Ich fürchte, daß die Mörder jetzt, nachdem sie Oranien beseitigt haben, einen Anschlag auf die Königin planen. Deshalb bitte ich Sie noch einmal: Reiten Sie noch heute zu Ihrer Majestät nach Woodstock. Bewegen Sie sie dazu, ihre Reisepläne aufzugeben und sich unverzüglich in ihr festes Schloß Windsor zurückzuziehen.»

«Warum reiten Sie nicht selbst, Sir Francis?»

«Ich habe andere Aufgaben, Sir Walter, und die Königin braucht verstärkten Schutz. Meine Leute sind in ihrem Gefolge, aber mir wäre wohler, wenn Sie jetzt an ihrer Seite wären.»

Den Hauptgrund für sein Ansinnen verriet ihm der Minister nicht. Raleigh, so dachte er, war der richtige Mann, die Königin nach dieser schrecklichen Kunde ein wenig aufzuheitern.

Vor der St.-Georgs-Kapelle im unteren Hof des Schlosses Windsor löste sich der Zug der Königin auf. Stallknechte übernahmen die Pferde, Diener bemühten sich um Truhen und Kisten. Die Träger, die das schwere Prunkbett Ihrer Majestät in das königliche Schlafgemach schleppten, keuchten. Elisabeth ließ sich von Raleigh aus der Sänfte helfen. Beim Aussteigen blieb sie mit dem Rock hängen und stützte sich, bevor ihre Füße den Erdboden berührten, auf den Kavalier. «Sie haben es nicht leicht mit mir, Sir Walter», sagte sie lachend und meinte damit nicht das kleine Mißgeschick, sondern ihr launisches Benehmen in den letzten Tagen. Der gewaltsame Tod Oraniens hatte sie tiefer getroffen, als sie es für möglich gehalten hätte. Zwischen Trauer, Niedergeschlagenheit, dumpfer Wut, Haß und Furcht schwankte ihre Stimmung. Mehr als einmal steigerte sich ihr Zorn zur Hysterie. «Ich werde eine Armee nach den Niederlanden schicken und Parma in Stücke reißen!» schrie sie und fluchte wie ein Fuhrmann, dem der Wagen im Morast steckengeblieben ist.

«Ich setze mit einem Dutzend Leuten über den Kanal und nehme den Mordstifter Parma gefangen, Majestät», erbot sich Raleigh. «Dann schleifen wir ihn durch London, und der Henker soll ihn in Tyburn an den Galgen knüpfen.»

«Wenn das ginge», seufzte die Königin und wurde, während sie ihm die Unmöglichkeit des Unternehmens erklärte, wie er erhofft hatte, ruhiger.

Eines Abends, sie hatte zuviel Bier getrunken, schrie sie Raleigh an, schuld an Oraniens Tod seien die pflichtsäumigen Edlen, die den Mörder an ihn herangelassen hatten, und wütete in ihrem Rausch, auch sie stünde allein und ungeschützt. Da hatte er, ohne etwas zu erwidern, ihre Hand genommen. In ihrer Kindheit, als sie an Kopfschmerzen und Übelkeit litt, hatte ein Arzt das gleiche getan, einfach fest und warm ihre Hand gehalten, und sie war gesund geworden. Mehr als an das gelehrte Geschwafel der Ärzte glaubte sie an die heilende Kraft der Hände. Raleigh wußte das, und er hatte Erfolg. Sie wurde schläfrig, und am nächsten Morgen, nach einer ruhigen Nacht, erwähnte sie den Auftritt mit keinem Wort. Sie fühlte sich in Walters Nähe geborgen und ließ ihn nicht von ihrer Seite. Nicht ein einziges Mal befürchtete sie in diesen Tagen, jene Szene in ihrem Arbeitszimmer, als er seine Leidenschaft nicht zügeln konnte, würde sich wiederholen. Er las ihr Gedichte vor, erzählte von den Experimenten im Laboratorium und wie einmal er und Northumberland einen Dampf in die Augen bekommen hätten, der zum Lachen reizte, so daß sie zwei Tage und zwei Nächte hätten lachen müssen. Über solche Flunkereien lächelte die Königin. Als sie Windsor erreichten, hatte sie ihren Gleichmut wiedergefunden.

Walsingham und Burghley erwarteten sie vor der St.-Georgs-Kapelle. Burghley wollte wie Walsingham das Knie beugen, aber sein Gesicht verzerrte sich vor Schmerz bei dem Versuch. Die verfluchte Gicht! Die Königin berührte seinen Ellenbogen. «Nicht doch, Mylord Burghley, Sie haben sich meinetwegen schon auf der beschwerlichen Reise durchschütteln lassen müssen. Strapazieren Sie sich nicht noch mehr durch den Kniefall. Ich weiß, daß Sie mir ergeben sind.»

Der alte Burghley lächelte dankbar. «Gebe Gott, daß ich Ihnen noch einige Zeit mit meinem Kopf dienen kann, Majestät, wenn schon die Gelenke ihren Dienst verweigern.»

Auf dem Weg zur gemeinsamen Tafel raunte Walsingham Raleigh zufrieden zu: «Die Königin scheint so weit gefaßt zu sein, daß es möglich ist, in Ruhe über den Mord an Oranien zu reden und vor allem über die Folgerungen, die wir daraus ziehen müssen.»

Bei Tisch fiel der Name Oranien nicht, aber für den frühen Abend bat Elisabeth ihre beiden Minister wie auch Raleigh in ihr Arbeitskabinett. Raleigh wußte, daß es eine Auszeichnung für ihn war, ein Beweis hoher Gunst, aber als sie dann zu viert am großen Beratungstisch saßen, fühlte er sich unbehaglich. Obwohl Protokollant und Sekretär fehlten, ging es förmlich zu. Beim Essen hatte die Königin sich heiter gegeben, wiederholt seinen Dialekt nachgeahmt und sich über eine Anekdote vor Lachen ausgeschüttet. Jetzt präsidierte sie im hochgeschlossenen schwarzen Kleid und einer feuerroten Perücke mit ernstem Gesicht am Kopfende des Tisches. Als wünsche sie, Abstand von ihren

Ministern zu halten, waren die Stühle zu ihrer Rechten und Linken frei. Aber weniger die steife Atmosphäre als der Gegenstand des Gesprächs machte Raleigh beklommen. Wie würde sie reagieren, wenn man von der Möglichkeit ihrer Ermordung sprach. Auch Walsingham und Burghley schienen verlegen zu sein. Keiner wagte zu beginnen.

«Keine Scheu, meine Lords, packen wir das heikle Thema an», sagte die Königin, und ein leises Lächeln spielte um ihre grellrot geschminkten schmalen Lippen. «Sie, Mylord Walsingham, haben es bisher verstanden, mich vor Attentaten zu schützen. Gebe Gott, daß es Ihnen weiterhin gelingt, aber wir müssen auch die andere Möglichkeit bedenken und dürfen die Augen vor dem Chaos nicht verschließen, das meinem gewaltsamen Tod folgen könnte. Unsere königlichen Beamten, Friedensrichter, der Staatsrat wären, da sie *mir* ihren Treueeid geleistet haben, in solch einem Fall aller Pflichten entbunden. Meine Nachfolgerin könnte im allgemeinen Wirrwarr den Thron besteigen und alles, was Wir in den Jahren Unserer Regierung aufgebaut haben, zerstören.»

Trotz dieser düsteren Prognose fühlte Raleigh sich erleichtert. Er bewunderte die Königin, die das Thema couragiert aufgegriffen und den Ministern damit die Scheu genommen hatte.

«Zu dem von Eurer Majestät beschriebenen Zustand darf es nicht kommen», erwiderte Walsingham leidenschaftlich.

«Nach dem Gesetz der Erbfolge besitzt Maria Stuart ein Recht auf den Thron.» Zum ersten Mal nannte die Königin jetzt diesen Namen. «Wollen Sie das Recht ändern?»

«Wir sehen eine andere Möglichkeit», erwiderte Walsingham. «Drei ehrenwerte Männer haben sich zu einem Eidbund verschworen, um die Thronfolge Marias zu verhindern.»

«Gibt es nicht schon genug Verschwörungen, Walsingham?»

«Aber keine mit diesem Ziel, Majestät. Diese Männer

verpflichten sich, Eure Majestät sicher zu schützen und – gebe Gott, die Notwendigkeit möge nie eintreten – nötigenfalls Euren Tod zu rächen.»

Die Königin lächelte spöttisch. «Und wer sind diese tapferen Helden?»

«Walsingham, Lord Leicester, mit dem wir uns vor seiner Abreise nach Schottland berieten, und ich selbst, Majestät», antwortete Burghley mit großem Ernst.

«Was für eine hübsche Verschwörung!» rief die Königin.

«Der ich beitrete, meine Lords», erklärte Raleigh rasch.

«Das sind immerhin schon vier. Jetzt fühle ich mich ganz sicher», spottete Elisabeth.

«Vier am Anfang, Majestät. Die Bewegung wird das ganze Land erfassen, dafür lassen Sie uns sorgen. Ein fester Bund der Adligen Englands. Die Statuten, auf die wir uns geeinigt haben, verpflichten die Unterzeichner, der Königin gegen alle Staaten, gegen geistliche Würdenträger und weltliche Gewalthaber zu Hilfe zu kommen, ihr zu dienen und zu gehorchen und bis zur völligen Ausrottung jene, die sich gegen sie verschwören, zu verfolgen. Sie erklären, niemals einen Nachfolger anzuerkennen, durch den oder zu dessen Gunsten ein Attentat gegen die Königin versucht oder begangen wird.»

«Ein wirklich erstaunlicher Plan», sagte die Königin, schien aber von seiner Wirksamkeit wenig zu halten.

«Eine großartige Sache, Sir Francis!» sagte Raleigh und blickte Elisabeth an, aber sie ließ sich von ihrer Skepsis nicht abbringen. Ihre Zustimmung fiel fast lakonisch aus: «Sie rufen etwas für die Geschichte Englands Einmaliges ins Leben, Mylords. Ich hoffe, daß der Bund seinen Zweck erfüllt.» Geschäftsmäßig fuhr sie fort: «Wir werden nicht umhinkönnen, strenger gegen die Jesuiten vorzugehen, denn es gibt kaum einen Zweifel, daß der Mord an Oranien von ihnen angestiftet wurde.»

«Auch darüber haben wir uns Gedanken gemacht, Eure Majestät», bemerkte Burghley, erleichtert, daß die Königin bereit war, schärfere Maßnahmen zu ergreifen. «Alle Jesuiten müssen, so unser Vorschlag, binnen kurzem unser Land verlassen. Wer sich dieser Regelung widersetzt oder heimlich nach England einreist, soll wegen Hochverrats verurteilt werden.»

Die Königin erhob keine Einwände und erklärte, sie wolle ein Parlament einberufen, damit es den Erlaß billige. Burghley und Walsingham nickten beifällig. In dieser wichtigen Angelegenheit durfte man das Parlament nicht übergehen. Das Unterhaus, bestehend aus Vertretern des kleinen Adels und Kaufleuten, würde die Zustimmung nicht verweigern, und auch im Oberhaus, in dem die hohen Lords saßen, dürfte es keine Schwierigkeiten geben.

Raleigh glaubte, daß damit die Aussprache beendet sei, aber er hatte nicht mit Burghleys Hartnäckigkeit gerechnet. «Die Pflicht des Politikers ist, für alle Notfälle zu sorgen», begann der Alte erneut und fuhr nach kurzem Zögern fort: «Der Eidbund bietet eine gewisse Sicherheit. Aber wenn wirklich ein Attentat auf Eure Majestät erfolgreich ist, was wir mit Gottes Hilfe zu verhindern hoffen, dann wird der Thronanwärter» – er nannte den Namen Maria Stuart nicht –, «der die Mörder gedungen hat, nicht zögern, seine Machtmittel zu nutzen. Und was geschieht dann?»

«Bürgerkrieg. England zerfleischt sich wie in den Rosenkriegen», warf Walsingham trocken ein.

«Eben», bestätigte Burghley, und Raleigh dachte: Sie spielen sich die Bälle zu. Worauf wollen sie hinaus?

Burghley nahm den Faden wieder auf: «Um das zu verhindern, braucht der Staat auch in der Zeit der Thronvakanz eine feste Führung. Staatsrat und Parlament müssen, mit entsprechenden Rechten ausgestattet, dafür sorgen, daß die Politik Eurer Majestät fortgeführt wird.»

«Nun mischen Sie gar das Parlament noch mit hinein», rief die Königin aufgebracht, bereute aber im gleichen Moment ihre Heftigkeit. «Haben Sie Ihre Gedanken schon genauer gefaßt, Mylord?» setzte sie sanfter hinzu. Burghley sollte noch deutlicher werden, und sie wollte Zeit gewinnen, sich über seine Motive Klarheit zu schaffen.

Burghleys Lächeln zeigte ihr, daß er sie durchschaute. «Ich habe in der Tat ein paar Statuten entworfen», erwiderte er. «Wenn Majestät ...»

«Wir hören, Mylord.»

Burghley nahm ein Blatt auf, hielt es sich dicht vors Gesicht und las ausdrucksvoll und betont Grundsätze vor, die darauf hinausliefen, daß Staatsrat und Parlament über die Königskrone verfügten.

Elisabeths Augen verengten sich, und die Falte über ihrer Nasenwurzel wurde tiefer. Wollte Burghley die gegenwärtige Lage ausnutzen, um die Rechte des Parlaments auf Kosten der Krone zu erweitern? Den Herrschern auf den europäischen Thronen, dem russischen Zar, den Königen von Frankreich und Schweden, von dem Herrn in Madrid gar nicht zu reden, war ohnehin das englische Parlament ein Dorn im Auge. Sie begriffen nicht, welch nützliches Instrument der König im Parlament besaß, wenn er es nur zu spielen verstand.

Burghley legte das Blatt auf den Tisch und sah sie erwartungsvoll an. Sie beschloß, ihn nicht hart zu rügen. «Wir sehen, daß Sie die Sorge um die Fortführung Unserer Politik und um England treibt. Es scheint Uns aber, daß Ihre Vorschläge nicht nur sehr weit gehen, sondern auch den Kern der Monarchie bedrohen. Spätere Herrscher Englands würden Uns nicht verzeihen, die Befugnisse von Staatsrat und Parlament derart erweitert zu haben», sagte sie freundlich, aber bestimmt und fuhr dann lauter fort: «Soll es künftig nicht mehr König von Gottes, sondern von des Parlaments Gnaden heißen? Und wäre der nächste Schritt nicht vielleicht die Anmaßung von Parlament und Staatsrat, das Land ohne König zu regieren? Nein, Mylord, Wir schätzen Ihre wohlmeinende Absicht, aber Wir wünschen von diesem Vorschlag nichts mehr zu hören und befehlen, daß niemand außerhalb dieser vier Wände davon erfährt.»

Das war so entschieden und klar, daß kein Widerspruch möglich war. Walsingham griff daher einen anderen Aspekt der Beratung auf. Er sei sicher, sagte er, daß die Ermordung Oraniens die Spanier zu verstärkter militärischer Tätigkeit veranlasse, denn ganz zweifellos würden sie die Verwirrung in den sieben Provinzen und ihre augenblickliche Führerlosigkeit ausnutzen.

Die Königin, die bei Burghleys Vortrag steif und abweisend in ihrem Stuhl gesessen hatte, äußerte sich zustimmend: «Wir haben beschlossen, die Niederlande stärker als bisher zu unterstützen.»

«Wahrscheinlich gibt sich Spanien nicht mit Aktionen auf dem Kontinent zufrieden, Majestät. Wir sollten den Ausbau unserer Flotte beschleunigen.»

«Dieser Vorschlag ist nicht neu», unterbrach ihn die Königin, «aber es ist gut, daß Sie darauf zurückkommen.»

«Vor allem dürfen wir unsere Kräfte nicht zersplittern», erwiderte Walsingham, durch ihr Einverständnis ermutigt. «Ich schlage vor, verzeihen Sie meine Offenheit, Sir Walter, daß Sie Ihr Amerika-Unternehmen verschieben. Wir werden in England jedes Schiff und jeden Matrosen brauchen!»

Raleigh glaubte nicht richtig zu hören. Was sollte er den City-Kaufleuten sagen, die bereits Anteile erworben hatten? Bisher hatte Walsingham nie Bedenken angedeutet, sondern ihn ermutigt und ihm versichert, auch er wolle sich beteiligen.

«Das können Sie nicht im Ernst verlangen!»

«Ich weiß, Ihr Herz hängt an dem Unternehmen, Walter», suchte Walsingham ihn zu beschwichtigen. «Ich war selbst ein eifriger Verfechter des Planes. Aber in der neuen Situation ...»

«... kommt es für England gerade darauf an, drüben einen festen Stützpunkt zu haben», fiel ihm Raleigh ins Wort. Er wollte sich nicht die Arbeit von Monaten kaputtmachen lassen.

Die Königin unterbrach den Wortwechsel. «Mein lieber

Sir Francis», sagte sie, «haben Sie überlegt, was die Spanier sagen werden, wenn wir jetzt unsere Absichten ändern? Die Berichte Ihrer Informanten zeigen doch, daß man in Madrid unsere Amerikapläne kennt. Wenn wir sie aufgeben, wird man das als Zeichen unserer Schwäche auslegen. Ich schlage das Gegenteil vor: Beschleunigen Sie die Vorbereitungen für Ihre Expedition, Sir Walter!»

Konnte es eine stärkere Ermutigung für Raleigh geben als das anspornende Wort der Königin? Es war der größte Erfolg, den er bisher errungen hatte, denn er konnte nicht erwarten, daß sie sich für ihn entscheiden und die Einwände des mächtigen Walsingham so bestimmt zurückweisen würde. Er verbarg seine Freude vor den beiden Ministern nicht und versicherte Ihrer Majestät überschwenglich, er werde das Unternehmen mit aller Kraft vorantreiben.

Im Speisesaal von Durham House brannten Kerzen. Unter den Gästen an Raleighs Tafel saßen Oxford und einige Herren vom Hofe, aber die meisten der zwei Dutzend Geladenen waren City-Kaufleute mit ihren Frauen. Man hatte Austern, Geflügel, Pasteten und Lendenbraten zugesprochen und gelobt. Raleigh verschaffte sich Gehör: «Darf ich Sie auf eine besondere Nachspeise aufmerksam machen, Ladys und Gentlemen!»

Diener servierten auf kleinen Silbertellern eine dampfende, geschälte gelbe Frucht.

Robert Radbrooke schnupperte mißtrauisch daran. «Was ist das?»

«Eine amerikanische Spezialität», erklärte Raleigh. «Patata. Probieren Sie ruhig.»

«Sie kommen zu wenig in der Welt herum, Robert», sagte Smythe. «Ich habe diese Dinger schon in Italien kennengelernt. Man nennt sie dort ‹tartuffoli›.» Er zerschnitt seine Kartoffel und steckte ein Stück in den Mund. «Wunderbar weich. Sie können sie ohne Zähne kauen!»

«Ich werde sie auf meinen irischen Besitzungen anbauen.

Sie können schon heute ein paar Pfund bei mir bestellen, Mister Radbrooke», bot Raleigh an, erntete aber nur einen giftigen Blick. «Werde mich hüten», knurrte Radbrooke und schob den Teller von sich. «Neumodisches Zeug, bleibe bei meinem Porridge.»

«Mir schmeckt's», bemerkte Radbrookes Nachbar. «Kann ich einen Sack dieser amerikanischen Früchte ordern, Sir Walter?»

«Natürlich, Mister Perkins, das Angebot gilt auch für Sie.»

Perkins gehörte nicht zu den Reichsten der City, war aber unternehmungslustig und daher nicht ohne Einfluß. Offensichtlich mißfiel dem jungen Kaufmann Radbrookes Benehmen. Oder wollte er Raleigh zu verstehen geben, daß er bereit war, die Expedition zu unterstützen? Vielleicht hatte ihn Hakluyts Traktat umgestimmt, denn bei dem Gespräch in der Guildhall hatte er sich noch auf Radbrookes Seite gestellt und keinen Penny gezeichnet. Für das Unternehmen benötigte Raleigh aber noch einige tausend Pfund!

Während Raleigh scheinbar genüßlich seine Kartoffel kaute, begegnete er dem kühlen Blick George Hothams. Ein leidenschaftsloser Rechner. Hatte seine Anteile aus der Barbary Company zurückgezogen, kurz bevor der Handel mit Marokko wegen der Wirren in diesem Teil Afrikas zu einem Verlustgeschäft wurde, und danach viel Kapital gewinnbringend in der Levante Company investiert. Amerika lag für ihn weit weg. Man mußte es ihm nahebringen!

Henry Dyer lächelte Walter an. Großes Haus am unteren Ende der Lombard Street. Hatte in letzter Zeit eine Menge Geld mit Korinthen und Indigo aus der Türkei gemacht. Auf große Worte werde ich nicht reinfallen, mein Freund, sagten seine strahlenden Augen. Du wirst mich überzeugen müssen, daß an dem Unternehmen etwas zu verdienen ist!

Raleigh hob die Tafel auf. «Sie werden bestimmt neugierig auf das Land sein, in dem diese hübschen Früchte wachsen. Mein Kapitän Barlow ist letzte Woche von einer

Erkundungsfahrt aus Amerika zurückgekehrt und brennt darauf, Ihnen seine Eindrücke zu schildern. Für die Ladys habe ich nebenan eine besondere Überraschung: Manteo und Wanchese, zwei echte Indianer, soeben mit Kapitän Barlow nach England gekommen.»

Die Gesellschaft folgte Raleigh ohne Eile in den anliegenden Raum. Die Handwerker hatten hier ihre Arbeit erst am Vortag beendet, Schränke, Truhen und andere schwere Möbelstücke waren noch nicht eingeräumt. So bot das Zimmer genügend Platz, obwohl es kleiner als der Speisesaal war. Sitzgelegenheiten gab es genug, Eichenstühle mit Lehnen und Armstützen und Hocker für jene Damen, die ihre Reifröcke nicht in so einen Stuhl zwängen konnten. Tapete und Täfelung der Stirnwand waren mit Karten verhangen, auf die John White die Route der beiden Erkundungsschiffe eingezeichnet hatte. Kapitän Barlow fuhr mit einem Stock die schwarze Linie entlang, während er von der Fahrt erzählte. Das Stück Amerika, das er gesehen hatte, beschrieb er als eine paradiesische Gegend mit saftiggrünen Pflanzen und Stauden und hohen Zedernbäumen. «Früchte in Hülle und Fülle, Ladys und Gentlemen. Bei diesem warmen Klima muß die Erde alles im Übermaß hervorbringen.»

In zehn Tagen waren die ausgesäten Erbsen vierzehn Zoll hoch aus der Erde geschossen. Wilde Tiere gab es nicht, nur friedfertige Menschen, die angeblich nach der neuen Religion dürsteten. Zum Beweis hockten Manteo und Wanchese auf dem bloßen Boden vor ihnen in ihrer heimatlichen Kleidung, dem Ledenschurz aus Fell und Tierhäuten über der Schulter. Die Indianer nickten zu Barlows Worten, als verstünden sie ihn, lächelten und sogen an ihren Tonpfeifen. Auch Raleigh und Hariot hielten so ein Rohr im Mund.

«Lassen Sie mich mal einen Schluck aus diesem Ding trinken, Walter, der Qualm riecht nicht schlecht», bat Oxford ungeniert.

Raleigh befahl Peter, der mit einem zweiten Diener den Gästen Wein, Likör und Zuckerwerk reichte, für Oxford und einige andere Neugierige Pfeifen zu bringen. «Nicht pusten, ziehen, Mister Perkins», rief er lachend, als er sah, daß der junge Kaufmann, statt seine Pfeife anzuzünden, Peter das Feuer ausblies. «Sie werden sich dran gewöhnen. Der Rauch reinigt übrigens das Hirn.»

«Dann sind Ihre Indianer ja klüger als wir», höhnte Radbrooke und hustete demonstrativ. «Mir reizt er nur die Schleimhäute. Gold und Silber haben Sie wohl in Ihrem Traumland nicht entdeckt, Barlow?»

Barlow wies auf die Indianer. «Die beiden Herren aus Wingandacoa können Ihnen bestätigen, daß es diese Schätze im Landesinnern gibt.»

«Natürlich. Die beiden Herren aus Windoge... Ist ja nicht auszusprechen!»

Raleigh ärgerte sich. Barlows Vortrag war so gut gewesen, und nun begann Radbrooke die Wirkung durch sein Gerede abzuschwächen. Er wollte antworten, aber Smythe kam ihm zuvor.

«Haben Sie sich schon einmal gefragt, warum die spanischen Waren so teuer und daher nicht konkurrenzfähig sind, Robert? Der gepriesene Goldstrom, der seit Jahren aus ihren Kolonien nach Spanien fließt, hat die Preise in die Höhe getrieben und ihre Wirtschaft kaputtgemacht. Spanien ist verschuldet, mein Lieber. Wünschen Sie das auch für unser Land?»

«Eine Tonne Gold kann jeder brauchen», krähte Radbrooke, ohne auf Smythes Argumente einzugehen, mit greisenhafter Heiterkeit und schaute sich zustimmungsuchend um.

Henry Dyer pflichtete ihm bei: «Anteile an 'ner ergiebigen Goldmine sind noch immer die beste Investition!»

«Wenn ich mich recht erinnere, war der Gewürzhandel Ihre beste Investition, Dyer. Damit haben Sie Ihre Firma hochgebracht», mischte sich Sanderson ein. «Was meinen

Sie, was Sie an Tabak verdienen können. In drei oder fünf Jahren wird jeder zweite Engländer Pfeife rauchen. Da stekken Tausende Pfund drin, mein Lieber!»

«Für dieses verdammte Kraut würde ich keinen Penny investieren», krähte Radbrooke dazwischen.

«Auch nicht für Holz, Pottasche, Pelze und Erze, die wir aus der neuen Kolonie billig einführen werden, Robert?» fragte Sanderson scharf. «Seien Sie kein Dummkopf!»

Radbrookes dickleibiger Nachbar nahm dem alten Kaufmann die Antwort ab. «Zwischen Amerika und England liegen einige tausend Meilen. Mir erscheint der Seeweg zu lang und zu unsicher. Der Tod Humphrey Gilberts sollte uns eine Warnung sein.»

«Haben Sie im Levantehandel oder bei Ihren Geschäften mit den nordischen Ländern noch nie Verluste gehabt?» hielt ihm Smythe entgegen. «Wollen Sie, daß man uns in Zukunft nicht mehr wagende, sondern ängstliche Kaufleute nennt? Amerika lohnt den Einsatz, glauben Sie mir!»

Jetzt applaudierten auch einige Skeptiker, aber ganz konnte Smythe die Zweifler nicht zum Schweigen bringen.

Raleigh hörte das Hin und Her mit wachsender Ungeduld. Es war genug! Mit einer energischen Geste verschaffte er sich Aufmerksamkeit. «Sie reden nur von Gewinn und Verlust, Gentlemen. Denken Sie doch nicht nur an sich, denken Sie auch an England! Ich habe Sie heute zu einer Taufe geladen, zur Taufe der ersten englischen Besitzung jenseits des Ozeans. Sie wird nach unserer jungfräulichen Königin ‹Virginia› heißen. Vergessen Sie bei diesem großen Ereignis ihre kleinlichen Bedenken! Ihre Britische Majestät hat geruht, dem Namen zuzustimmen. Mich hat sie in ihrer unendlichen Güte zum Gouverneur der neuen Gebiete ernannt.» Kühl und selbstsicher, als sei Virginia schon Teil des englischen Königreichs, blickte er in die Runde.

Das Gemurmel und die flüsternde Unterhaltung der Damen verstummten. Mit Genugtuung bemerkte Raleigh, daß die feste Bindung der Königin an das Unternehmen Eindruck machte. Das mußte er nutzen! Ihre Majestät würde ihm verzeihen, wenn er ihr einige Worte unterschob, die sie so nicht gesprochen hatte. Vertraulich, als plaudere er Geheimnisse der letzten Staatsratssitzung aus, fuhr er fort: «Die Königin sagte zu mir: ‹Ich gewähre meinen Kaufleuten Privilegien und Vorteile wie kein anderer Monarch in Europa. Ich erwarte von ihnen, daß sie dieses wichtige Projekt unterstützen. Sie werden klug genug sein, zu begreifen, daß englische Besitzungen in Amerika in ihrem eigensten Interesse liegen.› Nun, Gentlemen? Erwartet die Königin zu viel von Ihnen? Tausende treten dem Eidbund zum Schutze Ihrer Majestät bei. Sie als Kaufleute sollten die Treue zur Königin bekunden, indem Sie zur Gründung ihrer neuen Kolonie beitragen und damit England und die Königin stärken.»

Er sprach selbstsicher und fügte dann leiser und sachlich hinzu, er würde alle, die sich besonders für das Unternehmen einsetzten, der Aufmerksamkeit Ihrer Majestät empfehlen. Jeder wußte, daß der Günstling der Königin auch jene nennen würde, die gegen die Pläne sprachen. Beides tat seine Wirkung, die unausgesprochene Drohung wie die Aussicht auf ein erfolgreiches, von der Königin gefördertes Unternehmen.

Dyer meldete sich als erster zu Wort: «Ich habe mir die Sache mit dem Tabak durch den Kopf gehen lassen, Sir Walter. Da könnte tatsächlich Geld drin stecken ebenso wie in der Möglichkeit, einige Rohstoffe zu erhalten. – Also, ich beteilige mich, sagen wir, mit fünfhundert Pfund!»

«Ich zeichne sechshundert», schloß sich Hotham an. Der junge Perkins stand nicht zurück. Virginia soll leben! Die City war sich einig. Selbst Radbrooke beteiligte sich mit dreihundert Pfund, konnte sich aber später am Abend einer leisen Stichelei nicht enthalten: «Werden Sie ein Weinfaß in Ihrem Wappen tragen?» fragte er, als Raleigh ihm zuprostete, auf Walters Weinmonopol anspielend.

Nur zwei lachten. Die übrigen fanden den Scherz geschmacklos.

Alice, Smythe und Raleigh tranken im Turmzimmer weiter, nachdem alle gegangen waren. Sie waren ein wenig berauscht, und Smythe gratulierte Raleigh noch einmal lautstark zu dem wirkungsvoll arrangierten Abend: «Wir haben es geschafft! England nimmt sich seinen Teil von Amerika. Ihre Rede hat den Ausschlag gegeben. Verdammt geschickt, an den Treuebund zu erinnern. Wie sind Sie darauf gekommen?»

«Ich hab von Walsingham gelernt, auch daß wir uns beeilen müssen. Ich würde lieber heute als morgen die Segel setzen. Seit Oraniens Ermordung redet man in Whitehall sehr viel von Krieg.»

«Krieg?» lallte Alice, die mit halbem Ohr zugehört hatte. «Ich will keinen Krieg!» Sie setzte ihr Weinglas so hart auf, daß der Stiel brach. Wein floß über ihr Kleid. Sie wischte das Glas mit einer heftigen Bewegung vom Tisch und zeterte: «Ich lasse mich nicht wie meine Schwester von den Spaniern ermorden!»

«Na, na», brummte Smythe besänftigend, und Raleigh sah sie erschrocken an. Ihre Haare hatten sich gelöst, ihre Wangen glühten, und in ihren Augen las er Wut und Trotz. Ob ihre Schwester ihr ähnlich gewesen war? Er griff nach ihrer Hand und erklärte beruhigend: «Wenn die Spanier uns angreifen, werden sie sich blutige Köpfe holen. Wir haben heute doppelt so viele Kriegsschiffe und ein Mehrfaches an Kanonen als vor fünf Jahren.»

Vielleicht hatte er bei ihrer ersten Begegnung, als sie ihm auf der Brücke ihre Furcht gestand, ähnlich geredet. Damals hatte er sich jung und stark gefühlt und den Beschützer gespielt, aber im Grunde waren es leere Worte gewesen. Heute wußte er über Englands Rüstung genau Bescheid.

Smythe pflichtete ihm bei: «Wir machen unsere Insel zu einer Festung, meine Liebe.»

«Hawkins sagt …», ergänzte Raleigh, aber Alice hörte nicht mehr hin. Sie begann zu kichern, und erst jetzt bemerkte Raleigh, der ebenfalls nicht mehr ganz nüchtern war, daß sie zuviel getrunken hatte.

Alice legte den Arm um die beiden Männer und zog sie so eng an sich, daß sich ihre Gesichter berührten. «Wir fahren alle drei nach deinem Virginia, Walter, wo Milch und Honig fließen, und suchen uns eine unbewohnte Insel. Die gibt es doch dort, in Virginia gibt es alles, nicht wahr? Wir bauen eine Hütte aus Bambus und legen sie mit Fellen aus und rauchen Tabak aus diesen Indianerpfeifen.»

«Schenk noch mal ein, Walter», sagte Smythe mit belegter Stimme. «Wenn Alice angetrunken ist, hat sie die besten Ideen.»

Nach dem nächsten Glas spürte Raleigh die Wirkung des Weins. Er ging zum Fenster und ließ die feuchte Themseluft herein, aber sie ernüchterte ihn nicht.

Smythe und Alice setzten sich auf die Polsterbank unter der gerahmten Lizenz. «Komm doch her», bat Smythe, und Raleigh setzte sich zu ihnen.

Alice spann ihren Faden fort: «Wir hängen dein Wappen mit dem Weinfaß über den Eingang.»

«Mit dem Rehbock», berichtigte Walter.

«Und mein Gildenzeichen», sagte Smythe. «Wir halten uns einen indianischen Diener, der muß die Trommel schlagen, und wir tanzen auf dem Lehmboden der Hütte.» Er zog Raleigh und Alice hoch und imitierte eine Trommel. Sie stampften mit den Füßen, lachten und schwankten. Smythe schlang die Arme um beide und murmelte heiser, sie gehörten doch zusammen, der edle Sir, der Kaufmann und Alice.

Alice küßte erst Smythe und dann Raleigh. Walter ließ sich von der wilden Stimmung treiben. «In der Hütte wird es warm sein, weil sie eng ist, und wir werden eine zweite für unsere Kinder bauen müssen, für Alices Kinder.»

«Ich bekomme keine Kinder», sagte Alice, «von dir nicht

und von Thomas nicht. Von niemandem. Ich werde nie ein Kind haben.»

Sie schob die Männer von sich. Plötzlich spürten sie die Kälte der Oktobernacht.

Ein Page führte Raleigh durch den Saal der Wachen und das leere Präsenzzimmer des Schlosses Whitehall. Aus dem großen Audienzsaal drang Musik. «Ihre Majestät wünschte nach der Tafel noch etwas Unterhaltung», erklärte ihm sein Begleiter. Kein offizieller Empfang also. Der Türsteher rief seinen Namen nicht in den Saal, und sein Eintreten vollzog sich fast unbemerkt. Höflinge, Mitglieder der Ehrenwache und edle Lords unterhielten sich stehend in kleinen Gruppen. Stühle und Hocker hatten sie den Hofdamen überlassen. Gambenstreicher und Flötenbläser spielten eine Tanzweise. Eine junge Ehrendame bedachte Walter über ihrem Häkelzeug mit einem warmen Lächeln, doch seine Aufmerksamkeit galt der Königin. Elisabeth saß auf einem niedrigen, mit rotem Samt bespannten Stuhl neben dem Kamin und neigte ihren Kopf dem in Weiß und Silber gekleideten Grafen Essex, Leicesters Stiefsohn, zu. Leicester hatte den jungen Herrn vor einigen Wochen Ihrer Majestät präsentiert, um, wie Raleigh vermutete, seinen Einfluß zu stärken. Die Königin hatte Gefallen an ihm gefunden. Raleigh sah, wie sie lebhaft gestikulierte, lachte und einmal sogar über seine schönen kastanienbraunen Locken strich. Er zwang sich, nicht so auffällig hinzustarren, ließ seine Augen schweifen und redete sich ein, dies alles hier gehe ihn nichts mehr an. Nächste Woche würde er von Plymouth aus nach Amerika segeln. Er war zu seinem Abschiedsbesuch gekommen.

Einige Herren grüßten ihn. Oxford löste sich aus einer Gruppe, trat an Raleigh heran und fragte mit einer leisen Kopfbewegung zur Königin hin: «Eifersüchtig?»

«Auf einen Siebzehnjährigen?»

«Unterschätz ihn nicht. Er ist ganz nach ihrem Geschmack, ein ausgezeichneter Fechter, ein guter Rezitator, empfindsam und gewandt im Umgang und Ausdruck. Als Leicesters Stiefsohn wird er politischen Ehrgeiz entwikkeln.»

«In Virginia werde ich seine Fähigkeiten nicht bewundern können», knurrte Raleigh gereizt. «Übrigens darf man dieses Geturtel in der Öffentlichkeit nicht überbewerten. Die Königin zeigt ihrem Hof gern, daß sie auch von einem sehr jungen Mann noch begehrt wird.»

«Vierunddreißig Jahre Altersunterschied. Sie macht sich lächerlich!»

«Warum? Sie freut sich am Jungen, Unausgegorenen. Das hält sie lebendig.» Raleigh fühlte sich verpflichtet, die Königin zu verteidigen, aber er tat es mit halbem Herzen, denn im Grunde befürchtete er, ihre Neigung zu Essex könne seiner Stellung schaden. Die Bevorzugung des jungen Mannes in Gegenwart der Hofgesellschaft kränkte ihn. Wahrscheinlich tuschelten einige Herren jetzt über ihn und raunten hämisch oder mitleidig, er sei in der Gunst Elisabeths gesunken. In Amerika würde er zum Glück dieses Geschwätz nicht hören, aber in einigen Monaten kehrte er ja zurück!

Der Oberhofmeister bat ihn zur Königin. Raleigh sah, wie Ihre Majestät Essex die Hand huldvoll zum Abschiedskuß reichte, bevor er selbst vor ihr niederkniete. «Ich bin gekommen, Eurer Majestät für die vierhundert Tonnen Pulver aus den königlichen Magazinen zu danken. Gebe Gott, wir brauchten es nur, um auf Bären und Büffel zu schießen.»

«Sie verlassen Uns tatsächlich, Walter?»

«Ich werde auf Euer Majestät Schiff ‹Tyger›, unserem Flaggschiff, Tag und Nacht an Sie denken.»

Sie wiegte nachdenklich den Kopf. «Was wird mein Staatsrat sagen, wenn ich Sie jetzt nach Amerika lasse? Sie kennen Walsinghams Vorbehalte. Leider haben sich die Dinge nicht günstig entwickelt.»

Sie schaute sich um, als wolle sie sich vergewissern, daß keiner sie hörte, aber alle hielten sich in gebührender Entfernung, und außerdem spielte die Musik laut. «Parma macht in den Niederlanden Fortschritte», fuhr sie leise fort. «König Philipp hat im Januar mit dem Guise einen Geheimvertrag über eine Heilige Liga geschlossen. Es genügt nicht mehr, die sieben Provinzen nur mit Waffen und Geld zu unterstützen. Ich habe mich entschlossen, eine Armee unter Leicesters Führung nach den Niederlanden zu entsenden. Das bedeutet Krieg mit Spanien, unweigerlich Krieg, Walter. Wir müssen damit rechnen, daß König Philipp mit einer Invasion in England antwortet.»

Raleigh sah sie bewundernd an. Wie schnell sie sich umstellte! Eben hatte sie noch mit Essex gescherzt, im nächsten Moment analysierte sie scharfsinnig die Lage und erklärte ihm ihre Entscheidungen. Er war ihr dankbar für ihr Vertrauen, fürchtete aber gleichzeitig für sein Unternehmen.

Sie las seine Gedanken. «Ihnen ist natürlich Virginia das Wichtigste, aber in der Politik ist das Wichtigste das unbedingt Notwendige, und die Notwendigkeiten ändern sich mit den Umständen. Fürchten Sie nicht, man könnte Ihnen Feigheit nachsagen, wenn Sie jetzt England verlassen?»

«Majestät!»

«Ich weiß, Walter, Sie haben in Irland Mut bewiesen, aber die Menschen sind boshaft und vergeßlich. Es wäre für Sie besser, wenn Sie ...» Sie hielt inne.

Er runzelte die Stirn. Was sollten diese Umschweife? Erwartete sie von ihm, daß er erklärte, unter diesen Umständen verzichte er auf die Fahrt nach Amerika? Warum sagte sie nicht, daß sich Walsingham durchgesetzt hatte? «Wollen Sie das Auslaufen der Schiffe verbieten, Euer Majestät?» fragte er geradezu.

Sie erwiderte ebenso offen: «Die Schiffe sollen in See stechen, Walter, aber wir müssen einen neuen Admiral finden. Ich brauche Sie in England.»

Er war verwirrt, wußte nicht, wie er reagieren sollte, und fragte mit einem Blick auf Essex störrisch: «Ist nicht er an meine Stelle getreten?»

Die Königin klatschte in die Hände und lachte in kindlichem Vergnügen. «Eifersüchtig? O ja, Sie sind eifersüchtig! Aber er ist doch ein Junge, Walter, ein hübscher Junge freilich.»

Sie dämpfte seine Eifersucht und reizte sie gleichzeitig, indem sie Essex wortreich lobte. Nach einer Weile fuhr sie, wieder ernst werdend, fort: «Wir müssen unsere Küste zur Verteidigung vorbereiten. Sie kennen Kapitäne in Devonshire, Cornwall und Dorset. Sie sind energisch und umsichtig. Ich brauche Sie für diese Aufgabe, Sie und keinen anderen!»

«Lassen Sie mich zuerst die Kolonie in Amerika gründen, Majestät. Dann werde ich sofort zurückkehren.»

Die Königin schüttelte den Kopf. «Sie müssen hierbleiben. Wir haben nicht mehr viel Zeit, Walter!»

Der Befehl war unwiderruflich. Schweren Herzens entschloß Raleigh sich, seinem Cousin Richard Grenville das Kommando zu übergeben, und bestimmte den jungen königlichen Oberstallmeister Ralph Lane auf Empfehlung Ihrer Majestät zu seinem Stellvertreter in Virginia.

Anfang April stachen die sieben Schiffe der Expeditionsflotte mit über fünfhundert Leuten, von denen etwa einhundert als Kolonisten in Amerika bleiben sollten, in See. Raleigh bereitete seine Reise in die südwestlichen Grafschaften vor.

In der zweiten Aprilwoche brachen sie auf, eine kleine Gruppe von zehn Reitern, unter ihnen Raleighs Freund Arthur, das sparsame Gepäck auf drei Lastpferde verteilt. Die Wiesen standen im ersten Grün, die Luft roch nach Frühling, und die Sonne schien mild, aber Walter war mißmutig und wortkarg. Am zweiten Tag gestand er Arthur, er überlege, ob er nicht besser umkehren solle.

Obwohl Arthur die Gründe zu wissen glaubte, tat er überrascht. «Weshalb?»
«Um Essex nicht das Feld zu räumen.»
«Du kannst dich der Weisung der Königin nicht widersetzen, Walter!»
«Und wenn ich es doch wage? Der junge Geck denkt, er hat leichtes Spiel mit mir.»
«Bist du eifersüchtig?»
«Das hat mich die Königin auch schon gefragt», knurrte Walter gereizt. «Du weißt genau, daß ich's nicht bin. Aber soll ich mich ohne Widerstand vom Hofe verdrängen lassen? Sie schickt mich nur fort, weil sie mich nicht in Whitehall haben will. Essex wird versuchen, sie gegen mich einzunehmen. Er hat ihr Ohr. Wer wird mein Fürsprecher sein? Du kennst das Intrigenspiel am Hof. Der Abwesende ist der Verlierer. Alles, was ich bin, bin ich durch die Königin. Sie kann mir das Weinmonopol nehmen und auch Durham House.»
«Täusche dich nicht in der Königin», widersprach Arthur. «Sie kennt die starken Seiten der Menschen ihrer Umgebung und nutzt sie. Walsingham sorgt für die Sicherheit im Staat, von Burghley läßt sie sich in der internationalen Politik beraten, Leicester schickt sie als Truppenführer nach den Niederlanden. Dich stellt sie auf diesen wichtigen, noch vakanten Platz. Sie hat dich nicht zum Vizeadmiral von Cornwall und Devon ernannt, weil sie dich abschieben will.»
«Wie scharfsinnig», kommentierte Walter trocken und abweisend, aber die Absicht umzukehren äußerte er nicht mehr.
Je weiter sie sich von London entfernten, desto blasser wurde das Bild des vor der Königin knienden Essex in Raleigh.
Sie gelangten in das rauhe Hochland von Dartmoor mit seinen weiten Flächen und baumlosen Anhöhen. An den Nordhängen klebten noch verharschte Schneereste. Nebel-

fetzen hingen über dem Moor, sie brauchten einen Führer, um sich nicht zu verirren. Ihr Weg lief durch dürre Heide und zwischen Hügeln, deren Kuppen verwitterte Granitblöcke krönten. Der Boden war wenig fruchtbar, das karge Gras bot nur genügsamen Bergschafen und kleinen Herden wilder Ponys Nahrung.

Sie durchquerten tiefeingeschnittene Täler mit reißenden Flüssen. An ihnen lagen die meisten Siedlungen des spärlich bewohnten Landes. Das Wasser trieb Pochwerke, die Erzgestein zerkleinerten, und es bewegte die Blasebälge, die das Feuer entfachten, um das Erz zu schmelzen. Zinn war der Reichtum von Cornwall und Devon. Man lieferte es nach Italien, Frankreich, Deutschland. Selbst in den Bronzekanonen des türkischen Sultans steckte englisches Zinn. Kein Barren sollte in die Hände der Kaufleute ohne Prüfung und Stempel königlicher Beamter gelangen, und ein Teil des Erlöses sollte in die königlichen Kassen fließen. Sollte! Denn es war wohlbekannt, daß man Zinn unter Umgehung jener Vorschrift außer Landes brachte. Gerade jetzt aber benötigte die Königin jeden Penny. Vor allem deshalb hatte sie Raleigh auch mit dem Amt des königlichen Beauftragten für Zinnbergwerke betraut. Die Bergleute, mit wenigen Pfund im Jahr für die gefährliche Arbeit in stickigen, feuchten Gruben erbärmlich entlohnt, waren selbstbewußte, störrische Männer, die ihren eigenen Ehrenkodex besaßen, und mit den Schmelzern verhielt es sich nicht anders.

Das Gebiet der Zinngruben bildete, seit eh und je mit Privilegien ausgestattet, einen Staat im Staate mit eigener Struktur und Gerichtsbarkeit. Raleigh wußte nicht, wie er den Schmuggel unterbinden konnte, aber er wußte, wie er mit den Männern umgehen mußte. Er rief die Oberleute auf dem alten Gerichtsplatz von Crockern Tor im Herzen von Dartmoor zusammen. Vor ihnen an der steinernen Tafel unter freiem Himmel saß kein witzelnder, eleganter Höfling. Seinen Schmuck hatte er in London gelassen. Über dem dunklen Wams trug er ein soldatisches Lederkoller. Nur die schwere Kette mit der großen Goldplakette wies ihn als Herrn von Rang aus. Er kehrte den Mann aus Devonshire hervor, der unter Freibeutern zu Hause war.

«Ich weiß, daß sich Schmuggler nicht für Diebe halten», sagte er milde, dafür dann um so heftiger: «Wer jedoch die Königin bestiehlt, schneidet sich ins eigene Fleisch. Die Königin verschwendet kein Geld, sie verwendet jeden Penny zum Wohle Englands!»

Einer auf den kalten Steinbänken hustete. Das Husten steckte verdächtig an. Raleigh sah in lächelnde Gesichter. So weltfremd war man im abgelegenen Dartmoor nicht, daß man von den glänzenden Hoffesten und Maskenspielen in Whitehall oder Hampton Court nichts gehört hätte. Der ehrenwerte Sir sollte sich nicht einbilden, man wisse nicht Bescheid über seinen Hang zum Luxus, selbst wenn die Perlen in den Ohren heute fehlten.

«Die Königin gibt ihr Geld auch zu eurem Schutz aus», fuhr Raleigh fort, «oder wollt ihr Sklaven der spanischen Hidalgos werden?»

Er fand wenig Widerhall, und als sich ein bleicher, hagerer Mensch zu Wort meldete, redete der von etwas anderem. In seinem Dorf wolle man eine Brücke über den Fluß bauen, die vor allem den Bedürfnissen der Händler diene, aber der Rat habe beschlossen, die Bergleute müßten das Geld dafür aufbringen. Wie stehe der hohe Lord und königliche Beauftragte zu dieser Forderung?

Raleigh blickte in die Runde. Sie sahen gleichmütig an ihm vorbei, aber er spürte die Spannung. Das war ihre Art, Lauterkeit zu testen.

«Das ist unzulässig», antwortete er. «Ich weiß, wie hart eure Arbeit ist und daß der Lohn gerade zum Nötigsten reicht. Jede weitere Belastung werde ich nicht dulden und noch heute einen Brief an den Friedensrichter von Devon schreiben.»

Diesmal erntete er beifälliges Gemurmel. Die Stimmung

erschien ihm günstig, nun auf sein wichtigstes Anliegen zuzusteuern. «Zur Abwehr der großen Gefahr, die euch und uns allen von den Spaniern droht, müßt ihr jedoch einen Beitrag leisten. Obwohl eure Siedlungen abgelegen sind, sind sie durch mehr als eine Brücke mit dem übrigen England verbunden. Die Spanier werden, wenn sie einfallen, um Crockern Tor keinen Bogen machen, dazu lockt sie der Reichtum der Bergwerke zu sehr. Aus Südamerika holen sie Gold und Silber, aus Cornwall und Devonshire wollen sie das Zinn rauben. Wenn sie siegen, werdet ihr zu Arbeitssklaven der Spanier!» Er forderte sie auf, eine Anzahl wehrkräftiger, gut ausgerüsteter Männer zur Verteidigung der Grafschaft zu stellen. Er sprach mit Leidenschaft, aber zu seiner Enttäuschung blieb die Resonanz aus.

Wieder ergriff der Hagere das Wort: «Unsere Leute verdienen zwei Schillinge die Woche und wissen kaum, wie sie ihre Familien durchbringen sollen. Hunger ist unser häufigster Gast, Sir. Es wird schwer sein, sie zu überzeugen, daß es ihnen unter den Spaniern noch schlechter gehen wird als jetzt.»

Ein anderer schlug in die gleiche Kerbe: «Die Kaufleute und Geldverleiher haben uns in der Hand, Sir. Sie zwingen uns, die halbe Tonne Zinn für fünfzehn oder sechzehn Pfund an sie zu verkaufen. In London oder im Ausland erzielen sie dafür den doppelten Preis. Alles im Namen der Königin!»

Raleigh hörte sich geduldig ihre Klagen an. Es hatte keinen Sinn, ihnen mit patriotischen Losungen entgegenzutreten. Er schlug einen freundschaftlichen Ton an: «Wir müssen gemeinsam nachdenken, wie wir Änderung schaffen können.»

«Wir denken schon lange darüber nach, Sir!»

Das Auftauchen eines zweirädrigen Karrens, von einem struppigen Esel gezogen, enthob ihn einer Entgegnung. Der Wirt des nächstgelegenen Gasthauses verteilte von Raleigh bestellte Brote, Wurst und Bier. Walter nutzte die

Pause und beriet sich mit dem Rechtsgelehrten in seinem Gefolge, der sich seit längerem mit den Zinnbergwerken beschäftigte. Als sie sich wieder zum Gespräch zusammensetzten, erklärte er den Männern, er sehe einen Weg, ihnen zu helfen. «Ich will der Königin empfehlen, ihr Vorkaufsrecht für Zinn wahrzunehmen, und ihr nahelegen, die Jahresproduktion zum festen Preis von etwa achtundzwanzig Pfund für die halbe Tonne zu erwerben.»

«Meinen Sie, sie stimmt zu?» fragte der Hagere in einer Mischung von Hoffnung und Zweifel.

«Ich denke schon», entgegnete Raleigh mit begründeter Zuversicht. Er wußte, daß die Königin seit langem die Schaffung eines Zinnmonopols erwog. Sie würde es wie üblich an einen ihrer Minister oder an einen Edelmann vom Hofe vergeben. Der Rechtsgelehrte hatte ihm versichert, auch bei einem Ankaufspreis von achtundzwanzig Pfund könne der Monopolinhaber noch einen hübschen Profit herauswirtschaften.

«Achtundzwanzig Pfund», wiederholte der Hagere, den die übrigen als ihren Wortführer akzeptierten. «Überlegt mal! Wir könnten den Lohn verdoppeln, Leute. Wenn Sie das erreichten, Sir Walter!»

Einfach würde es nicht sein. Am Zinngeschäft war neben den City-Kaufleuten und den Geldverleihern auch die Londoner Zinngießerzunft beteiligt. Raleigh hoffte, der Königin würde es gelingen, klare Verhältnisse zu schaffen, aber garantieren konnte er es nicht. Trotzdem gab er sich vor den Bergleuten sicher. «Ich bin überzeugt, es wird sich so regeln lassen. Die Spanier dürfen uns freilich nicht in die Quere kommen.»

Da endlich entdeckten die Oberleute ihre patriotische Gesinnung. Sie versprachen, ein starkes Kontingent für die Verteidigung zu stellen und in den Schmieden und Gießereien zusätzliche Spieße, Harnische und Kanonenkugeln zu fertigen.

In Plymouth, der nächsten Station, gab der Stadtrat ein

Festessen für Raleigh, aber als er mehr Geld für den Ausbau der Verteidigungsanlagen verlangte, machten die Herren saure Gesichter.

Er ließ nicht locker. Die Spanier würden versuchen, einen Hochseehafen für ihre schweren Schiffe zu erobern, um Vorräte sicher an Land bringen zu können. Plymouth mußte ihnen sehr geeignet scheinen, da es dem spanischen Festland am nächsten lag. Er blieb drei Wochen, besuchte Reeder, Innungsmeister und andere Ratsmitglieder. Im Hause eines reichen Handelsherrn traf er sich mit den Kaufleuten der Stadt und setzte ihnen die Lage auseinander. Er war nicht entmutigt, als nur wenige Verständnis für seine Forderung zeigten, Geld für die Verteidigung zu opfern. Seit seinen Bemühungen um die Beteiligung der Londoner Kaufleute an der Amerika-Expedition kannte er diese Radbrookes und Dyers, für die es keine nationalen Interessen, sondern nur das eigene Geschäft gab.

Wie sie ihre Eigensucht bemäntelten! Ein im Levantehandel engagierter Kaufmann klagte über die venezianische Konkurrenz. «Ich muß jeden Penny ins Geschäft stecken, Sir! Wir zahlen genug Steuern. Zusätzliche Belastungen für die Verteidigung können wir uns nicht leisten.»

Sein Nachbar, ein Tuchhändler und Webereibesitzer, sekundierte ihm: «Wenn ich meine Manufaktur nicht erweitere, kann ich im Konkurrenzkampf nicht mithalten, und dann gehe ich pleite. Für Kanonen kann ich nichts erübrigen.»

Raleigh fuhr auf ihn los: «Die Spanier werden Ihre Manufaktur zerstören, Mister, und sie werden dafür sorgen, daß Sie sie nie wieder aufbauen. Wenn Spanien England erobert, wird es keine englischen Unternehmer und keinen englischen Kaufmannsstand mehr geben.»

«Übertreiben Sie nicht, Sir! Der Handel wird nicht aufhören.»

«Ja, spanischer Handel. Sie glauben doch nicht im Ernst, daß nach einer Niederlage Englands unsere Wirtschaft noch eine Chance hat! Einen Wiederaufbau unter spanischer Herrschaft gibt es nicht. England würde eine Kolonie nach südamerikanischem Beispiel. Nur wenn unser Land stark und unbesiegbar ist, werden Ihre Geschäfte blühen. Deshalb ist jedes Pfund, das Sie heute für Kanonen ausgeben, die beste Kapitalanlage für Ihr Geschäft.»

Walter bat, beschwor, drohte. Seine Londoner Erfahrungen halfen ihm, und er erreichte am Ende sein Ziel.

Von Plymouth ging es die Küste entlang. Raleigh inspizierte Leuchttürme und Alarmfeuer. Sie ritten durch Küstenwälder und ödes Marschland, erkundeten Buchten und Landzungen. Im Quartier in einem ländlichen Rasthaus oder einer ärmlichen Fischerkate studierte Raleigh Karten, ließ einzelne Abschnitte von den mitreitenden Vermessern neu zeichnen, nahm sorgfältig Eintragungen vor, verglich. Am nächsten Tag saßen sie wieder im Sattel.

Einmal kletterten sie auf einen Felsvorsprung, der weit in die See hineinragte. Wellen schlugen gegen das Gestein, Gischtspritzer durchnäßten sie bis aufs Hemd, und Arthur fürchtete, die Brandung könnte den Felsen überspülen und sie in die Tiefe reißen. Walter kämpfte sich, ohne auf seine Warnungen zu hören, gegen starke Windböen bis zur Spitze des Massivs vor. Arthur folgte ihm fluchend. «Muß denn das sein?»

Walter zog ungerührt die Karte aus dem Wams, schützte sie mit seinem Körper vor dem Sturm, zeigte Arthur ihren Standort und deutete auf zwei andere Punkte. «Hier steht ein Beobachtungsposten und hier auch, aber dieses Stück da kann man von beiden Punkten nicht einsehen. Auf diesem Fels muß ein Wachtturm errichtet werden!»

Als sie sich im Quartier die nassen Kleider auszogen, quälte Arthur ein hartnäckiger Hustenanfall. Nach einer Weile schmerzte ihm die Brust, und er befürchtete, aus der Erkältung könne sich eine Entzündung der Lunge entwikkeln.

«Du solltest nach London zurück», sagte Walter. «Dort

kannst du dich auskurieren, und es zieht dich doch ohnehin zu deinen Büchern.»

«Vielleicht können wir die Reise abkürzen», schlug Arthur unsicher vor.

«Abkürzen? Ich werde länger bleiben müssen, als ich mir vorgenommen hatte. Hier gibt es viel zu tun, und mir ist die Verantwortung erst jetzt richtig klar. Wenn ich etwas versäume und die Spanier deshalb Erfolg haben, könnte ich es mir nie verzeihen. Aber du ...»

«Wir haben die Reise zusammen begonnen und werden sie zusammen beenden», fiel Arthur ihm ins Wort. «So schlimm wird's mit der Erkältung nicht werden.» Er war beschämt, weil er weniger Pflichtbewußtsein als Walter zeigte.

Walter schien seine Stimmung zu erraten. Er akzeptierte ohne jede Bemerkung seinen Entschluß und kramte eine Erinnerung hervor: «Ich habe dir erzählt, wie mir Radbrooke bei der Besprechung in der Guildhall meine unverdienten Einnahmen aus dem Weinmonopol vorwarf. Weißt du, was ich ihm heute antworten würde? Mit Wein- und Tuchhandel habe ich mich nicht abgegeben, obwohl ich davon Geld bekomme, würde ich ihm sagen. Aber ich bin kein Schmarotzer, wie Sie sehen. Ich arbeite für Englands Sicherheit, also auch, damit Sie ungestört Ihren Geschäften nachgehen können.»

Sie ritten weiter, bestimmten Orte für Waffen- und Pulverlager und kümmerten sich um die Organisation des Wachdienstes. An viele Plätze kam Walter nicht als Unbekannter. «Raleigh, das ist doch der Neffe vom seligen Vizeadmiral Champernowne!» Er schüttelte Handelskapitänen die Hand. Die Herren zeigten ihm stolz ihre mit Kanonen bestückten Schiffe. Schließlich mußte man bewaffnet sein, denn eine goldschwere spanische Galeone oder ein Schiffchen, das schon von fern nach fremdländischen Gewürzen roch, konnte man nicht einfach vorbeiziehen lassen, wenn es zufällig den Kurs kreuzte. Sie zwinkerten Raleigh vertrauensvoll zu. Sie wußten Bescheid. Der neue Vizeadmiral hatte sein Geld in mehr als einem Freibeuterschiff investiert.

«Im Kriegsfall werden Sie Ihre Kanonen auf Schiffe richten müssen, die nur Söldner an Bord haben, Gentlemen!» sagte er zu einer Gruppe von Kapitänen in Dartmouth. «Die königliche Marine allein wird mit den Spaniern nicht fertig.»

Die Männer waren noch empört wegen der neuerlichen Beschlagnahme der Ladung englischer Schiffe in spanischen Häfen. «Versichern Sie der Königin, daß wir England nicht im Stich lassen werden, Herr Vizeadmiral!»

In Falmouth ging Raleigh spätabends in den «Drachenkopf», um Jacob Whiddon, den Kapitän der «Serpent» zu treffen. Arthur sagte er nichts davon, von seinen Geschäftsbeziehungen zu Freibeutern brauchte selbst sein bester Freund nichts zu wissen. Whiddon schuldete ihm dreihundert Pfund, und er stellte ihn deshalb in der Hafenkneipe zur Rede: «Die ‹Serpent› hat reiche Beute gemacht, Pfeffer, Moschus, Muskat, Gewürznelken, sogar Perlen und Edelsteine, Jacob. Deine Abrechnung stimmt nicht. Ich bin mit dreißig Prozent an der Prise beteiligt, nicht mit zwanzig.»

«Ich hab nicht mehr als früher für mich behalten», versicherte Whiddon.

Komisch, wenn ein verwegener Kerl wie der Kapitän lammfromm tat. Sein treuherziger Blick wirkte lächerlich unecht. «Du hast den Anteil eigenmächtig verändert, Jacob!»

«Die Unkosten sind gestiegen, Sir», klagte Whiddon und wußte offensichtlich nicht, ob er ihn wie in alten Tagen beim Vornamen oder mit seinem neuen Titel anreden sollte. «Früher haben wir die Prise unbemerkt von den Zöllnern an Land gebracht. Heute sind die Beamten überall. In England herrscht Ordnung.» Er lachte mit aufgerissenem Mund, um die Ironie der letzten Bemerkung zu unterstreichen.

«Du kannst das Sir ruhig weglassen, aber halte dich an unsere Abmachungen!» Raleigh stieß ihn unsanft an die Schulter. Er verspürte Lust, sich mit dem verdammten Kerl zu prügeln. Vielleicht würde er den kürzeren ziehen. Whiddon war zwar um einen halben Kopf kleiner, aber er hatte kräftige Pranken und war jünger. Freilich hielt ihn das nicht von einem Kampf ab. Er kannte ein paar Tricks, sich gegen Stärkere zu behaupten, doch als Vizeadmiral und königlicher Beauftragter erschien es ihm unklug, mit den Fäusten zu argumentieren.

«Ich hatte auch 'ne Menge Reparaturen am Schiff.» Es klang, als wolle der Kapitän sich mit dem Vizeadmiral nicht anlegen.

«Hast du schon einen von der Königin ausgeschriebenen Freibrief, der dich ermächtigt, spanische Handelsschiffe zu kapern?» fragte Raleigh, ohne auf seine Klagen einzugehen.

Der Kapitän schüttelte den Kopf.

«Ich werde dir einen verschaffen. Er hebt dein Unternehmen in den Rang eines ordentlichen Gewerbes.»

«Wozu?»

«Du wirst so einen Brief brauchen. Hast doch selbst erfahren, wie sehr die Königin auf Ordnung hält. Sein Besitzer wird künftig weniger Zoll zahlen müssen. Die Königin will tüchtige Kaperkapitäne ermutigen.»

Whiddon schaute ihn nachdenklich an und verzog dann das Gesicht zu einem breiten Grinsen. «Vielleicht hab ich mich tatsächlich verrechnet, Walter. Wieviel soll ich Ihnen schuldig sein? Zweihundert Pfund?»

«Dreihundert.»

«Dreihundert», wiederholte Whiddon ungläubig und zuckte dann ergeben mit den Schultern. «Na gut. Eins versaufen wir heute, zweihundertneunundneunzig sollen Sie morgen haben.»

Sie saßen an einem langen Tisch unter Seeleuten und Hafendirnen und besiegelten die Verständigung mit Whisky und Bier. Die Matrosen spannen Seemannsgarn.

Einer war mit seinem Schiff von den Türken gekapert worden, hatte als Galeerensklave auf den «Drei Halbmonden» rudern müssen, war entkommen und hatte schließlich mit seinen Kameraden zweihundertundsechzig Christen aus türkischer Gefangenschaft befreit.

«Hast du dich nicht verzählt, John?» höhnte eine Dunkelhaarige, die viel Fleisch zeigte. «Wenn du mich bezahlst, verzählst du dich immer.»

«Die Weiber hier sind munterer als in London», stellte Walter vergnügt fest und wandte sich an den Erzähler: «Als Junge hab ich die Geschichte schon mal gehört.»

Der Angesprochene zwinkerte. «Kann sein, sie ist ja auch vor längerer Zeit passiert, Sir.»

Eine Flachsblonde mit locker geschnürtem Mieder stellte sich hinter sie und fragte: «Spendiert ihr mir einen, Gentlemen?» Das Mädchen war jung und gut gewachsen. Sie machten ihr Platz. Der Wirt brachte Portwein. Whiddon legte den Arm um sie und zog an den Schnüren ihres Mieders. «Was haben wir denn da?»

«He», sagte das Mädchen, schob seine Hand weg und drängte sich an Walter. «Das Zeug schmeckt gut, Süßer. Auf welchem Kahn fährst du? Ich hab dich noch nie hier gesehen.» Sie strich über sein grobes Leinenhemd und küßte ihn nach dem nächsten Becher auf die Wange.

Whiddon tippte auf die Spuren, die ihre stark geschminkten Lippen hinterlassen hatten. «Ich möchte auch so was.»

Das Mädchen sträubte sich, als er versuchte, sie an sich zu ziehen, und klammerte sich an Walter.

«Für die geb ich dir noch fünf Prozent dazu», lallte Whiddon.

«Das ist meine Beute», sagte Walter mit schwerer Zunge und küßte sie.

«Ich hab oben 'ne Kammer. Willst du sie sehen?» flüsterte ihm das Mädchen ins Ohr.

Etwas an ihr erinnerte Walter an das blonde Hoffräulein,

mit dem er am vorletzten Abend in London getanzt hatte, Elisabeth Throckmorton, ein schlankes Mädchen mit mandelförmigen Augen, die Oxford zu Lobeshymnen hinrissen. Madonna mit dem verschleierten Blick hatte der Earl sie getauft. Raleigh hatte ihr Ernst gereizt, aber keines seiner Komplimente und keine Schmeichelei, mit denen er Frauen meist rasch gewann, hatte bei ihr sichtbaren Eindruck hinterlassen. Warum hatte er während der ganzen Reise viel mehr an diese Elisabeth Throckmorton gedacht als an Alice?

«Gehen wir?» drängte das Mädchen.

«Wart noch einen Moment», sagte er, und dann entschuldigte er sich. «Ich komme gleich wieder.»

Er kehrte aber nicht an den Tisch zurück, sondern ging allein durch die Nacht zu seinem Quartier.

Im Sommer des folgenden Jahres rollte eine große Reisekutsche in den Hof von Durham House. Von einem Erkerfenster aus beobachtete Raleigh, wie die vier Männer, die er vor Tagen nach Falmouth geschickt hatte, heraussprangen und dann einem hochgewachsenen Herrn in der Tracht eines spanischen Granden beim Aussteigen behilflich waren, als seien sie seine Diener und nicht seine Wächter.

Raleigh trat zurück. «Die Zimmer für Don Pedro sind doch bereit, Peter?»

«Ja. Aus dem obersten Geschoß des Nordflügels kann er unmöglich entkommen. Wir haben aber alles vermieden, was den Spanier daran erinnern könnte, daß er unser Gefangener ist.»

«Frag ihn nach seinen Wünschen und sag ihm, daß ich ihn in einer Stunde sprechen möchte.»

Raleigh war entschlossen, dem Señor mit großer Höflichkeit zu begegnen. Als Kapitän Whiddon ihm die Nachricht geschickt hatte, Don Pedro Sarmiento de Gamboa sei ihm bei seiner letzten Kaperfahrt ins Netz gegangen, hatte sich Walter die Hände gerieben. Das war ein ganz großer Fisch!

Sproß einer der ältesten und reichsten Adelsfamilien Spaniens, berühmt als Abenteurer und Seefahrer, erst vor kurzem von König Philipp zum Gouverneur der spanischen Besitzungen um die Magellanstraße und von Patagonien gemacht. Der Mann war ein Vermögen wert, aber Raleigh ging es nicht ums Lösegeld, er hatte anderes mit ihm vor. Warum ängstlich sein? Die Glückssträhne der letzten Monate würde anhalten! Bei der Königin stand er in höchster Gunst. Leicester weilte als Oberbefehlshaber einer englischen Armee in den Niederlanden, und sein Stiefsohn Essex begleitete ihn. Wie hatte er in dem jungen Essex einen ernsthaften Rivalen sehen können? Die Königin rief ihn mehr als früher zu sich. Nach seinen Erfolgen in den südlichen Grafschaften hatte sie ihm ein Patent zur Kolonialisierung irischer Gebiete verliehen. Er nutzte die neue Aufgabe selbstverständlich auch zu seinem eigenen Vorteil. In Munster hatte er billig riesige Ländereien erworben, und mit dem wachsenden Reichtum wuchs sein Selbstvertrauen. Vielleicht gelang ihm mit Hilfe des spanischen Señors der Eintritt in die große Politik? Natürlich mußte er vorsichtig zu Werke gehen.

Don Diegos Verhalten kam seinen Absichten entgegen. Der Spanier verschwendete keine Zeit mit Protesten und Beschwerden, sondern fand sich mit seiner Lage ab. Raleighs Begrüßung: «Betrachten Sie sich nicht als mein Gefangener, sondern als mein Gast, Señor», erwiderte er mit Grandezza: «Es ist mir eine Ehre, Sir. Werde ich bei Ihnen auch Drake treffen? Ich habe immer bedauert, daß Ihr berühmtester Kaperkapitän kein Spanier ist.» Sein Englisch, obwohl mit starkem Akzent gesprochen, war flüssig und fehlerfrei.

«Wir sehen in Ihnen einen spanischen Drake, Don Pedro.»

Don Pedros rechtes Auge strahlte ihn an, das andere veränderte sich nicht, ein Glasauge. Es ließ die eine Hälfte seines länglichen, vom Sumpffieber ausgezehrten Gesichts wie tot erscheinen. Sein gesundes Auge aber leuchtete, besonders wenn er über Religion sprach.

«Ich besorge Ihnen einen Beichtvater, Don Pedro. Das ist, wie Sie wissen, nicht einfach in diesem Land.» Er konnte nicht verhindern, daß ihm der Spanier dafür die Hand küßte. Seinen Großmut dankte der Grande mit Bekehrungsversuchen.

Raleigh ermutigte ihn mit dem scheuen Geständnis, hin und wieder beschlichen ihn Zweifel an seiner Religion.

«König Philipps Kreuzzug für den einzig wahren Glauben wird jeden Engländer vor eine Entscheidung stellen», erklärte Don Pedro, von Eifer fortgerissen.

«Spanien bereitet also tatsächlich eine Invasion vor?»

Don Pedros gesundes Auge verengte sich mißtrauisch. Raleigh wollte ihn aushorchen. «Die Boten des wahren Glaubens werden um Ihre Insel keinen Bogen machen, Sir», erklärte er vieldeutig, doch seine Eitelkeit, Raleigh zu zeigen, daß er zu den engen Vertrauten König Philipps gehörte, verführte ihn dazu, Andeutungen über den Bau der großen Kriegsflotte zu machen. Damit verriet er kein Geheimnis, aber die Bemerkungen über Schwierigkeiten auf den Werften und bei der Besetzung gewisser Kommandostellen waren Walter interessant. Die Invasion würde sich verzögern.

Erst beim vierten Gespräch sprach Don Pedro seine Auslösung an. Sie hatten zusammen zu Abend gespeist, nicht wenig Wein getrunken und über Amerika gesprochen. Peter entzündete den Tischleuchter und schloß die Fenster, da draußen ein Gewitter aufzog.

Don Pedro lehnte sich zurück, deutete an, wie behaglich er sich in Durham House fühle, und sagte dann: «Lange möchte ich freilich Ihre Gastfreundschaft nicht mehr in Anspruch nehmen, Sir Walter. Sie wollen gewiß ein hohes Lösegeld, aber ich biete Ihnen für meine Freiheit etwas, was mehr wert ist als das gesamte Vermögen meiner Familie.»

«Sie machen mich neugierig, Don Diego!»

«Sie haben von Ihrem paradiesischen Virginia geschwärmt, aber das Gold liegt in El Dorado.»

«Ein Märchenland!»

«Es existiert, Teuerster! Ich besitze Goldperlen, die ein spanischer Matrose von dort mitgebracht hat.»

«Von El Dorado schwatzt man in jeder Hafenkneipe, aber man weiß nichts. Ein paar Goldperlen machen die Geschichte nicht glaubhafter.»

«Ich kenne seine Lage.»

Raleigh hob die Augenbrauen. Don Pedros gesundes Auge funkelte. «Wollen Sie am Wort eines spanischen Granden zweifeln, Sir?» Raleigh beschwichtigte ihn.

«Wenn Sie mich ohne Lösegeld freilassen, verrate ich Ihnen, wo Sie es finden.»

Raleigh hatte ohnehin die Absicht, nichts zu verlangen, also willigte er nach gespieltem Zögern ein.

Don Pedro erzählte ihm dafür, wie Indianer den spanischen Matrosen, dessen Goldperlen er jetzt besaß, nach dem Goldland gebracht hatten, leider mit verbundenen Augen. «Soviel ist jedoch sicher, El Dorado liegt in Guayana, zwischen den Mündungen von Amazonas und Orinoko.»

«Ein weites Gebiet.»

«Genauer kann ich es Ihnen nicht beschreiben, Sir.»

Raleigh blinzelte ihn an. «Wenn es Ihnen genau bekannt wäre, würden Sie es mir wahrscheinlich nicht verraten, Don Pedro, doch ich lasse Sie trotzdem ohne Lösegeld frei.» Er knüpfte aber an sein großherziges Versprechen Wünsche, die Don Pedro, da ihm Raleigh im Verlauf ihrer Bekanntschaft sein angebliches geheimes Mißfallen an Königin Elisabeth zu verstehen gegeben hatte, nicht erstaunten und die er gern erfüllen wollte.

Ein neuerlicher Besuch Walsinghams in Durham House überraschte Walter nicht weniger als die erste Visite des Ministers. Kam er wegen des Spaniers?

Er führte den Gast diesmal in die große Halle, die mit ihrer frischen Holztäfelung und den neuen, kunstvollen flämischen Tapeten zu einem Schmuckstück des Palastes geworden war, aber Sir Francis zögerte, Platz zu nehmen. «Ich würde gern woanders mit Ihnen reden», sagte er mit einem Blick zur Galerie, auf der sich hinter einer angelehnten Tür ein Lauscher verbergen konnte.

Sie gingen ins Turmzimmer. Beim Treppensteigen schwitzte Sir Francis, denn er trug trotz der sommerlichen Wärme ein Wams aus festem Wollstoff und eine dichte Halskrause.

«Nach dem Aufstieg haben wir uns einen guten Tropfen verdient», sagte Walter, rückte dem außer Atem geratenen Minister den Stuhl zurecht und ließ Peter einen Krug Malvasier bringen.

Walsingham trank selten Wein, nippte aber aus Höflichkeit an seinem Pokal und kam ohne Umschweife auf den Zweck seines Besuches. «Ich bin einer neuen Verschwörung gegen die Königin auf der Spur, in die auch Maria Stuart verwickelt ist, und möchte Sie davon unterrichten.» Er reichte Raleigh einen von seinem Sekretär kopierten, an die gefangene Schottenkönigin gerichteten Brief. Ein gewisser Anthony Babington versprach darin, Maria mit Hilfe eines katholischen Gesinnungsgefährten zu befreien.

«Ich halte Anthony Babington und seine Freunde seit dem Turnier von Hampton Court im Auge», erklärte Walsingham. «Schon damals prahlte er, wie mir zugetragen wurde, er würde Maria Stuart befreien.»

«Katholische Hitzköpfe!» murmelte Raleigh, der sich schwach an Babington erinnerte. Die nächsten Sätze des Briefes las er laut. «‹Für die Beseitigung der Königin Elisabeth werden sechs Edelleute sorgen, gute Freunde von mir, die Zugang zum Hof haben. Um Eurer katholischen Majestät und dem katholischen Glauben zu dienen, werden wir die Hinrichtung der Ketzerin vollziehen.›» Dann fragte Babington Maria Stuart, ob sie einverstanden sei, wenn Elisabeth erst nach ihrer, Marias, Befreiung getötet werde. «Diese Wahnsinnigen! Maria Stuart wird das Schreiben nie zu Gesicht bekommen.»

«Sie hat es gelesen.»

Raleigh starrte Walsingham verblüfft an. «Und?» fragte er fasziniert.

«Sie hat geantwortet.» Täuschte er sich, oder schwang tatsächlich Triumph in Walsinghams Stimme?

«In einem Brief an ihren Agenten Morton in Paris wünscht sie, man solle Elisabeth noch vor ihrer Befreiung ermorden. Morton koordiniert in Paris die Wühltätigkeit gegen England und hält Verbindung zu König Philipp und dem Guise.» Walsingham zog ein zweites Schreiben aus seinem Wams hervor. «Hier, lesen Sie.»

«Wenn alles gut vorbereitet ist und die Truppen bereitstehen, sollen die sechs Herren die Tat vollbringen. Danach soll man mich aus diesem unseligen Gefängnis befreien», stand da schwarz auf weiß. Truppen, damit meinte sie natürlich die Spanier.

«Diese Frau ist ein Ungeheuer!»

Walsingham lächelte: «Keine Sorge, ich habe alles unter Kontrolle. Mit diesem Brief hat Maria ihr eigenes Todesurteil geschrieben, und wenn wir keinen Fehler machen, wird es vollstreckt.»

Jetzt verstand Raleigh. Die Schreiben erschreckten Walsingham nicht, sie kamen ihm im Gegenteil sehr gelegen und paßten in seine Pläne.

«Wie sind Sie zu den Briefen gekommen, Sir Francis?»

«Das ist eine lange Geschichte.»

«Sie machen mich neugierig.»

Das lag in Walsinghams Absicht. «Bisher weiß nur Burghley davon», murmelte er und erhöhte damit den Wert seiner Mitteilungen für Raleigh. «Erinnern Sie sich, wie Sie mich nach dem Throckmorton-Komplott im Beisein der Königin fragten, ob die Beweise für einen Prozeß gegen Maria Stuart ausreichten, Sir Walter?»

Raleigh nickte.

«Jeden gewöhnlichen Sterblichen hätte ich damit aufs Schafott gebracht, aber für die Verurteilung einer Königin reichten sie nicht. Ich brauchte ihr eigenes Bekenntnis, daß sie von einem Mordplan gegen Königin Elisabeth wußte und ihn nachdrücklich billigte.»

«Und nun besitzen Sie es», sagte Raleigh nachdenklich und setzte hinzu: «Die neue Verschwörung muß Ihnen sehr gelegen gekommen sein.»

Walsingham überging die Bemerkung. «Nach Throckmortons Festnahme unterband ich jeden Kontakt Maria Stuarts zur Außenwelt. Wochenlang erhielt sie keine Nachricht von ihren Freunden, keinen Brief, nichts. Ich wartete. Morton schickte einen Spion, um die Verbindung mit ihr wiederherzustellen. Ich fing ihn und stellte ihn vor die Wahl, seinen Kopf zu verlieren oder für mich zu arbeiten. Er entschied sich für mich. Ich ließ ihn die Verbindung knüpfen, aber ich kontrollierte sie. Maria erhielt wieder Post und schickte ihre Briefe über die französische Botschaft in London nach Paris. Alle im Geheimkode. Den entschlüsselte mein Sekretär. Ich las jede Zeile.»

«Wurde sie nicht mißtrauisch?»

Walsingham schüttelte den Kopf. «Bedenken Sie, wie lange ich sie von der Außenwelt abgeschnitten hatte. Sie war verzweifelt und bereit, nach jedem Strohhalm zu greifen. Außerdem war meine Falle schwer zu erkennen. Ich gewann den Brauer, der ihr regelmäßig Bier liefert, als Boten. Er versteckte die Korrespondenz, wasserdicht verschlossen, in einem Bierfaß. Der Spion versicherte ihr, er habe den Brauer bestochen. Das klang plausibel. Sie vertraute den Briefen alles an und erörterte freimütig die spanische Invasion und ihre Befreiung.»

Raleigh lauschte atemlos. «Aber in den Schreiben, die Sie mir zeigten, ist vom Mord an Königin Elisabeth die Rede», warf er dazwischen, als Walsingham einen Augenblick schwieg.

«Das war der schwierigste Teil meines Planes.» Sir Francis trank selbstvergessen den Pokal leer. Sein Gesicht hatte den üblichen kühlen, undurchdringlichen Ausdruck verloren. Er zeigte seine Zufriedenheit über den Stand der Affäre, um den Mund spielte ein listiges Lächeln, das Raleigh heute schon einmal an ihm beobachtet hatte. «Ich mußte Babington mit Maria Stuart in Verbindung bringen. Meinem Mann gelang es, Babingtons Vertrauen zu gewinnen. Nachdem er den Kontakt zwischen ihm und Maria Stuart hergestellt hatte, nahm man ihn als Mitglied in die Verrätergruppe auf. Nun drängte er Babington, Königin Elisabeth zu beseitigen.»

«Auf Ihren Wunsch.»

Walsingham ließ die Antwort offen. «Das Resultat kennen Sie, denn Sie haben die Briefe gelesen. In ein paar Tagen schlage ich zu.»

«Es ist also im Grunde nicht Babingtons, sondern Ihre Verschwörung!» Der Plan war genial, aber vom Standpunkt Maria Stuarts und Babingtons teuflisch. «Ich möchte Sie nicht zum Feind haben, Sir Francis.»

«Daran ist nicht zu denken», sagte Walsingham jovial. «Ich hoffe auf Ihre Unterstützung und Hilfe. Die Schottenkönigin wird vor einem Gericht von vierundzwanzig von der Krone bestimmten Adligen stehen. Wir müssen diese Herren sorgfältig auswählen. Einer sollte Ihr Freund Oxford sein. Würden Sie mit ihm sprechen?»

«Sie planen weit voraus.»

Walsingham zuckte mit den Schultern. «Ein paar Wochen. Praktisches Denken gilt immer der Zukunft, nur unsere Erinnerungen ...» Er unterbrach sich, er war nicht zum Philosophieren hier. «Sie sind damals vor Ihrer Majestät lebhaft für den Tod Maria Stuarts eingetreten, ich hoffe, Sie haben Ihre Meinung nicht geändert.»

«Dafür gibt es keinen Grund.»

«Die Königin wird zögern, das Todesurteil zu unterschreiben. Sie besitzen großen Einfluß auf sie.»

Walsingham brauchte nicht weiterzusprechen, Raleigh hatte verstanden. «Sie können auf mich rechnen, Sir Francis», versicherte er und setzte hinzu: «Dieser Prozeß wird die Welt bewegen.»

«Vor allen Dingen Spanien», ergänzte Walsingham trokken. «König Philipp wird wahrscheinlich versuchen, seine Invasionstruppen früher als geplant nach England zu schikken. Wir müssen sogar mit einem Befreiungsversuch während des Prozesses rechnen.»

«Er hat mit der Armada Schwierigkeiten.» Raleigh erzählte, was er von Don Pedro erfahren hatte, und entschloß sich, den Minister in seine Pläne mit dem Granden einzuweihen. Schweigen gegen Walsingham konnte als Verrat ausgelegt werden. «Ich habe übrigens die Absicht, über Don Pedro eine Verbindung mit Madrid herzustellen, Sir Francis.»

Walsinghams Gesicht trug wieder den üblichen reglosen Ausdruck, aber er fragte mit freundlichem Interesse: «Was haben Sie vor?»

«König Philipp durch Sarmiento meine Dienste anzubieten.»

Walsingham zog die Augenbrauen hoch, verriet aber sonst keinerlei Überraschung. «An welche ... Gefälligkeit denken Sie?»

«Ich werde ihm zwei veraltete Kriegsschiffe verkaufen und andeuten, ich sei gewillt, die englische Flotte noch weiter zu schwächen. Außerdem werde ich sagen, ich würde die Königin darin beeinflussen, daß sie den portugiesischen Thronanwärter, Don Antonio, nicht länger unterstützt.»

«Und was versprechen Sie sich davon?»

«Informationen vom spanischen Hof, nützliche Kontakte. Ich könnte den Spaniern falsche Informationen geben. Was meinen Sie dazu?»

Walsingham lehnte sich zurück und dachte: Kaum vorstellbar, daß König Philipp Elisabeths Günstling den plötzlichen Gesinnungswandel glaubt. Der gute Sir Walter stellt sich das politische Intrigenspiel ein wenig einfach vor, und sehr attraktiv waren seine Vorschläge für den Herrn im Escorial gewiß nicht. Natürlich mißtraute Walsingham Walter nicht. Raleigh war der Königin ergeben, und daß er so dauerhaft in ihrer Gunst stand, verdankte er nicht nur seinem Aussehen, seinem Geist, seinem Witz und seinem Einfühlungsvermögen in die Stimmungen der Königin. Sie schätzte ihn als tüchtigen Admiral und begabten, energischen Organisator. Keine herausragenden Eigenschaften, mochte man meinen, aber – er stieß einen Seufzer aus – wie wenige besaßen diese Fähigkeiten im englischen Königreich und stellten sie in den Dienst der Krone! Raleigh sollte sie pflegen, statt sich, von Eitelkeit und Ehrgeiz getrieben, im Intrigenspiel zu versuchen. Da war ihm seine soldatische Gradlinigkeit im Wege, für Winkelzüge besaß er kein Geschick, und diesen plumpen Täuschungsversuch durchschaute König Philipp gewiß schnell. Eigentlich mußte er Raleigh daran hindern, aber das würde nur dessen Mißfallen erregen, und er brauchte seine Freundschaft und Mithilfe in der Stuart-Affäre.

«Sind Sie nicht einverstanden?» fragte Raleigh, dem der Seufzer nicht entgangen war.

«Doch, doch, Ihr Plan ist nicht dumm, halten Sie mich auf dem laufenden.»

Herolde verkündeten in allen Vierteln Londons die neue Verschwörung, prangerten die Mitschuld Maria Stuarts an und forderten zur Ergreifung des flüchtigen Babington und seiner Komplizen auf. Raleigh bewunderte Sir Francis, der Babingtons Versteck längst kannte. Wie geschickt der Polizeiminister vorging! Wenigstens drei Attentate gegen die Königin hatte er vertuscht, damit sich niemand beunruhigte. Diesmal ließ er die Menge informieren, weil er ihre Empörung brauchte. So bereitete er London auf den Prozeß gegen die große Verschwörerin vor.

Als Babington und seine Komplizen ergriffen wurden, läuteten alle Glocken der Stadt. Freudenfeuer brannten. Die Hinrichtung der Verschwörer wurde zu einem Volksfest. Elisabeth selbst befahl die grausamste Todesstrafe, die das Gesetz zuließ. Man schnitt Babington und sechs andere Hauptschuldige vom Galgen, bevor die Seele den Leib verlassen hatte, verstümmelte ihre Körper und riß ihnen die Eingeweide heraus, während noch Leben in ihnen war.

Wenige Wochen später begann in Fotheringhay der Prozeß gegen Maria Stuart, der die Londoner in Atem hielt. Für Walter bedeutete er Glück im Unglück, denn er drängte die Nachricht von der erfolglosen Rückkehr der Amerikasiedler, die sonst gewiß die Gemüter bewegt hätte, in den Hintergrund.

Raleigh hatte Ralph Lane, seinem Stellvertreter in Virginia, der sofort nach der Landung in Portsmouth zu ihm gekommen war, nicht glauben wollen. Sein großes Unternehmen gescheitert! Dabei war Grenville im letzten Oktober mit guten Nachrichten aus Amerika zurückgekommen! Die Siedler hatten eine dem Festland vorgelagerte Insel am Albermarle Sund zu ihrem Stützpunkt gewählt, Holzhäuser errichtet und mit dem Bau eines Forts in Virginia begonnen. Später aber hatte sich, so Lane, das gute Verhältnis zwischen Engländern und den benachbarten Indianern überraschend getrübt. Die Eingeborenen brachen die Tauschgeschäfte ab, lieferten kein Fleisch und keinen Mais mehr, die Siedler hungerten, und die Indianer verhielten sich feindselig. Weder Raleigh noch Lane ahnten, daß die Spanier sie dazu angestiftet hatten.

Als Drake die Kolonisten aufsuchte, war deren Lage verzweifelt, und so waren sie auf seinen Schiffen nach England zurückgekehrt. Eine Niederlage für England! Die Spanier saßen dort drüben fest, die Engländer aber hatten nicht Fuß fassen können. Raleigh empfand den Mißerfolg als persönliche Schmach. Sein Name war mit der Expedition verbunden. All die Anstrengungen konnten doch nicht vergeblich gewesen sein! Nach vielen Mühen hatte er erreicht, was er so lange erstrebt hatte, ein schönes Gleichgewicht zwischen tätigem Leben und dem Glanz des Hofes. Und nun dieser Schlag!

Sofort suchte er nach Möglichkeiten, das Projekt neu zu beleben. Sanderson hatte sich am stärksten in Virginia engagiert, er mußte zuerst mit ihm reden.

Er ritt hinaus nach Clerkenwell, einem Flecken vor den Toren Londons. Zunächst kein Wort von Amerika, als er neben dem Kaufmann durch dessen neue Manufaktur im Refektorium eines ehemaligen Klosters ging, in der drei Dutzend Webstühle lärmten.

«Ich beschäftige auch flämische Emigranten», erklärte Sanderson und wies auf ein paar hohlwangige Männer an den Stühlen am Mittelgang. «Gute Arbeiter. Sie brachten die Kunst mit, leichtere Stoffe zu weben.»

«Sehen verdammt müde aus» bemerkte Raleigh ohne ernsthaftes Interesse an den Leuten.

«Zwölf Stunden das Fußbrett treten und das Weberschiffchen durch die Fäden schießen ist anstrengend, aber immer noch besser als vagabundieren und betteln», bemerkte Sanderson achselzuckend. «Die dünnen Stoffe, die wir jetzt herstellen, eröffnen Absatzchancen in den Mittelmeerländern. Ich denke daran, den Betrieb zu erweitern, und biete Ihnen eine Beteiligung an. Deshalb habe ich Ihnen alles gezeigt.»

Sie hatten das Gewölbe durchschritten, und Sanderson führte Walter in einen Raum, in dem der Lärm der Webstühle nicht mehr zu hören war. «Die Manufaktur erzielt einen guten Gewinn, der noch wachsen wird. Zögern Sie nicht! Man darf sein Geld nicht ausschließlich in risikoreiche Unternehmen stecken.»

Das war der erste Hinweis auf Amerika. Raleigh fürchtete, der Kaufmann würde ihm Vorwürfe machen und jede weitere Unterstützung für ein zukünftiges Virginiaprojekt verweigern, aber zu seiner Überraschung schlug Sanderson vor, das Unternehmen neu zu beleben. «Mir kommt es nicht nur auf amerikanische Rohstoffe an. Eine große englische Kolonie garantierte auch gute Absatzmöglichkeiten für unsere Waren. In Europa wird der Konkurrenzkampf immer härter. In Virginia hätten wir einen gesicherten Markt.»

«Wir haben vielleicht den Fehler gemacht, die Sache zu sehr vom Militärischen zu sehen, Mister Sanderson. Zur Gründung einer Siedlung gehören nicht nur Soldaten, sondern auch Kolonisten und Frauen und Kinder. Wenn wir das Land dort drüben selbst bebauen, werden wir unabhängig von den Lebensmitteln, die die Indianer bringen. Ich werde versuchen, Familien zu gewinnen, und ihnen Land geben.»

«Ich werde darüber nachdenken», versprach Sanderson und lenkte das Gespräch dann auf das Schicksal der Maria Stuart.

Raleigh berichtete ihm Einzelheiten aus Fotheringhay. «Für den Prozeß hat man in der großen Halle einen Thronsitz mit Baldachin errichtet, aber der Thron bleibt leer, denn Königin Elisabeth wird nicht hinfahren. Ansonsten ist beteiligt, wer Rang und Namen hat. Der Lordkanzler, neun Earls und dreizehn Barone wohnen dem Verfahren bei. Bisher hat Maria vor dem Ersten Kronanwalt jede Schuld bestritten.»

Sanderson winkte ab. «Großes Theater. Das Todesurteil steht schon fest. Fraglich bleibt nur, ob es die Königin zu vollstrecken wagt. Ich bitte Sie, da Ihren ganzen Einfluß aufzubieten, Sir Walter.»

«Ich hätte nicht gedacht, daß Sie an der Affäre ebenso stark interessiert sind wie Walsingham, Mister Sanderson.»

«Natürlich! Die Meinung der Londoner Kaufleute ist sehr einheitlich. Die Stuart hat nicht ein Fünkchen Verständnis für Wirtschaft und Handel. Eine lebende Maria Stuart bleibt ein Risikofaktor für die City. Ich müßte meine Manufakturen zumachen, denn sie würde den Klöstern ihren Besitz zurückgeben. Wir müssen jede Möglichkeit für eine solche Entwicklung ausschalten. Wir sitzen in dieser Sache alle in einem Boot, Sir Walter. Das Parlament wird einberufen, und es wird der Königin eine Petition überbringen, die die Vollstreckung des Urteils verlangt.»

«Dann wird es nicht nötig sein, daß ich mit ihr spreche.»

«Doch, doch, sehr sogar, denn eine gute Solostimme bewirkt manchmal mehr als ein ganzer Chor.»

Der Winter brachte strenge Kälte. Die Königin hielt sich so selten wie möglich im Audienzsaal oder einem der anderen großen, zugigen Räume von Whitehall auf und empfing Raleigh am vorletzten Januartag in ihrem kleinen Schreibkabinett. Nach Kniefall und Handkuß forderte sie ihn auf, sich zu erheben und sich ihr gegenüberzusetzen.

Während er den schweren Eichenstuhl näher zum Kaminfeuer zog, fiel sein Blick auf den Kabinettschrank aus Nußbaum, der den größten Teil der Wand zu seiner Linken bedeckte. In einem der Fächer lag gewiß Maria Stuarts Todesurteil, vor acht Wochen in Fotheringhay verkündet und ausgefertigt, versehen mit allen notwendigen Siegeln und Unterschriften bis auf die wichtigste, die der Königin. Sie durfte die Unterzeichnung nicht länger hinauszögern! Wenn das Urteil nicht vollstreckt wurde, blieb der Prozeß eine Farce.

Er sah sie an und fragte sich, wie er beginnen sollte, aber die Königin kam, wie so oft, ohne Umschweife zum Zweck des Besuchs. «Mein Parlament, meine Minister und der Staatsrat drängen mich in der Stuart-Frage zur Entscheidung, da dürfen Sie natürlich nicht fehlen», sagte sie mit gespielter Klage und gequältem Lächeln. «Sie haben ja schon nach dem Throckmorton-Komplott für ihre Beseitigung plädiert.»

«Euer Majestät lehnten ab», erwiderte er, «weil Sie befürchteten, König Philipp könne im Falle einer Anklage gegen Königin Maria eine Flotte gegen uns ausrüsten, aber er hat seine Armada gebaut und mit der Invasion gedroht, auch ohne daß es damals zu einem Prozeß gegen Königin Maria kam.»

«Es gab und gibt andere Gründe.» Ihre Stimme klang müde. Dunkle Schatten lagen unter ihren tiefliegenden Augen, die Falten, die von den Nasenflügeln zu den Mundwinkeln liefen, zeichneten sich deutlich ab. Sie war wenig geschminkt und trug ein schmuckloses schwarzes Kleid, das ihre Blässe hervorhob.

Sie leidet und ist bekümmert, sagte sich Raleigh, und es erschien ihm geraten, darauf einzugehen. «Es ist gewiß furchtbar, die eigene Cousine und königliche Schwester in den Tod zu schicken, Majestät. Dennoch ...» Er stockte.

Die Königin hatte mit einer raschen Bewegung unter das neben ihr stehende Tischchen gegriffen und ihm etwas in den Schoß geworfen. Verwundert betrachtete er eine mit weißer Spitze umhäkelte rosa Nachthaube und ein Paar spitzenverzierte Handschuhe.

«Geschenke meiner liebevollen königlichen Schwester. Eigene Handarbeiten. Solchen Kram schickte sie mir jeden Monat.» Elisabeths Stimme schlug um und wurde hart. «Gleichzeitig korrespondierte sie mit den Verschwörern und stimmte meiner Ermordung zu. Hübsch, nicht wahr? Nein, Walter, überschätzen Sie meine schwesterliche Liebe nicht. Natürlich zeige ich mich vor dem schottischen und dem französischen Gesandten und auch vor meinen Hofdamen betrübt. Mögen sie die Nachricht von meinen Gewissensqualen verbreiten. Meine Engländer lieben eine gefühlvolle, mütterliche Königin, keine Furie oder impulsiv handelnde Despotin. Ihnen aber kann ich gestehen, daß es Vernunftsgründe sind, die eine gewissenhafte Prüfung verlangen.»

«Wie die Dinge liegen, gibt es keinen Anlaß, die Hinrichtung Marias hinauszuzögern», erklärte Walter.

«Und Frankreich? Denken Sie daran, daß Maria Stuart kurze Zeit Königin von Frankreich war. Ihre Hinrichtung wird Paris fester an Madrid binden, und man wird aus ihr eine katholische Märtyrerin machen.»

«Euer Majestät sagten mir schon vor Monaten, es bestünde ein Geheimvertrag zwischen Spanien und Frankreich. Der Tod Marias wird an der Lage gewiß nichts ändern.»

Die Königin wiegte den Kopf. «Ich hege auch wegen Schottland Bedenken. Wird Maria Stuart hingerichtet, geht ihr Thronanspruch auf ihren Sohn Jakob, den schottischen König, über. Er wird sich mit Spanien verbünden und versuchen, vorzeitig mit Gewalt auf den englischen Thron zu kommen.»

«König Jakob verpflichtete sich erst vor kurzem im Vertrag von Berwick, sich aller Feindseligkeiten gegen England zu enthalten.»

«Verträge sind oft nicht das Papier wert, auf dem sie stehen. Unter dem Vorwand, seine Mutter rächen zu müssen, kann er wortbrüchig werden.»

«Er wird es nicht wagen, sich in ein solches Abenteuer zu stürzen. Vielleicht verzichtet nach der Hinrichtung sogar der spanische König auf eine Invasion in England, denn er kann dann nicht mehr behaupten, Maria Stuart befreien zu wollen.»

«Daran glauben Sie doch selbst nicht, Walter! Er wird nur seine Begründung für den Angriff ändern. Aus dem angeblichen Kampf für die Interessen Marias wird er einen Rachefeldzug gegen die Mörderin einer gesalbten Königin machen.»

Raleigh wollte etwas erwidern, aber Elisabeth winkte müde ab. «Ja, man wird mich ihre Mörderin nennen, Walter.»

«Das ist doch ...» Raleigh schluckte, senkte den Kopf und sagte dann: «In meinem Kräutergarten gefährdet Unkraut die Ordnung, also reißt es der Gärtner heraus. Der Tod Marias wird den Frieden des Landes nicht stören, sondern erhalten.»

Zu seiner Überraschung widersprach die Königin nicht. «Ich wünschte, die Welt sähe es auch so. Doch zweifellos wird der Tod Maria Stuarts Rächer auf den Plan rufen.»

«Mit denen werden wir fertig», versicherte Raleigh und fügte hinzu: «Ihr Volk wird Sie schützen.»

«Nein, nein, Walter, meinen Schutz vertraue ich lieber Männern wie Ihnen an.»

«Ich wünschte, Euer Majestät vertrauten auch meinem Rat», sagte er kühn.

«Eine Königin erhält viele Ratschläge», murmelte Elisabeth ausweichend, aber zwei Tage später unterzeichnete sie das Urteil.

Nach Maria Stuarts Hinrichtung am achten Februar des Jahres fünfzehnhundertsiebenundachtzig in der großen Halle von Fotheringhay beschuldigte Elisabeth ihre Räte, die Vollstreckung zu früh vollzogen zu haben. Burghley stand vier Monate in Ungnade.

Einige Zeit danach ernannte sie Walter Raleigh zum Captain ihrer Leibwache und gab ihm den größten Teil der Güter des Verschwörers Anthony Babington zum Lehen.

Holinsheds Chronik hatte für fünfzehnhundertachtundachtzig viel Unheil vorausgesagt, und die Almanache hätten gewiß absonderliche Ereignisse wie die Geburt des zweiköpfigen Kalbes in Islington oder den unvermuteten Zusammensturz einer Brücke über den Fleetgraben als böse Omen gedeutet, wäre ihnen die Verbreitung derlei unruhestiftender Auslegungen zu Jahresbeginn vom Staatsrat nicht ausdrücklich untersagt worden. Man war der Ansicht, daß schon genug Angst in der Bevölkerung herrsche, da jedermann nach der Hinrichtung Maria Stuarts einen baldigen Angriff der Spanier befürchtete. Doch in den ersten Monaten geschah nichts Außergewöhnliches, es kam weder zu Überschwemmungen noch zu einer Pestepidemie, und wenn sich Ungewöhnliches ereignete, dann trugen die Londoner selbst Schuld daran.

Am Maitag war der Tanz um die Maistange an der Kreuzung von Leadenhall Street und St. Mary Axe besonders wüst ausgefallen. Bis in die Nacht hinein hatte man gelärmt, einen Puritanerprediger und seine Freunde, die das heidnische Symbol umstürzen wollten, gottsjämmerlich verprügelt, sich betrunken, in den anliegenden Gassen randaliert und auf einer Wiese in der Nähe unzüchtig zu Paaren gelegen. Die Stadtwache hatte ein paar dürftig bekleidete Frauenzimmer aufgegriffen und am nächsten Tag vor den Mauern des Bridewell-Gefängnisses öffentlich auspeitschen lassen.

«Den Leuten sitzt heuer der Teufel im Leib. Sie tun so, als könnte jeder Tag der letzte sein», sagte Peter Dean, der seinen Herrn von diesen Vorgängen unterrichtete, während er ihm den Bart stutzte. Die Hantierungen eines Barbiers hatte er gelernt, als er noch der einzige Diener war, und das Privileg, Raleighs Haupt- und Barthaar zu pflegen, war ihm geblieben.

«Warme Frühlingsnächte und der Ruf des Kuckucks machen unruhig, heißt es in Devonshire», bemerkte Raleigh, aber er gab Peter recht, der behauptete, die Angst vor den Spaniern sei es, die nicht nur den Londonern zu schaffen mache.

Die Menschen lebten leichtsinniger in diesen Wochen, da es besser schien, nicht an die Zukunft zu denken. Die Friedensrichter hatten alle Hände voll zu tun. Oxford sagte, gehörnte Ehemänner und betrogene Frauen liefen jetzt zu Herden in der Stadt herum. In dieser Atmosphäre hatte der Earl nur sein Vergnügen im Sinn, versuchte, Raleigh in Bierhäuser zu schleppen und zu einer Handschuhmacherin in einem Vorort. «Sie hat eine hübsche Schwester, ich überlasse dir die Wahl.»

Raleigh lehnte ab.

«Entweder wirst du alt, oder du bist verliebt, mein Freund.»

«Nein, nein», sagte Walter und dachte an Elisabeth

Throckmorton. Verliebt war er wohl nicht in die Hofdame. In eine Lady, die ärgerlich auf eine leichte, fast zufällige Berührung ihrer Hände, einen flüchtigen, nur angedeuteten Kuß auf die Wange reagiert hatte, verliebte man sich nicht! Anne Vavasour war bei solchen kleinen galanten Zeichen errötet, und andere Ladys Ihrer Majestät ließen sich das kichernd oder mit einem eher herausfordernden als abweisenden «Aber, Sir Walter!» gefallen. Nicht Elisabeth Throckmorton. Die hatte ihn angesehen, als habe er sie beleidigt. Danach wiederholt man diese Art von Courtoisie nicht. Beginnt Zuneigung mit Neugierde? Ach was! Er hatte die zurückhaltende schöne Lady nur ein wenig auftauen wollen und deshalb das Wort an sie gerichtet: Ob sie sich vor ihm fürchte, da so viele üble Gerüchte über sein Laboratorium in Durham House und auch über die Sternguckerei in Umlauf seien?

«Ich werde nie glauben, daß Menschen, die versuchen, in die Geheimnisse Gottes und der von ihm geschaffenen Natur einzudringen, für den Teufel arbeiten», sagte sie einfach.

Ihre Ernsthaftigkeit hatte dazu herausgefordert, bei anderer Gelegenheit ein ähnliches Gespräch zu beginnen. Sie redeten über Plinius und Aristoteles und auch über Doktor Dee, der sich in letzter Zeit unter dem Einfluß von Narkotika und eines gewissen Edward Kelly immer tiefer in okkulte Experimente verstrickte. «Neulich erzählte er mir, er sei dabei, ein Elixier zu brauen, nach dessen Genuß er mit den Toten reden könne.»

«Ich fürchte nur, die Toten werden nicht antworten», sagte Elisabeth Throckmorton trocken, und er hatte sie zum ersten Mal lachen sehen. Die Augen verloren ihren Schleier und bekamen einen eigenen Glanz.

Er sagte bewundernd und nach höfischer Manier, er habe noch nie ein Mädchen mit so dunklen Augen und so hellem Haar gesehen. Was konnte man auf so ein Kompliment erwarten? Ein Lächeln, eine spöttische Bemerkung: Das haben Sie bestimmt schon vielen gesagt! Nicht von Elisabeth Throckmorton. Sie gab zu verstehen, daß sie von Tändeleien nichts hielt.

Bei anderer Gelegenheit redeten sie von Babington, und er fragte, ob sie sich damals, als der andere Verräter, ihr Cousin Francis Throckmorton, hingerichtet worden sei, nicht bedroht gefühlt habe.

«Ich bin eine Tochter von Nicolas Throckmorton, Sir», sagte sie tadelnd. «Mein Vater war der Erste Botschafter Ihrer Majestät in Paris und sein Leben lang ein treuer Diener der Königin. Mit diesem Cousin habe ich nichts gemein.»

Ihre Gespräche wurden länger. Er legte vor Elisabeth Throckmorton allen Hochmut, diesen Panzer gegen die Nadelstiche neidischer Höflinge, ab und ging so weit, vor ihr seine Sorgen auszubreiten. Im Vorjahr war eine neue Gruppe nach Virginia aufgebrochen. Der Mann, den er als Gouverneur der neuen Siedlung bestimmt hatte, war nach England zurückgekehrt, um eine Hilfsflotte für die Siedler, siebzehn Frauen und elf Kinder darunter, mit Nahrungsmitteln und Gütern nach Amerika zu bringen. Nun habe die Königin auf Grund der drohenden spanischen Invasion verboten, daß auch nur ein Schiff England verlasse.

«Mein Gott», sagte Elisabeth, «Frauen und Kinder! Ich werde die Königin bitten, eine Ausnahme zuzulassen.»

Kenne sich einer selbst! War es Elisabeth Throckmorton, die sein Interesse an galanten Abenteuern und flüchtigen Eroberungen sinken ließ, oder lag es an seinen vielfältigen Verpflichtungen? Er hatte ja nicht einmal Zeit für Alice. Er reiste für ein paar Tage nach Irland und von da direkt an die Küste von Devonshire. Gegen die Verfügung des Staatsrates ließ er zwei kleine Pinassen unter White nach Virginia segeln. Nach London zurückgekehrt, hörte er von Walsingham, Philipps General in den Niederlanden, der Herzog von Parma, habe Transporter mit geringem Tiefgang für die Invasionstruppen bereitgestellt.

Als Mitglied des Kriegsrates bewunderte Raleigh in den Besprechungen die Umsicht und Sachkenntnis der Königin. Sie las die Karten wie ein erfahrener Seefahrer, erörterte Angriffs- und Verteidigungsmöglichkeiten und entschied, wenn sich die Herren nicht einigen konnten.

Drake wollte seinen Erfolg von Cadiz vom Vorjahr wiederholen und die spanische Flotte in ihren eigenen Gewässern angreifen, um König Philipp noch einmal den Bart zu versengen, wie er oft sagte.

«Wir dürfen unsere Insel jetzt nicht entblößen, Sir Francis. Sie bleiben und überwachen die westliche Zufahrt zum Kanal», befahl die Königin.

Der Oberbefehlshaber der Marine, Admiral Lord Howard von Effingham, ging mit einer starken Flotte zur Verteidigung der Themse bei Queensborough vor Anker, während ein leichtes Geschwader die Straße von Calais kontrollieren sollte.

Walter hatte der Königin sein modernstes Schiff, die «Ark Raleigh», geschenkt. Es hieß jetzt «Ark Royal». Er träumte davon, auf ihm gegen die Spanier zu kämpfen, aber die Königin hatte kategorisch geäußert, man werde nur siegen, wenn jeder am richtigen Platz stehe. «Ihre Aufgabe ist die Verteidigung der Westküste, Walter.»

So ernst sie bei diesen Besprechungen war, so heiter gab sie sich beim großen Ball zu Sommersanfang. Die Tische bogen sich unter der Last der Speisen, die Musikanten bliesen und fiedelten lauter und schwitzten stärker als bei anderen Festen, und Raleigh hatte die Ladys und Lords in ihren kostbaren Kleidern noch nie so ausgelassen gesehen.

«Den letzten Ball muß man genießen», unkte Oxford. «Sehen Sie nur unsere hohe Herrin. Der Knabe Essex ist ihr Lebenselixier. Sie sieht heute um zehn Jahre jünger aus.»

Wie schon einmal gab sich Raleigh vor der Königin eifersüchtig, aber er war nicht gekränkt. Seine Stellung bei Hofe war gesichert, Essex konnte sie ihm nicht streitig machen, und er war froh, daß er Zeit für Elisabeth Throckmorton hatte.

Diesmal begann sie beim Tanz das Gespräch. Er sehe abgespannt aus.

«Ich jage von einem Ort zum anderen», sagte er. «Nachher werde ich mehr Zeit haben.» Nachher – das war nach dem Krieg.

«Mancher von denen, die hier so ausgelassen sind, glaubt gar nicht an ein Danach», erwiderte sie, «aber ich glaube daran.»

War das der Optimismus der Jugend, oder lag es daran, daß Elisabeth nicht die Erfahrungen gemacht hatte, die Alices Furcht begründeten?

Sie tanzten jeden dritten Tanz zusammen und gingen um Mitternacht hinaus zum großen Feuerwerk. Eine halbe Stunde Goldregen, blitzende Pfeile und funkelnde Feuersterne, von einem italienischen Meister dieser Kunst ohne Scheu vor Kosten arrangiert. Ein Glück, daß Smythe und Sanderson das nicht sahen! Die City hatte sich die neue Zwangsanleihe zum Ausbau der Flotte ohne Murren gefallen lassen, aber die Kaufleute hatten gewiß kein Verständnis dafür, daß hier Geld ohne besonderen Anlaß in die Luft geschossen wurde.

Elisabeth Throckmorton blieb neben ihm, als die große Feuerfontäne am See verloschen war und der Park wieder im Dunkeln lag. Er nahm die Gelegenheit war, ihr zu sagen, was er sagen wollte, auf Umwegen, um sich keine Blöße zu geben. In Zeiten der Unsicherheit und Gefahr gäbe es nicht nur jene, die alle Grundsätze über Bord würfen und sich gebärdeten, als seien sie morgen tot, sondern auch solche, die nach einem Halt suchten. Gestern habe sich ein Freund beklagt, daß er keine Frau und Kinder habe, für die er kämpfen könne. «Denken Sie, Bess, gerade jetzt will er eine Familie gründen. Bisher hat er, was Frauen betrifft, leichtsinnig gelebt. Er ist nun sechsunddreißig und sagt sich, daß es nicht so weitergehen kann: eine verheiratete Lady hier, eine Hutmacherin, ein Kammermädchen da …»

«Oder eine Hofdame», unterbrach sie ihn.

«Nein, keine Hofdame. Da hat er seine Prinzipien, und er kennt natürlich auch die Geschichte von Oxford und der Vavasour. Aber wenn sich die Richtige fände, würde er auch die Ungnade der Königin nicht fürchten.» Er griff nach ihren Händen. «Würden Sie einen solchen Mann, nun ja, würden Sie, Bess …»

«Der große Sir Walter gerät ins Stocken», sagte sie und spottete zum ersten Mal über ihn, aber sie entzog ihm ihre Hände nicht. «Ich würde einem Mann mit solchen Erfahrungen mein Ja geben, aber er müßte sich ändern.»

«Ich glaube, ich möchte Kinder von dir, Bess, viele Kinder.»

Sie lächelte, doch sie ließ sich nicht küssen.

Die spanischen Schiffe hielten auf die Südspitze Englands zu. Raleigh erkannte jetzt mit dem Fernglas, das ihm Hariot gebaut hatte, die roten Kreuze auf den Segeln, die bunten Banner und Wimpel an den Masten, im Sonnenlicht blitzende Standarten. Sie hatten ihre Armada wie für eine Prozession geschmückt.

Seit Sonnenaufgang stand er auf seinem Beobachtungsposten, dem schmalen Plateau des höchsten Felsens von Land's End, der weit ins Meer hinausragte. Tief unten brachen sich die Wellen an dem dunklen Granit, die Gischt züngelte an dem glatten Gestein hoch, aber das alles war ihm vertraut, und seine Aufmerksamkeit galt ausschließlich der Ferne.

Aus Richtung der Scilly-Inseln waren vor Stunden Segel aufgetaucht, weiße Fähnchen, die die Grenze zwischen Himmel und Meer absteckten und aus seinem Gesicht die Müdigkeit der hundsmiserabel verbrachten Nacht vertrieben. Er war spät eingeschlafen und hatte schwer geträumt. Er schwamm im Meer, da fielen von hochbordigen Schiffen riesige Segel herab, legten sich aufs Wasser, erdrosselten die Bewegung der Wellen und drohten, ihn zu ersticken. Nach Atem ringend, war er aufgewacht. Die verdammten Alpträume, Beklemmungen, verursacht durch die Ungewißheit und die einander widersprechenden Nachrichten der letzten Tage. Beim Anblick der Armada war die Bedrükkung von ihm gewichen. Der kräftige Südwind brachte die Spanier schneller, als er erwartet hatte, heran, aber er spürte jetzt keinerlei Furcht. Erregung, ja. Die nächsten Tage würden über Englands Zukunft entscheiden und natürlich auch über sein eigenes Leben. Der Ausgang des Kampfes würde die Welt verändern!

Wie freundlich dieser Sommertag war. Heller blauer Himmel überspannte den mit Farbtupfern gesprenkelten Wald von Segeln. Stille, nur das Rauschen der Brandung, kein Möwengeschrei. Vielleicht waren die Vögel, die die Klippen bevölkerten und sonst über den Riffen kreisten, auf Abfälle von den Schiffen hoffend, den Spaniern entgegengeflogen.

Malerisch, zum Halbkreis geordnet, trieben die Schiffe daher. Die größte, kostspieligste, gefährlichste Kriegsflotte, die England je bedrohte, könnte die Vorlage für ein Ruhe und Harmonie ausstrahlendes Seestück geben.

Raleigh begann, die Schiffe zu zählen, gab es aber wieder auf. Die Meldungen von Walsinghams Kundschaftern waren zuverlässig. Über einhundertdreißig waren unter dem Kommando von Herzog Medina Sidonia aus Lissabon ausgelaufen, Versorgungsfahrzeuge und zu Kriegsschiffen umgebaute Handelsschiffe eingerechnet, bemannt mit mehr als achttausend Seeleuten, bestückt mit über tausend Kanonen und tausendsechshundert Feldschlangen. Den Kern der Flotte bildeten vierundsechzig viermastige Galeonen, schwimmende Festungen mit hohen Kastellen. In ihren Bäuchen trugen die Schiffe neunzehntausend schwerbewaffnete Söldner, bereit zum Enterkampf, bereit, an Land gesetzt, raubend und mordend die englischen Grafschaften zu durchziehen. Der Papst hatte sie dafür gesegnet und ihnen Absolution erteilt. Die große Standarte mit dem königlich-spanischen Wappen und dem gekreuzigten Christus und der Jungfrau Maria für die «San Martin», Sidonias Flaggschiff, war in feierlicher Messe vom Erzbischof von Lissabon dem heiligen Krieg geweiht worden. König Philipp hatte im Escorial viele Stunden betend auf den Knien gelegen und die frommen Übungen seiner Mönche in der Kapelle beobachtet, die Gott um den Sieg der Armada anflehten. Der Krieg gegen England war ein Kreuzzug. Raleigh lächelte verkniffen. Mochten die Spanier Tausende von Kerzen abbrennen, sich die Kehle mit frommen Liedern heiser singen, ihre Kirchenschiffe mit Weihrauch vernebeln, den Sieg würde es ihnen nicht bringen. Gott war ein Engländer!

Raleigh nahm wieder das Fernglas. Die Flotte drehte bei anhaltend östlichem Kurs leicht nach Süden. Sie steuerte den Kanaleingang an, immer noch in sichelförmiger Ordnung, bereit zum Angriff und zur Verteidigung, die Formation, die ihnen bei Lepanto den Sieg gegen die Türken gebracht hatte. Sie wollen, daß wir in ihren Halbkreis hineinsegeln, dachte er spöttisch. Dann könnten sie die Zange schließen und uns den Enterkampf aufzwingen. Aber darauf lassen wir uns nicht ein, denn ihre Söldner sind uns an Zahl und Kampferfahrung überlegen. In London hatte er mit Lordadmiral Howard of Effingham und Drake beraten. Es gab nur eine Taktik: die größere Manövrierfähigkeit der englischen Schiffe nutzen, rasch auf Schußweite an die Spanier heran, beim Passieren eine Breitseite abfeuern, wenden, die andere Breitseite abfeuern, dem Gegner wenig Zielfläche bieten. Ein Glück, daß die meisten englischen Kanonen eine größere Reichweite als die spanischen hatten!

Wie gern hätte er jetzt ein Schiff kommandiert. Seufzend setzte Raleigh das Glas ab und gab den Befehl, die Küste in Alarmbereitschaft zu setzen und am Abend die Leuchtfeuer zu entzünden. Sein Auftrag hielt ihn an Land. Er sollte verhindern, daß die Spanier englischen Boden betraten.

Dann dachte er an Drake und dessen Schiffe im Hafen von Plymouth. Die Spanier könnten die Hafenzufahrt abriegeln und ihn in einen Enterkampf verwickeln. Drake mußte den Hafen sofort verlassen! Raleigh schickte einen Eilboten nach Plymouth. Wahrscheinlich hatten Drakes Beobachtungsschiffe die Spanier längst gemeldet, aber sicher war sicher.

Zehn Tage später ging Raleigh in der Straße von Dover an Bord des englischen Flaggschiffes «Ark Royal».

«Landmüde?» begrüßte ihn Lordadmiral Charles Howard verständnisvoll.

«Ich würde gern ein paar spanische Galeonen auf Grund schicken», gestand Raleigh grinsend; und dann ernst: «Ich habe Sie, Drake, Hawkins und Frobisher verdammt beneidet. Sie konnten angreifen. Ich dagegen ...» Er machte eine wegwerfende Handbewegung. Tagelang war er mit ausgewählten Truppen in östlicher Richtung an der Küste entlanggeritten, hatte die Bewegung der spanischen Schiffe durch den Kanal verfolgt, immer in der Erwartung, die Spanier würden eine Invasion wagen.

«Die Bewachung der Küste war notwendig», tröstete ihn der Lordadmiral. «Die Spanier haben sich auch keiner Seeschlacht gestellt. König Philipp muß Medina Sidonia den Befehl gegeben haben, den Kanal möglichst kampflos zu durchqueren und vor Calais Parmas Truppen aufzunehmen. Vom Mastkorb kann man mit dem Glas die Armada dort vor Anker liegen sehen.» Mit einer vagen Bewegung deutete er hinüber zur französischen Küste.

«Anders läßt sich ihre Taktik nicht erklären», stimmte Raleigh zu und überlegte, ob er Lord Howard den Brief zeigen sollte, den er von der Königin erhalten hatte. Ihre Majestät beklagte sich darin über die geringen englischen Erfolge und bat ihn, auf Lord Howard einzuwirken, die

Spanier anzugreifen, bevor sie Parmas Truppen an Bord nehmen konnten. Er entschloß sich, den Brief im Wams zu lassen und behutsam vorzugehen. Lord Howard war ein erfahrener Admiral, aber empfindlich.

Während er noch über den besten Weg nachdachte, ihm die Wünsche der Königin nahezubringen, griff Lord Howard selbst das Thema auf: «Leider waren unsere Kanoniere nicht so erfolgreich, wie wir gehofft hatten. Wir sind den Spaniern gefolgt und haben einzelne Schiffe angegriffen und beschädigt, eines gekapert, aber ein großer Erfolg ist ausgeblieben.» Er wiegte bedauernd den Kopf, wirkte aber alles andere als niedergeschlagen. Die dunklen Augen in dem hageren, wettergebräunten Gesicht strahlten Energie aus.

Wir sollten im Schutz der Nacht dicht an die Spanier heransegeln und im Morgengrauen unsere Breitseiten auf sie abfeuern, wollte Raleigh vorschlagen, besann sich aber und fragte statt dessen: «Ankern die Spanier dicht nebeneinander?»

«Sehr dicht.» Lord Howard lächelte wissend. «Sie denken daran, Brander gegen sie einzusetzen, nicht wahr?»

«Ja», bestätigte Raleigh ohne Erstaunen, denn er hatte sogleich begriffen, daß er nicht als einziger die Idee gehabt hatte.

Der Lordadmiral nickte bedächtig. «Während sich ihre Flotte bewegte, hätten Brander nichts bewirkt. Selbst die schwerfälligen Galeonen können ihnen leicht ausweichen. Aber jetzt, wo ihre Schiffe so eng beieinander liegen, nutzen sie uns vielleicht. Ich habe Feuerschiffe aus Dover angefordert, aber ich kann nicht auf sie warten. Wir müssen sofort handeln, denn der Wind steht günstig. Deshalb ließ ich aus unserem Verband acht altersschwache Schiffe als Brander ausrüsten.»

«Da brauchten Sie 'ne Menge brennbares Zeug.»

Lord Howard zuckte mit den Schultern. «Jedes Geschwader hat gegeben, was es entbehren konnte. Pech, Teer, Pulverfäßchen, Öl, altes Takelwerk. Und natürlich haben wir die Kanonen geladen. Ich hoffe, daß wir heute nacht ein Feuerwerk erleben, Sir Walter.»

Kurz nach Mitternacht gab die «Ark Royal» mit einem Kanonenschuß das Zeichen für die Brander. Raleigh stand auf dem Kastell neben Lord Howard und starrte in die Dunkelheit. Schwarze Schatten huschten am Flaggschiff vorbei. Rufe. Die Matrosen auf den Brandern verständigten sich mit den Steuerleuten der sie begleitenden Pinassen. Kurz vor dem Ziel sollten sie die Feuerschiffe in Brand setzen und dann auf die Pinassen überwechseln.

«Der Wind ist aufgefrischt, hat aber die Richtung nicht verändert», bemerkte Lord Howard zufrieden.

Nach einer Zeit, die ihnen wie eine Ewigkeit vorkam, schoß eine Flamme auf, dann eine zweite. Bald loderten acht riesige Fackeln vor dem dunklen Himmel. Sie hörten das dumpfe Knallen der durch die Hitze auf den Brandern ausgelösten Kanonenschüsse. Einzelne Feuersäulen verschmolzen zu Feuerwänden. Jetzt war bei den Spaniern sicher der Teufel los! Raleigh stellte sich vor, wie das Feuer der Brander auf die Galeonen überspringt, die Takelung frißt, sich seinen Weg in die Pulverkammern bahnt. Explosionen reißen die Schiffsleiber auf. Söldner schrecken in den überfüllten Quartieren aus dem Schlaf und stürzen an Bord. Im heillosen Durcheinander schreien die Kapitäne hastige Befehle. Die Matrosen kappen die Anker, bevor sie die Segel setzen. Jeder versucht, das offene Meer zu erreichen. Die schwer manövrierbaren Schiffe kollidieren. Männer gehen über Bord. Hilferufe, Ertrinkende schreien. Oder spielte ihm seine Phantasie einen Streich? War es den Spaniern gelungen, die Feuerschiffe abzufangen? Brannten sie am Ufer aus, ohne Schaden anzurichten?

Ungeduldig erwarteten sie den neuen Tag. Unter diesem und jenem Vorwand kamen die Matrosen an Deck. Lord Howard schickte keinen zurück. Im Morgengrauen spähten alle hinüber zur Küste.

«Der Ankerplatz ist leer!» rief der Erste Kanonier, der für seine scharfen Augen bekannt war, aber die anderen sahen es natürlich auch. «Dort liegt eine gestrandete Galeone, dort noch eine!« Sie jubelten und schrien vor Begeisterung. Die Brander hatten ihren Zweck erfüllt.

Steuerbord, etwa zwei Meilen entfernt, segelte die «San Martin», das spanische Admiralsschiff, zusammen mit vier anderen Galeonen, aber das war schon die größte Gruppe. Raleighs Augen schweiften über das Meer. Einzelne spanische Schiffe trieben in weiter Entfernung voneinander. Die kampfstarke Formation der Armada hatte sich jetzt aufgelöst.

«Jetzt greifen wir an!» schrie Raleigh mit jugendlicher Begeisterung.

«Was sonst, Walter?» In der Aufregung vergaß Lord Howard das «Sir» vor dem Namen. Nicht notwendig, ihm den Brief der Königin zu zeigen, dachte Raleigh. Er weiß, was er tun muß.

Der Schiffstrompeter blies das Signal zum Angriff, aber Drakes und Hawkins Geschwader, die «Revenge», die «Victory», die «Swallow» und andere, hatten schon Kurs auf die «San Martin» und ihre Begleitung genommen. Sie manövrierten die Spanier aus und feuerten ihre Breitseiten in die Galeonen. Die «San Antonio» legte sich auf die Seite und sank. Jubel schallte von der «Revenge» zur «Ark Royal» herüber. Der «San Martin» gelang es, vor den Wind zu kommen. Der Abstand zwischen den spanischen Schiffen vergrößerte sich. Die letzte Gruppe der Armada war zerschlagen.

«Jagen wir sie einzeln!» Raleigh, noch immer neben Lord Howard, wies auf eine riesige Galeasse in Küstennähe. «Die ‹San Lorenzo›, ihr größtes Kriegsschiff.» Und zum Rudergänger: «Die nehmen wir aufs Korn!»

«Aye, aye, Sir», bestätigte Lord Howard mit leisem Spott.

«Verzeihen Sie, natürlich befehlen Sie hier», entschuldigte sich Raleigh.

«Übernehmen Sie ruhig das Kommando, Sir Walter, schließlich hieß die ‹Ark Royal› einmal ‹Ark Raleigh›», gestand ihm Lord Howard hochherzig zu.

«Danke!» Es fehlte nicht viel, und er hätte den Lordadmiral umarmt. Wie sehr hatte er sich gewünscht, den schnittigen, wendigen Viermaster, Englands modernstes Kriegsschiff, einmal zu führen.

«Näher heran, Rudergänger! Die Galeasse versucht, den Kurs zu ändern.» Raleigh beobachtete, wie die Ruderer der «San Lorenzo» sich unter der Peitsche des Aufsehers in die Riemen legten, aber die «Ark Royal» machte gute Fahrt. «Wir kriegen sie!»

Der Spanier feuerte aus einer ungünstigen Position heraus. Die Salve lag zu kurz und klatschte in die Wellen. Minuten später antwortete die «Ark Royal». «Bravo, Jungs!» Auf der «San Lorenzo» splitterten die Rahen, der Besanmast knickte um, die Segel hingen in Fetzen herab, das Schiff schlingerte.

«Wir haben ihr Ruder getroffen!»

Die Galeasse kroch verwundet der Küste zu.

«Sie wollen sich im Hafen von Calais in Sicherheit bringen. Halten sich verdammt dicht am Ufer. Vorsicht, nicht näher an die Küste heran, die ‹Ark Royal› hat einen größeren Tiefgang.»

Plötzlich bewegten die Ruderer der «San Lorenzo» die Riemen nicht mehr.

«Gott erhalte die Königin! Sie sind auf Grund gelaufen.»

Die «San Lorenzo» lag, leicht landeinwärts zur Seite gekippt, fest.

«Nun könnt ihr mit euren Kanonen Löcher schießen! Gebt ihnen noch eine Breitseite!»

«Sie liegt außerhalb der Reichweite unserer Geschütze, Sir Walter», sagte der Erste Kanonier mit Bedauern.

«Dann wollen wir ihr einen Besuch abstatten. Macht die Boote flott!» Raleigh sprang als erster in eine Pinasse, die Muskete in der Hand.

Sie näherten sich der Galeasse von zwei Seiten. Musketenkugeln pfiffen ihnen um die Ohren.

«Feuer!» schrie Walter.

«Die Hunde verstecken sich hinter dem Schanzkleid», fluchte der Bootsführer.

«Wenn sie zielen, müssen sie den Kopf schon über die Reling halten, und wenn wir flink sind, kriegen wir sie», sagte einer der Scharfschützen, aber nach einer Stunde hatte noch keine Seite einen entscheidenden Vorteil erreicht. In Raleighs Boot lagen zwei Tote, drei Verwundete stöhnten. Sollten sie sich zurückziehen und die Galeasse im Schutze der Dunkelheit angreifen? Aber vielleicht bekamen die Spanier bis dahin das Schiff wieder flott?

Plötzlich schrie der Bootsmann: «Sie geben auf, Sir Walter!»

Unglaublich! Auf der dem Land zugekehrten Seite kletterten die Spanier über die Reling und wateten durch Schlamm und Schlick dem Ufer zu. Saß ihnen der Schrekken der gestrigen Nacht noch in den Gliedern? Hatten die Ruderer gemeutert? Erkannten sie die Aussichtslosigkeit ihrer Lage?

«Schneiden wir ihnen den Rückweg ab, Sir Walter!»

«Laßt die armen Hunde laufen!» sagte Raleigh, aber er verzichtete nicht aus Mitleid auf die Verfolgung. Das Schiff war wichtiger. «Entern wir die ‹San Lorenzo›.»

Raleigh, als einer der ersten auf der spanischen Galeasse, stolperte am Ankerspill über den toten Kommandanten. Ihn hatte eine Musketenkugel genau zwischen die Augen getroffen. Wahrscheinlich hatten nur seine Befehle die Spanier an Bord gehalten.

Raleigh ließ die Matrosen das Schiff plündern. Ein Kanonier, der als letzter die Galeasse verließ, zündete eine Lunte, die zur Pulverkammer führte. Sie hatten die «Ark Royal» noch nicht erreicht, als die Explosion in ihrem Rükken die Luft erschütterte. Die «San Lorenzo» würde England nicht mehr bedrohen.

Sie holten die Beiboote ein. Dann Kurs auf die nächste spanische Galeone!

Den ganzen Tag rollte der Donner der Kanonen über das Meer. Den Spaniern ging die Munition aus. In der Nähe war kein befreundeter Hafen, in dem sie ihre Vorräte hätten ergänzen können. In dieser kritischen Lage drehte der Wind auf Südwest. Jetzt konnten die Spanier mühelos die offene See erreichen. Medina Sidonia ließ den Kampf abbrechen. Zurück nach Spanien!

Raleigh beobachtete mit Lord Howard ihre Bewegungen und staunte: «Sie versuchen nicht, durch den Kanal zurückzukehren. Sie segeln in nordöstlicher Richtung. Sie wollen um Schottland und Irland herum! Das wird ihnen nicht gut bekommen.»

Lord Howard stimmte triumphierend zu: «Das besiegelt ihr Schicksal. Sagen Sie der Königin, ich werde sie noch eine Weile verfolgen, Sir Walter. Den Rest werden der Sturm und die See besorgen. Die Spanier kennen das Meer in den nördlichen Breiten nicht.»

Ein Schnellsegler trug Raleigh nach Dover. Von da ritt er nach London. Er gönnte sich keine Ruhepause und eilte sofort zur Königin nach Whitehall. «Wir haben gesiegt, Majestät, die Armada ist zerschlagen!»

«Ich weiß, Sir Walter. Drakes Bote hat mir die Nachricht vor einer Stunde gebracht.»

«Und ich wollte der erste sein», sagte er mit übertrieben zur Schau gestellter Enttäuschung.

Die Königin schenkte ihm ein tröstendes Lächeln. «Sie dürfen mir heute abend an meiner Tafel von den Kämpfen erzählen.»

Er kleidete sich für diese Gelegenheit sorgfältig, schmückte sich mit Brillanten, trug seine kostbarste Perle am Ohr und verwendete reichlich Duftwasser, um sich der Königin angenehm zu machen und die Erinnerung an den Gestank der verschiedenen Quartiere loszuwerden. Als ein Held der Schlacht sah er sich im Mittelpunkt einer bunten, fröhlichen Hofgesellschaft. Man würde feiern, nach dem Essen tanzen, und ganz gewiß würde Elisabeth Throckmorton dabeisein.

Er wurde enttäuscht. Die Königin speiste ohne Hofdamen in kleiner Gesellschaft mit einigen Herren des Staatsrates. Sie gab sich heiter, aber nicht euphorisch und war nicht in der Stimmung, seine abenteuerlichen Schilderungen anzuhören.

Burghley, aufgelebt und frisch wie seit langem nicht, sprach zwischen Suppe und gebackenem Truthahn entgegen seiner sonst nüchternen Art überschwenglich vom Beginn eines neuen Zeitalters: «Auf dem Meer haben wir Spaniens Macht gebrochen. Künftig gehören die Ozeane England. Wir werden ...»

«Sie reden, als hätten wir schon gesiegt», unterbrach ihn die Königin mit leisem Tadel. «Parma und seine Streitmacht an der flämischen Küste haben sich nicht in Luft aufgelöst. Parma wird versuchen, die Scharte auszuwetzen. Wir haben keine Zeit zum Feiern! Wenn er übersetzt, wird er die Themsemündung als Angriffsziel wählen, um von da nach London vorzudringen. Wir haben beschlossen, Unser Heer in Tilbury zu verstärken und Uns selbst ins Lager zu begeben.»

«Unmöglich, Majestät», rief Hatton entsetzt aus.

«Was ist unmöglich? Die Truppen zu verstärken?»

«Nein, daß Sie selbst ins Lager ... eine Frau ...», stotterte er.

«Meinen Sie, ich kann nur tanzen, Sir Christopher?»

Hatton wurde hochrot. «O nein, Majestät haben bewiesen ... Aber ins Lager ...»

Walsingham erlöste ihn aus seiner Verlegenheit. «Ich beurteile die Lage wie Eure Majestät, aber gerade deshalb dürfen Euer Majestät nicht nach Tilbury. Greift Parma an, ist Ihr Leben dort in Gefahr. Eure Majestät sollten sich nach Windsor begeben oder im Tower Schutz suchen.»

Burghley nickte zustimmend.

«Und was raten Sie mir, Sir Walter?»

Raleigh blickte die Königin munter an und sagte ohne Rücksicht auf die Meinung der anderen: «Der Besuch in Tilbury würde den Soldaten Mut machen, Majestät, und für Ihre Sicherheit bürge ich mit der Leibwache.»

Mit kleinem Gefolge segelte die Königin die Themse hinunter. An der Anlegestelle zu Tilbury erwartete sie ihr Oberstallmeister mit herausgeputzten Pferden. Von einem Hügel überblickten sie das weitgestreckte Lager. Mit seinen zahllosen wimpelgeschmückten Zelten sah es bunt und lustig aus, aber aus der Nähe verrieten löchrige oder notdürftig geflickte Zeltbahnen, daß Ihre Majestät mit Geld für die Armee knauserte.

Auf dem durchs Lager führenden Hauptweg ritten sie langsam. Zu beiden Seiten drängten sich die Soldaten der aus allen Grafschaften zusammengezogenen Milizen. Aufregung, Jubel, Hochrufe. Mancher aber, der die Königin zum ersten Mal sah, starrte sie nur stumm an.

Raleigh hatte ihr zu einem militärischen Aufzug geraten und bemerkte mit Genugtuung, daß sie in ihrem silbernen Brustharnisch und dem glänzenden, mit einer weißen Feder geschmückten Kriegshelm ungewöhnlichen Eindruck machte. «Sie sieht wie die sagenhafte Kaiserin der Amazonen aus», hörte er neben sich Oxford zu Leicester sagen, und wie so häufig konnte er nicht entscheiden, ob Oxford das anerkennend oder spöttisch meinte.

Raleigh beteiligte sich nicht an der Unterhaltung, sondern beobachtete aufmerksam die Soldaten am Wegrand. Walsinghams Besorgnis, zunächst von ihm mit einem Achselzucken abgetan, fand er jetzt nicht unbegründet. «Wie konnten Sie Ihre Majestät in dieser Grille bestärken, Sir Walter! Die Königin unter Tausenden von Bewaffneten. Einer kann von den Spaniern für ein Attentat gekauft sein», hatte ihn der Minister getadelt. Würden die Sicherheitsvorkehrungen ausreichen? Raleigh hatte die Zelte an der vorgesehenen Route weit auseinanderrücken lassen, Walsingham die Zahl seiner Sicherheitsbeamten im Lager verdreifacht. Ein Kordon der königlichen Wache sorgte mit Spießen und deftigen Worten für Ordnung. Und dennoch ...

An einer Biegung fiel ihm ein Glatzkopf auf. Der Mann gestikulierte heftig und drängte nach vorn. Statt der Ohren hatte er zwei häßliche Narben. Ein Vagabund, den man ohne viel Federlesens anstelle des Sohnes oder des kräftigen Großknechts eines Squire, die ursprünglich auf der Musterungsliste des Sheriffs standen, in die Militia gesteckt hatte, dachte Raleigh. Er wußte, daß bestechliche Musterungsoffiziere für Geld Namen aus der Liste strichen, aber Ersatz mußte her. Ein Landstreicher wurde aufgegriffen. «Hast die Wahl, Strolch! Entweder du kämpfst fürs Vaterland, oder du wanderst ins Gefängnis. Kannst nicht reiten und nicht schießen? Hauptsache, du marschierst mit der Kompanie nach Tilbury!»

Der Kerl benahm sich weiter auffällig. Die Phantasie spielte Raleigh einen Streich. Er sah ihn den Kordon durchbrechen und die Waffe gegen die Königin erheben.

Walter griff nach seiner Pistole.

Ihre Majestät erreichte die Biegung. Der Ohrenlose sank mit allen anderen auf die Knie und rief am lautesten von allen: «Gott schütze die Königin!»

«Ich habe Sie beobachtet, Sir Walter», sagte Leicester zu ihm im Empfangszelt, in dem den Ankömmlingen Erfrischungen gereicht wurden. «Sie haben bei dem Ritt durchs Lager ganz schön geschwitzt, und das geschieht Ihnen recht. Sie hätten Ihre Majestät nicht zu diesem Abenteuer ermutigen dürfen.»

Raleigh blickte mit wiedergewonnener Selbstsicherheit in Leicesters ungesund gerötetes Gesicht. Der Earl atmete kurz und mit offenem Mund. Nach der geringen Anstrengung des Ritts war ihm die Luft knapp. Die Königin sollte einen Jüngeren zum Oberbefehlshaber bestimmen. Leicester ist nach dem glücklosen Feldzug in den Niederlanden verbraucht und vielleicht sehr krank, dachte er, aber das hinderte ihn nicht, ihm seine Meinung zu sagen. «Kein Abenteuer, eine Notwendigkeit, Mylord. Die Königin treibt nicht Übermut ins Lager. Machen wir uns nichts vor, dieses Heer ist ein zusammengewürfelter Haufen. Die Ausbildung ist schlecht, und von der Ausrüstung will ich nicht sprechen. Gegen die spanischen Söldner, die die halbe Welt erobert haben, wird es diese Armee schwer haben. In Zukunft werden wir uns über unsere Landstreitmacht Gedanken machen müssen, mit der Flotte kann sie nicht mithalten. Jetzt aber hilft nur noch eines.»

«Und das wäre?» fragte der Earl.

«Wir müssen die Leute begeistern, ihnen klarmachen, daß es ums Überleben Englands geht. Wer wäre dazu berufener als unsere Königin?»

«Begeisterung», murmelte Leicester müde, als versuche er, dieses Gefühl in sich wachzurufen. Er berührte mit seiner welken, stark beringten Hand leise Raleighs Schulter. «Ja, ja, ihr Jungen setzt auf Begeisterung und habt wahrscheinlich recht damit. Hoffen wir, daß der Besuch der Königin das Risiko wert ist.»

Unter den Augen Elisabeths legten die Offiziere bei den militärischen Übungen höchsten Eifer an den Tag, und die Soldaten bemühten sich beflissener als üblich, den Befehlen schnell und ohne Murren nachzukommen, aber das allein machte den Besuch der Königin noch nicht zum Erfolg. Vom irischen Feldzug wußte Raleigh, daß die Disziplin nach hohem Besuch im Lager rasch nachließ. Um nachhaltig zu wirken, mußte die Königin die Herzen entflammen, und so sah er dem großen Appell am Nachmittag des zweiten Tages mit Hoffnung, aber auch mit Bangen entgegen. Würde sie für diese Armee aus Bauernknechten, Handwerkern, Tagelöhnern und Vagabunden die richtigen Worte finden? Er wunderte sich, daß sie mit niemandem über ihre Rede sprach. Er hätte ihr gern seine Erfahrungen im Umgang mit Soldaten mitgeteilt, damit sie den richtigen Ton traf, aber sie ignorierte sein Angebot und wünschte nur, daß er zum Appell seinen Prunkharnisch anlegte, und verlangte auch von den anderen Lords prächtige Kleidung. «Wir wollen ihnen ein Schauspiel geben.»

«Ein Schauspiel genügt nicht, Majestät.»

«Ich weiß, Walter, aber ein gut arrangierter Auftritt erhöht die Wirkung von Worten», sagte sie mit leisem Lächeln. «Unser Rang zwingt uns, mehr als andere, zu schauspielern.»

Er hörte, wie sie mit dem Zeremonienmeister Einzelheiten für den Nachmittag besprach, und hegte Zweifel. Obwohl sie im silbernen Harnisch und Helm auf die Soldaten eindrucksvoll gewirkt hatte, hielt er es in dieser ernsten Stunde für besser, ganz ohne Pomp vor die Truppe zu treten.

Sie bestand auf dem Gegenteil.

Am Nachmittag bewegten sie sich in feierlichem Zug nach dem Hügel am Feld neben dem Lager. Zu ihren Füßen die Armee mit Fahnen, Standarten und Feldzeichen. Die Königin auf einem weißen Zelter, im gleichen Kostüm wie am Vortag.

Ein junger Edler half ihr vom Pferd. Die Lords ordneten sich im Halbkreis hinter ihr. Die Harnische und Helme glitzerten in der Nachmittagssonne.

Ein Page nahm der Königin den Helm mit der Feder ab, ein Edler reichte ihr das Zepter. Der Earl of Ormonde mit dem Staatsschwert kniete vor ihr nieder.

«Wie der Beginn eines Maskenspiels», raunte Oxford Raleigh zu, aber unten schwenkten sie begeistert Fahnen und Standarten und schrien «Hoch». Da wußte Raleigh, daß die Königin recht hatte. Man wollte sie so sehen. «Von diesem Auftritt werden sie noch ihren Enkelkindern erzählen», kommentierte er Oxfords Bemerkung.

Ein Fanfarenstoß. Die Königin hob und senkte das Zepter, als wolle sie mit dieser Geste die Armee segnen. «Mein geliebtes Volk!» rief sie und wiederholte die Anrede, nachdem Stille eingetreten war. «Einige, die um meine Sicherheit besorgt sind, haben mir geraten, vorsichtig zu sein und mich nicht unter eine bewaffnete Menge zu begeben, in der Verräter sein könnten. Mögen Tyrannen sich vor Verrätern fürchten! Ich bin entschlossen, mitten im Kampf unter euch allen zu leben oder zu sterben, für meinen Gott, für mein Königreich und für mein Volk. Ich weiß, ich bin nur eine schwache Frau, aber ich besitze das Herz und den Mut eines Königs von England. Der Gedanke, Parma oder ein anderer Fürst Europas könne es wagen, die Grenzen meines Reiches zu überschreiten, ruft keine Furcht, sondern Zorn in mir wach. Durch meine Schuld soll keine Schande über dieses Land kommen. So greife ich selbst zu den Waffen und will euer General und Richter sein und jeden von euch für seine Tapferkeit in der Schlacht belohnen.»

Raleigh hatte Elisabeth italienisch und französisch reden hören und in Cambridge lateinisch zu ihren Gelehrten. Er war Zeuge gefälliger Begrüßungsreden an Stadträte, Bürgermeister oder Friedensrichter gewesen. Da fehlten nie humorvolle Wendungen oder ein paar Ausdrücke, die in der jeweiligen Grafschaft heimisch waren. Er kannte ihre großen Ansprachen an das Parlament. Sie beherrschte die Kunst des Vortrags, aber so hatte er sie noch nicht erlebt. In schlichtem Englisch sagte sie, was sie bewegte. Bei aller Einfachheit hatten ihre Sätze Kraft. Er spürte, daß die Soldaten nicht anders empfanden. Ihr Jubel zu Beginn hatte der Erscheinung der Königin gegolten. Mancher Hochrufer hatte gewiß aus Gewohnheit geschrien oder aus anerzogener Ehrfurcht, und einige hatten im Takt ihre Huldigungen gerufen, weil es ihnen so befohlen war. Bestellte Ovationen wie überall.

Die Begeisterung, die jetzt ausbrach, kam von Herzen. Die Soldaten warfen ihre Mützen hoch, schwenkten wild die Fahnen und Standarten und schrien sich heiser. «Gott schütze die Königin!» Keiner der Adligen mit seinem Gefolge, keiner der Yeomen oder der zum Kriegsdienst verpflichteten, geworbenen oder gar gepreßten Soldaten schloß sich aus. Raleigh fühlte sich einbezogen in diese Gemeinschaft. Das war seine Königin und sein Land. Die dort unten würden für die Königin und für England wie die Löwen kämpfen.

Leicester neben ihm war nicht weniger bewegt. «Ich glaube, wir erleben heute einen großen Tag, Sir Walter.»

Raleigh erwiderte: «Jetzt kann Parma kommen.»

Parma wagte den Angriff nicht.

DER STURZ

In den Kirchen des Inselreiches priesen die Prediger den Herrn: «Gott war mit uns. Er hat unserer Königin den Sieg gegeben.» Wer aus der Gemeinde jesuitischer Flüsterpropaganda das Ohr geliehen hatte, erkannte seinen Irrtum. England regierte eine gesalbte, gesegnete Königin, keine Ketzerin.

In den Niederlanden schöpften die Protestanten neue Hoffnung und in Frankreich die Hugenotten. Spaniens Macht hatte seine Grenzen. Die Herren der City lobten die Überlegenheit der englischen Kanonen und Schiffe. Daran hatte man Anteil, das kam nicht von ungefähr. Man hatte nicht umsonst Kapital in einheimische Bergwerke, Gießereien und Werften gesteckt. Auch war es klug gewesen, Erfindergeist und Unternehmungslust von Fremden zu fördern. Deutsche Ingenieure hatten erfolgreich nach Eisen, Blei und Kupfer geschürft, Flüchtlinge aus der Bretagne hatten englische Segelmacher gelehrt, ihre Segel besser zu fertigen, und holländischen Emigranten dankte man manche andere Neuerung.

Die Reste der Armada hatten auf der Flucht wenig Glück gehabt. Bei den Orkneyinseln waren in einem heftigen Sturm viele Galeonen gesunken oder an der irischen Küste zerschellt. Nur sechsundzwanzig Schiffe der stolzen Flotte kehrten nach Spanien zurück.

Im Escorial sagte König Philipp: «Ich habe meine Armada zum Kampf gegen die Engländer ausgesandt, nicht gegen Naturgewalten.» Ein Agent Walsinghams brachte das Wort über den Kanal. Thomas Smythe kommentierte lakonisch: «Solange wir nicht schlafen, wird er die Natur immer gegen sich haben.»

London feierte den Sieg. Großer Dankgottesdienst in der St.-Pauls-Kathedrale, Ausstellung der erbeuteten spanischen Wimpel und Fahnen am Pauls-Kreuz. Die Menge ließ die Königin hochleben und sang inbrünstig Psalmen.

In Whitehall folgte ein Fest dem anderen. Bess Throckmorton taten die Füße vom Tanzen weh. Wenn sie über ihre Zukunft nachgrübelte, schmerzte ihr der Kopf. Früher hatte sie Gedanken darüber immer auf «nachher» verschoben in der grundlosen Hoffnung, das gewichtige Ereignis würde irgendwie auch über ihr Schicksal entscheiden. Wie töricht! Natürlich hatte die große Schlacht gegen die Spanier nichts an ihrem Leben geändert, und die Herren, die ihr den Hof machten, waren die gleichen geblieben.

Und Raleigh? Sir Walter machte sie unruhig. Wenn die Hofdamen über seine Liebesaffären Vermutungen anstellten, hörte sie weg. Sie suchte das Gespräch mit ihm und redete über Dinge, die ihn interessierten. Ihre Vertrautheit wuchs, aber weder sie noch er waren bisher auf jene Unterhaltung im Park zurückgekommen. Er fragte sie um Rat, wenn er ein Geschenk für die Königin suchte, erzählte ihr von seinen Plänen für Irland und von seiner Beteiligung an Unternehmen der Merchant Adventurers. Überhaupt zeigte er Sinn für Geschäfte, lobte Fleiß und Geschick puritanischer Kaufleute und schimpfte gleichzeitig über deren Engstirnigkeit in anderen Dingen. «Denken Sie, sogar den Hahnenkampf und den Ausschank von Bier an Sonntagen wollen sie verbieten.»

«Sie ziehen auch gegen Hurenhäuser und lebenslustige Höflinge zu Felde», erwiderte sie.

Er lächelte und spielte den Unwissenden. «Lebenslustige Höflinge, was Sie nicht sagen!»

«Ich bin keine Anne Vavasour», warnte sie ihn.

«Darum liebe ich Sie ja, Bess.»

Einmal fragte sie ihn nach den Siedlern in Virginia. Er gab betreten Auskunft. Die drei Schiffe, mit denen White kurz vor der Schlacht mit der Armada nach Amerika gesegelt war, hatten sich auf Kaperabenteuer eingelassen und Virginia nie erreicht. Monate später hatte eine neue kleine Flotte unter White vor Roanoke Anker geworfen, aber auf der Insel keine Siedler mehr vorgefunden.

«Niemanden?»

«Keine Menschenseele. Die Palisaden des Forts waren zerstört und von Unkraut überwachsen, ein Teil der Blockhäuser niedergebrannt. Fünf aufgebrochene Truhen und einige verstreute Gegenstände fanden sie noch vor, darunter ein paar von Whites Büchern, zerrissen und von der Nässe verdorben. Am meisten hat sich White wegen seiner Prunkrüstung gegrämt, die er bei festlichen Gelegenheiten tragen wollte. Sie lag im Schlamm und war verrostet. Von den Siedlern keine Spur.»

«Was wird aus ihnen geworden sein?»

«Ich fürchte, die Indianer haben sie überfallen und niedergemacht. Vielleicht sind sie auch landeinwärts gezogen.»

Über hundert Kolonisten einfach verschwunden! Der Gedanke entsetzte sie. «Sie müssen etwas unternehmen, Walter!»

«Natürlich werden wir nach ihnen suchen», beruhigte er sie, «aber es kostet verdammt viel, eine neue Expedition auszurüsten, da können ein, zwei Jahre drüber vergehen. Wenn ich allerdings Glück habe ... Was halten Sie von El Dorado, Bess?» Mit Eifer erzählte er ihr, was er von Don Pedro Sarmiento über das Goldland erfahren hatte, und gestand ihr, daß ihn die Geschichte, obwohl er nicht recht daran glaubte, nicht losließ. «Vielleicht entdecke ich in Guayana Goldminen. Das würde einen neuen Anfang in Virginia erleichtern, und ich könnte ein paar hundert Leute für die Suche nach den Siedlern bezahlen.»

Sie verließ ihn nachdenklich. Das Goldland interessierte ihn offenbar mehr als das Schicksal der Siedler. Fehlte es ihm an Mitgefühl? Es schien ihr, als sei er schnell entzündbar, aber seine Begeisterung verlor sich ebenso rasch. Sie wußte auch nicht, ob es gut war, daß er so vieles gleichzeitig tat. Er war Kommandant der königlichen Leibwache, hatte Verpflichtungen beim Marineamt, unternahm Experimente in seiner Hexenküche. Daneben studierte er geographische, medizinische und philosophische Schriften und entwarf Abhandlungen. Oberflächlich war er bei all dem nicht. Aus seinem Traktat über die menschliche Seele hatte sie sich einen Satz gemerkt, weil er so charakteristisch für ihn war: «Der Geist, der forscht, bleibt immer unruhig, bis er vor Gott kommt, und der Wille ist mit keinem Gut der Welt zufrieden, bis er in Gottes Reich eintritt.» Forschen, unruhig sein, dachte sie. Gott kommt bei ihm zuletzt. Mit leisem Tadel sagte sie zu sich selbst: Dir ist nur wichtig, daß du einen Platz in seinen Gedanken hast, Bess. Konnte sie seinen Liebesbeteuerungen glauben?

In ihrem Zimmer las sie den Zettel, den er ihr zugesteckt hatte. Sein letztes Gedicht.

Now Serena, be not coy,
since we freely may enjoy
sweet embraces, such delights
as will shorten tedious nights.

Nun sei schüchtern nicht, Serena,
könnten wir doch ohne Scheu'n
der Nächte Langeweile kürzen,
süßer Umarmung uns erfreun.

Verrückt! Und verrückt von ihr, daß sie das Gedicht so oft las, bevor sie es zu den anderen in den doppelten Boden ihrer Kassette legte. Wenn die Königin davon erfuhr, drohte ihr harte Strafe. Und doch wollte sie lieber in den Tower gehen als diese Gedichte verbrennen. Sie liebte ja seine Leidenschaftlichkeit und hatte Mühe, sich nicht zu verraten. Sie wußte, früher oder später würde sie sich ihm ergeben. Was für ein Unsinn: sich ergeben. Sie würde sich einen Teil von diesem stolzen, selbstbewußten Mann nehmen. Es würde immer nur ein Teil sein. Der andere gehörte seinen abenteuerlichen Ideen und seinem Ehrgeiz. Eine Familie wollte er, ein Heim, Kinder. Wenn sie ihm glauben könnte! Wenn sie nicht befürchten müßte, für ihn eine Episode zu bleiben. Alles und immer Neues wollte er haben. Sie versuchte ihn zu verstehen. Was blieb ihr auch anderes übrig? Sie dachte ohnehin immer an ihn.

An einem Frühlingsnachmittag saßen sie nebeneinander auf einer Galerie im «Rose», dem neuesten Londoner Theater. Zu ihrer Beruhigung entdeckten sie niemanden vom Hofe. Besser, man sah sie nicht so oft zusammen. Ein Tag mit milder Luft und blauem Himmel. «Ich hätte Lust auf eine Komödie», flüsterte sie Walter zu.

Man gab aber die «Tragische Geschichte vom Leben und Tod des Doktor Faustus», verfaßt von einem jungen Stükkeschreiber, Christopher Marlowe, über dessen ausschweifendes Leben wilde Gerüchte kursierten. Von der Kanzel am Pauls-Kreuz hatte ihn ein Puritanerprediger Gotteslästerer genannt. Bess nahm das nicht so ernst, denn die Puritaner wetterten bei jeder Gelegenheit gegen das Theater. In diesem Fall konnte etwas dran sein. Der Mephistopheles auf der Bühne führte so teuflisch-zwielichtige Reden, die einem reinen Geist gewiß nicht in den Sinn kamen. Mehr Eindruck als aller Donner, Blitz und Höllenzauber, womit auf der Bühne nicht gespart wurde, machte ihr der Doktor Faustus, der ein Grübler war, zugleich auch wissensdurstig und von unersättlichem Tatendrang, ein Mann voll kühner Pläne, bei deren Ausführung ihm Luzifers Geister dienstbar waren.

Gen Indien laß ich fliegen sie nach Gold
und Perlen fischen in dem Ozean,
durchsuchen jeden Fleck der Neuen Welt
nach süßer Frucht und fürstlichem Genuß …

Faust sprach und dachte wie Walter, wie Drake, Grenville, Frobisher und wie mancher Kaufmann in der City. Ja, so war es. Sie sah in dem Gelehrten, der unten auf der Bühne im pelzbesetzten Mantel agierte, Walter. Plötzlich dachte sie: Ich muß ihm durch Himmel und Hölle folgen oder mich ganz von ihm fernhalten. Vielleicht erging es ihr wie der Vavasour. Aber es gab für sie kein Oder mehr. Sie hatte sich längst entschieden. Das wurde ihr klar, als sie später in seiner Barke die Themse hinaufruderten. Sie tranken Wein in der Kajüte, aber weder dort noch beim Spaziergang im Park von Richmond machte er den Versuch, sie zu umarmen. Sie wunderte sich nicht darüber. Sie hatte ihn ja oft genug abgewiesen.

Er sprach vom Talent des Herrn Marlowe. Er wolle ihn fördern und sein Patron sein. Sah er in ihr nur noch eine gute Bekannte und redete mit ihr nun wie mit seinem Freund Arthur? Vielleicht hatte er längst eine andere. In der Angst, seine Zuneigung verscherzt zu haben, wurde sie sich bewußt, wie sehr sie ihn liebte. Auch wenn das Gewitter nicht gekommen wäre, hätte sie sich an diesem Frühlingsabend an ihn gelehnt und die Arme um ihn geschlungen.

Es geschah aber wie in einem Theaterstück, wo sich alles fügt: ein Frühlingsgewitter, Dunkelheit, Donner, Blitze in der Ferne und in der Nähe keine Menschenseele. Anlaß, sich angstvoll an ihn zu drängen, kein Vorwand freilich, seine Lippen zu suchen, ihn zu umarmen.

Sie spürte, wie ihn ihre Leidenschaft überraschte. Sie hatte ihren eigenen Willen, sie war nicht schwach. Nie würde sie klagen, sie sei von ihm verführt worden.

Seit diesem Abend trafen sie sich heimlich an den verschiedensten Orten. Einmal liebten sie sich im Hinterzimmer einer Schenke, einmal in einer Kammer von Whitehall Palace. Acht Tage fuhren sie zusammen auf ein Landgut in Middlesex. Das schwierigste war, einen triftigen Grund für ihre gleichzeitige Abwesenheit vom Hofe zu finden. Mehrmals verbrachte Bess sogar eine Nacht in Durham House, aber das war zu gefährlich.

Raleigh kaufte über einen Mittelsmann ein ruhig gelegenes Haus in der Nähe von Moore Gate. Dort sahen sie sich häufig. Sie waren sehr vorsichtig, kamen zu verschiedenen Zeiten und verließen das Haus stets getrennt. Dennoch glaubte Bess, jedermann müsse über ihr Verhältnis Bescheid wissen. Stand ihr die Liebe zu Walter nicht im Gesicht geschrieben? Was würde geschehen, wenn die Königin davon erfuhr? Sie wagte nicht, es sich auszudenken.

Vom Fenster sah Alice Walter langsam auf das Haus zukommen. An der kahlen, vor Nässe triefenden Kastanie, unter deren Blätterdach sie manchmal sehnsüchtig auf ihn gewartet hatte, blieb er einen Moment stehen. Der feine, mit Schnee vermischte Regen legte sich wie ein Spinnennetz auf seinen dunklen Samtmantel.

Sie hatten einander mehrere Wochen nicht gesehen, und Alice fragte sich, weshalb er sich heute angemeldet hatte. Sie trat zum Kamin und hielt die Hände über das Feuer. Trotz ihres warmen, hochgeschlossenen Kleides fröstelte sie, wohl mehr aus Nervosität als wegen der Kälte.

Zunächst hatte sie den Gerüchten über Walters Verhältnis zu der Hofdame Bess Throckmorton wenig Bedeutung beigemessen. Eine seiner flüchtigen Affären, die für ihre Beziehung zu ihm nicht von Belang war. Bald aber merkte sie, daß er vermied, in die Lombard Street zu kommen, wenn Thomas nicht zu Hause war. Traf er sie allein, umarmte er sie nur flüchtig, klagte, er sei abgespannt, redete viel, aber ihr entging nicht, daß er damit nur seine Verlegenheit vor ihr verbergen wollte.

Auf einem Ball in Whitehall beobachtete sie betroffen das geheime Einverständnis zwischen Walter und Bess Throckmorton. Bei all ihren Bemühungen, vor den anderen gleichgültig gegeneinander zu tun und ihre Gefühle füreinander zu verbergen, empfand Alice mit schmerzlicher Klarheit, daß es sich um mehr als ein Abenteuer handelte. Kurz nach diesem Ball begleitete sie Thomas zum ersten Mal auf einer längeren Reise. Sie wollte so viele Meilen wie möglich zwischen sich und Walter bringen.

Der Diener führte den Gast herein.

«Seit wann bist du zurück?» fragte Walter nach der gewohnheitsmäßigen Umarmung und einem flüchtigen Kuß.

«Seit gut zehn Tagen, aber wenn du mit Thomas sprechen willst ...? Er ist in der Börse und wird spät nach Hause kommen.»

«Nein, nein», sagte Walter, «ich will mit dir reden.»

Er sah blaß aus und erschien ihr schmaler als früher. In seinem Bart und an den Schläfen entdeckte sie graue Haare.

Er setzte sich in einen der schweren Stühle, stemmte die Ellenbogen gegen die Knie, legte die Hände übereinander und stützte damit sein Kinn. «Ich bin in großer Sorge, Alice.»

«Hast du Verluste erlitten?» Kaum war der Satz über ihre Lippen, errötete sie. Wie dumm von ihr, ihm die Frage vorzulegen, die sie Thomas stellte, wenn er Kummer hatte. Raleigh schien ihre Torheit gar nicht zu bemerken, er schüttelte nicht einmal den Kopf.

«Ich habe heimlich eine Hofdame geheiratet. Sie ist schwanger. Oxford will aus einer Bemerkung der Königin herausgehört haben, daß sie davon weiß.»

«Elisabeth Throckmorton?»

«Du hast es also auch schon erfahren. Mein Gott, was soll ich jetzt bloß machen, Alice?»

Sie glaubte, nicht richtig zu verstehen. Er hatte sie mit dieser Bess Throckmorton betrogen, und nun kam er ausgerechnet zu ihr und suchte ihren Rat. Dachte er denn nicht daran, was sie fühlen und empfinden mußte? Kaltherzig war er und egoistisch, immer sah er nur sich selbst. Sie wandte sich von ihm ab, lehnte sich an den Kaminsims und vergrub das Gesicht in den Händen.

«Lange kann die Königin es nicht wissen, sie hat mir doch erst Sherborne gegeben, wahrscheinlich um mich mit Essex' Günstlingsstellung auszusöhnen. Seit Leicesters Tod läßt sie Essex ja nicht mehr von ihrer Seite», hörte sie ihn in ihrem Rücken. Er merkte nicht, was in ihr vorging.

«Thomas sagt, Sherborne ist ein Juwel», murmelte sie, um Zeit zum Nachdenken zu gewinnen, «schon seiner Lage wegen, auf halbem Wege zwischen London und Plymouth. Ein schöneres Anwesen konntest du dir nicht wünschen.»

«Ich werde es verlieren und Jahre im Tower verbringen. Alles werde ich verlieren.»

Es geschieht dir recht, dachte sie böse. Daß wir einander verlieren, ist dir ja gleichgültig. Geh doch zur Hölle mit deiner Hofdame! Aber als sie sich ihm wieder zuwandte, rührte sie wider Willen seine Ratlosigkeit.

Sie begann, ihn zu entschuldigen. Konnte sie es ihm verübeln, daß er eine Familie gründen wollte? Vielleicht wäre alles anders gekommen, wenn sie mit Smythe Kinder hätte.

«Wann hat die Königin diese Bemerkung zu Oxford gemacht?» fragte sie leise.

«Vor zwei Wochen.»

«Erstaunlich, daß sie noch nichts unternommen hat.»

«Vielleicht unternimmt sie auch nichts», sagte er ohne Überzeugung.

«Das ist unwahrscheinlich. Du bist ihr Günstling und stehst ihr sehr nahe. Daß du sie hintergangen hast, wird sie viel tiefer kränken als damals Oxfords Fehltritt mit der Vavasour. Du mußt wohl wirklich mit einer harten Strafe rechnen.»

Er wehrte sich gegen diese Vorstellung und brachte eine Erklärung für das Zögern der Königin vor, mit der er seine Befürchtungen zu beschwichtigen suchte: «Sie hat mich im November zum Admiral des Unternehmens gegen die spanische Silberflotte ernannt. Die Spanier haben ihre Flotte modernisiert. Der Krieg geht weiter. Sie braucht mich. In ein paar Wochen stechen wir in See.»

Sie spürte, wie gern er hören würde, daß sie seine Hoffnung teilte, aber sie schüttelte den Kopf.

«Du kannst nicht davonlaufen, Walter. Das wird sie nicht zulassen.»

Gleichzeitig sagte sie sich: Auch ich kann ihn nicht so gehen lassen. Wenn ich ihn jetzt wegschicke und ihm empfehle, sich meinetwegen beim Teufel Rat zu holen, ist alles vorbei, und ich will ihn nicht für immer verlieren.

«Die Königin unternimmt nichts und läßt die Zeit verstreichen. Warum?» überlegte sie laut. «Weil sie dich schonen will? Nein, strafen wird sie dich auf jeden Fall. Aber vielleicht will sie nicht zu hart gegen dich vorgehen. Der Tod hat ihr viele alte Ratgeber und Kavaliere entrissen. Zuerst Leicester, dann Walsingham, im letzten Jahr Hatton. Eine endgültige Trennung von dir fällt ihr bestimmt nicht leicht, doch Milde kann sie nur walten lassen, wenn du dich ihr zu Füßen wirfst, ihr alles gestehst und sie um Gnade und Verzeihung bittest. Das mußt du tun!»

«Ich weiß nicht», zweifelte Raleigh. «Vielleicht sehe ich alles zu schwarz. Vielleicht ...»

«Es gibt hier kein Vielleicht, Walter. Es ist der einzige Weg für dich», beteuerte sie.

Er zögerte, ihren Rat zu befolgen, klammerte sich an die Hoffnung, mit der Flotte gegen die Spanier in See zu stechen. Wenn er mit reicher Prise zurückkehrte und der Königin Schätze zu Füßen legte, würde sie ihm seine Heirat verzeihen. – Träume! Elisabeth entzog ihm das Kommando über den Flottenverband und stellte ihn unter Hausarrest. Er schrieb ihr, aber sie antwortete nicht. Er hatte zu lange gezaudert.

An einem Augustmorgen machte eine königliche Barke mit Soldaten der Towerwache vor Durham House fest. Raleighs Cousin George Carew, königlicher Generalfeldzeugmacher, der die Einhaltung des Hausarrests in Durham House überwacht hatte, begleitete den in Ungnade gefallenen Günstling zum Landungssteg.

«Verdammt früh», schimpfte Walter.

«Wir wollen wenig Aufsehen erregen», entgegnete George Carew.

Walter wandte sich um. Bess winkte ihm vom Turmfenster zu. Sie hielt ihren Sohn Damerei auf dem Arm. «Ich bin bald zurück», rief er hinauf, aber er glaubte nicht daran.

Auf der Themse begegneten ihnen nur wenige Boote. Dünner Nebel lag über dem Fluß. Raleigh war ein guter Schwimmer und Taucher. Wenn er jetzt vom Boot sprang, würden sie ihn nicht fangen, aber wohin sollte er gehen? Seine Lage war aussichtslos.

George schien seine Gedanken zu ahnen. «Du wirst nicht fliehen, Walter? Ich bürge der Königin mit meinem Kopf.»

«Du hast mein Wort.»

Er schaute hinüber zu den Mauern und Türmen des Towers. Von den Zinnen richteten sich Reihen von Kanonen auf den Fluß und die Stadt. Abschreckung und Warnung für jeden Angreifer, Drohung gegen die Bürger der City: Rebelliert nicht gegen den Herrscher! Die königliche Macht steht über euch!

Sie legten am Wassertor an und stiegen die steinerne Treppe an der Uferböschung hinauf. Im Mai achtundachtzig hatte er hier die Königin aus der Barke ins Trockene getragen. Der Fluß führte damals sehr hohes Wasser, und selbst die oberste Stufe war überspült. «Mein ‹Water› bringt mich über das ‹water›», sagte die Königin. Sie kicherte noch im Tor, das im Volksmund Verrätertor hieß, über ihren Wortwitz, den sie schon wiederholt gemacht hatte. Hatten diese feuchten Steine je Gelächter gehört? Hohe Staatsgefangene waren durch dieses Tor gegangen, und für viele war der Tower der letzte Aufenthaltsort gewesen.

«Das letzte Mal war ich mit der Königin hier, um die Verteidigungsbereitschaft der Festung zu prüfen», sagte er zu George. «Diesmal werde ich Gelegenheit haben, die Sicherheit der Verliese kennenzulernen.»

«Unsinn, für dich stehen zwei Räume neben meiner Wohnung im Brick Tower bereit. Du wirst deinen Diener bei dir haben.»

Die Bedingungen für seinen Aufenthalt waren leicht, eine Ehrenhaft, und doch trug er an der Last der Gefangenschaft. Voller Energie, an ein tätiges Leben gewöhnt, verging ihm die Zeit quälend langsam. In Wachträumen empörte er sich gegen die Königin. Was habe ich denn getan, Majestät? Ist es ein Verbrechen, eine Frau zu lieben, sie zu heiraten und ein Kind mit ihr zu haben? Dann wieder verwünschte er seine eigene unüberlegte Handlungsweise. Er kannte doch den Ehrenkodex des Hofes, er hatte gewußt, in welche Gefahr er sich begab. Am Anfang seiner Beziehung zu Bess hätte er die Königin um die Hand ihrer Ehrendame bitten müssen, aber wie die Dinge lagen, hätte wenig Aussicht auf ihre Zustimmung bestanden. Warum hatte er nicht Essex' Fürsprache erbeten. Essex, so hieß es, besäße das Herz der Königin. Vielleicht konnte Essex jetzt noch etwas für ihn tun? Es könnte dem jungen Grafen schmeicheln, wenn sein ehemaliger Rivale ihn um eine Gefälligkeit ersuchte. Er schrieb an ihn. Er mußte alles versuchen, um rauszukommen.

Er hörte, daß in der Stadt die Pest ausgebrochen war, und bald begrub man auch im Tower zwei Pesttote. Wenn sich die Krankheit in der Festung ausbreitete, gab es für ihn kein Entrinnen.

Am Tage konnte er sich frei bewegen, doch abends schloß ihn der Wärter ein. Dann verengte sich in seiner Phantasie die Stube zu einer schmalen Zelle, und er schrieb:

> Verzweiflung verriegelt meine Türen,
> ich spreche allein mit toten Wänden,
> aber sie hören meine Klage nicht.

Er fragte George Carew nach Bess. Zuerst antwortete George ausweichend, dann gestand er, sie sei auch in der Festung.

«Wo?»
«Im Bell Tower.»
«Laß mich zu ihr!»
«Das ist nicht möglich.» Er erinnerte Walter an Lady Katherine Grey und den Earl of Herfort, die die Königin vor Jahren aus dem gleichen Grund wie ihn und Bess in den Tower geschickt hatte. Der Kommandant hatte sie zueinander gelassen, und die Lady hatte im Tower empfangen und entbunden. Die Königin, außer sich vor Zorn, hatte befohlen, den Kommandanten wegen seiner Unzuverlässigkeit ins Verlies zu werfen.
«Laß mich Bess wenigstens unter Aufsicht sprechen!»
Der Cousin verweigerte auch das. In den Stunden, in denen Raleigh den Brick Tower verlassen konnte, umstrich er den Bell Tower, aber er bekam Bess nie zu Gesicht. Er war verbittert. Eine Zeitlang redete er nicht mit George und begleitete ihn auch nicht mehr zum Gottesdienst in die St.-Johns-Kapelle im White Tower.
Schließlich gestattete ihm George, mit Bess zu korrespondieren. Er erfuhr, daß sie neben einer Bedienerin den kleinen Damerei und eine Amme bei sich hatte. Seitenlang schrieb sie von Damerei.
Er sehnte sich nach Bess. Wie würde sie reagieren, wenn sie von Alice erführe? So verrückt es war, er dachte jetzt auch wieder häufig an Alice, und ihm wurde klar, daß trotz seiner Liebe zu Bess seine Gefühle für Alice nicht erloschen waren.
In der drückenden Augusthitze träumte er vom Meer. Sich wieder Seewind um die Nase wehen lassen! Er blies seinen Atem auf den Handrücken, um die Erinnerung an Sturmböen zu wecken, die die Haut durchpeitschten, oder wenigstens an eine leichte Brise, die das Gesicht umstrich und die Müdigkeit vertrieb.
Anfang September brachte George Carew Neuigkeiten aus der Stadt. Das englische Prisenkommando habe eine portugiesische Karacke, die «Madre de Dios», gekapert und

in den Hafen von Dartmouth gebracht. Ein Schiff, hoch wie ein Schloß, sieben Decks übereinander, und mit einer unvorstellbar reichen Ladung: Gewürze, Seiden und Stoffe, Tapeten, Perlen, Elfenbein, Bernstein, Gold, Silber und Edelsteine – nichts von den Schätzen Indiens und des Orients fehlte. Die größte Beute, die man je gemacht habe, wohl eine halbe Million Pfund wert. Das klang gut in Raleighs Ohren. Er hatte die Expedition nicht nur vorbereitet, er war auch einer der Aktionäre. Sein Kapital mußte sich vervielfacht haben.

Das Wichtigste kam zuletzt. George hatte für ihn eine Botschaft Robert Cecils, Burghleys Sohn, der jetzt, von seinem Vater gefördert, im Staatsrat eine wichtige Rolle spielte. Dartmouth sei in heller Aufregung. Übergriffe der Seeleute seien vorgekommen, und der Kommandant sei nicht mehr Herr der Lage. Raleigh müsse verhindern, daß die «Madre de Dios» geplündert werde. Befehl Cecils und der Königin: «Reiten Sie sofort nach Dartmouth, Sir Walter!»

«Bin ich frei?»

Nein, frei war er nicht. Das hatte es noch nicht gegeben! Ein Gefangener aus dem Tower kommandierte eine Truppe königlicher Soldaten, und die Soldaten waren gleichzeitig seine Bewacher. Sei's drum! Sie ritten wie die Teufel.

Das Hafengelände in Dartmouth glich dem Bartholomäusmarkt. Kaufleute feilschten mit Matrosen um Juwelen, Seide und Gewürze von dem gekaperten Schiff. Barbiere kauften Riechwasser und Salben. Schankwirte tauschten Bier gegen Bernstein.

Raleigh ließ den Teil des Hafens, in dem der Handel am schwungvollsten blühte, abriegeln. Ein Kommando besetzte die «Madre de Dios». Auf zwei Decks hatte man Truhen und Kisten aufgebrochen und ausgeraubt. Der Hauptteil der Ladung aber befand sich noch auf dem Schiff.

Raleigh zeigte sich unter den Matrosen. Manche waren

auf seinen eigenen Kaperschiffen gesegelt, andere gehörten zu den Virginiafahrern. Einige Gesichter kannte er aus dem Jahr achtundachtzig, als er die Küste gegen die Spanier verteidigungsbereit gemacht hatte.

Die Seeleute jubelten ihrem Vizeadmiral zu. Viele hatte er selbst für diese Fahrt angeheuert. Er war ihr Mann. Er hatte versucht, die Leuteschinderei auf den Schiffen zu mildern, und dann mußte er wegen einer Liebesaffäre in den Tower. Welche Ungerechtigkeit!

«Hoch lebe Sir Walter!»

Er war auf Sympathiekundgebungen nicht vorbereitet, nutzte sie aber. Im Guten erreichte er hier mehr als mit Strafen. Vor ihm warf ein Matrose seine Mütze in die Luft. Raleigh schnappte sie ihm weg. Der Seemann tat einen Schritt auf ihn zu. In der Linken hielt er einen silbernen Becher. «Was fällt dir ein, den Becher von der ‹Madre de Dios› zu stehlen, Freund?» fuhr ihn Raleigh an.

«Das ist doch Feindesgut!» antwortete der Mann trotzig.

«Jetzt gehört es der Königin!» Und laut, so daß viele es hörten: «Ihr werdet euren Anteil und einen guten Lohn bekommen, Leute. Wer gestohlen hat, hat die Königin bestohlen. Gebt das Diebesgut zurück, und ihr sollt straffrei ausgehen!»

Der Seemann hielt ihm verlegen den Becher hin und empfing dafür seine Mütze. Angesichts des Militärs, das hinter Raleigh stand, wagte keiner zu murren. Die Handelsgeschäfte wurden annulliert, die Kaufleute mußten billig Erworbenes zurückgeben. Handzettel und Plakate verkündeten Raleighs Forderung in den Straßen.

Als Robert Cecil in Dartmouth erschien, war ein großer Teil des geraubten Gutes eingetrieben.

«Und wie viele Diebe haben Sie gehängt, Sir Walter?»

«Bis jetzt keinen, Mylord. Aber wenn ich von nun an einen auch nur mit einem gestohlenen Knopf von der ‹Madre de Dios› erwische, dann gnade ihm Gott!»

Robert Cecil lobte seine Umsicht und erwies Raleigh die

Ehre, mit ihm zu speisen. Dann schickte er ihn in den Tower zurück.

Das Prisenkommando hatte auch andere Schiffe aufgebracht. Elisabeth erhielt aus dem Unternehmen mehr als sechzigtausend Pfund. Raleigh bekam nicht einmal die Summe ausbezahlt, die er investiert hatte. «Mag die Königin meinen Gewinnanteil als mein Lösegeld behalten», sagte er zu George. «Wenn ich nur hier herauskomme!»

Die Königin war nicht zimperlich. Sie steckte Raleighs Geld in ihre Kasse.

Im Dezember konnten er und Bess den Tower verlassen, wurden aber vom Hofe verbannt und durften nicht in London wohnen.

SHERBORNE

Am Weihnachtstag, einen Tag nach ihrer Ankunft, ritten Walter und Bess durch den weiten Park von Sherborne. Kalter Nordwind strich durch das flache Tal unterhalb des Schlosses, aber nur an wenigen Stellen verdeckten noch schmutzige Reste des ersten Schnees das fahle Gras der Wiesen und das bräunliche Laub unter Bäumen und Sträuchern.

«Im Frühling gibt es keinen blühenderen Flecken in England als Sherborne», schwärmte Walter, um Bess aufzumuntern.

Sie lächelte tapfer. «Auch im Winter ist es schön hier. So einsam und ruhig.»

Walter seufzte. «Nun werde ich wie mein Vater leben, aber ich werde es besser haben. Er war Pächter, ich bin ein richtiger Landedelmann.» Es klang, als spreche er sich Mut zu.

Eine kurze Weile folgten sie dem Flüßchen, das sich durch das Tal schlängelte. Walter stieg ab und markierte eine Stelle, an der er einen Teich stauen und vielleicht Wasserspiele anlegen wollte.

«Dort pflanze ich Zedern aus Virginia, und die Jagdhütte da drüben hinter den Buchen machen wir zu unserem Liebesnest im Sommer.»

Sie lächelte über seinen Eifer. Ein Regenschauer trieb sie zurück ins Schloß, das viele Jahre als Bischofssitz von Salisbury gedient hatte.

Sie froren in dem zugigen Speisesaal des alten normannischen Baus und hielten die Hände über das wärmende Feuer. Walters Stimmung schlug um. «In Whitehall wird jetzt die Truppe des Lordkämmerers mit ihrem Spiel beginnen, und dann folgt der große Weihnachtsball. Im vorigen Jahr waren wir dabei», sagte er wehmütig.

Bess lehnte sich an ihn und durchwühlte mit ihren Fingern sein Haar. «Vergiß es! Sei froh, daß wir aus dem Tower heraus sind!» Ihre Stimme klang heiter, aber sie fragte sich besorgt, wie lange Walter das ruhige Leben eines Landedelmannes gefallen würde. Tröstend setzte sie hinzu: «Du wirst eines Tages an den Hof zurückkehren können. Ich darf der Königin nicht mehr unter die Augen, das weiß ich.»

«Ohne dich gehe ich nie nach Whitehall zurück, wir bleiben beide hier.»

«Obwohl dieser Bischof vor zweihundert Jahren jeden künftigen weltlichen Nutzer von Sherborne verwünscht hat?»

Walter lachte, und Bess stimmte ein, aber beiden war nicht wohl dabei. «Sie hätte mich auch nach Irland verbannen können», sagte er nachdenklich. «Ist es nicht gut, daß wir Sherborne haben? Man kommt schnell nach London und ebenso rasch in die Hafenstädte. Von hier aus kann ich meine Aufgaben als Vizeadmiral von Cornwall und Devon besser erfüllen als von London, und die Zinnbergwerke liegen auch nicht so weit weg.»

Sie nickte, glücklich, daß sein Interesse an diesen Dingen nicht geschwunden war, und im stillen dankte sie der Königin, daß sie ihm alle Ämter belassen hatte. Sogar Captain ihrer Leibwache war er geblieben, wenn auch zeitweilig von diesem Posten suspendiert. Ihre Hände trafen sich. «Trotzdem wird es manchmal einsam hier sein, Walter.»

Er zog sie eng an sich. «Wir haben ja einander, Bess.» Und heiter fuhr er fort: «Wir werden uns wohnlich einrichten und einiges verändern. Ich lasse einen Baumeister aus London kommen. Du wirst staunen, was ich aus Sherborne mache! Zu Ostern geben wir ein Einzugsfest mit vielen Gästen.»

Die Gäste am Ostersonntag aber waren Trauergäste. Damerei war an einem malignen Fieber, ausgelöst durch einen heftigen Katarrh, gestorben, und der Arzt fand, daß unter diesen Umständen – er meinte die zugigen Räume, die selbst im April noch nicht warmzukriegen waren – eine Genesung unmöglich gewesen war.

Im folgenden Jahr wurde Bess erneut schwanger.

Als es Frühling wurde, erhielten Bess und Walter häufig Besuch. Oxford und der Earl of Northumberland kamen, Hakluyt und Hariot, sogar Doktor Dee scheute die Reise nach Raleighs neuem Wohnsitz nicht.

Thomas Smythe sagte sich an. Raleigh traute seinen Augen nicht, als auch Alice aus der Kutsche stieg, und er konnte seine Überraschung kaum verbergen.

«Ich hoffe, du hast nichts dagegen, daß wir dich zu zweit überfallen, Walter», entschuldigte sich Smythe. «Wir brauchen Luftveränderung. In London sieht es schlimm aus. Letzte Woche siebenhundert Pesttote, ganze Straßenzüge sind ausgestorben, stell dir das vor! Der Rat hat den Bürgern empfohlen, die Stadt zu verlassen, und da sind wir also. Ich segle von Plymouth nach Italien und werde dir nicht lange zur Last fallen. Aber wenn ich dir Alice für ein paar Wochen anvertrauen könnte?»

Raleigh blieb nichts übrig, als zuzustimmen, obwohl Smythe gewiß andere Möglichkeiten hatte, Alice vor der Pest zu schützen. Was führte der Kaufmann im Schilde? Er mußte doch wissen, daß er ihm damit Schwierigkeiten bereitete. Oder war es Alices Idee gewesen? Als er die beiden Frauen miteinander bekannt machte, war ihm wie an dem Abend zumute, da er Smythe in Dees Haus getroffen hatte.

Während Alice sich um Gepäck und Diener kümmerte und sich von Bess die Zimmer zeigen ließ, führte Walter Smythe durch seinen Besitz und suchte dabei zu erfahren, was er von ihm wollte. Aber der Kaufmann wich aus, erzählte Tratsch über Hofdamen, über Essex und die Königin.

Raleigh malte sich aus, was geschehen könnte, wenn Essex die Gunst der Königin verlöre. Würde sie ihn dann zurückrufen?

Zerstreut folgte er Smythes anderen Neuigkeiten aus London, aber als er erwähnte, Marlowe sei in einer Deptforder Kneipe bei einem Streit von einem Zechkumpanen erstochen worden, dachte er nicht mehr an den Hof. Marlowes Tod berührte ihn tief. Er hatte nicht nur seine Stücke geschätzt, in ihren Gesprächen hatte er geistige Gemeinsamkeiten entdeckt, obwohl Marlowe vom Hofleben nichts hielt.

«Ich wollte ihn fördern», murmelte er erschüttert. «Nach dem Erfolg seines ‹Tamerlan› fragte ich ihn, ob er nicht Hofpoet werden wolle. ‹Seh ich wie einer aus, der sich den Knebel selbst ins Maul steckt?› antwortete er.»

Marlowes Ausspruch hatte ihm geholfen, sich mit Sherborne abzufinden. War er hier nicht freier als bei Hofe, wo ihm jede unbedachte Äußerung Unannehmlichkeiten bringen konnte?

Smythe verriet mit einem angedeuteten Gähnen, daß ihn das Dichterschicksal nicht sehr berührte, und begann, von seinen Geschäften zu sprechen. Die Zunahme spanischer Piratenakte gegen englische Kauffahrteischiffe beunruhige ihn. «Man muß endlich dafür sorgen, daß unsere Schiffe gefahrlos auf den Meeren segeln können.»

«Plant die Königin ein neues Unternehmen gegen die spanische Flotte?» In Raleighs Frage klang die Hoffnung an, die Königin könne erwogen haben, ihm den Oberbefehl zu übertragen.

«Leider nein, Walter, aber ich denke, deine Verbannung wird nicht ewig dauern. Sie braucht dich!»

Er weiß nichts Genaues, dachte Raleigh enttäuscht, aber er vermutet, daß ich bald meinen Einfluß auf die Königin wiedergewinne. Deshalb will er die Verbindung mit mir aufrechterhalten. Das war ihm willkommen, denn er benötigte Smythes Unterstützung für seine Guayanapläne. Je mehr er in der Abgeschiedenheit von Sherborne über Don

Pedros Geschichte nachgedacht hatte, desto glaubwürdiger erschien sie ihm. Trotzdem war es verfrüht, mit dem Kaufmann schon darüber zu reden. Wenn sein Vorhaben Gestalt annahm, würde er mit Alices Fürsprache versuchen, Smythe für Guayana zu interessieren. Es war gut, daß sie blieb.

Auf dem Platz vor Schloß Sherborne brannte das große Johannisfeuer. Knechte und Mägde saßen schwatzend und trinkend an der langen Tafel neben der Toreinfahrt. Der Koch drehte ein frischgeschlachtetes Kalb am Spieß über der offenen Flamme. Sein Gehilfe wendete die Würste auf dem Rost.

Auch Raleigh speiste im Freien, gemeinsam mit Bess und Alice. Die geliebte Ehefrau und die geliebte Freundin an seiner Seite. Zuviel Liebe auf einmal! Wen macht solche Doppelung nicht nervös? Oxford vielleicht. Der Earl hatte die Hohe Schule der Verstellkunst, wie er den Hof einmal genannt hatte, mit Erfolg absolviert. Oder Smythe mit seinen frivolen Ansichten: «Mich amüsieren alle Spielarten der Liebe.» Alice hatte dazu gelacht. Aber Bess! Er mußte seine Verlegenheit überspielen. Bess war verdammt feinfühlig. Er suchte nach leichtem Gesprächsstoff oder einem Witz, um die beiden Frauen zu unterhalten. Er wollte unbeschwert lachen wie das Gesinde drüben an der Tafel. Ihm fiel nichts ein. «Thomas hat schon eine gute Wegstrecke hinter sich. Morgen um diese Zeit ist er in Dover», sagte er und widmete sich wieder dem Essen.

Um die Lampions in der Linde über ihren Köpfen spielten Mücken. Der Tag war heiß gewesen. Jetzt war es angenehm im Freien. Der Geruch von Rauch und gebratenem Fleisch wehte zu ihnen herüber und vermischte sich mit dem Duft der Lindenblüten.

«Solche Abende gibt es wenige im Jahr», sagte Bess, und Alice fragte lächelnd: «Warum sind Sie so schweigsam, Sir Walter?»

Bess nahm ihm die Antwort ab. «Ich glaube, er denkt an Guayana.»

«Wollen Sie wirklich dorthin? Ich würde es nicht zulassen, Bess.»

«Sie lassen Ihren Mann doch auch reisen, Alice. Schließlich wußte ich, wen ich heiratete. Männer wie Walter oder wie Ihr Thomas lassen sich nicht gängeln, in keiner Beziehung, nicht wahr?»

Die Frauen tranken einander zu und blickten sich verständnisvoll an.

Raleigh sah von einer zur anderen. «Sie sehen Bess irgendwie ähnlich, Alice», behauptete er. «Man könnte Sie fast für ihre Schwester halten.»

«Bei dieser Beleuchtung und an so einem Abend vielleicht.»

«O je, Alice», sagte Bess. «Wenn Sie mir tatsächlich ähnlich sind, haben Sie wenig Chancen bei ihm. Walter liebt die Gegensätze.»

«Wie genau du mich kennst!»

«Durch Oxford, mein Lieber. Als er der Vavasour den Hof machte, versuchte er, gleichzeitig mit mir anzubändeln. Ich sagte, er liebe doch wohl die Dunkelhaarigen. Darauf Oxford: ‹O nein, schöne Dame, mir geht es mit den Frauen wie mit dem Essen. Kaum habe ich einen Löffel Pudding im Mund, verspüre ich Appetit auf eine saure Gurke.› Er kam gerade vom französischen Hof, und dort sollen solche freien Reden ja üblich sein. Ich nahm es ihm nicht übel und erwiderte, ich möchte weder sein Pudding noch seine saure Gurke sein.»

«Wie witzig! Aber was war mit mir?»

«Ein anderes Mal versicherte der Earl, ihr beide hättet in diesen Dingen die gleichen Ansichten.»

«Und du hast mich dennoch genommen?»

«Ich neige zur Leichtfertigkeit. Sie auch, Alice?»

«Besonders in lauen Sommernächten.»

Die Damen lachten.

Walter rückte mehrmals verlegen auf seinem Stuhl hin und her.

«Es war nur ein Scherz!» Bess küßte ihn auf die Wange.

Alice blickte angelegentlich in die Ferne und schwärmte von dem tiefroten Horizont im Westen und wie der Wald so dunkel und geheimnisvoll davorstünde: «Ein Märchenwald für einen Sommernachtstraum.»

«Wie phantasievoll Sie sein können!»

«Ich habe im letzten Monat einen jungen Stückeschreiber im Hinterzimmer vom ‹Schwarzen Ochsen› vor Schauspielern und Poeten aus einer Komödie lesen hören, die er ‹Sommernachtstraum› nennen will.»

«Wie kommen Sie in so eine Gesellschaft?»

«Sie sollten wissen, daß ich unternehmungslustig bin, Walter», sagte Alice augenzwinkernd. «In einigen Szenen läßt der Dichter in solch einer Nacht im Wald das Elfenkönigspaar Oberon und Titania ihr Wesen treiben. Sie spielen den Menschen allerlei Schabernack. Mit der ehelichen Treue nehmen sie es nicht genau.»

«Die Tragödie in der Komödie?»

«Eben nicht, Walter. Der Herr Shakespeare – vielleicht haben Sie seinen Namen gehört, man spielte letztes Jahr zwei Historienstücke von ihm – gibt der Sache eine hübsche Wendung. Gewiß streiten sich Titania und Oberon wegen ihrer Liebschaften, aber im Grunde verstehen sie auch die Lust des Ehepartners an einem anderen und tolerieren sie. Ihr gegenseitiges Verhältnis gewinnt dadurch sogar an Harmonie.»

Walter sah Bess an und dachte beunruhigt: Warum erörtert Alice in ihrer Gegenwart so pikante Themen. «Ehrwürden Ironside würden solche Szenen empören», bemerkte er nach einer verlegenen Pause.

«Diesen prüden Vikar ärgert wahrscheinlich schon der Tanz um das Johannisfeuer», entgegnete Alice.

Dudelsackbläser, Fiedler und Pfeifer hatten neben der Tafel zu spielen begonnen. Die Knechte und Mägde sprangen um das Feuer. Alice wippte auffordernd mit den Füßen. Raleigh faßte beide Damen an der Hand und führte sie in den Kreis der Tanzenden. Die Knechte und Mägde zogen sie in den Reigen hinein. Die Johannisnacht verwischte den Unterschied zwischen Herren und Gesinde. Raleigh, Alice und Bess hüpften zwischen den Leuten um die Flammen, hakten sich unter, ließen einander los, kreisten umeinander, bis sie außer Atem waren. Hin und wieder verschwand ein Paar im Dunkel der Nacht, und manche kehrten nicht zu den Tanzenden zurück.

Einmal zog Walter Alice eng an sich, aber sie schob ihn sacht von sich und entwand sich ihm rasch. Er dachte an den verrückten Abend in Durham House, wie sie im Turmzimmer zu dritt getanzt hatten. Bisher hatte sie sich gut angepaßt. Keine verstohlenen Blicke für ihn, kein heimliches Händedrücken, keine unauffälligen Berührungen oder Zärtlichkeiten, auch wenn er mit ihr allein war.

Es gab Situationen, in denen ihm ihre Zurückhaltung übertrieben schien. Vielleicht empfand sie nichts mehr für ihn? Ein Wunder wäre es nicht, da er sie in der ersten Zeit seiner Liebe zu Bess gemieden hatte. Nun aber, er konnte es nicht leugnen, fühlte er sich wieder stark zu ihr hingezogen. Manchmal war er nahe daran, sie in die Arme zu nehmen, aber der Gedanke, damit vielleicht alles aufzuwühlen, hielt ihn zurück. Wichtiger als sein Verhältnis zu Alice war Bess. Er durfte ihr nicht weh tun. Er vermied es, mit Alice über gemeinsame Erlebnisse zu sprechen. Dafür redeten sie mehr über andere, vor allem über die Königin. Er las Alice seine letzten Gedichte vor:

«Und du, gleichgültig gegen mich und ohn' Gefühl,
siehst trocknen Auges, lächelnd auf mein Unglück.»

«Die Königin darf das nie zu Gesicht bekommen», sagte Alice.

«Ich werde es drucken lassen!»

«Du bist noch immer verbittert.»

«Habe ich etwa keinen Grund? Ich habe ihr zwölf Jahre geopfert.»

«Immerhin hast du in Samt und Seide gelebt und ein großes Haus geführt.»

«Das hatte seinen Preis!»

«Und die Monopole? Und Sherborne? Ist das nichts?»

«Ich beneide Drake. Er hat die Welt gesehen. Er hat wie ein Mann gelebt. Ich war der Günstling der Königin und ihr Narr.»

«Und England?» erinnerte sie ihn. «Wer hat denn immer den Dienst bei der Königin als Dienst für England bezeichnet? Und hat sie dir nicht Gelegenheit gegeben, deine Liebe zu England zu beweisen?»

Er empfand, daß er seine Verbitterung übertrieb. «Ich werde ihr noch zeigen, was ich leisten kann», sagte er nach einer langen Pause und sprach davon, El Dorado, das Goldland, für die Königin zu entdecken und in Besitz zu nehmen. Das würde selbst Drakes Leistungen in den Schatten stellen und die Spanier treffen!

Bess zeigte wenig Begeisterung für seine Expeditionspläne. «Hoffentlich jagst du keinem Regenbogen nach!»

Er verstand sie und erwähnte El Dorado nicht mehr. Das Gut, seine Pflichten als Vizeadmiral und der Bau des neuen Schlosses, das er anstelle der Jagdhütte errichten ließ, beschäftigten ihn. St. Michael, ein kleiner Wahlbezirk in Cornwall, wählte ihn zum Abgeordneten ins Parlament.

Als der Herbstwind über die Stoppeln wehte, wurde vom Erlöschen der Seuche in London erzählt. Alice sprach von ihrer Abreise.

«Bleib noch», bat Raleigh. «Bess braucht dich jetzt.»

Das stimmte nicht. Die hochschwangere Bess hatte in ihrer Kammerfrau, dem Hausarzt und den Bediensteten Hilfe genug. Um Gerüchten vorzubeugen und jede Aufregung von Bess fernzuhalten, vermied Alice, mit Walter allein zu sein, und saß viel bei Bess.

Bess schien von Walters früherem Verhältnis zu Alice

nichts zu ahnen, und falls ihr etwas zu Ohren gekommen war, so verriet sie es nicht. Jedenfalls zeugte es nicht von Eifersucht, wenn sie Alice ermunterte, Raleigh bei seinen Ritten zu begleiten.

«Sie müssen bei diesem schönen Wetter nicht den ganzen Tag bei mir hocken. Pumpen Sie sich mit guter Sherborner Luft voll, die schützt vor der Pest. Nimm doch Alice nach Lillington mit, Walter!» Sie strich sich über ihren starken Leib und lächelte.

Alice deutete die Geste als Zeichen von Selbstgewißheit. Sie glaubte sogar unbewußte Überlegenheit über sie, die Unfruchtbare, darin zu sehen und fragte Raleigh, was er von Bess' Vorschlag halte.

«Es würde mich freuen, wenn Sie mich begleiten, Alice», erwiderte er ein wenig gezwungen.

Sie ritten in weitem Bogen um Sherborne und hatten keine Eile, nach dem nahen Lillington zu kommen. Die Sonne schien sommerlich heiß. Scharen von Spatzen stoben von den Stoppelfeldern auf. Im Wald zeigte das Laub schon herbstliche Färbung. In einem von Birken umstandenen See ließen sie die Pferde trinken.

Alice sprang von ihrem Wallach. «Ich möchte baden. Kommst du mit?»

Er zögerte.

«Es ist kein Mensch in der Nähe.»

Sie bespritzten einander und tobten wie Kinder in dem flachen Wasser. Dann legten sie sich nebeneinander ins Gras, ohne sich wieder anzuziehen.

«Wie lange kennen wir uns schon, Alice?»

Sie zählte die Jahre. Er streichelte sie. Ihre Haut war kühl und straff.

Sie schmiegte ihr Gesicht an seinen Arm, dann umschlang sie ihn und küßte ihn leidenschaftlich.

«Warum sind wir nicht öfter hierhergeritten?» fragte er, als sie wieder auf die Pferde stiegen.

«Es wäre nicht gut gewesen.»

«Und warum ist es heute gut?»

«Weil ich morgen nicht mehr da bin, Walter.»

Im Januar fuhr Raleigh nach London. Die Straßen erschienen ihm enger und schmutziger als früher und von unerträglicher Betriebsamkeit. Auf der Fahrt von Durham House zum Sitzungsort des Parlaments blieb die Kutsche im Verkehr der City von Westminster stecken. Er hätte die wenigen hundert Yard auch zu Fuß gehen können, aber das schickte sich nicht.

Am zweiten Tag ließ er sich in seiner wappengeschmückten Sänfte hintragen. Ein Diener ging voraus. Die Leute machten ihm gleichmütig und ohne Eile Platz. Keiner nahm die Kappe vom Kopf, wie sie es sonst getan hatten. Die Bettler hielten ihm aufdringlicher als früher die Hände hin. Er war kein so hoher Herr mehr.

Nach drei Tagen erkältete er sich. Er schob seinen Husten auf die schlechte Luft, dieses miserable Gemisch von Rauch und Nebel. Zu Alice sagte er, die Stadt strenge ihn an. «Wenn du nicht wärst, würde ich auf der Stelle nach Sherborne zurückkehren.»

«Du sehnst dich nur nach deinem Sohn.»

«Mit so einem Würmchen kann man noch nichts anfangen.» In seinem Lächeln lag Stolz.

«Warum habt ihr ihn Walter genannt? Ist euch kein anderer Name eingefallen?»

«Ich hoffe, daß er ebenso wird wie ich. Wir werden ihn Wat rufen. Dann kann man uns nicht verwechseln.»

Die Abende verbrachte Walter mit Alice, die übrige Zeit vorwiegend in Westminster. Der alte Palast beherbergte Regierungsbehörden und Gerichte. Die vom Feuer im Jahre fünfzehnhundertzwölf nicht zerstörten Gebäude trugen noch Spuren jenes Brandes. Manches Stockwerk blieb unbenutzbar. Die Königin gab für die Erhaltung Westminsters kein Geld aus. Regen sickerte durch undichte Dächer. Im Mauerwerk saß der Schwamm. Beamte arbeiteten in feuchten Zimmern. Den Eingang zum Staatsgerichtshof stützten Balken, und die goldenen Sterne an der Decke des Saales, die der «Sternkammer» ihren Namen gegeben hatten, blätterten ab. Nur der weiten Westminsterhall, mit der alle Gebäude durch Höfe, Gänge und Keller verbunden waren, hatte die Zeit nichts anhaben können.

Von dort führte eine Steintreppe zu St. Stephan. Edward VI. hatte die Kapelle dem Unterhaus zur Nutzung überlassen. Als die Zahl der Abgeordneten stieg, baute man zusätzliches Gestühl ein, veränderte aber sonst wenig. An drei Seiten des Raumes saßen die Vertreter der Grafschaften, Städte und Marktflecken dichtgedrängt auf den harten Chorbänken, Schreibtafeln auf den Knien, Federkiele und Tintenhorn im Gürtel. Sie behielten Mäntel und Pelze an und ihre Kopfbedeckung auf, denn es war kalt, und die Kapelle besaß weder einen Kamin, noch brannten Kohlefeuer. Obwohl besseres Licht wünschenswert war, hatte man die farbigen Fenster mit den biblischen Bildern nicht gegen helles Glas ausgewechselt.

An der Stirnseite thronte der Sprecher auf seinem gepolsterten Sitz auf der obersten Altarstufe. Auf einem Tisch, der an der Stelle des Chorpults stand, lag sein Amtsstab.

Die Königin hätte keinen Besseren als den langen Edward Coke für dieses Amt benennen können. Nichts erinnerte an den nervösen Studenten von einst. Der Vierzigjährige strahlte Ruhe und Selbstbewußtsein aus. Eine gepflegte Erscheinung. Das dichte, dunkle Haar modisch geschnitten, der Bart gestutzt, nirgends eine Spur von Grau. Zwei tiefe Falten in der hohen Stirn, das ovale Gesicht für einen Rechtsgelehrten und Büchermenschen von erstaunlich frischer Farbe. Dunkle, wachsame Augen. Die schwere Amtsrobe betonte seine breiten Schultern. Wenn er die Hand hob und der Ärmel zurückfiel, zeigten sich gefältelte Rüschen und rosa Seide. Der Goldring mit großem Stein, am Daumen getragen, verriet sogar einen Hang zur Extravaganz. Der hat heute bei den Weibern mehr Chancen als vor vierzehn Jahren, dachte Raleigh respektlos, und auch Cokes Worte aus jener Zeit fielen ihm ein: «Zum Erfolg gehören schon etwas Glück und ein paar Gaben der Natur.»

Erfolg – was für ein zwiespältiger Begriff! Coke war das Sprachrohr der Königin. Eine abweichende Meinung durfte er hier nicht äußern. Diese Art von Erfolg glaubte Raleigh hinter sich zu haben. Im Unterhaus fühlte er sich freier als zu der Zeit, da er bei Ihrer Majestät hoch in Gunst stand. Ohne Bedenken unterstützte er einen Rechtsanwalt aus Devon, der eine formelle Kriegserklärung gegen die französischen Katholiken forderte, die in der Bretagne den Spaniern Stützpunkte für ihre Schiffe zur Verfügung stellten, obwohl er genau wußte, daß die Königin sich vor einer solchen Erklärung scheute.

An anderer Stelle zeigte er sogar Sinn für soziale Gerechtigkeit und beantragte, Arme, die weniger als drei Pfund jährliches Einkommen hatten, von jeglicher Steuer zu befreien.

Debattierte man die Versorgung der Stadt Stonehouse mit Frischwasser oder eine Verordnung gegen die Herstellung minderwertiger Kleiderstoffe, dachte er über die Ausrüstung seiner Expeditionsschiffe für Guayana nach, kritzelte Zahlen aufs Papier und stellte Kostenberechnungen an. Bei der Diskussion der «Vorlage zur Unterstützung versehrter Matrosen der königlichen Kriegsmarine» machte er sich durch Zwischenrufe mißliebig.

Francis Bacon opponierte gegen den Antrag. Jeder außergewöhnliche Geldaufwand müsse an der Größe der Veranlassung gemessen werden. Kein Geld für Krüppel hieß das, der elegante Anwalt gebrauchte geschliffenere Wendungen. Das Unterhaus bewunderte seine Redekunst und seine scharfsinnigen Argumente. Kein Beitrag ohne Klassikerzitat. Er werde einmal Reichtum durch Wissen erwerben, hatte er zu Raleigh gesagt, und er schien auf dem besten Wege dazu. Seine Anwaltspraxis florierte. Man munkelte allerdings auch von verschwenderischen Ausgaben und hohen Schulden. «Geld ist kostbar, Mylords, und wir brauchen es für wichtigere Dinge», sagte Bacon.

«Gibt es Wichtigeres, als den armen Kerlen zu helfen, die von den verdammten Spaniern verstümmelt wurden?» schrie Raleigh wütend.

Bei der Abstimmung rief er mit anderen sein Ja, aber viele entschieden für Nein, und Raleighs Nachbar, ein behäbiger Bürger aus Manchester, sagte gar nichts.

Coke konnte keine Mehrheit ausmachen und bat die Jastimmer, wie es üblich war, in den Vorraum, damit der Stimmzähler sie zählen könne.

Raleighs Nachbar blieb sitzen.

«Kommen Sie mit?»

«Wozu für nutzlose Menschen Geld ausgeben?» Der Gentleman hatte sich Bacons Argumente zu eigen gemacht.

«Aber kämpfen durften sie für dich», sagte Raleigh grob, packte ihn am Arm und führte ihn mit sich.

Der Herr aus Manchester wimmerte leise, wagte aber nicht, laut zu protestieren. Wer den Vorfall bemerkte, ignorierte ihn. Mit Sir Walter wollte man sich nicht anlegen.

In der Sitzungspause drängte sich Bacon an Raleigh heran. «Seit wann gefallen Sie sich darin, den Samariter für Kriegsveteranen zu spielen?»

«Haben Sie mir nicht zugehört, Francis?»

Bacon blinzelte ihn an. «Doch, doch, Sir Walter. Aber schließlich sind wir beide lange genug Mitglieder dieses Hauses, um zu wissen, was wir von öffentlichen Erklärungen zu halten haben. Wollten Sie Ihren Ruf als Hirt der Seeleute stärken?»

Diese Vertraulichkeit hättest du dir vor zwei Jahren nicht erlaubt, dachte Raleigh und sagte sarkastisch: «Ich bin in der Gunst der Königin gesunken, aber ich habe es nicht nötig, um Popularität unter den Matrosen zu buhlen. Die besitze ich noch.»

«Ein schönes Gut», erwiderte Bacon ironisch und suchte

nach anderen Gründen. «Dann haben Sie so lautstark gegen mich opponiert, weil ich der Vertraute des Earl of Essex bin?»

Jetzt lächelte Raleigh. «Sie bewegen sich in der falschen Richtung, mein Freund. Coke lobte gestern Ihre Logik. Ihren Sinn für Gefühle müssen Sie noch ausbilden. Auch damit macht man Politik. Können Sie sich nicht vorstellen, daß die englischen Matrosen besser gegen Spanien kämpfen, wenn sie wissen, daß die Königin und das Parlament sie in keiner Lage im Stich lassen?»

«Natürlich. Wie konnte ich die Spanier vergessen! Sie werden uns die Spanier immer als Popanz hinstellen. Für jede neue Steuer, für jede Einschränkung und für alle ungerechtfertigten Ausgaben müssen die Spanier herhalten. Wäre es nicht an der Zeit, über eine neue Politik nachzudenken?»

«Während die Spanier ihre Flotte modernisieren und ein Kriegsschiff nach dem anderen bauen?»

Beim wichtigsten Punkt der Sitzungsperiode, der Diskussion des königlichen Subsidienantrags, gerieten sie wieder aneinander.

Alle Beschlüsse des Unterhauses bedurften der Zustimmung der Königin. Die Bewilligung von Subsidien und die Genehmigung der damit verbundenen Steuern aber war ein altes Recht des Parlaments. Vierhunderttausend Pfund verlangte Elisabeth zusätzlich, eine ungeheure Summe, das Dreifache früherer Zuwendungen.

In St. Stephan debattierte man hitzig. Die Kapelle war überfüllt. Wer keinen Platz im Chorgestühl gefunden hatte, hockte auf den Stufen oder zusätzlich aufgestellten Leitern.

Bacon fragte, wie man so viel Geld in kurzer Zeit auftreiben wolle. Die Ernte sei schlecht gewesen, in einigen Grafschaften herrsche Hunger. Neue Lasten könnten zu allgemeiner Unzufriedenheit führen.

«Sie rebellieren, wenn Sie ablehnen, Bacon!» rief Drake.

«Verleumdung!»

«Sehr richtig!»

«Wollen Sie's nicht allein bezahlen, Drake?»

«Ruhe!» forderte Coke.

Bacon verbeugte sich leicht gegen den Sprecher und fuhr ungerührt fort. Die Gewährung von Geldern in dieser Höhe werde ein bedenkliches Beispiel setzen. Wer garantiere denn, daß der Souverän künftig nicht gleich hohe oder gar höhere Forderungen stellte? Das Unterhaus habe auf Maßhalten zu achten.

«Und wofür braucht die Königin das Geld, Mister Bacon?» setzte ihm Raleigh entgegen. «Etwa für Kleider, Schmuck, Kutschen oder den Ausbau ihrer Schlösser? – Für Kriegsschiffe, Kanonen, Pulver und Kugeln will sie es! Sie bittet uns für England! Sie wissen so gut wie ich, daß die Spanier rüsten. Fragen Sie Drake, wie spanische Schiffe heute aussehen. Das sind nicht mehr die Kästen von fünfzehnhundertachtundachtzig. König Philipp bedroht uns.» Raleigh zitierte Informationen von Whiddon und anderen Kapitänen. Er appellierte an das Nationalgefühl.

Die Abstimmung ergab eine knappe Mehrheit für die Vorlage. Coke dankte Raleigh.

Zum Abschluß des Parlaments hatte der Sprecher die Bewilligung in der Kammer des Oberhauses dem Sekretär der Lords auf einem silbernen Tablett zu übergeben. Dieser trug das Dokument dann vor den Thron und legte es auf einen von Kerzen flankierten Tisch. Die Königin würde sich darauf erheben, nach alter Sitte ihre Arme ausbreiten und ihrem Parlament gnädig für die freie Gabe danken.

«Coke hat allen Grund, sich zu freuen», kommentierte Alice am Abend ironisch. «Nun ist ihm die Stelle des Ersten Kronanwalts, um die er mit Bacon konkurrierte, sicher. Es war unklug von dem kleinen Francis, sich so zu exponieren. Hinter Coke stecken die Cecils, hinter Bacon Essex. Der schöne Earl glaubt, sich Extravaganzen leisten zu können. Du hast dich ganz richtig verhalten, als du dich hinter die Königin stelltest. Das wird sie dir hoch anrechnen.»

«Was du alles weißt», sagte Raleigh, aber ihm war natürlich bekannt, daß sich die Hofintrigen im Parlament fortsetzten. Jeder gab vor, der Königin zu dienen, und diente doch vor allem sich selbst. Ihn reizte dieses Spiel nicht mehr. Weg von London, nach Sherborne, von da aufs Meer, nach Guayana, dachte er. «Ich werde das Goldland für England in Besitz nehmen. Ich werde es den Schwätzern zeigen!»

«Wirst du die Mittel zur Ausrüstung der Schiffe aufbringen können?» fragte Alice.

Er nickte. «Thomas hat mir einen hohen Kredit gegeben, das habe ich gewiß auch deiner Fürsprache zu verdanken, und meine eigenen Geschäfte gehen nicht schlecht. Weißt du, daß ich in Irland am Blackwater River ein großes Sägewerk gebaut habe? Ich habe von Sanderson gelernt. Nicht nur Wollmanufakturen bringen Gewinn, meine Liebe!»

Sie glaubte, daß er es schaffen würde.

In ihren Armen behauptete er, sein Glück wäre vollkommen, wenn er sie in das fremde Land mitnehmen könnte.

Aus den Akten über Henry Howard, die Robert Cecil von seinem Amtsvorgänger Walsingham übernommen hatte, ließ sich unschwer eine Wechselwirkung zwischen politischen Ereignissen und dem Gesundheitszustand des hohen Lords ablesen. Nach Aussagen seines verstorbenen Leibarztes, der auch in Walsinghams Diensten stand, hatte sich nach der Nachricht von der Ergreifung Babingtons nicht nur Lord Henrys Hüftleiden verstärkt, es hatten sich dazu noch Kopfschmerz und Herzbeklemmungen eingestellt, Beschwerden, die es ihm geraten erscheinen ließen, in ein anderes Klima zu wechseln. Die Meldung von Babingtons Hinrichtung, die Kunde vom Tod der Maria Stuart und später von der Niederlage der spanischen Armada erreichten Lord Henry in Italien. Der südliche Himmel und die wärmere Luft änderten nur den Charakter seines Leidens. Die akuten Beschwerden ließen nach, dafür erfaßte ihn trübsinnige Melancholie, die sich nach jeder der erwähnten Neuigkeiten verstärkte. Heiter wurde er, als er erfuhr, daß es den Spaniern gelungen war, mit Galeonen, die nach englischem Vorbild gebaut waren, Elisabeths Seefahrern eine Schlappe beizubringen und die «Revenge», das Flaggschiff des vielgerühmten Sir Richard Grenville, zu kapern.

Als im April fünfzehnhundertneunzig der Tod Walsinghams angezeigt wurde, fühlte sich Henry Howard so wohl, daß er beschloß, nach England zurückzukehren. Bald tauchte er wieder am Hof auf, umgänglich, gegen jedermann freundlich, unterhaltsam, aber auch ein guter Zuhörer.

Trotz dieser lobenswerten Eigenschaften hatte Robert Cecil bisher jeden engeren Kontakt mit Henry Howard vermieden, nicht wegen der dunklen Stellen in dessen Akte – für den einunddreißigjährigen Robert Cecil gehörte die Zeit vor achtundachtzig der Vergangenheit an –, sondern wegen der unverminderten Ressentiments seines Vaters, des alten Burghley, gegen Lord Henry. Er überwand seinen Respekt vor dem väterlichen Wunsch, Henry Howard zu meiden, erst, als er von dessen wiederholten Begegnungen mit König Jakob VI. von Schottland, dem Sohn Maria Stuarts, erfuhr. Nach Howards Rückkehr von seiner dritten Reise aus Edinburgh riet ihm sein politischer Instinkt, die Bitte Henry Howards um ein Gespräch nicht abzuschlagen, und er empfing ihn ohne Wissen des Vaters im selben Raum in Whitehall, in dem Raleigh einst Walsingham aufgewartet hatte.

«Ziehen Sie mir bitte keine Schlangen oder Mäuse aus meinen Fingern, Lord Henry», sagte Cecil jovial. «Ich habe neulich beim Ball beobachtet, wie Sie aus Oxfords Halskrause ein Kätzchen zauberten. Wo haben Sie diese Kunststücke gelernt?»

«Bei einem Florentiner Gaukler, Mylord. Man muß sich und seine Mitmenschen unterhalten. Leider verbietet es sich unsereinem, an Turnieren und Tänzen teilzunehmen.»

Damit spielte er auf sein Hüftleiden an, bezog aber mit «unsereinem» auch Robert Cecils Gebrechen ein, seinen Buckel, der bei den Damen ein ähnlich mitleidiges Lächeln wie Henrys hinkender Gang erweckte.

Sir Robert nickte und bestätigte melancholisch: «Man muß auf manches verzichten.» Als sei ihm dieses indirekte Eingeständnis einer Gemeinsamkeit peinlich, zog er sich übertrieben rasch hinter den großen Schreibtisch zurück. Sein Arbeitsstuhl war durch Kissen erhöht, aber er wirkte auch im Sitzen klein und schmächtig. Oberkörper und Beine waren zu kurz geraten. «Mein Zwerg» nannte ihn die Königin. Nur der schmale Schädel und die langen, schlanken Hände besaßen normale Maße. Das Äußere Robert Cecils verführte Henry Howard jedoch nicht dazu, ihn zu unterschätzen oder gar lächerlich zu finden. Im Gegenteil: Wer es mit solchen körperlichen Nachteilen zum maßgeblichen Ratgeber der Königin gebracht hatte, mußte über Energie und außergewöhnliche geistige Fähigkeiten verfügen, die Protektion des Vaters allein genügte da nicht.

Nach Austausch einiger Höflichkeiten erkundigte sich Robert Cecil nach Lord Henrys Reise und dem Befinden von König Jakob.

Sein Besucher erteilte ihm nicht nur freundlich Auskunft, er übergab ihm auch ein Schreiben des schottischen Königs. Der Brief enthielt nur eine verspätete Gratulation zu Sir Roberts Wahl in den Staatsrat, verbunden mit dem Wunsch, Gott möge ihm Kraft für seine hohen Aufgaben verleihen, aber Robert Cecil sah hinter den schönen Worten König Jakobs Absicht, mit ihm Kontakt aufzunehmen.

«Sie wissen bestimmt über den Inhalt Bescheid», murmelte er, während er das Papier sorgfältig faltete und auf den Tisch legte.

«Wir haben ausführlich über die Politik der Königin und ihres Staatsrats gesprochen», sagte Sir Henry ein wenig von oben herab. «Dabei spielte natürlich Ihr Name eine Rolle.»

«Sie müssen König Jakob sehr nahestehen.»

Lord Henry überging die Schmeichelei mit leichtem Achselzucken und bemerkte scheinbar zusammenhanglos: «Wer sich mit Politik beschäftigt, sollte immer an die Zukunft denken, besonders wenn er in einem Alter ist, wo er noch etwas zu erwarten hat.»

Seine Offenheit verblüffte Cecil. Lord Henry empfahl ihm nichts anderes, als sich König Jakob, der nach dem Tod Elisabeths mit hoher Wahrscheinlichkeit auf den englischen Thron kommen würde, genehm zu machen. Für Lord Burghley, seinen Vater, würde sich das nicht mit der Loyalität gegen die Königin vertragen. Sir Robert lächelte leise. Der überholte Ehrenkodex eines alten Mannes! Flexibel sein, nach praktischen Erwägungen vorausschauend handeln, darauf kam es an. Hier bot sich ihm eine Chance. Wollte er unter der künftigen Regierung Jakobs eine Rolle spielen, tat er gut, dem König schon jetzt seine Dienste anzutragen. Dazu mußte er natürlich die Absichten des Stuart erkunden, und so fragte er scherzhaft, ob man denn in Edinburgh mit der englischen Königin zufrieden sei.

«Nicht so ganz, Sir Robert», erwiderte Henry Howard freimütig und senkte die Stimme, um die Vertraulichkeit ihres Gesprächs zu betonen. «König Jakob sieht mit Besorgnis, daß Elisabeth nicht beabsichtigt, die Feindseligkeiten mit Spanien zu beenden. Dabei kostet sie der Krieg viel Geld und bringt sie letzten Endes immer mehr in die Abhängigkeit ihres Parlaments und der City. Eine gefährliche Entwicklung!»

Haben Sie vergessen, daß Spanien eine Armada gegen England geschickt hat und noch immer versucht, uns in die Knie zu zwingen, wollte Robert Cecil einwenden, aber er schwieg und wartete.

Auch Henry Howard gab nicht alle seine Gedanken preis. Sir Robert brauchte nicht zu wissen, daß König Jakob das spanische Regierungssystem bewunderte, bei dem kein Parlament die königliche Macht einengte, und daß er, Lord Henry, in der wichtigen Rolle, die der alte Hochadel in Spanien spielte, ein Vorbild für England sah. Jakob wollte – vielleicht sogar mit Philipps Hilfe – den Einfluß des Parlaments und der mit der Gentry verschwägerten Kaufleute zurückdrängen. Die großen Peers des Reiches mußten wieder die ihnen zukommende Rolle spielen. Zunächst aber ging es darum, mit kleinen Schritten den Boden für die zukünftige Entwicklung vorzubereiten. «Man muß diesem unnützen Krieg mit Spanien entgegenwirken», begann Howard von neuem.

Sir Robert entschloß sich nun doch, das nicht unwidersprochen hinzunehmen. «Sollen wir die spanische Silberflotte ungeschoren lassen, solange die Spanier unsere Schiffe angreifen?»

Lord Henry ignorierte den Einwand. «König Jakob meint, daß man die spanischen Interessen anerkennen und alles vermeiden muß, was den Konflikt ausweiten könnte.»

«Woran denken Sie insbesondere, Mylord?»

«König Jakob sieht mit Sorge die Vorbereitung einer Guayana-Expedition durch Raleigh. Südamerika ist spanisches Einflußgebiet. Das Eindringen Englands in diese Zone würde den Konflikt verschärfen. Sie könnten sich Verdienste erwerben, wenn Sie bei der Königin ein Verbot des Unternehmens bewirkten.»

«Ich verstehe», murmelte Cecil, als seien ihm erst durch Lord Henry die politischen Dimensionen des Raleighschen Vorhabens bewußt geworden, aber in Wirklichkeit war ihm der Wunsch König Jakobs unangenehm. Über Mittelsmänner hatte er selbst eine kleinere Summe in Raleighs Expedition investiert, und außerdem ließ sich das Unternehmen jetzt schwerlich noch hintertreiben. Immerhin wußte er nun genauer, welche Wendung die Politik unter Jakob nehmen würde, denn so deutlich, wie er es von Lord Henry erfuhr, hatte sich der schottische König noch nirgends geäußert. «Ich werde diese Bedenken bei der Königin vorbringen. Versichern Sie Ihrer schottischen Majestät, daß ich mein Möglichstes tun werde.» Die Zusage verpflichtete ihn zu nichts, zeigte aber seine Bereitschaft zur Zusammenarbeit. Das genügt vorerst, dachte Sir Robert und nahm sich vor, ohne Henry Howards Vermittlung bald direkt mit König Jakob in Edinburgh Verbindung aufzunehmen.

DER WEG
DURCH DIE HÖLLE

Eine leichte Brise blähte die Segel und trieb die «Serpent» der Südspitze von Trinidad entgegen. Aus dem Dunst schälte sich das Land heraus.

«Welche Tiefe haben wir, Kapitän Whiddon?» fragte Raleigh.

«Reichlich drei Faden, Sir.»

An Bord des Flaggschiffs herrschte zwischen ihnen wieder die förmliche Anrede. Whiddon selbst hatte darauf bestanden. Die «Serpent» sei keine Hafenkneipe, wo man vertraulich miteinander verkehre.

«Lassen Sie die Segel einholen und Anker werfen!»

«Aye, aye, Sir!»

«Und setzen Sie die weiße Flagge, damit die dort drüben wissen, daß wir in friedlicher Absicht gekommen sind», sagte Raleigh und zwinkerte Whiddon zu.

Whiddon grinste.

Der Anker klatschte ins Meer. Die Matrosen kletterten in die Wanten. Der Nebel verdichtete sich, aber auf einmal brach die Sonne durch. Neben der «Serpent» schaukelte die Barkasse, die sich wochenlang im Kielwasser des Flaggschiffs gehalten hatte.

Der Koch verteilte eine Extraration Branntwein. Raleigh trank den Leuten zu. «Auf unsere Ankunft!»

«Es lebe die Königin! Hoch Admiral Raleigh!»

Walter fühlte sich gut. In Durham House und in Plymouth hatte er den Kapitänen Aufträge und Befehle erteilt, aber er war nicht auf See gewesen. Wie viele wußten, daß er nun zum ersten Mal den Ozean überquert hatte?

Am neunten Februar fünfzehnhundertfünfundneunzig waren sie bei beißender Kälte in See gestochen. Heute schrieb man den zweiundzwanzigsten März. In sieben Wochen von Plymouth nach Trinidad. Keine schlechte Zeit. Er könnte zufrieden sein, wenn die «Lion's Whelp» unter Gifford und Keymis mit der kleinen Galeone neben ihnen läge. Der verdammte Orkan hinter Teneriffa hatte sie auseinandergetrieben.

«Machen Sie sich keine Sorgen, Sir! Keiner kennt die Route so gut wie Keymis. In ein paar Tagen sind sie hier.»

«Ihr Wort in Gottes Ohr, Whiddon. Ich möchte wenig Zeit verlieren.» Er vertraute Keymis, Hariots Freund aus dessen Oxforder Zeit, Mathematiker, Geograph und Seekapitän, Teilnehmer an mehreren Expeditionsreisen, ein zäher, beharrlicher Forscher.

Es wurde schnell heiß. Raleigh legte das Wams ab, ließ sich das Glas geben und richtete es auf die gegenüberliegende Landzunge.

Auf dem Uferstreifen standen zwischen hohen Kokospalmen ein paar kegelförmige Hütten. In einer Bucht lagen einige Boote vertäut, Einbäume, wie er sie schon auf Teneriffa gesehen hatte.

«Das soll der Hafen Punto Gallo sein?»

«Eher ein Ankerplatz für Fischerboote, Sir», gab Whiddon zu. «Immerhin lag hier im vorigen Jahr eine Galeone.»

Raleigh hob noch einmal das Glas. Von einer Feuerstelle stieg Rauch auf, aber es war keine Menschenseele zu sehen.

«Die Inselindianer haben Angst vor den Weißen. Die Spanier haben sie das Fürchten gelehrt.»

«Vermuten Sie dort drüben auch Caballeros?»

«Im vorigen Jahr waren keine Spanier in Punto Gallo», sagte Whiddon mit Bestimmtheit. Er hatte in Raleighs Auftrag Trinidad und die Orinokomündung erkundet und zwei Indianer mit nach England gebracht. Tschaikuma und Mauascha hatten in Durham House Peters alte Hemden und Wämser angezogen und erstaunlich schnell Englisch gelernt. An Bord der «Serpent» liefen sie wieder mit freiem Oberkörper herum, bemalten ihre Gesichter, hielten ihr blauschwarzes Haar durch Bambusrohr zusammen und amüsierten die Mannschaft mit ihrer kuriosen Aussprache.

Raleigh schickte die beiden Dolmetscher und Whiddon an Land. Gegen Sonnenuntergang kehrten sie mit zwei Indios aus Punto Gallo zurück. Man tauschte die üblichen Geschenke aus. Ein Beil und Ketten aus Glasperlen gegen Wildfleisch, Geflügel, eßbare Wurzeln, Kokosnüsse und andere Früchte. Raleigh setzte ihnen Whisky vor. Zuerst nippten sie vorsichtig. Dann tranken sie den Becher aus und wurden gesprächig. Die Spanier seien Teufel. Sie schlügen die Indios wie Sklaven. Antonio de Berrio, der Gouverneur, halte sieben würdige Kaziken in St. Joseph gefangen.

«Sag ihnen, die Engländer seien gut, Mauascha. Sag ihnen, wir würden Don Berrio nach den Kaziken fragen und keine Indios schlagen.»

Die Indianer wiegten die Köpfe. Raleigh nahm es als Zustimmung. Er ließ sie an seiner Pfeife saugen. Der Tabak stammte noch aus Virginia.

«Wie viele Spanier sind auf der Insel?»

Die Indianer überlegten. Sie benutzten die Finger zum Rechnen. «Vielleicht fünfzehn in Port of Spain, vierzig oder sechzig in St. Joseph.»

Das deckte sich mit Whiddons Erkundungen. Wenn die beiden anderen Schiffe kamen, waren sie dagegen dreihundert. Wenn!

Sie warteten über eine Woche vor Punto Gallo, besserten Schäden an der Takelage und am Hüttendeck aus. Die Wache im Mastkorb suchte mit dem Glas das Meer ab.

Die Reise auf der «Serpent» war Basil Bushil gut bekommen. Die Seekrankheit hatte ihn verschont. Whiddon befahl ihn nur dann an Deck, wenn jede Hand nötig war. Schreibarbeiten gab es wenig. Basil gewöhnte sich an das enge Mannschaftslogis und an ein faules Leben. Er bekam Offizierskost und setzte Fett an. «Wenn Weiber auf dem

Kasten wären, könnten wir meinetwegen jahrelang übers Wasser kutschieren», sagte er zum Koch, mit dem er sich angefreundet hatte.

Vor Punto Gallo änderte sich Basils gute Laune. Raleigh schleppte ihn mit zu Exkursionen an Land und diktierte ihm dort seine Beobachtungen. Berühmte Griechen und Römer hätten es ebenso gehalten. Von manchem hätte die Welt vielleicht den Namen vergessen, wären seine Gedanken, Beobachtungen und Taten nicht durch seinen Schreiber festgehalten worden. Basil mußte die gespitzte Feder, Tintenhorn und Papier stets parat haben.

Eines Tages unternahmen sie mit der Barkasse eine Erkundungsfahrt in nordwestlicher Richtung entlang der Küste mit anschließendem Landgang. Ein Einheimischer führte sie zu einem sagenumwobenen See, der kein Wasser, sondern eine zähflüssige, schwärzliche Masse enthielt. «Pech», sagte Mauascha, rümpfte die Nase und zeigte auf große Stücke, die wie Inseln obenauf schwammen. «Der Pechsee.»

Basil verursachte der Geruch Übelkeit, aber Raleigh störte er nicht. Er lief um den halben See, ließ Proben entnehmen und Stücke von den verfestigten Ablagerungen am Ufer sammeln und unterhielt sich an Ort und Stelle lange mit Hariot über die Möglichkeit, hier eine Hütte zur Teergewinnung zu bauen.

Zu Basils Leidwesen entpuppte sich Sir Walter nach dieser Unternehmung als unermüdlicher Wanderer. Mit einem indianischen Führer, den Dolmetschern Tschaikuma oder Mauascha, begleitet von seinem Freund Arthur Gorges, Hariot und zwei Bewaffneten, drang er ins Innere der Insel vor.

Einmal lagerten sie in der Savanne. Raleigh hatte sich auf dem Boden ausgestreckt, während Basil Bushil noch den Platz absuchte. Seine scharfen Augen entdeckten im dichten Gras eine Schlange, die sich auf Sir Walters Kopf zubewegte. Eine Giftschlange? Wenn sie Sir Walter biß und er hier verreckte, war die ganze Schinderei zu Ende. Er könnte zu Henry Howard gehen und behaupten, er habe den verdammten Spanienfeind bei günstiger Gelegenheit im Dschungel umgebracht. Genaugenommen wäre das nicht gelogen. Aber Lord Henry würde kaum glauben, daß er ihn getötet habe, und ihn schon gar nicht dafür belohnen. Ein toter Raleigh brachte Basil Bushil kein Geld. «Sir!» schrie Basil und zeigte mit dem Finger ins Gras.

Raleigh fuhr hoch. Ein Bewaffneter tötete die Schlange mit dem Schwert.

«Nicht gefährlich», sagte Mauascha und lächelte. «Keine Giftschlange.»

Kehrte Basil Bushil nach solchen Ausflügen zerschlagen und todmüde zurück, mußte er die Notizen sogleich zusammenfassen und Sir Walter vorlegen. «Die Insel Trinidad ist geschaffen und anzusehen wie ein Schäferstab», schrieb er, «sie ist schmal und gegen Norden bergig. Das Erdreich ist außermaßen gut, und es bringt Zucker, Ingwer und alle indischen Gewürze reichlich hervor. Es gibt viele wilde Tiere, wilde Schwäne, Fische, Vögel und Obst. Es trägt auch genug Mais und Getreide und Cassave wie auch alle anderen Wurzeln ...»

Von Goldkörnern in den Flüssen schrieb er und vom milden Klima. Sir Walter wünschte ausdrücklich, daß er die Insel recht paradiesisch schilderte.

Am zehnten Tag trafen die «Lion's Whelp» und Keymis mit seiner Galeone ein. Raleigh beriet mit den Kapitänen lange in seiner Kajüte. Basil Bushil hätte einen ganzen Sovereign von Lord Howards Geld dafür gegeben dabeizusein. In sein Tagebuch trug er in Geheimschrift ein, daß sie am folgenden Morgen die Segel setzten und nach kurzer Fahrt in den Hafen Port of Spain einliefen. Zu seinem Leidwesen mußte er einige Sätze in seinen Aufzeichnungen mit einem Fragezeichen versehen: Warum ging Raleigh selbst auf die «Lion's Whelp»? Warum blieb die «Serpent» ein paar Meilen vor Port of Spain in einer Bucht zurück?

In Port of Spain kommandierte Don Berrios Neffe die Hafenwache. Bei ihrer Einfahrt zogen ein Dutzend schwerbewaffnete spanische Söldner und doppelt so viele indianische Bogenschützen auf.

«Arwacas», sagte Mauascha böse, zeigte auf die kupferbraunen Männer in Kriegsbemalung und erklärte, die Spanier hätten die Arwacas vom Festland herübergeholt, um die Stämme der Insel auszurotten.

«Lassen Sie das Beiboot fertigmachen, Gifford», befahl Raleigh dem Kapitän der «Lion's Whelp». «Vergessen Sie die weiße Flagge nicht, aber setzen Sie nur Männer an die Ruder, die im Notfall gut fechten und schießen können. Dann nahm er Arthur beiseite. «Hier ist der Brief an Antonio de Berrio. Gib dem Neffen den Ring für den Alten als Geschenk und Zeichen für unsere friedlichen Absichten. Er soll einen Boten nach St. Joseph schicken. Aber bring vor allem den Neffen an Bord!»

«Und wenn er nicht kommt?»

«Arthur, alter Junge! Erinnere dich, wie viele Weiber du beschwatzt hast! Wie viele haben dir zuerst einen Korb gegeben, und dann sind sie doch zu dir ins Bett gekrochen.»

«Das ist schon 'ne ganze Zeit her, Walter», sagte Arthur gespielt wehmütig und strich sich über das gelichtete Haar, «und es waren Weiber.»

Er wählte ein paar Leute aus und bestieg mit ihnen das schmale Beiboot der «Lion's Whelp».

Berrios Neffe ließ sie an Land. Arthur gab seiner Begleitung einen Wink zurückzubleiben. Unbewaffnet, den Dolmetscher einen Schritt hinter sich, ging er dem Spanier entgegen. Vorsichtiges Abtasten mit Blicken, Verbeugung, Begrüßungsworte. Dann trug Arthur sein Sprüchlein vor. Die Schiffe seien unter dem persönlichen Kommando des hochberühmten Edelmanns Sir Walter Raleigh auf dem Weg nach Virginia und brauchten «refresco», Erfrischungen, Wasser, Obst und auch Fleisch. Sie hätten Arkebusen, Pulver und Kugeln geladen und auch weiches englisches

Tuch, das sie gern gegen Lebensmittel tauschen wollten. Natürlich könnten sie auch mit Münzen bezahlen.

Berrios Neffe wurde um einen Schein freundlicher. Sie setzten sich in den Schatten einer Palme. Eine Indianerin brachte «refresco». Sie tranken Kokosmilch aus Tonschalen.

«Ich habe etwas Besseres.» Arthur schickte den Dolmetscher zum Boot. Er kehrte mit einem gefüllten Krug zurück. Arthur goß Wein in die Schalen. «Der ist aus Spanien!»

«Ich kann mich nicht an Spanien erinnern. Ich kam mit zehn Jahren hierher», sagte Berrios Neffe. Er war über vierzig, ein bärtiger Mann mit ausgezehrtem Gesicht und auffallend kräftigen, weißen Zähnen. Auf seinen Wink setzten sich vier seiner Gefährten zu ihnen. Sie tranken auf das Wohl des Gouverneurs von Trinidad und auf die Seefahrt, auf einen guten Handel, aber nicht auf den spanischen König oder auf Königin Elisabeth. Beide waren klug genug, heikle Dinge zu meiden. Arthur lud blumenreich ein: «Meinem Herrn, dem Ritter Walter Raleigh, würde es eine Ehre sein, den Herrn General und hochgerühmten Kommandanten von Port of Spain auf seinem Schiff zu empfangen.»

Der Kastilier verneigte sich würdevoll und lehnte lächelnd ab.

«Wir haben ein ganzes Faß davon an Bord», sagte Arthur weniger förmlich, als sie den Krug leer getrunken hatten.

«Geben Sie mir Ihr Wort, daß ich das Schiff jederzeit verlassen kann?»

Arthur tat, als begreife er ihn nicht. Dann sagte er mit leiser Entrüstung, das Gastrecht sei einem englischen Edelmann nicht weniger heilig als einem Spanier.

Don Berrios Neffe nahm seine vier Begleiter mit. An Bord soffen sie weiter. Raleigh erzählte phantastische Dinge über Virginia. Berrios Neffe prahlte mit den Schätzen von Guayana, machte aber über die Lage der Goldminen nur vage Angaben. Den Orinoko müsse man weit hinauf, noch einige Tagereisen hinter dem Zusammenfluß mit dem Caroni.

Am Nachmittag lag plötzlich ein anderes Schiff neben der «Lion's Whelp». Der Spanier rieb sich die Augen. Verdammt, das kannte er doch! Er erhob sich schwankend. «Ich muß zurück, Sir Walter.»

«Warten Sie noch, General. Kapitän Whiddon würde sich freuen, die Bekanntschaft mit Ihnen zu erneuern», sagte Raleigh mit harter Stimme.

Engländer umringten die Spanier, trennten sie, hatten die angetrunkenen Söldner im Handumdrehen entwaffnet.

Whiddon trat auf Berrios Neffen zu. Der Kastilier glaubte, ein Gespenst zu sehen. Mit einemmal wurde er nüchtern. Der Engländer war im vorigen Jahr hiergewesen, hatte ebenfalls «refresco» gewünscht und viel zuviel und viel zu lang nach El Dorado gefragt. Während Whiddon in St. Joseph war, hatte Berrios Neffe ein Boot mit Arwacas zur «Serpent» beordert und die Schiffsbesatzung zur Jagd eingeladen. Elf Engländer hatten sich verlocken lassen. Er hatte sie in die ewigen Jagdgründe geschickt und auch das Schiff kassieren wollen. Aber Whiddon war vorzeitig zurückgekehrt, hatte von der Sache Wind bekommen und die Segel gesetzt.

Was gilt das Wort eines englischen Edelmanns gegen einen verräterischen Spanier? Nicht mehr als vor über sechzig Jahren das Wort des Pizarro gegen den Inkakönig Atahualpa. Am Abend waren Berrios Neffe und seine Begleiter tot wie auch die Küstenwache von Port of Spain. Die Boten von Don Antonio de Berrio, die am nächsten Tag mit Geflügel, Fleisch und Früchten kamen, ereilte das gleiche Schicksal.

Nun nach St. Joseph! Der längere Weg führte flußaufwärts. Raleigh wählte den kürzeren, beschwerlicheren über die Berge. Nur keine Zeit verlieren! Immerhin: soviel Zeit ließ er sich, die Klagen der einheimischen Indianer anzuhören,

Berrio habe ihr Land unter die Spanier verteilt und die Kaziken zu Sklaven gemacht.

«Jetzt steht ihr unter dem Schutz der großen englischen Königin, der Feindin der Spanier. Sie wird euch euer Land wiedergeben.»

«Weshalb machen Sie sich soviel Mühe mit den Wilden, Sir Walter?» fragte Whiddon.

«Wenn wir Guayana gewinnen wollen, müssen wir Spaniens Feinde zu unseren Freunden machen.»

Whiddon brummte verständnislos, ihm genügten ein guter indianischer Lotse für das Orinokodelta und ein paar zuverlässige Führer, die die Gegend dort – er zeigte in Richtung Festland – kannten. «Die bekommen Sie für bunte Tücher und Glasperlen, und wenn's hoch kommt, legen sie noch eine Muskete dazu.» Natürlich hatte Whiddon nur Gold und schnelle Beute im Kopf. Die anderen dachten nicht anders. Vielleicht waren sie vernünftiger als er, Raleigh, vielleicht waren seine Absichten zu phantastisch. Guayana für England gewinnen, inmitten des spanischen Imperiums den Kern für ein englisches legen, das Weltreich unterhöhlen – nur mit Arthur hatte er darüber gesprochen, und Arthur hatte gelächelt, wahrscheinlich zu Recht. Er besaß weder genug Geld noch ein Heer, nur Ideen. Eine davon: die Indianer zu Partnern zu machen und sie nicht zu unterjochen.

Am späten Abend marschierten sie los, hundertzwanzig Engländer und dreimal so viele indianische Krieger. Im Morgengrauen lag St. Joseph vor ihnen, ein ungeschütztes Nest, keine Mauer, nicht einmal ein Palisadenzaun. Blockhäuser für die Spanier, Indianerhütten, eine strohgedeckte Kirche, das Gefängnis, ein schäbiges Franziskanerkloster aus Lehmziegeln, das nannte sich Gouverneursstadt.

Sie griffen sofort und ohne Vorbereitung an. Nur wenige von Berrios Leuten kamen dazu, das Schwert zu ziehen oder eine Musketenkugel abzufeuern. Ein paar Schüsse, ein kurzes Handgemenge, dann war alles zu Ende. Ein

Dutzend Spanier getötet, die übrigen geflohen, der alte Berrio und sein Stellvertreter gefangen. Das hatte Raleigh ausdrücklich befohlen. Berrio brauchte er noch. Aus dem Gefängnis schafften sie die fünf Kaziken auf die Plaza, den Marktplatz, so, wie sie sie gefunden hatten, zusammengekettet, zu Skeletten abgemagert und von Folternarben bedeckt.

Raleigh hielt eine Rede an die Indianer. Er sei im Namen der großen Kazikin Ezrabeta, die mehr Kaziken unter sich habe als Bäume auf Trinidad stünden, von jenseits des Meeres gekommen, um sie vom Joch der spanischen Tyrannen zu befreien und für Gerechtigkeit zu sorgen. Er ließ ein Bild Elisabeths zeigen. «Ezrabeta Cassipuna Aquerewana», erklärte Mauascha, das hieß soviel wie «größte Kazikin und ruhmreiche Heerführerin». Unter ihrem Schutz und ihrer milden Herrschaft stünden sie nun. Die Indianer gaben Zeichen der Ehrfurcht und des Staunens von sich, als sie das Bild der weißen Herrscherin im großen Glanz in der von weißen Edelleuten getragenen Sänfte sahen.

Walter nahm den fünf gefangenen Kaziken eigenhändig die Ketten ab. Das machte noch mehr Eindruck als Elisabeths Bild und seine Rede. Die Indianer stießen Freudenrufe aus und begannen zu tanzen.

Er gab die Stadt frei. Die Indianer brannten die Hütten der Arwacas nieder, die Engländer plünderten die Kirche, das Kloster und die Blockhäuser und trieben es mit den wenigen spanischen Weibern, die sie fanden.

Basil Bushil stöberte eine auf, die sich unterm Bett versteckt hatte, vergewaltigte sie und schnitt ihr anschließend die Kehle durch. Dann steckte er das Haus in Brand und starrte in die Flammen. Später notierte er in Geheimschrift die Untaten seiner Landsleute. Sein Auftraggeber wünschte einen ausführlichen Bericht.

Am Abend betranken sich Raleighs Männer an den Weinvorräten des Klosters. Raleigh hörte, wie sie untereinander großtaten. Sie waren nicht besser als die Spanier. Er mußte auf der Expedition ein strenges Regiment führen, um Übergriffe gegen die Indianer zu verhindern.

Sie lagen wieder vor Punto Gallo. Raleigh, an Deck der «Serpent», Berrio neben sich, sah den Männern zu, die unter Whiddons Kommando ein Schiffsgeschütz ins Beiboot hievten.

Die Leute schwitzten trotz der Morgenstunde. Dieses verdammte Klima machte allen zu schaffen. Drei lagen mit Fieber im Logis. Wenn bloß keine Seuche ausbrach!

Von der Insel meinte er Axtschläge und das Bersten fallender Bäume zu hören, obwohl das aus dieser Entfernung bei dem landwärtigen Wind schwer möglich war und die Brandung die Geräusche verschluckte. Gestern war er drüben gewesen. Die Palisade um das künftige Fort wuchs rasch.

«Sie werden im Fort eine anständige Unterkunft bekommen, Don Antonio», sagte er zu Berrio, «nicht so ein Loch wie das, in dem Sie Ihre gefangenen Kaziken hausen ließen.»

«Sie sind sehr edelmütig, Sir Walter.» Keine Spur von Spott um Berrios verkniffenen Mund oder in den zerknitterten Augenwinkeln. Verstellte er sich? Schwer vorstellbar, daß ihn der Tod seines Neffen, der Überfall auf St. Joseph und seine Gefangenschaft gleichgültig ließen, aber nicht unmöglich. Was wußte er, Raleigh, denn, wie er selbst mit fünfundsiebzig denken würde? Da ist man anders als mit vierzig.

«Lieben Sie dieses Land, Don Berrio?» fragte er, um mit dem Spanier ins Gespräch zu kommen.

«Lieben? Es geht mir gut hier. In der Jugend hab ich das Söldnerleben geliebt, Abenteuer, Beute. Ich habe in den Niederlanden unter Alba gekämpft und in Frankreich gegen die Hugenotten, auf Grenada eine muslemische Revolte niedergeschlagen und in der Schlacht von Lepanto ein Dutzend Ungläubige zur Hölle geschickt.»

«Ich war auch in den Niederlanden und in Frankreich, stand aber auf der anderen Seite», warf Raleigh ein.

«Wenn Sie mich anständig behandeln, werde ich beten, daß Sie dafür nicht ins Fegefeuer kommen», sagte Berrio ernsthaft und fuhr leichthin fort: «Am Soldatenleben störte mich nur, daß ich nach der Pfeife der Obristen tanzen mußte. Hier bin ich mein eigener Herr, und einmal muß man ja seßhaft werden. Ich habe Glück gehabt und die Nichte des mächtigen Konquistadors Quesada geheiratet. Er war Statthalter von Neugranada, Sie haben bestimmt von ihm gehört. Nach seinem Tod fielen uns große Teile seiner Güter zu. Ich bin reich, Sir Walter. Wenn Sie mich jetzt sofort freilassen, schaffe ich Ihnen ein Lösegeld herbei, das Ihre kühnsten Erwartungen übertrifft. Mein Wort darauf.»

«Wir können später darüber reden», wich Raleigh aus. Wieviel war das Wort dieses alten Landsknechts wohl wert? Der hatte bestimmt schon hundertmal bei seiner Ehre geschworen und sich bei der Ehre anderer schwören lassen und Schwüre nicht gehalten und erlebt, wie andere sie nicht hielten.

«Für meinen Neffen hätten Sie auch Lösegeld bekommen.»

«Er hat elf meiner Landsleute umbringen lassen, Don Berrio.»

«Sie waren Eindringlinge, Sir Walter.»

«Und ich?»

«Sie sind heute der Stärkere», wich Berrio aus. «Wie viele Kanonen werden Sie rüberschaffen?»

Wieder erstaunte Raleigh sein Gleichmut, und er fand nur eine Erklärung dafür: Don Antonio Berrio hatte gelernt, Recht und Macht gleichzusetzen und Unrecht als selbstverständliche Folge der Unterlegenheit des Schwächeren zu akzeptieren.

«Genug, um mir den Rücken freizuhalten», antwortete er nach kurzem Zögern. «Wir werden uns nicht von Trinidad vertreiben lassen, und keiner wird Sie aus dem Fort herausholen.»

«Es ist mir eine Ehre, Ihre Gastfreundschaft zu genießen.»

Das unterwürfige Getue widerte Raleigh an, und er mußte sich zur Höflichkeit zwingen. «Darf ich Sie zu einem Glas Wein in meine Kajüte bitten, Don Antonio?»

Das Trinken förderte die Geschwätzigkeit des Alten. Raleigh brauchte das Gespräch nicht auf El Dorado zu lenken. Berrio kam von selbst auf dieses unerschöpfliche Thema. Quesada hatte nach dem Goldland gesucht und in seinem Testament bestimmt, Berrio solle die Suche fortsetzen. Berrio hatte die Klausel nur zu gern erfüllt, drei Expeditionen unternommen, Hunger, Durst und Verrat erlitten. Er würde eine vierte wagen.

«Und die Ergebnisse, Don Antonio?»

«Beim dritten Zug war ich vielleicht nur eine Tagereise vom Ziel entfernt. Ein Kazike wollte mich hinbringen. In der Nacht verschwand er.»

«Wo war das?»

«Eine Woche hinter dem Zusammenfluß des Orinoko mit dem Caroni. Vielleicht auch zwei. Das vergißt man. Man vergißt die Zeit, Sir Walter. Wir suchten immer einen Weg ins Hochland, wissen Sie. Bei der letzten Expedition drangen wir am weitesten vor. Waren viele Monate unterwegs, die einen mit Booten auf dem Fluß, die anderen zogen mit Pferden am Ufer entlang, immer weiter ging es ins Innere des Landes. Die Regenzeit hielt uns nicht ab, aber das hohe Wasser raubte uns viele Boote. Wir hungerten. Die Träger liefen weg. Meine Leute wollten zurück. Wissen Sie, was ich befahl?»

«Sie ließen die Pferde schlachten und machten damit den Rückweg unmöglich», sagte Raleigh, der die Geschichte zum dritten Mal hörte.

«So war es, Sir Walter. Stehe ich damit nicht neben den Helden der Griechen und Römer?»

«Ohne Zweifel, Don Antonio. An welcher Stelle entschlossen Sie sich zu dieser einmaligen Tat?»

Berrio gab eine vage Beschreibung. Raleigh holte ihn über Einzelheiten seiner Marschrouten, über das Gesicht der Landschaft und die Indianerstämme aus. Der Alte widersprach sich. Seine Erinnerung versagte. Oder wollte er sich nicht erinnern? Er riet Raleigh, sich keinen Illusionen hinzugeben. «So viele sind schon losgezogen. Sie werden El Dorado auch nicht finden, Sir Walter.»

«Als Kinder gingen wir Pilze suchen, Don Antonio. Einmal fand ich zwischen einem Baumstumpf und einem Felsbrocken einen großen Steinpilz, den größten, den ich in meinem Leben gesehen habe. Fünf waren vor mir an der Stelle vorbeigelaufen.»

Als das erste feste Gebäude im Fort stand, ließ er Berrio hinüberbringen. Die mißhandelten Kaziken bedrängten ihn, ihnen den Gefangenen zu übergeben. Er lehnte ab. Es gab keinen Tag, an dem er nicht wenigstens zwei Stunden mit Berrio zusammen war. Wenn der Alte schweigsam wurde, stellte ihm Raleigh beharrlich Fragen und diktierte anschließend Basil Bushil, was er gehört hatte. Viel Neues erfuhr er nicht mehr, Verläßliches war kaum dabei.

Eines Tages überraschten Raleighs Leute Berrios indianischen Diener, als dieser heimlich mit dem Boot die Insel verlassen wollte. Sie fanden einen Brief bei ihm, in dem Berrio den Gouverneur von Margarita um Hilfe und Befreiung bat.

«Haben Sie das geschrieben, Don Antonio?»

Berrio schwieg.

«Die von mir befreiten Kaziken laden Sie zu einem Jagdausflug ein, Don Antonio. Wenn ich meine Zustimmung gebe, werden Sie wohl annehmen müssen.»

«Es steht alles bei Ihnen, Sir Walter», sagte Berrio ergeben.

Seine Gelassenheit machte auf Raleigh Eindruck. In einem Winkel seines Herzens fühlte er Sympathie für den alten Abenteurer. Mochte ihm der Tod durch giftige Blasrohrpfeile erspart bleiben. Er handelte ein hohes Lösegeld mit ihm aus.

Aus den Tagebuchaufzeichnungen des Basil Bushil, Schreiber des Edlen Sir Walter Raleigh, über die Guayana-Expedition im Mai und Juni des Jahres fünfzehnhundertfünfundneunzig

Raleigh sagt, wir seien auf dem Festland. Er sollte lieber Flußland, Sumpfland, Wasserland sagen, Land der Krokodile, der Schlangen und Stechmücken. Raleigh und seine Kapitäne gucken sich die Augen aus nach dem vielgerühmten Strom der Ströme, dem Orinoko, aber er ist nicht zu sehen. Wir rudern seit Tagen in einem Labyrinth. Manche Flüsse sind so breit wie die Themse in London, manche Kanäle so schmal, daß die mit Schlingpflanzen umwucherten Äste von einem Ufer zum anderen reichen. Ich muß aufpassen, daß mir das Gestrüpp nicht ins Gesicht schlägt. Es hat den ganzen Morgen geregnet. Der Urwald dampft. Unsere Kleider sind naß, aber niemand wünscht sich die brennende Sonne herbei, die gestern die Mittagsstunden zur Hölle machte. Warum bin ich nicht bei Uana geblieben? Tschaikumas Schwester Uana wollte mich in Punto Gallo zurückhalten. Die Indianerweiber machten uns freundliche Augen, nachdem sich die Geschichte von den befreiten Kaziken herumgesprochen hatte. «Uana liebt dich», hatte mir unser Dolmetscher Tschaikuma zugeflüstert. «Sie gibt dir einen Trank, du bekommst zwei Tage Fieber, und Raleigh wird ohne dich fahren.» Ich könnte bei Uana liegen. Uana hat einen geschmeidigen Körper und versteht nicht weniger von der Liebe als die Huren in der Turnbull Street. Aber ich mußte ja mit! Meine verfluchte Neugier und die Hoffnung auf Gold. Ich könnte es nicht ertragen, wenn die anderen mit Goldklumpen zurückkommen und ich mit leeren Händen dastehen würde.

Wir gleiten an einer Insel entlang, die den Fluß teilt. Hier sind wir vor zwei Tagen schon vorbeigekommen! Ich mache John auf den entwurzelten Baum an der Inselspitze aufmerksam und auf den dichten Schilfgürtel. Mein Freund John verflucht die Kanäle und den Urwald. Ein Irrgarten.

Der Lotse ist ratlos. Ich sehe es an seinem Gesicht, am Ausdruck seiner Augen. So hat Uana geblickt, als wir von Trinidad abstießen. Und gesagt hat sie: «Der Herr des Reiches, das ihr sucht, hat einen Wächter mit verschlungenen Armen. Seine Arme sind die Flüsse, mit ihnen fängt er Eindringlinge, wie eine Spinne Moskitos in ihrem Netz fängt.»

Wir kommen hier nicht heraus. Unsere Vorräte gehen zu Ende. Morgen werden wir das trübe, schlammige Wasser saufen müssen, in das unsere Ruder tauchen, und dann werden wir krepieren.

Raleigh sitzt im Bug unseres Bootes, den Brustpanzer über seinem dicken Tuchzeug, und trotz der Schwüle trägt er seinen Helm. Kein Schweiß in seinem Gesicht, keine Spur von Unsicherheit oder Furcht. Ich denke an Henry Howards Worte vom großen Luzifer Raleigh. Wenn es wahr ist, dann führt uns Sir Walter mit Gleichmut in die Hölle. Ich stelle mir den Ort der Verdammnis nicht mehr als lodernden Feuerschlund, sondern als einen Flecken im Urwald vor. Die Stränge der Lianen werden uns fesseln, Schlingpflanzen werden uns würgen, betäubt vom Duft fremder Blüten werden wir nicht schlafen können, denn der Herr der Finsternis wird die Affenhorden nachts brüllen lassen, Papageien werden kreischen, und all die unheimlichen Geräusche des Urwalds werden um uns sein.

Die Reste unseres Proviants stinken. Wir müssen das mitgeführte Hühnerfleisch wegwerfen. Uns bleiben ein paar geräucherte Fische und schimmliger Zwieback. «Vielleicht kommt uns bald ein Stück Wild vor die Flinte», sagt Raleigh. Was treibt diesen Mann? Er besitzt doch alles in England! Ich würde meinen Platz im Boot gegen eine Zelle im Newgate-Gefängnis tauschen.

«Gehen Sie mal an die Riemen, Bushil, Richard soll sich ausruhen», sagt der Ruderführer.

«Ich habe zu schreiben, Sir.» Das Schreiben bewahrt mich vor härterer Arbeit. Ich notiere Raleighs Beobachtungen über die Farbe der Orchideenblüten, über leuchtende, riesige Schmetterlinge und über Krokodile, die unser Boot streckenweise begleiten. Auf einem überhängenden Ast liegt eine Riesenschlange. «Können wir die nicht mitnehmen?» fragt Raleigh Hariot. Soll ich ihn wegen seiner Unbekümmertheit hassen oder bewundern? Für ihn bin ich nur der Schreiber.

Über die Expedition ist nachzutragen: Wir fahren in fünf Booten, das größte, Keymis' Schiff, wurde zur Galeere umgerüstet, seine Aufbauten abgerissen. Masten und Segel nutzen hier wenig. Bisher hatten wir Glück und kamen auch durch die schmalsten Flußstellen. Die anderen Kähne sind die Beiboote unserer Schiffe. Hundert Männer wurden für die Fahrt in die Hölle ausgewählt. Wird uns Gold für die Qualen entschädigen?

Fürs erste sind wir gerettet. Ich hatte nicht geglaubt, die Nacht zu überleben. Der Reihe nach:

Vor vier Tagen, in der Frühe des zweiundzwanzigsten Mai, sichteten wir eine Piroge mit Indianern. Unsere Leute legten sich in die Riemen, stoppten den Einbaum und baten die Indianer um Lebensmittel. Nach einem kurzen Gespräch war der Handel perfekt. Unser Lotse und sein Bruder gingen an Land. Dort umringten sie die Indianer und legten Hand an sie. Die beiden rissen sich los und flüchteten. Zum Glück hatte Raleigh den Ältesten von der Piroge, nach Schmuck und Bemalung zu urteilen ein Kazike, an Bord unserer Galeere behalten. Er drohte, ihn zu töten. Das rettete unsere beiden Leute am Ufer.

Raleigh zeigte dem Kaziken eine Hakenbüchse. Der Mann erklärte sich bereit, uns dafür zum Orinoko zu bringen. Jeden Tag versprach er, abends den Hauptfluß zu erreichen.

Am Morgen des vierten Tages waren unsere Lebensmittel aufgebraucht. Der Kazike versicherte, in der Nähe liege ein Dorf mit freundlichen Indianern. Sie würden uns mit allem versorgen. Nur sei die Galeere zu breit, um den Kanal, der zum Dorf führe, zu durchschiffen.

Unsere Expedition teilte sich. Raleigh, Keymis, Mauascha und ich stiegen in eines der schmaleren Boote mit zehn Mann Besatzung. In zwei weiteren folgten Whiddon und Heriot.

«Am Abend sind wir wieder da», rief Raleigh den Zurückbleibenden zu.

Nach einer knappen Meile sperrte ein umgeschlagener Baum die Weiterfahrt. Wir schleppten die Boote an Land und ließen sie nach dem Hindernis wieder ins Wasser. Nach etwa drei Meilen verengte sich der Kanal. «Noch eine Stunde», erklärte unser Lotse.

Aus der einen Stunde wurden neun. Die Dämmerung brach herein. Schwärme von Stechmücken fielen über uns her. Die Gegend war eine Brutstätte für Moskitos. Die Stiche der Biester drangen durch die Kleidung und juckten. Hände und Hals bedeckten sich mit Quaddeln. Ich kratzte die Narbe blutig, die von der Operation meiner Geschwulst im Nacken zurückgeblieben war.

Nacht. Kein Zeichen für ein Dorf.

«Der Kazike belügt uns. Ich werde den Halunken umbringen, bevor er uns in einen Hinterhalt lockt», sagte Keymis zu Raleigh.

«Dafür ist immer noch Zeit!»

«Wahrscheinlich lauern irgendwo schon menschenfressende Wilde auf uns oder ein spanisches Kommando. In diesem Dschungel wird keiner unsere Gebeine finden.»

Meine Furcht konnten solche Reden nicht steigern. Ich war zu apathisch. Am Morgen hatten wir den letzten Bissen gegessen. Mir war schwindlig vor Hunger und Müdigkeit.

Auf einmal Hundegebell, menschliche Stimmen, ein Feuerschein. Unglaublich! Der Alte hatte nicht gelogen.

Ich aß heiße Suppe, schlürfte aus einer Tonschale ein berauschendes Getränk aus gegorenem Palmensaft und schlief anschließend in einer Indianerhütte wie ein Toter.

Jetzt ist es zwei Stunden vor Mittag. Wir haben die Boote mit Brot, Geflügel und Früchten beladen. Das Dorf liegt an einem flachen Ufer in einer sanften Landschaft. Ein Indianermädchen lächelt mir zu. Ich möchte eine Weile hierbleiben.

Achtundzwanzigster Mai. Wieder vier Pirogen gesichtet und verfolgt. Diesmal entkamen sie. In einer saßen drei Spanier. Sie ließen das Boot im Stich und flüchteten in den Wald. Wir gingen an Land und fanden im Dickicht einen Korb mit Gerätschaften für Goldsucher. Große Erregung!

Raleigh versprach demjenigen, der den Besitzer fängt, fünfhundert Pfund. Wir ergriffen einen Indianer. Er bestätigte Goldfunde der Spanier und zeigte uns einen Beutel Goldkörner von der Größe, wie man sie aus Flüssen wäscht. Whiddon wollte Suchtrupps ausschicken. Raleigh drängte zur Weiterfahrt. El Dorado liege gewiß nicht in dem nebligen, sumpfigen Flußdelta. Die Kapitäne diskutierten heftig. Raleigh setzte sich natürlich durch. Seine Autorität ist unumstritten, und die Natur kommt ihm zu Hilfe. Es regnet fast ununterbrochen. Die Flüsse steigen. Das Land, auf das wir am Morgen den Fuß setzen, steht am Mittag unter Wasser. Wir können nicht hierbleiben. Überall Nässe und Moder. Ein Wunder, daß ich noch gesund bin.

Fünfzehnter Tag nach unserem Aufbruch. Endlich auf dem Orinoko. Was für ein riesiger Strom!

Wir liegen in einer Bucht am Zusammenfluß des Orinoko mit dem Caroni. Verglichen mit den Strapazen der ersten Zeit waren die letzten acht Tage eine Vergnügungsreise, und dennoch: einen unserer Leute verloren. Er sprang einer Wette wegen ins Wasser, wollte die Galeere schwimmend einholen. Ein Krokodil schoß auf ihn zu. Er verschwand vor unseren Augen. Auf dem Wasser blieb eine Blutspur. Gott bewahre mich vor solchem Leichtsinn.

Von den Indianern haben wir nichts zu befürchten. Unser Ruf, Feind der Spanier zu sein, eilt uns voraus. In allen Siedlungen freundlicher Empfang, Fische, Obst und Geflügel in Hülle und Fülle. Habe mich an Ananas, der Königin der Früchte, wie Mauascha sie nennt, überessen.

Raleigh nutzt die Stimmung und erzählt den Eingeborenen überall von der großen, gütigen Kazikin, die obendrein noch Jungfrau sei. Ob sie das von der Jungfrau verstehen? Den Stammeshäuptlingen schenkt er Münzen mit dem Bild der Königin. Nach El Dorado und den Goldminen erkundigt er sich ganz beiläufig. Eine geschickte Taktik, sein Ziel zu verheimlichen.

Ich denke viel an Gold. Im Zelt eines Kaziken sah ich eine kleine goldene Schlange und einen Skorpion und in einem anderen zwei Vögel aus Gold, fast so groß wie Hänflinge. Es juckte mir in den Fingern danach, aber Vorsicht! Raleigh greift hart durch. Vorgestern ließ ein Ruderer eine goldene Spange aus einer Hütte mitgehen. Ein Indianerweib erhob darüber großes Geschrei. Der Mann wurde gefaßt und büßte auf dem Festplatz in aller Öffentlichkeit seine rechte Hand ein. Unser edler Sir will zeigen, daß er nichts mit den Spaniern gemein hat.

Keymis hat im Schilf einen verrosteten Anker entdeckt. Whiddon behauptet, es handle sich um einen spanischen. Nun reden sie gleich, der Anker stamme von der Expedition, an der der unglückselige Juan Martinez teilnahm. Gelegenheit, die alten Geschichten aufzufrischen und uns vorzugaukeln, El Dorado liege nur einige Tagereisen entfernt. Das schlimmste: Ich glaube selbst daran.

Gestern holte uns der Kazike Topiawari mit Pomp in sein Dorf. Topiawari herrscht über die Stämme der weiteren

Umgebung. Nach Tschaikuma ist er über hundert Jahre alt. Ich habe nie ein so ledernes, narbiges Gesicht gesehen, mit Furchen, wie von Würmern gegraben. John leidet unter diesem Ungeziefer. Seine Hände sind wund.

Topiawari begegnet Raleigh mit überschwenglicher Freundlichkeit. Kein Wunder. Sein Vorgänger, ein naher Verwandter, wurde von Berrio ermordet. Topiawaris Geschenk neben den üblichen Früchten und Eßwaren: ein Pärchen possierlicher Tiere, nicht viel größer als Maulwürfe, mit ledernen Plättchen, die wie Gürtel um den Leib liegen. Ihr seltsames Aussehen macht mich geneigt, an Topiawaris Beschreibung von Menschen zu glauben, die ihren Kopf auf den Schultern tragen, ihre Augen zwischen den Schultern haben und deren Haar ebenfalls zwischen den Schultern wächst. Ihr Mund befände sich zwischen den Brüsten. Die seltsamen Wesen sollen an einem Nebenfluß des Caroni leben.

Raleigh hört Topiawari stundenlang zu. Tschaikuma und Mauascha übersetzen abwechselnd. Manchmal ertappe ich mich dabei, Raleigh wegen seiner Unermüdlichkeit und seinem Interesse an allem zu bewundern. Manchmal verfluche ich ihn, weil ich schreiben muß, während die anderen faulenzen und Palmwein trinken.

Was geht mich Raleigh an? Ich verdiene durch ihn zweifach, das ist alles.

Dieser Topiawari mit seinen Geschichten! Heute erzählte er von fremden Kriegern in blutroten Mänteln und breiten Schlapphüten, die zu Lebzeiten seines Vaters zu Tausenden aus dem fernen Land gekommen seien, in dem die Sonne schlafe. Sie haben das Hochland und die Täler in Besitz genommen und mehr Bewohner getötet, als Blätter an allen Bäumen der Wälder seien. Am Fuß der Berge – meint er die Höhenzüge im Westen, die man von hier aus sehen kann? –, zu Beginn der großen Ebenen, die kein Ende nähmen, hätten die Fremden die goldene Stadt erbaut. Von ihr die alten Wunderdinge! Übertreibt der alte Kazike oder lügt er? Die Indianer sind gute Märchenerzähler.

Topiawari bot Raleigh an, Krieger aus allen Stämmen zusammenzutrommeln und mit uns gemeinsam gegen die Fremden zu ziehen. Dann müßte ich mit! Mein Atem stockte. Warum entscheiden immer andere über mein Leben?

«Später», sagte Raleigh. «Ich werde im nächsten oder übernächsten Jahr mit einem großen Heer wiederkommen.» Glaubt er Topiawari nicht, oder traut er ihm nicht, oder fürchtet er sich vor den dreitausend schwerbewaffneten fremden Kriegern, die das Goldland bewachen sollen? Mich erleichterte seine Antwort.

Noch immer in Topiawaris Dorf. Die nackten Weiber hier machen mich verrückt! Raleigh hat an einer schwarzäugigen Schönheit Gefallen gefunden, einem Mädchen mit auffallend regelmäßigen Gesichtszügen und glänzendem Haar, das ihr bis zu den Knöcheln reicht, wenn sie den Knoten löst. John ist sie zu üppig, aber mein Geschmack ist sie. Zu dick ist mir noch keine gewesen!

Ihre Hütte am Fluß steht auf hohen Stämmen. John hat Raleigh am Abend die Leiter zu ihrer Behausung hochklettern sehen. Ich wünschte, er würde abrutschen und in den Sumpf fallen. Uns verbietet er streng, mit den Indianerinnen anzubändeln. Ich habe Lust auf Uana. Noch besser wäre eine hübsche Nutte in London. Vielleicht kehre ich reich zurück. Dann leiste ich mir etwas Besseres als eine von der Turnbull Street.

Wieder im Boot. Der Caroni steigt und steigt. Gegen die starke Strömung kommen wir nur sehr langsam voran. Gestern Dauerregen. Keiner hat mehr einen trockenen Faden am Leib. Eine zweite Sintflut! Ich will Gold, aber ich möchte um kein Gold der Welt in diesem lausigen Land ersaufen.

Raleigh ermuntert zum Durchhalten, und einige Verrückte bestärken ihn darin. «Weiter, gleichgültig wie weit!» heißt ihre Parole. Ich mußte mitrudern. Jeder wird an den Riemen gebraucht. Meine Arme schmerzen. Wenn wir Pferde hätten oder Maultiere, könnten wir uns vielleicht einen Weg durch den Urwald bahnen. Aber wir haben nur die Boote!

Unser hoher Herr hat mit Whiddon, Keymis, Hariot und den anderen Kapitänen Kriegsrat gehalten. Sie sind zur Vernunft gekommen. Die Gewalt der Elemente ist gegen uns. Morgen brechen wir zur letzten Exkursion auf. Raleigh hat drei Gruppen gebildet. Eine unter Keymis wird versuchen, Capurepana, eine Indianersiedlung im Innern, zu erreichen und die Indianer dort auszufragen. Whiddon soll die Ufergegend nach goldhaltigem Gestein absuchen. Raleigh selbst will bis zu der hohen Rauchsäule vordringen, die flußaufwärts zu sehen ist. Stammt sie von Feuern in der goldenen Stadt, oder ist es nur Nebel? Ich bin neugierig.

Nach drei Tagen wieder an der Liegestelle unserer Boote. Ich bin erschöpft, aber zufrieden. Es hat sich gelohnt. Vielleicht habe ich mein Glück gemacht! Die Rauchsäule erwies sich als Wasserfontäne, die von kirchturmhohen dicht hintereinanderliegenden Wasserfällen des Caroni in die Luft stäubt. Eine weitere Überraschung brachte der zweite Tag. Durch ein Tal gelangten wir nach mäßig steilem Aufstieg auf eine Ebene mit saftigem Gras ohne hinderliches Gebüsch und Gestrüpp. Der Regen hatte aufgehört, und nach langer Zeit kam die Sonne zum ersten Mal wieder hinter den Wolken hervor. Von Osten blies ein sanfter Wind. Neben einem Bach Kraniche, Reiher und andere Vögel mit leuchtendem Gefieder. Nach all diesen Wochen ein Paradies!

John entdeckte als erster einen metallisch glänzenden Stein, messinggelb, mit grünlichgrauen Stellen. «Das sieht nach Gold aus. Oder Silber?» Keiner kannte dieses Mineral. Raleigh löste mit seinem Kurzschwert einen solchen Stein aus dem Boden und hielt ihn in die Sonne: «Wie der glänzt!»

«Das ist es», schrie unser Bootsmann. Niemand wußte genau, was es ist, aber allen war, als hätten wir nach diesen Steinen gesucht und all die Strapazen der Reise nur ihretwegen unternommen. Im Paradies konnte kein wertloser Plunder liegen! Hochstimmung erfaßte uns. Wir liefen schreiend und jubelnd in die Ebene hinein und suchten nach Steinen. Wir gruben sie mit Degen, Schwertern und Messern oder mit den bloßen Händen aus dem Boden. Jeder sammelte, soviel er tragen konnte. Besitzen wir einen Schatz? John meint, in England würden die Erzprüfer den Wert herausfinden. Vielleicht wiegt man uns das Gewicht mit Gold- oder Silbermünzen auf!

RACHE FÜR DIE «REVENGE»

England flocht dem Rückkehrer keine Kränze. Gold wollte man sehen, und Raleigh brachte Steine. «Narrengold», urteilten die Scheidemeister der Münze nach der Prüfung der Proben, taubes Gestein, nichts. Einige Stücke enthielten Eisen. Eisen brauchte man nicht aus Guayana zu holen.

Raleigh redete in der Guildhall zu den Kaufleuten der City. El Dorado existiere, aber mit dreihundert Mann werde man es weder finden noch erobern. Er pries die anderen Reichtümer: den Teer des Pechsees, Farbstoffe, Baumwolle, Seide, vielseitig verwendbares Baumharz, Pfeffer und andere Gewürze, fruchtbare Erde für Zuckerrohr- und Ingwerplantagen.

Die Herren machten aus ihrer Skepsis keinen Hehl.

«Was haben Sie uns nicht alles von Virginia versprochen, Sir Walter!»

«Zu weit weg, mein lieber Raleigh!»

«Phantastereien, ehrenwerter Sir!»

Raleigh wurde bei Robert Cecil vorstellig: «Zusammen mit den Indianern können wir ein großes Heer aufstellen. Wir werden nicht nur El Dorado erobern, wir werden die Spanier aus Südamerika hinausdrängen. Machen wir mit den Indianern gemeinsame Politik, Sir Robert. Lehren wir sie, unsere Waffen für uns zu führen.»

«Man müßte darüber nachdenken.»

«Ich habe dort drüben eine Saat in den Boden gebracht. Sie braucht Pflege und Schutz, sonst gehen die zarten Pflanzen ein, oder sie werden zertrampelt. Wir müssen im Frühjahr auf jeden Fall mit ein paar tausend Mann nach Guayana.»

«Sie überschätzen unsere Möglichkeiten, mein lieber Sir Walter.»

Und die Königin? Elisabeth empfing ihn nicht.

Oxford hänselte: «Warum hast du nicht ein paar von den Weibern mitgebracht, die die Augen zwischen den Brüsten haben. Oder eine Amazone. Ich möchte wissen, ob ich mit so einem Kriegsweib fertig werde.» Ernster fügte er hinzu: «Du solltest diese Märchen nicht erzählen, Walter. Die Leute lachen nur darüber.»

Eine Hoffnung blieb: die Gesteinsproben, die Keymis von einem Indianer in Capurepana bekommen hatte, angeblich von einer nahen Goldmine. Raleigh gab Smythe und Dee Stücke davon. Dees Befund war negativ, aber er traute ihm nicht. Der Alte verstand mehr von Elixieren und Salben als von der Scheidekunst. Smythe schickte die Probe einem in Venedig lebenden Araber zur Untersuchung, einem Fachmann auf seinem Gebiet. Mehr könne er für Raleigh nicht tun. Neue Investitionen für Guayana? «Meine Mittel sind nicht unerschöpflich, Walter.» Auch Sanderson hielt sich zurück.

Raleigh kehrte London den Rücken. In Sherborne vergrub er sich in Bücher, studierte Basil Bushils Aufzeichnungen, ergänzte sie durch Erinnerungen und schrieb an einem «Traktat über die Entdeckung des großen und herrlichen Reiches Guayana und seine Lage zur großen und goldenen Stadt Manoa». Hariot zeichnete Karten dazu.

Es wurde März. Um diese Zeit hatte er wieder auf dem Ozean sein wollen.

Endlich besuchte ihn Smythe, allein. Er begann mit allgemeinen Redensarten. Sie hätten einander lange nicht gesehen. Dann erzählte er umständlich von Alice und von einer Reise nach Dänemark.

Raleigh unterbrach ihn ungeduldig: «Was ist mit der Probe, Thomas?»

«Hast du das Gutachten nicht bekommen? Wenn ich mich recht erinnere, habe ich es dir im Januar geschickt.»

Raleigh merkte, daß er log. Die Probe hatte nichts ergeben oder doch nur wenig. Spuren von Gold, viel zu gering für einen lohnenden Abbau. Smythe hatte ihm die unangenehme Nachricht möglichst lange verheimlichen wollen, während er dem Urteil des Arabers mit fieberhafter Ungeduld entgegengesehen hatte. Wie dumm, die Zeit mit Warten zu vergeuden! Vieles war liegengeblieben. Er stand auf, wandte Smythe den Rücken zu, um seine Enttäuschung zu verbergen, kühlte die Stirn am Fenster. Im Park lagen noch Reste von Schnee. Durch die kahlen Bäume und Sträucher konnte er bis zur Baustelle des neuen Schlosses sehen. Er sollte sich nur noch Sherborne und seiner Familie widmen. Welche Freude für Bess!

Smythe legte den Arm um ihn. «Es gibt Schlimmeres, Walter.» Und dann rückte er mit der Hiobsbotschaft heraus, die ihn nach Sherborne geführt hatte. «Drake ist tot.»

Raleigh sah ihn an. «Das ist nicht möglich!»

«Einmal erwischt es jeden. Es hätte dich in Guayana auch treffen können.»

«Drake! Er war mir ein guter Freund! Nun ist er irgendwo dort draußen vor die Hunde gegangen, während ich nur an dieses verdammte El Dorado gedacht habe.»

«Unsinn», sagte Smythe. «Er hätte sich nicht dreinreden lassen, auch wenn du mitgesegelt wärst. Das ganze Panama-Unternehmen war ein Fehlschlag. Vielleicht war er zu alt mit seinen fünfundfünfzig Jahren. Er konnte sich auf die neuen Bedingungen nicht mehr einstellen. Der Angriff auf Puerto Rico hätte ihm eine Warnung sein müssen. Die Spanier sind heute nicht mehr so leicht zu überrumpeln wie in den alten Tagen. Sie sind verdammt gut gerüstet und haben aus den Erfahrungen gelernt. Mit siebenhundert Mann wollte er Panama erobern und den Spaniern damit einen tödlichen Stoß versetzen. Was für ein Leichtsinn!»

«Einmal hat er zu mir gesagt: ‹Ich habe so viele Kämpfe überstanden, daß ich von einer Niederlage nicht einmal mehr träumen kann›», warf Raleigh ein. «Nenn es Selbstüberschätzung, aber diese Überzeugung machte Drake zum ‹Dragon›, zum gefürchteten ‹Drachen› der Meere.»

«Und führte ihn am Ende in den Tod. Sein erstes Debakel erschütterte den Glauben an sich selbst. Nachdem die Spanier ihm diese Abfuhr erteilt hatten, wurde er krank und hatte nicht die Kraft, mit dem Brechdurchfall fertig zu werden.»

«Ein Brechdurchfall ist eine schlimme Seuche. Dagegen hilft Lebenswille allein nicht.»

Smythe zuckte mit den Schultern. «Jedenfalls hatte er ein würdiges Begräbnis. Sie senkten ihn in einem Bleisarg ins Meer, während die Kanonen Salut schossen. Zwei brennende spanische Galeonen sorgten für die Beleuchtung.»

«Grenville, Frobisher, Hawkins und nun Drake», flüsterte Raleigh.

«Elisabeths große Kapitäne und Flottenführer. Du bist einer der letzten. Du kannst dich jetzt nicht in Sherborne vergraben, Walter», sagte Smythe.

Der Nachtwind strich über die Reede von Deptford. Zwischen einer schwedischen Karavelle und einer abgewrackten Galeone schaukelte die «Warspite», das jüngste Schiff der englischen königlichen Kriegsmarine: zwei Decks, vierzig Kanonen, außerordentlich manövrierfähig.

In der Kapitänskajüte blätterte Raleigh in Sidneys voluminösem «Arcadia» – ein Geschenk von Alice, ein Erfolgsbuch. Er las die Beschreibung des Parks des edlen Kalandar im fernen Griechenland: duftende Blumenbeete, schattige Haine, ein Teich mit kristallklarem Wasser, Spiegel der umliegenden Schönheiten, eine Venusstatue, so fein gearbeitet, daß sich die bläulichen Adern in der Marmorfigur abzeichneten. Las von flötenblasenden, nie alternden Schäferjünglingen und vom gütigen König Basileus, der seine beiden Töchter in dem idyllischen Land aufziehen ließ. Alices Einschlaflektüre, ihr Lieblingsbuch. Raleigh dachte an den Verfasser, Sir Philipp Sidney, den romantischen Ritter, und daß er vielleicht zu seinem Glück so früh gestorben war.

Die Welt sah anders aus! Für ihn bestand sie seit ein paar Wochen aus verwanzten Herbergen und schlammigen Wegen. Er hatte Kent durchstreift, mit Bürgermeistern, Friedensrichtern, Gutsbesitzern und Gastwirten geredet und ihnen Gehilfen und Knechte für den Dienst in der Marine abgeschwatzt. In Dartmoor, Southampton und Plymouth war er gewesen, und überall hatte er Leute für die königlichen Schiffe angeheuert. Der Staatsrat hatte ihn neben Essex, dem edlen Lord Howard von Effingham und dessen Bruder zum vierten Admiral in einem Kriegsrat ernannt. Es mußte etwas gegen die neuerlich wachsende spanische Bedrohung geschehen. Ein kurzer, harter, treffsicherer Schlag. Dafür brauchte man ihn und seine Erfahrung! In seinen Stolz und seine Freude darüber mischten sich bittere Gedanken. Der Königin durfte er nicht unter die Augen, aber die Drecksarbeit, die durfte er tun, für die Ausrüstung der Schiffe sorgen, mit Kaperkapitänen sprechen, damit sie sich an dem Unternehmen gegen die Spanier beteiligten, während der feine Graf Essex um die Königin herumscharwenzelte und sich alle Verdienste anmaßte.

Machte es ihm etwas aus? So wild war er nicht darauf, wieder an der königlichen Tafel zu speisen und den Höfling zu spielen. Oder doch? Tat er nicht alles, um die Gunst Ihrer Majestät wiederzugewinnen? Er schob den Gedanken beiseite. Morgen mußte er nach Gravesend, den Werftbesitzer drängen, dann noch einmal nach Plymouth, vielleicht über Sherborne. Einen Tag für Sherborne könnte er sich nehmen. Das Leben war eine Hatz, aber er liebte es so. Smythe hatte ihn nicht zu überreden brauchen, der Berufung des Staatsrats zu folgen. Er wollte ja gar nicht in Sherborne sitzen, über die Felder reiten und mit dem Verwalter den täglichen Kleinkram durchsprechen.

Freilich, häufiger bei Bess sein – das wollte er schon – und den kleinen Wat auf ein Pony setzen und ihm zeigen, wie man die Zügel hält. Aber alles konnte er nicht gleichzeitig haben.

Er öffnete zwei kleine Fenster. Die Kajüte roch noch stark nach Farbe und Lack, die Holztäfelung glänzte. Die Decke auf seinem Himmelbett war in ein blütenweißes Leinenlaken eingeschlagen. Ein neues Schiff ist wie ein junges, frischgebadetes Weibsstück, pieksauber, aber es wird rasch zur alten Vettel. Nach ein paar Wochen stinkt es nach Bilgenwasser, Moder und Fäkalien. In den Unterkünften nisten sich Schaben, Kakerlaken, Wanzen und Flöhe ein. Auf jeden von der Mannschaft kommt ein halbes Dutzend Ratten. Auch die Kapitänskajüte bleibt vom Ungeziefer nicht verschont. Der gute Oxford würde nie verstehen, wie wenig ihn solche Unannehmlichkeiten störten.

Er löschte das Licht. Durch die Fensteröffnung erblickte er das vom Mond beschienene Deck. Im Halbschlaf, auf seinem Bett liegend, hörte er Lärm, eilige Schritte und Geschrei. Er erkannte Arthurs Stimme und drehte sich auf die andere Seite. Arthur kommandierte das Schiff in seiner Abwesenheit. Er konnte sich auf ihn verlassen.

«Was war los?» fragte er Arthur am nächsten Morgen.

«Zwei von den Männern, die du vorgestern aus Wapping geschickt hast, sind geflüchtet. Den dritten haben wir geschnappt, er liegt gefesselt im Kabelgatt.»

«Bring ihn her!»

Der Deserteur war um die Fünfzig, hager, mit schmalem Gesicht. Er hieß Spicer, aber Raleigh gebrauchte seinen Vornamen.

«Weshalb wolltest du von Bord, Pat?» fragte er im Ton eines milde tadelnden Schulmeisters.

Spicer lehnte an der Täfelung der Kajüte und sah ihn mit dem trotzigen Blick eines Mannes an, der nichts zu verlieren hat, sagte aber leise und höflich: «Ich muß mich um meine Hähne kümmern, Sir.»

«Hähne?»

«Kampfhähne für die Wettspiele, Sir. Sie brauchen gute

Pflege. Meine Frau Kitty faßt die Viecher nicht an, und vom Futter versteht sie auch nichts. Wer soll ihnen die Sporen einwickeln und die Augen lecken und sie auf Haushähne jagen, Sir? Kampfhähne müssen trainiert werden, sonst ist nichts zu gewinnen.»

«Aber du hast Heuer genommen.»

«Nicht freiwillig, Sir. Ihre Leute haben mich betrunken gemacht, und dann sollte ich dem Wirt zahlen, und einer hat mir Geld geborgt, weil ich nichts hatte, und ich hab den Schuldschein unterschrieben, aber es war kein Schuldschein, sondern die Verpflichtung, anzuheuern.»

«Wir brauchen Matrosen, Pat», sagte Raleigh, ohne den Fall weiter zu erörtern. Auf sein Zeichen nahm Peter dem Mann die Fesseln von den Handgelenken. Spicers Hände waren groß und rissig.

«Du fährst nicht zum ersten Mal auf einem Schiff, Pat, nicht wahr?»

«Nein, Sir. Ich machte unter Hawkins Jagd auf Neger und schipperte die Sklaven von Afrika nach Südamerika. Der selige Sir John und die Company verdienten 'ne Menge, aber ich fiel bei einem Sturm aus den Wanten, knackste mir zwei Rippen an und brach mir ein Bein und wurde mit einem halben Pfund ausgemustert.»

Während er erzählte, massierte er seine Handgelenke. Sein Blick fixierte die von den Fesseln angeschwollenen Stellen, als wollte er sagen: Die Hände habt ihr mir nun auch noch kaputtgemacht. «Ein Jahr ging ich am Krückstock und bettelte an der Reede von Dover. Die Hafenpolizei stellte mich wegen Vagabundierens an den Schandpfahl, und dann brannten sie mir ein Mal in die Ohren und warfen mich ins Gefängnis. Als ich rauskam und die Krücken nicht mehr benötigte, heuerte ich auf der ‹Ark Royal› an.»

«Du hast gegen die Armada gekämpft?»

«Ja, Sir», sagte er ohne Stolz. «Sie brauchten damals jede Hand.»

«Und heute brauchen wir dich auch. Die Spanier haben den Franzosen Calais weggenommen und werden es als Sprungbrett nach England benutzen. Sie schicken den irischen Rebellen eine Streitmacht für einen neuen Aufstand, und in ihren Häfen sammeln sie eine Flotte gegen uns, mehr Schiffe, als die Armada von achtundachtzig hatte. Aber wir werden ihnen in die Suppe spucken, verstehst du?»

Er fand, daß er gut sprach. Es war eine Probe. So mußte er vor der versammelten Mannschaft reden.

Spicer blieb unbeeindruckt. «Ich muß zu meinen Hähnen, Sir.»

Raleigh verfiel wütend in seinen Devonshire-Dialekt. «Ich muß zu meinen Hähnen», äffte er ihn nach. «Die Königin braucht dich, England braucht dich, und du mußt zu deinen Hähnen!»

Das Gesicht Spicers zeigte keine Reaktion. «Schöne Worte hab ich anno achtundachtzig genug gehört. Wenn die Spanier kommen, werden wir alle im Feuer braten, nicht wahr? Aber wir haben gesiegt, und die Königin hielt eine Dankrede, und dann wurde ich ausgemustert und schob wieder Kohldampf, und meinem Freund, dem Bootsmann Mark, ging's genauso, und ein halbes Jahr nach dem Dank der Königin hing Mark wegen Wilddieberei am Galgen von Tyburn. So ist das, Sir!»

«Verbrenn dir dein Maul nicht an der Königin!»

Spicer zuckte resignierend mit den Schultern. «Ich weiß sowieso, was mir blüht, Sir. Frobisher ließ einen kielholen, nur weil er sich über den verdammten Fraß an Bord beschwerte, und dabei ist der Mann ersoffen. Ich war so blöd, mich schnappen zu lassen. Wenn's klappt, bist du wieder bei deiner Kitty und bei deinen Hähnen, hab ich mir gesagt. Und heut nacht, hol's der Teufel, hab ich mir sogar gedacht: Laß die Spanier kommen und den hohen Lords ihre Güter nehmen und den Pfeffersäcken ihr Geld und ihre Schiffe, deine Hähne werden sie dir lassen, und ob die

Leute Calderillas oder Pennys auf sie setzen, kann dir gleichgültig sein.»

«Bravo, Pat», höhnte Raleigh, «fein gesprochen. Deine Kinder werden's dir danken, wenn sie auf 'ner spanischen Galeere angeschmiedet an den Rudern sitzen, bis sie verrecken, und deine Kitty wird lachen, wenn's die spanischen Caballeros vor deinen Augen mit ihr treiben. Und deine verdammten Hähne werden sie zum ersten Frühstück fressen, du Idiot!» Wütend rief er, die Wache solle den Mann wegbringen.

«Ich werde ihn am Fockmast hängen lassen», sagte Arthur, «das wird die anderen abschrecken.»

«Und mich in den Geruch eines Leuteschinders bringen.»

«Hast du Mitleid, Walter?»

«Wir haben den Mann betrunken gemacht und betrogen. Und das ist nicht der einzige, den wir auf diese Weise angeheuert haben. Aber was soll ich machen? Ich brauche Leute. Auf seine Weise hat er sogar recht. Der alte Burghley sagte einmal, die Königin sei Dienerin Gottes und aller Engländer. Das stimmt nur zur Hälfte. Da sie den Armen nicht dienen kann, zweifelt sie auch, ob die Armen ihr dienen, zu Recht, wie du siehst.»

«Ich werde den Hähnezüchter auf der Stelle auspeitschen lassen.»

Raleigh widersprach abermals. Rasche Entschlüsse fasse man bei Gefahr. «Wir haben Zeit.» Und nach einigem Nachdenken entschied er, der Mann solle gefesselt im Kabelgatt bleiben. «Schick einen, der mit ihm redet, und gib ihm so viel zu essen, daß er nicht verhungert. Vielleicht ändert er seine Meinung. Wir könnten seine kräftigen Hände brauchen und auch seine geschliffene Zunge. Nur müßte er gegen die Spanier reden.»

Am dritten Juni fünfzehnhundertsechsundneunzig verließ eine stattliche Flotte Plymouth, sechsundneunzig Schiffe, dazu vierundzwanzig niederländische. Nur der Kriegsrat kannte das genaue Ziel.

Raleigh erteilte vom Achterkastell seines Flaggschiffes «Warspite» Befehle. Arthur meldete keine besonderen Vorkommnisse. Der Steuermann hielt den Kurs, das Raleigh unterstellte Geschwader von vierundzwanzig Seglern lag in der vorgegebenen Formation, die Mannschaft gehorchte. Die Besatzung der Schiffe war ein schwacher Punkt. Man hatte Leute anheuern müssen, die nie Planken unter den Füßen gehabt hatten, Gesindel darunter, Vagabunden, Bettler, Abenteurer. Raleigh hatte sie neben erfahrene Matrosen gestellt und sie nicht zu knapp drillen lassen. Gott geb's, daß sich der zusammengewürfelte Haufen bewährte!

Der Wind stand günstig, die See war mäßig bewegt. Ein alter Segelmacher prophezeite schönes Wetter. Alles ging glatt, zu glatt, wie es Raleigh schien. Vor Cadiz begannen die Sorgen. Man hatte im Morgengrauen vor der spanischen Küste sein wollen, erreichte sie aber erst am späten Vormittag. Der Überraschungseffekt war dahin. Sei's drum! Nach Meldung eines Kundschafters sicherten nur ein halbes Dutzend schwerbewaffnete Galeonen den Hafen, dazu kleinere Galeeren. Mit denen würde man fertig werden. Gefährlicher waren die Kanonen des Forts. Würden Lord Howard von Effinghams und Essex' Schiffe es schaffen, ohne große Verluste durchzukommen?

Sie hatten gewürfelt um die Ehre, als erster angreifen zu dürfen, und Raleigh hatte verloren. Sein Geschwader lag hinter den anderen zu beiden Seiten des Hafens, ein Netz, dem kein spanisches Handelsschiff entkommen sollte. Denn das war ihr eigentliches Ziel: die riesige Handelsflotte, die Versorgungsgüter für ein Jahr für die spanischen Kolonien in Südamerika geladen hatte und zum Auslaufen bereit lag.

Vom Deck der «Warspite» aus suchten Arthur und Walter das küstennahe Gewässer ab. Eine starke Brise machte sich auf. Die Wellen gingen höher.

«Weshalb schwenkt Essex so weit nach Südosten ab?» fragte Arthur. Er reichte Raleigh das Glas. Essex' Flaggschiff «Due Repulse» war jetzt hart an der Küste, aber ein gutes Stück südlich der Hafeneinfahrt.

«Sie setzen Boote aus!» Auch vom Geschwader des Lordadmirals legten Boote ab. Mit einem Schlag wurde Raleigh alles klar. Sie hatten den ursprünglichen Plan geändert und wollten Soldaten in der Nähe des Hafens an Land bringen.

«Verdammte Idioten!» schrie Raleigh. «Die sind verrückt. Bei diesem Wellengang kommt von hundert höchstens einer lebend an die Küste!»

Die Truppen konnten nur im ruhigen Wasser des Hafenbeckens an Land gehen. Dazu mußte man zuerst die spanischen Kriegsschiffe außer Gefecht setzen. Die Seeschlacht ließ sich sowieso nicht vermeiden. Raleigh ließ das Glas nicht von den Augen. Natürlich! Es konnte ja gar nicht anders sein. Das erste Boot kenterte, die nächsten beiden auch. Die Soldaten schlugen mit den Armen um sich. Er meinte ihre Hilfeschreie zu hören. Die Wellen rissen sie in die Tiefe. Da nützte es nichts, wenn man schwimmen konnte, die Brandung war zu stark, die Rüstung zu schwer.

Raleigh gab Arthur das Glas und rief dem nächststehenden Offizier zu: «Machen Sie das Beiboot fertig. Zehn Mann an die Riemen!»

«Der Sturm wird stärker, Sir!»

Raleigh kletterte die Strickleiter hinunter und sprang ins Boot. «Zu Essex!»

Die Wellen schlugen hoch, Gischt sprühte, aber der Rudergast steuerte geschickt.

Essex traute seinen Augen nicht, als Raleigh in dieser Nußschale von Boot neben der «Due Repulse» auftauchte und er den Ruf hörte: «Werfen Sie uns ein Seil zu, Mylord!»

Raleigh kletterte an Bord, keinen trockenen Faden auf dem Leib. «Was soll der Blödsinn!» schrie er Essex unbeherrscht an und zeigte in Richtung Küste.

Essex, gekleidet wie für einen Hofball, überhörte geflissentlich den Tadel. Er lüftete höflich den Hut mit der großen Reiherfeder.

«Was verschafft mir die Ehre, Sir Walter?»

Hochmütig und arrogant, eigensinnig und exzentrisch mochte Essex sein, dumm war er nicht. Er hatte einen Fehler begangen und schob ihn mit diplomatischem Geschick auf Howard von Effingham. Also weiter zu dessen Schiff! Angesichts der Verluste zeigte sich der alte Lordadmiral einsichtig. Was blieb ihm anderes übrig? So ging es nicht! Raleigh fluchte im stillen über die verlorene Zeit. An die Opfer verschwendete er keinen Gedanken.

Am Abend neuer Kriegsrat. Raleigh führte das Wort. Sein Plan: Drakes Taktik vom Frühjahr achtundachtzig wiederholen, tief in den Hafen eindringen, die Breitseiten in die eng zusammenliegenden spanischen Schiffe feuern. So hatte Drake König Philipp «den Bart versengt».

«Bei Drakes Angriff waren die Spanier nicht gefechtsklar», wandte der Lordadmiral ein.

«Hoffen wir, daß sie es morgen auch nicht sind. Ich glaube nicht, daß sie mit dieser schnellen Änderung unserer Absichten rechnen.» Raleigh beruhigte die Herren hinsichtlich des Forts. Teile der Befestigung würden ausgebessert. Nicht alle Geschütze seien einsatzfähig. Auf der Karte zeigte er noch einmal die Bewegung von Drakes Schiffen vor acht Jahren. Er hatte sie genau studiert. Segelte man in einem bestimmten Winkel hart an den Wehranlagen entlang, wurde die Treffsicherheit der Kanonen des Forts herabgesetzt, oder sie schossen wie bei Drakes Angriff über die Mastspitzen der Schiffe hinweg.

Am nächsten Morgen Angriff auf Cadiz, heran an die verankerten Galeonen. An der Seite der «Warspite» segelt die «Due Repulse». «Entramos!» ruft Raleigh Essex zu. «Wir segeln hinein!»

Der junge Graf schleudert übermütig seinen Hut in die

Luft, der Wind trägt ihn aufs Meer. Sie zeigen einander lachende Gesichter.

Noch ehe die «Warspite» mit vollen Segeln die Hafeneinfahrt passiert, schießen sie vom Fort aus allen Rohren. Zu kurz!

«Sollen wir das Feuer erwidern, Sir?» fragt der Erste Kanonier.

«Die Kugeln sparen wir für ihre Galeonen.» Raleigh läßt die Trompeter Aufstellung nehmen. «Blast den Caballeros Angst in den Arsch!» Bootsmänner und Gasten brüllen vor Lachen. Das ist ihr Kapitän! Fanfarenstöße beantworten den Kanonendonner. Bevor die im Fort wieder geladen haben, sind sie im toten Winkel der Geschütze. Die zweite Salve geht über die Masten hinweg. Nur zwei Kugeln treffen das Hüttendeck, ohne großen Schaden anzurichten.

Die ersten Schüsse der spanischen Galeonen klatschen vor den Bug. Wo bleibt Essex? Befehl an den Richtmeister: «Nehmt die ‹St. Philipp› aufs Korn!» Befehl an den Steuermann: «Drei Strich steuerbord!» Befehl an die Kanoniere: «Zündet die Lunten!»

Die «Warspite» macht eine elegante Wendung. Für kurze Zeit bietet sie der «St. Philipp» die Breitseite. «Feuer!»

Ohrenbetäubender Donner. Der Rückschlag erschüttert das Schiff. Pulverdampf beißt die Augen. Auf der «St. Philipp» splittert der Fockmast und schlägt auf Deck. Die Engländer jubeln. Gleich darauf ein spanischer Einschlag. Das Rahsegel hängt in Fetzen. Verdammt! Sie dürfen die «Warspite» nicht kriegen! Wichtiger als alles andere ist der Königin ihr Schiff. Wenn Raleigh ohne die «Warspite» zurückkehrt, wandert er ein zweites Mal in den Tower. Also heraus aus der Reichweite der spanischen Kanonen und Anker geworfen!

Die «Due Repulse» ist heran, auch einige kleinere Schiffe und der größte Teil des Geschwaders des Lordadmirals. Raleigh springt ins Beiboot, läßt sich zu Essex rudern.

«Was schlagen Sie vor, Sir Walter?»

«Kein Gefecht auf Distanz. Wir entern! Geht eines unserer Schiffe verloren, stehen wir uns gegenseitig vor der Königin bei.»

«Ich bin Ihr Mann, Walter!» Mut besitzt Essex.

Für einen Moment liegen sie sich in den Armen. Nie sind sie einander so nahe gewesen, nie im Leben würden sie es wieder sein.

Zurück auf die «Warspite». Die Trompeter blasen. Neuer Befehl: «Haltet auf die ‹St. Philipp› zu!» Wieder brüllen die Kanonen. Kugeln zerfetzen die Takelage der «St. Philipp» und knicken ihren Hauptmast. An Deck des Spaniers heilloses Durcheinander. Rache für Grenvilles Tod! Rache für die «Revenge», die von der «St. Philipp» in den Grund gebohrt wurde. Plötzlich ein Einschlag in Raleighs unmittelbarer Nähe, ein brennender Schmerz am linken Bein. Er greift nach dem Schenkel. Die Hose über dem Stiefel ist zerfetzt. Blut färbt die Hand. Er sackt zusammen, hört nicht mehr die Siegesrufe seiner Landsleute und sieht nicht mehr die «St. Philipp» brennen und sinken.

Während Essex und Lord Howard von Effingham mit den Landungstruppen in Cadiz einziehen, liegt Raleigh ohnmächtig in seiner Kajüte. Riechwasser und Branntwein bringen ihn zu sich. Der Chirurg wühlt mit Haken und Pinzette in der Wunde. «Ich muß die Eisensplitter entfernen, Sir. Sie haben Glück gehabt, der Knochen scheint unverletzt.»

Wie vorsichtig sich Leute seiner Zunft ausdrücken. Die hoffnungsvolle Vermutung ist bei den höllischen Schmerzen ein geringer Trost. Raleigh sieht verschwommen Arthur, Peter und einige Offiziere. Dann konzentriert er sich auf sich selbst. Wieviel kann er aushalten? Er zwingt sich, nicht zu stöhnen. Nach der Operation ist er überzeugt, daß er auch auf der Folter nichts preisgeben würde.

Am Nachmittag ließ Raleigh sich durch Cadiz tragen. Rauchwolken standen über der Stadt. Der Brand fraß sich von den Außenbezirken zum Kern, aber noch war die Innenstadt vom Feuer verschont. Überall Spuren der Plünderung, eingeschlagene Türen, zerbrochene Fenster, Möbel und Hausgerät in sinnloser Zerstörungswut auf die Gassen geworfen. Matrosen schleppten Kisten mit geraubtem Gut. Betrunkene Soldaten rempelten seine Sänfte an. Zwei stießen einen gefesselten, in Seide gekleideten Spanier vor sich her. «Was wollt ihr mit dem?»

«Der bringt uns ein gutes Lösegeld, Sir.»

Auf einem Brunnenrand trieb es einer mit einem Mädchen. Seine Kameraden standen um ihn herum, johlten und feuerten ihn an. Das Mädchen hatte die Augen geschlossen und wehrte sich nicht. Sein Gesicht war weiß. Eine leblose Puppe.

Er schritt nicht ein. Die schöne, wahnsinnige Tochter des Nicolaas Koninck stand ihm vor Augen. Mochte die Welt von einer englischen Furie in Cadiz sprechen, die Spanier hatten dies Schicksal verdient.

Vor der Kathedrale hielten Posten Wache. Wenigstens die Kirchen hatte Essex vor Plünderern geschützt. Keiner wußte, wo sich der Graf und der Lordadmiral aufhielten. Er wollte mit ihnen dringlich das Entern der Handelsflotte besprechen. In diesem Wirrwarr mußten sie zuerst die Prise sichern!

In der Nähe der Kathedrale die Leiche eines Kindes neben einer ermordeten Frau. Nach den Erlebnissen in Irland kein neues Bild für Raleigh. «Kein Krieg ohne Greuel», hatte er einmal zu Alice gesagt und ohne Gewissensbisse mit dieser Maxime gelebt. Wurde ihm heute übel, weil er an den kleinen Wat denken mußte, oder war es seine Wunde? Er lehnte den Kopf zurück. «Tragt mich zur ‹Warspite›!»

Am Abend bekam er Fieber. Er dachte an Sir Philipp Sidney, dem bei Zuphten eine Kugel den Oberschenkel drei

Finger über dem Knie zerschmettert hatte. Sidney lebte danach noch elf Tage. Wieviel Zeit blieb ihm? Weder Essex noch der Lordadmiral suchten ihn auf. Er hätte auch nicht viel mit ihnen reden können. Nach fünf Tagen ebbte das Fieber ab. Er konnte wieder klar denken. «Was ist mit den Handelsschiffen, Arthur?»

«Essex hat zu lange mit den Kaufleuten darüber verhandelt. Sie haben ihm einige hunderttausend Dukaten für Ladung und Schiffe geboten. Während sie noch feilschten, versenkte ein spanisches Sonderkommando auf Weisung aus Madrid die gesamte Handelsflotte.»

«Dieser Schwachkopf! Dieser aufgeblasene adlige Gokkel! Er sollte bei Hariot Rechenunterricht nehmen! Verhandelt um einige Hunderttausend und läßt sich Millionen aus der Hand nehmen.» Raleigh hatte zu lange mit Smythe und den City-Kaufleuten zusammengearbeitet, um den riesigen Verlust nicht sofort zu ermessen. Was für ein Schaden für England!

Er wollte aufspringen und sich von der niederschmetternden Wahrheit selbst überzeugen. Die verdammte Wunde hinderte ihn daran.

Bei der nächsten Gelegenheit schrie er Essex seinen Zorn ins Gesicht. Der edle Lord tat, als verstehe er ihn nicht.

London feierte Essex als den Sieger von Cadiz. Der neunundzwanzigjährige Günstling der Königin vereinigte für Hof und Stadt Schönheit, Mut, Tapferkeit, Erfolg. Ein Idol, zu dem man aufschaute, eine Symbolfigur für England. Neben seinem Bild verblaßten eigene Sorgen. Jubel, wo immer er auftauchte. Von Raleigh sprach keiner.

Sir Walter schickte aus Sherborne einen bitteren Bericht an Robert Cecil. Er hatte die Flotte zum Sieg geführt und war in jeder Beziehung leer ausgegangen. Essex schnitt in dem Schreiben schlecht ab.

Die Antwort ließ auf sich warten. Schließlich erhielt er

sie nicht von Cecil. Der Brief trug die Unterschrift der Königin. Er traute seinen Augen nicht. Ihre Majestät befahl ihn zur Audienz. Bess mußte es ihm noch einmal vorlesen. Er ließ Peter Wein bringen und trank gegen seine Gewohnheit am hellichten Tage. Nach ein paar Gläsern brach er in Schluchzen aus. Ein Schock, Freude, die plötzliche Befreiung von einer schweren Last, die Wirkung des Weins – er wußte es selbst nicht. Er wußte nur, daß er die letzten Jahre für diesen Augenblick gearbeitet und gelebt hatte.

ESSEX

Bis zur Audienz blieb noch Zeit. Raleigh verbrachte sie im Freien. Sein Krückstock bohrte Löcher in den durch den nächtlichen Regen aufgeweichten Boden. «Auf drei Beinen bin ich noch nie durch den Park von Whitehall gelaufen», sagte er zu Peter.

Von dem grünen, kurzgeschorenen Rasen stieg Feuchtigkeit in die Morgenluft. Der Himmel versprach einen schönen Tag. Die Junisonne flimmerte durch das dichte Laub der Kastanien. Die Schatten der Blätter zeichneten ihre Muster auf die Allee. Wie oft war er hier unbeschwert neben der Königin gegangen, ein jugendlicher Kavalier, der seine Aufgabe erfüllte, die Königin zu erheitern. Manchmal hatte sie ihn übermütig an der Hand gefaßt und die Schritte und Sprünge einer Volte ausprobiert. Vorbei, er hinkte. Leichtfertig versuchte er einen Tanzschritt und schrie vor Schmerz.

«Soll ich Sie unterfassen, Sir?» fragte Peter besorgt.

«Ich bin doch kein alter Mann.» Dabei fühlte er sich alt. Fünfundvierzig. Die beste Zeit des Lebens war vorbei – oder doch noch nicht? Vielleicht wurde es nach dem Aufenthalt im Badeort Spa besser. Er hatte ja noch Glück gehabt mit dem Bein. Er hatte immer Glück gehabt.

Die Erinnerung an jenen grauen Tag, da die Rosenstöcke im Park noch eingehüllt standen in Stroh und schmutziges Sackleinen, trieb ihn in Richtung St. James' Palace. Er bog vom Hauptweg in einen Seitenpfad ein. Hatte er an dieser Kreuzung den Mantel vor die Füße der Königin geworfen?

«Schon richtig, mein Junge», sagte eine Stimme hinter ihm. «Es ist die gleiche Pfütze.»

Er drehte sich nach Doktor Dee um und sagte, ohne

Überraschung zu zeigen: «Aber nicht mehr das gleiche Wasser.» Dann griff er nach den Händen des Alten. «Ich dachte, Sie sind noch in Böhmen.»

«Alte Leute halten es nicht lange in der Fremde aus. Und du suchst nun auch schon deine Vergangenheit?»

«Meinen Anfang, Doktor Dee.»

«Ja, ja», sagte der Alte, «der Hof ist unser Anfang und unser Ende.» Sein Gesicht war noch immer glatt und rosig, nur der Kopf zitterte ein wenig, während er redete. «Wir kommen vom Hof nicht los. Warum nur? Ich hab jetzt ein trockenes Haus in Mortlake, und dein neues Schloß in Sherborne soll nicht übel sein. Warum bleibst du nicht dort?»

Oxford hätte er geantwortet, er sehne sich nach dem Anblick der jungen Hofdamen, zu Robert Cecil hätte er gesagt, er habe sein Leben nun einmal der Königin und England geweiht. Smythe gegenüber hätte er die finanziellen Vorteile einer starken Position bei Hofe betont: Schließlich will ich meine Monopole behalten. Eine geschickte Entgegnung zieht immer den Fragesteller ins Kalkül. Übrigens wäre keine unehrlich gewesen.

Vor Doktor Dee verbarg er seine Eitelkeit nicht, der durchschaute ihn sowieso. Natürlich reize es ihn, an der Seite der Königin wieder zu den Mächtigen des Landes zu zählen, und er habe darauf hingewirkt. «Wer zu lange in der Ruhe seines Landgutes lebt, verkümmert.»

Dee widersprach: «Mancher fühlt sich wohl in der Abgeschiedenheit und hat in der Einsamkeit seine besten Ideen. Aber du mußt vor den Augen anderer handeln, willst gesehen werden. Dir hätte auch der Schauspielerberuf Vergnügen gemacht. Der Hof ist deine Bühne, hier findest du deine Partner, deine Widersacher und dein Publikum. Das zieht dich nach Whitehall.»

«Und Sie, Doktor?»

«Ich finde Spaß am Zuschauen, und mir schmeckt auch die kostenlose Suppe aus der königlichen Küche.»

«Ich werde vielleicht wieder an der königlichen Tafel sitzen. Verhält man sich dort anders als früher?»

Dee musterte ihn mit einem gerührten Lächeln. «Du hast schon eine Menge grauer Haare im Bart und fragst den alten Dee noch um Rat.»

«Er hat mir immer geholfen.»

«Rat ist aber heute schwerer zu geben als früher. Und mit der Königin bist du damals auch ohne meine Empfehlungen gut zurechtgekommen.»

«Mit jüngeren Ladys kam ich immer gut zurecht, Doktor Dee, aber jetzt ist sie vierundsechzig.

«Und klammert sich an Essex' Jugend.»

«Finden Sie das verwerflich?»

«Gefährlich», sagte Dee, «bei seinem krankhaften politischen Ehrgeiz sehr gefährlich. Da steckt mehr als Eitelkeit dahinter, mein Junge.»

«Bei Verhandlungen besitzt er wenig Geschick. Sie kennen ja das Cadizer Fiasko.»

«Er münzt es zu seinem Verdienst um. Wenn Wünsche und Fähigkeiten nicht übereinstimmen, ist's um so schlimmer. Ich habe ihn beobachtet und sein Horoskop gestellt. Er wird Verwirrung stiften und Unheil anrichten», prophezeite Doktor Dee. «Versuch, mit ihm auszukommen, aber laß dich nicht von ihm einfangen!»

Im großen Audienzsaal wartete der Hofstaat auf die Königin. Raleigh sah viele vertraute Gesichter.

Henry Howard hinkte auf ihn zu, erkundigte sich nach seinem Bein und tätschelte ihm mitfühlend die Hand. Nun sind wir Leidensgefährten, sollte das heißen.

Oxford umarmte ihn und stellte ihm einen Freund vor, der vor kurzem den Sprung in den inneren Kreis der Königin geschafft hatte: Lord Cobham aus der einflußreichen Familie Brookes. Der junge Lord trug das Kennzeichen aller Brookes in seinem ovalen, leicht verfetteten Gesicht: eine auffallend lange Nase. Sein kurzes schwarzes Haar und der dichte Vollbart kräuselten sich stark und ließen einen Schuß Blut von einem anderen Kontinent in seinen Adern vermuten.

«Zeig ihm doch mal deinen Dolch, Henry.»

Cobham ließ sich nicht zweimal bitten und zog seine Waffe aus dem Gürtel. Ihr dicker, langer Griff stand im auffallenden Kontrast zu der kurzen Scheide. Cobham schraubte einen elfenbeinernen Verschluß ab, aber Raleigh war an den Eigenheiten des Dolches nicht sonderlich interessiert. Die Königin mußte jeden Augenblick erscheinen.

Cobham hielt Raleigh den Dolch hin. Whiskygeruch stieg aus dem hohlen Griff in seine Nase. Er nahm geistesabwesend einen Schluck.

«Du bist nervös», konstatierte Oxford. «Hast du Angst, den Kniefall oder den Handkuß verlernt zu haben»

«Ich habe die Königin fünf Jahre lang nicht gesehen, Edward. Du verstehst nicht, was das für mich bedeutet.»

Wie aus der Ferne drang Cobhams Stimme an sein Ohr. Shakespeare habe seinen Ahnen Sir John Oldcastle in zwei seiner Stücke konterfeit, aber der alte Lord Cobham habe gegen die Verwendung seines Namens protestiert. Nun gehe er als John Falstaff über die Bühne. «Hätte sich der Dicke nie träumen lassen!»

Ein Trompetenstoß ließ Cobham verstummen. Die Königin betrat hinter ihren Pagen den Saal. Ihre Hofdamen geleiteten sie zum Thronsitz. Sie hielt sich sehr aufrecht, und ihre schlanke Gestalt wirkte in dem weißen perlen- und diamantenbesetzten Kleid keinesfalls matronenhaft. Unter ihrem Blick erstarben die Gespräche, aber mit einer Handbewegung gab sie die Erlaubnis, die Unterhaltung fortzusetzen.

Der Zeremonienmeister rief den einen oder anderen hohen Herrn aus der Gesellschaft zur Königin. Die Reihe kam an Raleigh. Er ging auf den Thron zu, blieb stehen und beugte das Knie ohne Hast. Die Bewegung verriet den geübten Höfling, aber das kurze Zögern vor dem Kniefall deutete an, daß er sich seines Wertes und seiner Würde bewußt blieb.

Sie reichte ihm die Hand zum Kuß. Der Handrücken war glatt und weiß wie der einer jungen Frau. Dann blickte er ihr ins Gesicht und hatte Mühe, sein Erschrecken zu verbergen. Wie sehr war sie in den letzten fünf Jahren gealtert! Die feuerrote Perücke und die starke Schminke auf der welken Haut konnten nicht darüber hinwegtäuschen.

«Ich freue mich, Sie wieder in meiner Gesellschaft zu sehen, Sir Walter», sagte sie und fügte noch einige höfliche Sätze hinzu.

Er hatte Mühe, sie zu verstehen, und als sie den Mund ein wenig weiter öffnete, sah er, daß ihr auf der linken Seite fast alle Zähne fehlten. Er fürchtete schon, sie würde ihn ohne ein persönliches Wort entlassen, als sie flüsternd fortfuhr, sie sei ein wenig müde, aber sie hoffe, an einem der nächsten Tage länger mit ihm sprechen zu können.

«Sie bleiben doch in Unserer Gesellschaft, Walter, nicht wahr?»

Er beugte sich erneut über ihre Hand. «Es wird mir eine Ehre sein, Eure Majestät.»

Er war glücklich und gleichzeitig bedrückt. Aber seine Sorge, sie könne ihre Spannkraft eingebüßt haben, war unberechtigt. Es war eine Lust zu hören, wie sie den polnischen Gesandten zurechtwies.

Der Herr aus Warschau klagte in einer wohlpräparierten lateinischen Rede, Englands Schiffe kontrollierten den Kanal und unterbänden wider alles Recht den Handel neutraler Staaten mit Spanien.

Elisabeth unterbrach ihn wütend und lautstark: «Hat Sie Ihr König deshalb hierhergeschickt?» Sie ließ ihn nicht mehr zu Wort kommen, tadelte die Kurzsichtigkeit des polnischen Königs und seinen Gesandten, der in aller Öffentlichkeit wage, sie anzugreifen. «Bevor Sie politisches Recht studieren, sollten Sie Bücher über gutes Benehmen lesen, mein Herr!»

Der junge Gesandte zog sich eingeschüchtert unter vielen Bücklingen zurück.

«Verdammt noch mal, meine Lords, heute hab ich mein eingerostetes Latein wieder einmal nach Herzenslust üben können», rief die Königin lachend, als er zum Saal hinaus war. Dabei zwinkerte sie Raleigh zu, als wolle sie ihm zu verstehen geben: Da sehen Sie, Walter, ich gehöre noch nicht zum alten Eisen!

Wenige Tage später empfing Elisabeth ihn in dem Raum, in dem sie ihm die erste Audienz unter vier Augen gewährt hatte. Hier hatte sich nichts verändert. Das Spinett stand an der gleichen Stelle, die Laute hing noch immer an der Wand mit der dunklen Ledertapete, und im Sessel saß eine Königin, die im matten Kerzenlicht nicht so alt wirkte wie auf dem Thron in dem großen, hellen Saal.

«Können Sie sich an das erste Gedicht erinnern, das ich Ihnen hier vortrug, Majestät», sagte er weich. «In ihrer Klarheit übertreffen deine Augen ...»

«Ach, hören Sie auf damit!» Dann freundlicher und ein wenig spöttisch: «Sie haben wie bei Ihrem ersten Besuch ein gelbes Wams und blaue Hosen an. Sie sehen, ich habe es nicht vergessen, aber älter sind Sie dennoch geworden. Was macht Ihr Bein?»

«Es geht besser.» Er war dankbar, daß sie ihm über seine Verlegenheit half, in die er sich mit der Kleidung selbst gebracht hatte. Er hätte nicht in diesem Aufzug kommen sollen. Sie trug ja auch nicht das rötliche Samtkleid ihrer ersten Begegnung, sondern ein dunkles Gewand ohne Spitzenborten und Perlenbesatz, das schlichteste Kleid, in dem er sie je gesehen hatte. Wie damals hatte er mehr an die Frau als an die Königin gedacht, aber die Frau hatte sich natürlich verändert, und Essex hatte er bei seinen Überlegungen außer acht gelassen.

Sie erklärte, was er schon verstanden hatte. «Es ist zwecklos, sich in Erinnerungen zu verlieren, solange man tätig ist. Wer von der Erinnerung zehrt, kann sich begraben lassen, mein Freund, und nichts ist wiederholbar.»

Gut denn. Essex sang heute hier die Lieder zur Laute. Offenbar hatte sie nicht die Absicht, die alten Scherze fortzuführen, ihn gegen den Earl auszuspielen, die Galanterie beider zu fordern und sich an ihrer wechselseitigen Eifersucht zu wärmen.

Aus der Art, wie sie sich nach seinem Sohn Wat erkundigte, spürte er, daß sie ihm seine Heirat noch immer nicht ganz verziehen hatte. Er gab flüchtig über Wat und Sherborne Auskunft und erwähnte seine Frau nicht. Dafür redete er ausführlicher über Cadiz und die spanische Seemacht.

Sie hörte aufmerksam zu. Deshalb habe sie ihn ja hergebeten. Bei aller Hochachtung vor dem Earl of Essex wisse sie seine, Raleighs, Verdienste wohl zu schätzen. Sie brauche ihn und seine Erfahrungen. Die Lage sehe für England nicht so günstig aus, wie es auf den ersten Blick scheine. Heinrich IV. von Frankreich, ihr natürlicher Verbündeter, strebe nach einer Aussöhnung mit König Philipp. Damit verstärke sich der spanische Druck auf die Niederlande und England. Dazu habe sie große Sorgen mit den rebellischen Iren. Sie müsse eine neue Streitmacht nach Irland entsenden. Das Geld reiche nicht hinten und vorn, aber die City zeige sich nicht mehr so einsichtig wie früher. Sie bat ihn, seinen Einfluß auf die Kaufleute, zu denen er doch gute Beziehungen habe, in ihrem Sinne geltend zu machen.

Als sie ihn huldvoll entlassen hatte, war er ein wenig enttäuscht. Sie hatte ihn nur empfangen, weil sie ihn brauchte, dachte aber nicht daran, das alte vertrauliche Verhältnis wiederherzustellen. Und dennoch: es war ein Anfang, auf dem man aufbauen konnte.

«Ob sie von unserem Verhältnis weiß?» fragte er Alice bei seinem nächsten Besuch in der Lombard Street.

«Möglich», sagte sie, «aber vielleicht ist sie nicht mehr so prüde. Neulich erzählte Thomas, sie habe bei einem Ball ein Kleid getragen, bei dem man ihr bis auf den königlichen Bauchnabel sehen konnte.»

«Was hast du dagegen?» Raleigh warf einen anzüglichen Blick auf Alices tiefes Dekolleté.

«Ich bin neununddreißig und nicht vierundsechzig, aber daran scheinst du nicht zu denken.»

«Ich würde dich gern häufiger sehen, aber ich habe zuwenig Zeit», entschuldigte er sich halbherzig und erzählte von Sherborne, von seinen Bemühungen, eine zweite Guayana-Expedition zuwege zu bringen – Keymis sei wieder zu einer Erkundungsfahrt ausgelaufen –, redete auch von neuen Verpflichtungen am Hofe, alles wachse ihm über den Kopf.

Sie gähnte laut. Er hörte auf zu sprechen.

«Früher warst du auch nicht ohne Beschäftigung und kamst häufiger.»

«Vielleicht brauche ich gar keine Frau mehr», sagte er ärgerlich, weil sie ihm so gelangweilt zugehört hatte.

«Vielleicht stimmt das sogar, mein Lieber.» Sie lehnte sich auf dem Diwan, auf dem sie nebeneinander saßen, leicht zurück, stützte die Arme auf und flüsterte: «Ich habe ja meine Erinnerungen. Nur gehe ich mit ihnen anders um als die Königin.»

«Wieso?» fragte er zerstreut.

«Ich frische Erinnerungen auf. Neulich war ich wieder im Bear Garden.»

Etwas in ihrer Stimme ließ ihn aufhorchen. Er wandte sich ihr zu. Sie sah ihm mit halbgeschlossenen Augen ins Gesicht und strich dann mit dem Zeigefinger über seine Stirn. «Hier hast du eine neue Falte. Die kenne ich noch nicht.»

«Wie war es im Bear Garden?»

«Das übliche. Hinterher bin ich mit einem Kerl in den Anchor gegangen. Wir haben zusammen getrunken, wie wir beide damals zusammen getrunken haben.»

«Und?» fragte er mit belegter Stimme. «Hast du ihn mit nach Hause genommen?»

«Ich habe ihn nicht mitgenommen. Ich bin mit ihm an die Themse gegangen. Die Erde war noch warm von der Hitze des Tages, und der Mond schien, und es ...»

«Hör auf!» Er hielt sich die Ohren zu, und dann schimpfte er sie eine Hure.

Sie lachte.

Er hob die Hand zum Schlag, besann sich aber, zog ihr die Arme weg und warf sich auf sie. «Du verdammte Hure», wiederholte er, während er an ihren Kleidern zerrte. Er stellte sich vor, wie sie es mit dem andern getrieben hatte.

Nachher saßen sie still und verwundert nebeneinander.

Sie küßte ihn zärtlich. «Es ist doch alles nicht wahr, Walter.»

Er glaubte ihr nicht. Es sei ihm egal, sagte er und behauptete, daß er sie liebe.

Er blieb die ganze Nacht bei ihr. Sie lagen lange wach und versuchten, ihre Gefühle in Worte zu fassen. Er klagte sich an, sie vernachlässigt zu haben. Alices Fragen zeigten ihm, wie sehr sie noch immer an seinem Leben Anteil nahm. Eine bessere Freundin konnte er nicht finden. Wie selbstverständlich kamen sie auf seine Sorgen und beratschlagten, wie man Smythe und die anderen Kaufleute dazu bringen könne, die Geldwünsche Ihrer Majestät zu erfüllen. Auch über Raleighs Verhältnis zur Königin sprachen sie. Damit könne er zufrieden sein, meinte Alice, jetzt wo er nicht mehr den Narren und verliebten Gockel zu spielen brauche. Das sei ihm doch immer schwergefallen.

«Nicht immer», sagte er. «Ich habe sie wirklich geliebt, anders als dich natürlich. Ich habe ihre kleinen Schwächen belächelt, aber ich mochte sie. Wenn sie mich ermutigt hätte, mit ihr zu schlafen, wäre das körperliche Begehren von selbst gekommen.»

«Warum fragen wir uns alle so gern, was gewesen wäre, wenn ...», murmelte Alice.

«Vielleicht, weil wir nur ein Leben haben und doch zwei- oder dreimal leben möchten», erwiderte er.

Im September kettete ihn ein neues Flottenunternehmen gegen die spanische Küste an Essex. Der Earl führte das Oberkommando, Raleigh und Lord Howard von Effingham waren seine Vizeadmirale. Ungünstiges Wetter zwang sie zur Änderung der Pläne. Bei den Azoren lauerten sie erfolglos der spanischen Silberflotte auf. Essex suchte, ohne ihn zu informieren, mit seinem Geschwader im Alleingang sein Glück. Es kam zu einer heftigen Auseinandersetzung. Essex beschuldigte Raleigh der Befehlsverweigerung und wollte ihn auf der Stelle hinrichten lassen. Lord Howard von Effingham vermittelte.

In London beklagte sich Raleigh bei Robert Cecil über Essex: «Stellen Sie sich vor, der Earl bestand auf einer Entschuldigung! Und ich war mir keiner Schuld bewußt.»

«Welche Demütigung für Sie, mein Freund», sagte der Bucklige, der nun ganz die Stelle seines schwerkranken Vaters eingenommen hatte, mitfühlend und ließ seinen eigenen Empfindungen freien Lauf: «Lord Essex bildet sich viel auf seine Herkunft ein. Der Stammvater seiner Familie war ein Gefolgsmann Wilhelm des Eroberers. Wir sind in seinen Augen nur Domestiken der Königin. Als er an den Hof kam, besaß er wenig Vermögen. Die Königin hat ihm sein stumpfes Wappenschild aufpoliert, und er dankt es ihr mit Unverschämtheiten. Wie er sich aufspielte, als sie gegen seinen Willen den Bruder des Lordadmirals zum Earl of Nottingham gemacht hatte.»

«Und die Königin?»

«Grollte ihm zuerst, dann ernannte sie ihn zum Earl Marshal of England, zum Großzeremonienmeister. Unter uns, sie hängt an Essex wie eine alternde Geliebte an einem jungen Mann, und er nutzt es weidlich aus.»

«Vielleicht überspannt er einmal den Bogen.»

«Er wird uns noch Kummer machen, Sir Walter.»

Raleigh hätte Essex gern von seinem hohen Roß heruntergeholt, aber er konnte ihm nur Nadelstiche versetzen. Beim Turnier zu Ehren der Thronbesteigung Elisabeths ordnete er an, daß die königliche Wache ihre Hüte mit orangefarbenen Bändern und Federn schmückte, der Farbe von Essex' Gefolgsleuten. Darüber ärgerte Essex sich so, daß nur das Einschreiten der Königin ein Handgemenge verhinderte. Um so erstaunlicher war das Verhalten des Earls beim nächsten Hofball. Da legte er Raleigh wie einem guten Freund den Arm um die Schulter und renommierte mit seinen Amouren am Hofe.

«Haben Sie keine Angst, daß ich die Königin über Ihre Eskapaden unterrichte, Mylord?» fragte Raleigh und entzog sich Essex' Arm.

«Warum sollten Sie?»

Die mit ehrlichem Erstaunen vorgebrachte Frage verblüffte Walter. Dieser Mann hatte ihn bei den Azoren gedemütigt, vor ein paar Tagen angeschrien, und jetzt plauderte er vertraulich über intime Dinge. Vielleicht hatte Cecil recht, und Essex sah in seiner Selbstüberschätzung nur Diener in ihnen, die man bestraft oder schilt und von denen man Verschwiegenheit erwartet. Oder war der Earl einfach unvernünftig?

Auch in einer anderen Hinsicht blieb er Raleigh ein Rätsel. Trotz seines Stolzes auf seinen alten Adel tat Essex alles, sich unter den Soldaten und in der City lieb Kind zu machen. Unter Berufung auf sein königliches Privileg hatte er in Cadiz achtundsechzig Offiziere in den Adelsstand erhoben, während Elisabeth nach der großen Seeschlacht anno achtundachtzig nur vier mit dieser Auszeichnung bedacht hatte.

In der Londoner Cityhall oder in Essex House tafelte er mit den Ratsherren. Wenn er durch die Stadt ritt, verteilten seine Diener Kupfermünzen unter die Leute. Er hob einen kleinen Jungen zu sich aufs Pferd, ritt mit ihm zur nächsten Ecke und legte ihn der stolzen Mutter in den Arm zurück, denn er wußte, wie förderlich für die Popularität hoher Herren ihre zur Schau gestellte Kinderfreundlichkeit war. Die Londoner schrien «Hoch lebe Essex!» fast schon lauter als «Hoch lebe die Königin!»

Am Neujahrstag besuchte Raleigh Alice und Thomas Smythe und erzählte, daß Essex auf dem Empfang, den er am Vormittag gegeben hatte, seine Besucher aufforderte, die Prophezeiungen einer alten Wahrsagerin für die nächsten zwölf Monate zu erraten.

«Ein albernes Spiel», erklärte Raleigh, «bei dem es ihm nur darum zu tun war, mit seinem Witz zu glänzen.»

«Und wie lautete die Lösung?» erkundigte sich Smythe.

«Unsere Insel wird kein Erdbeben verschlingen und keine Flutwelle überspülen. Schlimmeres wird geschehen: Es wird alles bleiben, wie es ist. Das soll die Alte, wie Essex behauptete, gesagt haben.»

«Ich finde den Witz nicht schlecht», meinte Thomas. «Unveränderlichkeit bedeutet Stagnation, Stagnation Rückgang, und das ist schlimm, da hat er schon recht. Eine alte Weisheit, die uns Kaufleuten besonders vertraut ist. Die meisten in der City sagen, es kann nicht bleiben, wie es ist, und viele befürchten, die Königin ist zu alt, Veränderungen durchzuführen.»

«Veränderungen!» wiederholte Raleigh gereizt. «Die City will ihre Macht auf Kosten königlicher Rechte erweitern. Wie dankbar ihr Kaufleute der Königin doch seid!»

«Geschäft und Dankbarkeit sind verschiedene Dinge», erwiderte Smythe kühl.

Im September starb Philipp II. Die Kunde von seinem Tod löste in England Erleichterung aus, denn zeit seines Lebens war er ein gefürchteter Gegner Elisabeths gewesen. Zuletzt hatte Philipp sein Weltreich vom Rollstuhl regiert, aus dem er sich, todkrank, nicht mehr erheben konnte. Der ausgezehrte Leib des mächtigsten katholischen Herrschers war am Ende nur ein Häuflein Elend gewesen.

Da war Elisabeths Lordkanzler Burghley einen Monat vorher würdiger aus der Welt gegangen, nachdem er sein Testament gemacht und die Kinder gesegnet hatte. Man erzählte, Ihre Majestät habe den alten Mann bei ihrem letzten Besuch eigenhändig gefüttert. Die rührende Geschichte hob die Popularität der Königin, aber die Gunst der Engländer besaß, für Raleigh unverständlich, Essex, der neuerdings in Whitehall auftrat, als wäre er der ungekrönte Herrscher. Respektlose Äußerungen des Earls über die Königin wurden Raleigh zugetragen und erhöhten seine Abneigung. Manchmal forderte ihn Essex nicht ungeschickt zur Parteinahme heraus. «Was sagen Sie zu der königlichen Drohung, meinen Freund Southampton und die Vermon in den Tower zu werfen, nur weil sie heimlich geheiratet haben, Sir Walter? Sie haben doch ihre Engherzigkeit in dieser Hinsicht am eigenen Leibe erfahren. Warum sollen Menschen nicht nach ihrem Belieben heiraten? frage ich Sie. Weshalb mischt sie sich ein?»

Man müsse ihre Eigenheiten respektieren, antwortete Walter und wich ins Allgemeine aus. Jeder Widerspruch gegen ihre Entscheidungen untergrabe die königliche Autorität. Daran könne niemandem gelegen sein. «Indem wir den Willen der Königin achten, verschaffen wir England in der Welt Achtung.»

Er war davon überzeugt, daß England seine Geltung und seine Machtstellung der Königin verdankte, daran änderten auch die losen Reden dieses unberechenbaren Peers nichts! Oder verfolgte er andere, nicht geheure Pläne?

Bei einer Aufführung von Shakespeares «Richard II.» im Globe Theatre schenkte Raleigh ihm mehr Aufmerksamkeit als den Vorgängen auf der Bühne. Verdächtig, wie heftig der Earl dem Spiel von Entthronung und Ermordung des Königs applaudierte. Essex saß in einer Seitengalerie mit jungen Edelleuten, Southampton, Mountjoy und Essex' Stiefvater Christopher Blount. Zu Raleighs Erstaunen befand sich darunter auch einer seiner eigenen Cousins, Ferdinando Gorges, Kommandant des Forts von Plymouth. Was hatte der in dieser Gesellschaft zu suchen? Gespannt verfolgten die jungen Herren die Aktionen Bolingbrokes, den rechtmäßigen König zu entmachten. Raleigh beschlich das bange Gefühl, sie betrachteten das Stück als einen Leitfaden zum eigenen Handeln.

Beifall auf offener Szene, als York Bolingbrokes Einzug in London schilderte. Auf Essex' Gesicht stand ein träumerisches Lächeln. Er sah sich als Bolingbroke! Kleine Gruppen der Zuschauer wandten sich nach ihm um und applaudierten ihm, nicht den Akteuren auf der Bühne. Eine besorgniserregende Demonstration! Raleigh erhob sich und verließ das Globe, gefolgt von Arthur, Cobham und anderen Freunden. Auch Oxford schloß sich ihnen an.

Bald darauf sprach Raleigh mit Bacon über den Earl. «Sie rühmen sich, sein Vertrauter zu sein, Francis. Ich würde Ihnen empfehlen, ihm zu mehr Vernunft zu raten.»

«Sein Vertrauter? Wer hat Ihnen das eingeredet?» Bacon sah Walter an, als habe er ihn verleumdet.

«Sie haben sich damals bei unserer kleinen Meinungsverschiedenheit im Parlament selbst Ihrer Vertrautheit mit Essex gerühmt. Ich habe immer Ihr Gedächtnis bewundert. Üben Sie sich jetzt in der Kunst des Vergessens?»

«Auch die will gelernt sein.» Bacon wurde um einiges freundlicher. Er habe Essex vor den Gefahren, in die ihn sein Benehmen gegen die Königin bringen könne, gewarnt. Leider sei Essex ein Mann, der wenig auf den Rat anderer höre. Von einem engeren Verhältnis zwischen ihnen könne man nicht mehr reden. «Das dürfen Sie mir glauben!» setzte er lebhaft hinzu, als läge ihm ernsthaft daran, Raleigh davon zu überzeugen.

Wenig später kam es zwischen der Königin und Essex im Staatsrat zu einem heftigen Zusammenstoß, den man zunächst geheimhalten wollte, von dem man aber dann Einzelheiten durchsickern ließ, um Essex' Popularität zu schmälern.

Raleigh erfuhr alles aus erster Hand von Cecil. Es war wieder einmal um Irland gegangen. Über die Entsendung eines Heeres gegen die aufständischen Iren waren sich Königin und Staatsrat einig, aber über den Oberbefehlshaber gab es zwischen Essex und der Königin Differenzen, erzählte ihm der Minister. «Essex wandte sich von oben herab gegen den Vorschlag der Königin, als habe er ein Schulmädchen vor sich. ‹Ihr Kandidat ist indiskutabel, Madame!› Die Königin wurde bleich. Einen Widerspruch in dieser Art hatte noch keiner ihrer Lords gewagt. Sie wies Essex scharf zurecht. Der Earl kehrte ihr beleidigt den Rükken zu. Die Königin verlor darauf die Beherrschung und schlug ihm mit der Faust gegen sein Ohr. Essex schrie, solche Schmach hätte er sich nicht einmal von der Hand ihres Vaters antun lassen, und griff zum Degen. Ich rief nach der Wache, aber mehrere vom Rat hatten sich schon zwischen die Königin und den Earl gedrängt, und dann stieß ihn die Wache zum Zimmer hinaus. Was für eine Szene, Sir Walter!»

«Vielleicht kam der Eklat zur rechten Zeit, Sir Robert. Vielleicht ist es gut so. Jetzt sind wir ihn los!»

In Whitehall schloß man Wetten ab, ob Essex das Haupt sogleich auf den Block legen müsse oder ob er mit einer strengen Towerhaft davonkäme. In Elisabeth aber siegte noch einmal die Frau über die Königin. Essex durfte sich unbehelligt aufs Land zurückziehen, mehr noch, es kam zur Versöhnung, und im Frühjahr fünfzehnhundertneunundneunzig zog Essex mit einer Armee von sechzehntausend Fußsoldaten und fünfzehnhundert Reitern gegen die Rebellen in Irland.

Die Niederwerfung der Aufständischen war keine beneidenswerte Aufgabe. Raleigh kannte die Iren nur zu gut, und in dem Earl of Tyrone besaßen sie einen entschlossenen Anführer. Die ersten Nachrichten aus Irland bestätigten seine Befürchtungen. Die Taktik der Iren brachte Verluste, auch Krankheit und Desertionen schwächten das Heer. Essex bat um Verstärkung. Aber so viel Geld und Leute, wie er wünschte, konnte ihm die Königin nicht schicken. Essex gab Robert Cecil, Cobham und Raleigh die Schuld und verteufelte sie in Briefen an Elisabeth als falsche Ratgeber Ihrer Majestät. Der Feldzug zog sich in die Länge.

Im Spätsommer erhielt Raleigh eine unglaubliche Nachricht: Die Engländer und das Rebellenheer hatten sich gegenübergestanden. Statt zu kämpfen, hatte Essex mit Tyrone einen Waffenstillstand ausgehandelt. Waffenstillstand? Das bedeutete Niederlage! Schließlich konnte man das Heer in Irland nicht ewig bezahlen.

Neue Überraschungen folgten. Im Morgengrauen des achtundzwanzigsten September riß Arthur seinen Freund in Durham House aus dem Schlaf: «Meldung der Wache, Walter! Essex ist mit einem Trupp Offiziere in Westminster eingeritten und hat sich nach kurzer Rast mit fünf Begleitern nach Lambeth am anderen Themse-Ufer übersetzen lassen.»

«Die sehen Gespenster!» murmelte Raleigh. «Essex ist in Dublin.» Dann wurde er hellwach. «Lambeth sagst du?» Von dort kam man auf dem kürzesten Weg zum Palast Nonsuch, wo sich die Königin aufhielt. Sie wollten nach Nonsuch! Der gescheiterte Essex wollte zur Königin, sich ihr vor die Füße werfen ... oder?

So schnell war Raleigh nie in den Kleidern gewesen. «Mein Pferd!»

Als er in Nonsuch anlangte, fand er den Earl schon in der großen Halle. In bester Laune scherzte dieser mit den Hofdamen und ging mit ausgebreiteten Armen auf Raleigh zu.

«Sir Walter! Welche Freude!»

«Entschuldigen Sie mich, Mylord.»

Raleigh stürmte die Treppe zum Obergeschoß hinauf. «Wie geht es Ihrer Majestät?»

«Alles in Ordnung», meldete der diensthabende Offizier der königlichen Wache.

«Hat sie schon mit Essex gesprochen?»

«Ja, Sir, beim Lever, wie die Franzosen sagen. Er drang in ihr Schlafzimmer ein.»

Im Gegensatz zu den Sitten am französischen Hof empfing Elisabeth niemanden beim Lever, und Raleigh fragte den Offizier ungehalten, warum er Essex passieren ließ.

«Ich stand nicht an der Tür, Sir, und die Posten vor den königlichen Gemächern wagten es nicht, den mächtigen Mann aufzuhalten, der plötzlich in Reisekleidern, verschwitzt, mit verdreckten Reitstiefeln erschien, so daß sie an der Wichtigkeit seiner Mission nicht zweifeln konnten. Und als er drin war, hat die Königin nicht nach der Wache gerufen.»

«Welche Damen waren bei ihr?»

Am Nachmittag wußte Raleigh, was im königlichen Schlafzimmer gesprochen worden war. Die Überraschung Ihrer Majestät, als sie den Earl außer Atem und wider alle Etikette vor sich sah, war groß, wahrscheinlich fühlte sie sich durch sein Eindringen sogar bedroht, aber sie zeigte sich beherrscht und reichte ihm lächelnd die Hand zum Kuß.

Er kniete vor ihr, stammelte ein paar Worte zur Rechtfertigung seines Verhaltens und stieß dann wilde Beschuldigungen gegen Robert Cecil und Raleigh aus. Er habe die Königin sogleich sehen müssen, um Verleumdungen zuvorzukommen. Der Waffenstillstand mit Tyrone sei notwendig gewesen, eine taktische Variante. Im nächsten Jahr würde er die Rebellen endgültig schlagen.

Das hätte sie ihm gewiß geglaubt und ihm auch sein plötzliches Eindringen verziehen, daß er sie aber ungeschminkt sah, eine fahle Frau, der graue Haare ins Gesicht hingen, konnte sie ihm nicht vergeben. Sie versteckte ihre Bestürzung hinter Grobheit. Er solle jetzt gehen und sich umkleiden.

Als er hinaus war, ließ sie sich einen Spiegel bringen. Sie starrte lange auf ihr Bild und flüsterte mehrmals: «Das verzeih ich ihm nie.»

Das hatte sie, wie Raleigh von einer der Hofdamen erfuhr, gesagt, und er dachte: Wie wenig kennt Essex, der Liebling der Ladys am Hofe, die Frauen wirklich.

Am Abend brachte man Essex als Gefangenen nach York House am Strand. Die Sternkammer trat zusammen und beschuldigte Essex, den Krieg in Irland lasch und verantwortungslos geführt zu haben. Der Vertrag mit Tyrone wurde als ehrlos bezeichnet, und Essex' Verlassen Irlands ohne Einwilligung der Königin galt als ein nicht zu entschuldigendes Vergehen, aber ein Urteil über ihn wurde nicht gefällt.

Nach einem Jahr durfte er nach Essex House zurückkehren.

In Durham House saßen Keymis und Hariot über Karten von Guayana und erwogen Pläne, bei der nächsten Fahrt fünfzig oder achtzig Meilen westlich der Orinokomündung vor Anker zu gehen, auf dem Landweg in südlicher Richtung vorzustoßen und den Strom oberhalb des Zusammenflusses mit dem Caroni zu erreichen. Auf diese Weise vermieden sie, sich im Labyrinth des Deltas zu verirren. Natürlich würde es noch einige andere Schwierigkeiten geben. Sie redeten mit Raleigh darüber, aber Walter war wenig interessiert an der Ausrüstung einer neuen Expedition. Er schlug Keymis sogar vor, seine Dienste der neugegründeten East India Company anzubieten, die Männer wie ihn suche.

«Hast du die Sache damals nur so groß aufgezogen, um die Aufmerksamkeit der Königin auf dich zu lenken?» fragte Arthur sarkastisch.

«Guayana wird mich nie loslassen», verteidigte sich Raleigh. «Manchmal wate ich im Traum durch tropische Sümpfe, oder ich gehe auf der Ebene, wo wir die Steine fanden. Ich werde wieder nach Guayana fahren, aber jetzt braucht mich die Königin.»

Die Stadt war voller Gerüchte. Bisher hatte die Königin über ihren Nachfolger nicht entschieden. Nun hieß es, König Jakob wolle sich mit Essex' Hilfe gewaltsam die Thronfolge sichern. Er schicke seine Leute nach London und sei im Begriff, an der Grenze eine Armee zu versammeln. Andere flüsterten, Essex selbst strebe nach dem Thron, und Tyrone habe er hochverräterisch das Amt des Vizekönigs von Irland angeboten. Freunde von Essex behaupteten, Raleigh und Robert Cecil stünden mit den Spaniern in Verbindung und hätten den Thron einem Madrid genehmen Anwärter zugesagt.

Alle Unruhe, darin stimmten Robert Cecil und Raleigh überein, ging von Essex House aus. Am Hofe durfte der Earl nicht mehr erscheinen. Die Königin hatte ihn seiner Ämter enthoben und sein Monopol auf Süßwein, seine wichtigste Einnahmequelle, nicht erneuert. Er war hochverschuldet und mußte etwas unternehmen. Mit Sorge las Raleigh in einem seiner Briefe an den Lordsiegelbewahrer: «Können Könige nicht irren? Kann Untertanen nicht unrecht getan werden? Mögen alle, die von der Gnade der Könige profitieren wollen, jede Beleidigung schlucken, mögen sie deren Unfehlbarkeit auf Erden anerkennen! Ich empfinde das Unrecht, das man mir angetan hat, meine Sache ist gerecht.»

Das hätte die Königin noch hingenommen, nicht aber den Bericht eines Informanten, den ihr Raleigh brachte und in dem es hieß: «Die geistige Beschaffenheit Ihrer Majestät ist so deformiert wie ihr Körper.» Alle schmeichlerischen Briefe, die ihr Essex geschickt hatte, wogen diese Beleidigung nicht auf. Die Königin wurde blaß, ihre Hand mit dem Blatt zitterte.

«Soll ich ihn töten, Majestät?»

Sie tadelte Raleigh nicht, wies aber den Gedanken entschieden von sich. «In Essex House wächst ein Geschwür,

Walter», sagte sie leise. «Es wird reifen und aufbrechen. Vorzeitig gestört, könnte sein Gift nach innen dringen und den Körper verseuchen.»

Mit dem Körper meinte sie England, und sie wußte auch, daß ein ohne erwiesene Schuld hingerichteter Essex zum Märtyrer werden könnte. Abermals siegte ihre Klugheit über ihr Gefühl.

Raleigh bewunderte sie und überprüfte die Zuverlässigkeit der Leibwache. Zwei Offizieren wurden Kontakte zu Essex House nachgewiesen. Er entließ sie auf der Stelle.

Wie an jedem Sonntag läuteten auch am achten Februar sechzehnhunderteins die Londoner Glocken zum Kirchgang. Gewöhnlich begleitete Raleigh um diese Zeit die Königin auf dem Weg zur Kapelle von Whitehall. Heute ging er mit Arthur den Gartenweg von Durham House zur Anlegestelle, wo sie ein kleines Boot bestiegen.

«Nur zwei Ruderer?» fragte Arthur.

«Das war seine Bedingung.»

«Warum hast du sie akzeptiert?»

Raleigh schwieg. Es war ja entschieden. Er würde sich mit Ferdinando Gorges auf der Strommitte vor Essex House treffen.

Gestern hatte er seinen Cousin nach Durham House befohlen. Er konnte Ferdinando befehlen, denn als Vizeadmiral war er sein Vorgesetzter. Ferdinando hatte sich geweigert, wie sich auch Essex geweigert hatte, auf Begehren der Königin in Whitehall vor dem Staatsrat zu erscheinen – ein Zeichen, wie weit die Verschwörung gediehen war. Statt dessen war Ferdinando mit Essex und seinen Anhängern am gestrigen Nachmittag zum Globe Theatre geritten. Der Earl hatte der Schauspielertruppe ein Sonderhonorar für eine Wiederholung von Shakespeares «Richard II.» gezahlt. Informanten berichteten der Königin von stürmischem Applaus, als man Richard die Krone nahm, und Elisabeth wußte, daß nicht Richard, sondern sie gemeint war. Darauf hatte Raleigh die Wachen um Whitehall verstärkt und alle seine Leute in Alarmbereitschaft versetzt.

Die feuchte Kälte drang durch die Kleider. Schneeregen fiel in das graue Wasser der Themse. Kein zweites Boot war zu sehen. Sie ließen sich einige Yard treiben, dann ruderten sie wieder auf die Höhe von Essex House zurück. Arthur befahl den Bootsleuten, sich näher an die Lambether Seite zu halten. Er vermutete eine Falle und hatte Angst vor Scharfschützen in der «Verräterburg».

«Du hättest dich nicht darauf einlassen sollen!»

Das war leicht dahergesagt. Raleigh wollte den Kopf des Cousins retten oder ihn veranlassen, Essex noch einmal ins Gewissen zu reden.

Als Ferdinando kam und ihre Boote Bord an Bord lagen, forderte Raleigh ihn auf umzusteigen. «Wenn du jetzt mit mir fährst, geht es mit ein paar Wochen Fleet-Gefängnis ab.»

Ferdinando erwiderte höhnisch, in Whitehall werde er einziehen, nicht ins Fleet.

«Achtung, Walter!» rief Arthur. Im Eifer des Gesprächs war ihnen ein zweites Boot mit vier Bewaffneten entgangen, das sich rasch näherte. Also doch eine Falle! Raleigh gab der Barke des verräterischen Cousins einen Stoß. «Fahr zur Hölle!» Die Männer legten sich in die Riemen.

Von Essex House feuerten sie eine Salve auf sie ab. Raleigh warf sich zu Boden. Nicht nötig. Die Schüsse lagen zu kurz, und bald gaben auch ihre Verfolger auf. So schnell wie möglich nach Whitehall zurück!

Die Ereignisse überstürzen sich. Die Königin schickt vier Mitglieder des Staatsrates mit einer letzten Warnung zu Essex. Kurz darauf meldet der Sekretär des Lordsiegelbewahrers, der Earl betrachte die hohen Herren als seine Gefangenen und Geiseln.

Kampf also! Raleigh eilt in voller Rüstung zur Königin. Ihre Majestät soll ihm befehlen, mit der königlichen Wachtruppe Essex House zu stürmen. Auf dem Weg durch die Gänge von Whitehall siegt sein kühler Kopf über das erhitzte Blut. Die Königin darf nicht ungeschützt bleiben. Er muß auf Verstärkung aus den umliegenden Grafschaften warten und Whitehall gegen einen möglichen Angriff sichern. Vor den königlichen Gemächern kehrt er um, läßt Stallknechte, Troßbuben und alle entbehrlichen Leute im Hof zusammentrommeln. «Versperrt die Zugänge zum Schloß! Errichtet Barrikaden!»

Arthur schickt er mit kleiner Begleitung in Richtung Essex House. «Beobachte die Bewegungen des Earls und halte mich auf dem laufenden.»

Er berät sich mit Cecil und Oxford. Sie verstärken die Palastwache durch Hofleute und Pagen. Nach Ferdinandos prahlerischer Aussage haben sich zweitausend um Essex geschart. Das ist, wie Arthurs erste Meldung zeigt, unmäßig übertrieben. Essex galoppiert mit nur wenig mehr als zweihundert Leuten der Stadt zu.

Raleigh bittet Oxford, mit ihm in die City zu reiten.

«Willst du Essex in der Stadt zum Kampf stellen?» fragt Oxford.

«Nein, aber wir müssen uns in der City zeigen und verhindern, daß er die Londoner für sich gewinnt.»

Raleigh übergibt seinem Stellvertreter die Befehlsgewalt in Whitehall, jagt mit Oxford und drei Dutzend ausgewählten Leuten nach London.

Bürger stecken ihre Köpfe zum Fenster heraus.

«Essex will die Königin stürzen und sich selbst auf den Thron setzen. Hört nicht auf den Hochverräter Essex!» schreien die Männer in Raleighs und Oxfords Gefolge.

Die Gesichter in den Fenstern sind verwirrt. Man hat noch die Rufe aus Essex' Schar im Ohr, die eben vorbeigaloppierte.

«Raleigh und Cecil sind Verräter!»

«Schützt die Königin vor dem spanischen Komplott!»

«Für die Königin!»

«Für die Königin!»

Befehden sich die hohen Herren untereinander? Man bleibt besser in der Stube und hält die Türen verschlossen.

Jemand ruft aus dem Fenster: «Gott bewahre uns vor Rebellion, Sir Walter!»

In der Cheapside meldet einer von Arthurs Männern Raleigh: «Viele haben Essex' Gefolge verlassen. Der Earl hat nur noch ein halbes Hundert Begleiter.»

Raleigh überlegt. Was bleibt Essex nun übrig? Er wird versuchen, durch das Ludgate die Stadt zu verlassen und nach Essex House zurückzukehren. Zum Ludgate! Sie versperren mit Eisenketten den Zugang zum Tor. Essex erkennt das Hindernis, versucht keinen Durchbruch. Als Fluchtweg bleibt ihm nur die Themse. Mit wenigen Begleitern erreicht er im Boot das Wassertor seines Hauses.

In der Kapelle von Whitehall spricht der Bischof für die Königin ein Dankgebet, während der Lordadmiral mit einem starken Aufgebot, auch Artillerie führt er mit sich, vor Essex House rückt. Raleigh reitet neben ihm, bei diesem Kampf will er dabeisein, und die Königin hat ihre Zustimmung gegeben.

Sie brauchen Essex House nicht zu stürmen. Der Earl erkennt die Aussichtslosigkeit seiner Lage und gibt sich gefangen.

Diesmal gibt es keinen Pardon. Am Aschermittwoch muß er im Tower sein Haupt auf den Block legen. Nach vollzogener Hinrichtung hebt der Scharfrichter den blutenden Kopf an den Haaren auf, zeigt ihn den Zuschauern und ruft: «Gott schütze die Königin!»

«Gott schütze die Königin!» Seufzer und lautes Weinen mischen sich in das Echo der Umstehenden.

Raleigh, in seinem Amt als Captain der königlichen Leibwache Zeuge der Exekution, empfindet weder Triumph noch Mitleid. Coke macht ein Gesicht, als habe er eben einer Krönung beigewohnt. Die Gerechtigkeit hat ihren Lauf genommen. Was schon bei Essex' befehlswidriger

Rückkehr aus Irland hätte geschehen sollen, war geschehen.

Als Raleigh neben dem Ersten Kronanwalt in Richtung Themse geht, schließt sich ihnen Bacon an. Er hält sich an Cokes Seite, denn er und Walter hegen wenig Sympathie füreinander.

Walter möchte Francis Bacon fragen, warum er beim Prozeß in der Westminsterhall am schärfsten von allen gegen seinen ehemaligen Gönner Essex aufgetreten ist, aber er schweigt. Ihr Verhältnis ist gespannt genug.

Francis fühlt selbst die Notwendigkeit einer Rechtfertigung, kleidet sie aber in eine seiner Sentenzen. Es sei eine seltsame Kausalität, nach Macht über andere zu streben und gleichzeitig die Herrschaft über sich selbst zu verlieren, behauptet er in bezug auf Essex.

«Kein Gipfel ohne steil abstürzende Wände», setzt Coke abrupt hinzu. Vielleicht will er dem klugen Francis beweisen, daß er nicht nur die Gesetze, sondern auch seinen Seneca kennt. Raleigh findet den Spruch unpassend, aber er nickt, und Bacon murmelt etwas Zustimmendes. Im Grunde sind alle drei froh über den Ausgang der Affäre. Ihre Zufriedenheit verbindet sie für den Rest des Weges, aber die Strecke ist kurz.

DIE LAST DER JAHRE

An seinem fünfzigsten Geburtstag erlaubte die Königin Walter, in ihrer Gegenwart die von ihm geliebte Pfeife zu rauchen. Er war gerührt, denn er kannte die königliche Empfindlichkeit gegen den stinkenden Qualm.

Zu Alices Geschenken gehörte eine Flasche Lebens- und Liebeselixier aus dem Orient – für spätere Jahre. Noch sei er ja prächtig beisammen, ein Vorteil der Fünfziger. Sie besäßen Reife und Übersicht, ohne schon von den Leiden des Alters geplagt zu sein.

Thomas wünschte ihm Frische und Einsicht in die neuen Notwendigkeiten. Dahinter verbarg sich sein nun schon penetranter Appell, die Königin an ihr Reformversprechen zu erinnern und für die Abschaffung der Monopole zu wirken. Selbst bei der Gratulation hatte Thomas seine Interessen im Kopf. «Er geht mit seinen Geschäftsbüchern schlafen», klagte seine Frau. Arme Alice! Die lästige Beharrlichkeit, mit der Thomas immer wieder auf dieses Thema zurückkam und von ihm verlangte, den Ast abzusägen, auf dem er saß, ärgerte Raleigh: «Fordere ich denn von dir, deine Schiffe zu versenken?»

Thomas betete erneut die ganze Litanei gegen die Monopole herunter und geißelte das Drohnendasein ihrer Inhaber.

Hier hakte Raleigh ein. Thomas solle sich seine Zinnbergwerke ansehen. Dort habe er das Geld aus dem Zinnmonopol hineingesteckt und neue Pumpen und Ausrüstungen gekauft. Die Bergleute stünden nun nicht mehr den ganzen Tag bis zu den Knien im Wasser, sie verdienten auch mehr, denn die Förderung sei enorm gestiegen. Im übrigen sei die Vergabe von Monopolen ein altes Recht der Königin.

«Nicht alles, was Recht ist, ist heute noch richtig.»

Raleigh sagte wütend, es stünde keinem Kaufmann zu, an der Macht des Thrones zu rütteln. Hinterher bereute er seine Heftigkeit. Diese Streitereien kühlten ihr freundschaftliches Verhältnis ab. Er sollte flexibler reagieren und sich ein Beispiel an der Königin nehmen. Wie geschickt hatte Elisabeth ihr letztes Parlament behandelt! Dort hatten die Herren der City eine lange Liste von Anis über Salz und Seife bis zum Strumpfband verlesen, alles mit Monopolen belegte Waren, sie hatten die damit verbundene Verarmung und Versklavung der Untertanen laut angeprangert und sich als Interessenvertreter des Volkes aufgespielt.

Die Königin hatte im rechten Moment eingegriffen, eine Prüfung der Forderungen zugesagt, die Wogen des Unmuts geglättet und eine prächtige Rede gehalten. Darin war viel von ihrer Liebe zu ihrem Volk zu hören gewesen. Niemandem läge das Wohl ihrer Untertanen so sehr am Herzen wie Ihrer Britischen Majestät. Gute Worte zur rechten Zeit! Der Text war sogleich im Druck erschienen, und Cecil hatte von einer «goldenen Rede» gesprochen. Die angekündigte Reform kam indes nur zögernd in Gang – man kannte das.

Raleigh schalt sich einen Dummkopf. Das nächste Mal wollte er Smythe mit Versprechungen besänftigen. Er war eben kein Diplomat! Kein Wunder, daß er noch nicht im Staatsrat saß. Er mußte lernen, geschmeidiger zu reagieren, persönliche Belange zurückzudrängen, die richtigen Freunde zur richtigen Zeit zu haben. Mit Fünfzig hatte die Karriere manches Politikers erst begonnen. Konnte man Eigenschaften wie Kleidungsstücke ablegen? Das Ziel, ein Platz im Staatsrat, lohnte den Versuch. Er wollte Anpassungsfähigkeit zeigen.

Deshalb bemühte er sich auch um ein engeres Verhältnis zu Coke, obwohl ihn die Gespräche mit dem Ersten Kronanwalt langweilten. Coke besaß keinen Sinn für Poesie.

Selbst wenn sie über Theaterstücke sprachen, klangen seine Sätze wie Zitate aus Rechtsbüchern.

Die Unterhaltungen mit Bacon machten ihm mehr Spaß. Francis war witzig und schlagfertig. Freilich überschritt er wie bei ihren Debatten in der Studentenzeit noch immer rasch die feine Grenze zwischen Ironie und Zynismus, aber Raleigh mußte ihm zugestehen, daß sein von jeher scharfes Urteilsvermögen an Reife gewonnen hatte. Der Königin war er ein geschätzter Ratgeber geworden, zweifellos ein Mann mit Zukunft.

Raleigh schien es geraten, ihm seine Bewunderung zu zeigen. Er lobte Bacons Pamphlet über die hochverräterischen Umtriebe des hingerichteten Earls of Essex und tat, als sei Bacon nie der engste Vertraute des Toten und Nutznießer seiner Gunst gewesen. «Sie haben eine Meisterleistung vollbracht, Francis», sagte er ohne Ironie.

Bacon reagierte prahlerisch: «Die Königin hat mir eintausendzweihundert Pfund Lohn für meine Dienste gegeben.»

«Eine verdiente Anerkennung und hoch zu veranschlagen. Schließlich zeigt sich Ihre Majestät selten so freigebig.»

«Ich habe ein paar Abhandlungen über menschliche Eigenheiten geschrieben, Sir Walter. Es wäre mir eine Ehre, wenn Sie die Blätter lesen würden. Sie haben bewundernswerte Gedichte verfaßt. Daher ist mir an Ihrer Meinung gelegen.»

Bacon reichte ihm ein Dutzend engbeschriebener Seiten.

Die Aufsätze, Essays nannte sie Bacon, bestachen durch feine Beobachtung und knappe Formulierungen. Am Anfang einer Schrift las Raleigh: «Die natürliche Anlage des Menschen wird oft verdeckt, zuweilen überwunden, selten ausgelöscht. Durch gewaltsame Unterdrückung kehrt sie nur gewaltsamer wieder.»

Der Satz bewahrheitete sich bei Raleighs Zusammentreffen mit dem außerordentlichen Gesandten des schottischen Königs in London. Der Earl of Lennox ließ sich seit einigen Wochen von hohen Lords bewirten und kam auch an den Hof. Eigene Einladungen sprach er nicht aus. Natürlich. Die Schotten waren für ihren Geiz bekannt.

Bei einem Gastmahl in York House saß er neben Raleigh. Zufall? Der schottische Earl stank nach Knoblauch und war nach ein paar Gläsern Wein von plumper Vertraulichkeit.

«Walter», sagte er, «wie stehen Sie zu der Nachfolge meines Herrn auf den englischen Thron?»

Walter vergaß alle Vorsätze, diplomatisch zu reagieren. «Mylord», erwiderte er, «noch regiert Ihre Britische Majestät in England, und Ihre Frage ist mehr als geschmacklos. Die Treue zu meiner Königin und die Hoffnung auf ihr langes Leben verbieten mir, auch nur einen Gedanken an die Antwort zu verschwenden.»

«Bravo, Walter. Ich hätte nicht anders gesprochen», sagte Cecil am nächsten Tag, als sie im Park von Whitehall spazierengingen. «Der Versuch dieses Lennox, sich in englische Dinge zu mischen, ist eine Anmaßung. Jeder wünscht der Königin eine lange Regierungszeit. Wenn jemand das Recht hat, sich Gedanken über die Zukunft zu machen, dann die Männer, die mit Ihrer Majestät die Verantwortung tragen. Sie müssen eines fernen Tages die Königin bei ihrer Entscheidung beraten.»

Darauf kam Cecil zur Thronfolge und zu den möglichen Anwärtern. Nicht nur Jakob sei ein Prätendent, sondern auch die aus dem jüngeren Zweig der schottischen Königsfamilie stammende Arabella Stuart.

Raleigh zeigte, daß er Bescheid wußte: «Lady Arabella hat die größeren Rechte. Sie ist in England geboren und besitzt englisches Land, eine Voraussetzung, die englische Krone zu tragen. Jakob schließt das Gesetz vom Erbe englischen Bodens aus, denn er ist in Schottland zur Welt gekommen», erklärte er Cecil, dem dies gewiß nicht unbekannt war. «Außerdem – haben wir nicht gute Erfahrungen mit einer Herrscherin gemacht?»

«Bei Gott, das haben wir», bestätigte Sir Robert warmherzig und fügte ein paar zustimmende Sätze an. Dann wechselte er das Thema und äußerte sich begeistert über den Aufenthalt seines Sohnes Will in Sherborne. «Er hat ein paar Pfund zugenommen und rote Wangen bekommen. Ihre Frau hat ihn verwöhnt, und mit ihrem Wat hat er sich gut angefreundet.»

Als er sich von Cecil verabschiedet hatte, warf sich Raleigh vor, wie schon im Gespräch mit dem schottischen Gesandten nicht diplomatisch genug gewesen zu sein. Offenbar waren beide nicht nur an seiner Meinung interessiert, sondern wollten ihn für ihre Pläne und Absichten gewinnen, und es war dumm von ihm, die Entscheidung über die Nachfolge Elisabeths hinausschieben zu wollen. Schließlich war sie fast siebzig Jahre alt, und wenn sie starb, was würde dann aus ihm?

Andere waren aktiver als Raleigh. Robert Cecil entging die nachlassende Kraft der Königin nicht. Er merkte es vor allem daran, daß sie ihn mit immer mehr Aufgaben belastete und ihm Dinge überantwortete, um die sie sich früher selbst gekümmert hatte. Auf seinem Schreibtisch türmten sich Akten und Briefe. Er saß bis tief in die Nacht über den Papieren. Niemand, am wenigsten die Königin, konnte ihm Versäumnisse vorwerfen.

Am Wochenende löste sich Robert Cecil von seinen Verpflichtungen und fuhr auf sein Landgut. Theobalds lag nur zehn Meilen von London entfernt, aber es schien ihm klüger, hier mit Henry Howard zusammenzutreffen und nicht in Whitehall oder in seinem Haus am Strand.

Von keinen Schlaglöchern behindert, rollte die Kutsche nach Norden. Nur wenige Straßen des Königreichs befanden sich in so ausgezeichnetem Zustand wie der Weg zum Landsitz des Ersten Ministers.

Während der bequemen Fahrt beschäftigte sich Sir Robert mit Francis Bacons Schrift «Über körperliche Fehler», die eine empfindliche Seite in ihm berührte und ihn beim ersten Lesen sehr geärgert hatte.

Jetzt, während die Kutsche durch die grüne Landschaft rollte, gewann er einen größeren Abstand zu dem Text, und er begann ruhig zu prüfen, ob die eine oder andere Behauptung auf ihn zutraf, zum Beispiel die, daß der Mißgestalte den Gesunden beneide. Beneidete der Krüppel Robert Cecil den gesunden, gutaussehenden Walter Raleigh? Das war wohl möglich, aber wenn er gegen den edlen Sir Walter intrigierte, dann hatte das gewiß nichts mit seinem Buckel zu tun. Es hatte politische Gründe. Wenn Raleigh sich gegen den Earl of Lennox derartig tolpatschig benahm, war ihm schließlich nicht zu helfen. Wie konnte ein in Philosophie, Geschichte und Poesie bewanderter Mann so kurzsichtig sein!

Hinter einem Hügel tauchten die Türme von Theobalds auf. Die Straße weitete sich zu einer mit Kastanien gesäumten breiten Allee. Wenig später hielt die Kutsche vor der Auffahrt zum Schloß. Cecils Vater hatte das kleine Landhaus Theobalds in einen Palast mit drei geräumigen Höfen umgestaltet. Besucher rühmten das Anwesen als Glanzstück zeitgenössischer Baukunst. Er hatte viele Glanzstücke vollbracht. Eines davon war, der Königin den Weg zum Thron zu ebnen. Sein Sohn, Robert, wollte für Jakob das gleiche tun und damit seine eigene Stellung behaupten.

Henry Howard traf erst nach Anbruch der Dunkelheit ein. Der Minister empfing ihn mit allen Zeichen der Ehrerbietung, die man einem Gleichgestellten einräumt. Längst war Howard aus der Rolle eines Querulanten und Verschwörers herausgewachsen. Seine innige Vertrautheit mit König Jakob ließ es Sir Robert ratsam erscheinen, ihn zu hofieren.

Er führte den Gast durch die von Kerzen erleuchtete Halle. Lord Henry bewunderte das farbige Wappen aus Kalkstein über dem Kamin und die Jagdszenen auf den flandrischen Tapeten über der kopfhohen Wandtäfelung.

Er verweilte vor einer kuriosen Augsburger Automatenuhr und freute sich wie ein Kind über die Figuren, die beim Stundenschlag aus einem Tor traten. Für die Einrichtung fand er lobende Worte und bezeichnete Theobalds, ohne mehr als die Halle gesehen zu haben, als ein fürstliches Anwesen.

Obwohl die Treppe zu den oberen Räumen breite, flache Stufen hatte, fiel Lord Henry das Steigen schwer, und er klagte über das sich verschlimmernde Hüftleiden. «Es ist nichts, wenn man alt wird.»

«Sie und alt!» Robert Cecil machte ihm Komplimente über sein frisches Aussehen. Eine beneidenswerte Zukunft liege noch vor ihm. Zufrieden beobachtete er, daß seine Schmeicheleien auf fruchtbaren Boden fielen.

Bei Tisch spielte ein Quintett von Streichern und Bläsern. Nachdem man abgeräumt hatte, steckte sich Lord Henry eine Pfeife an. Dies sei die einzige Freude, die er Raleigh verdanke.

Erst als die Musikanten verschwunden waren, redeten sie von Politik. Cecil informierte seinen Gast über die Haltung der City zu König Jakobs Thronfolge. In manchen Häusern der Lombard Street sei man neuerdings mit der alten Herrin unzufrieden und dem Stuart nicht abgeneigt.

«Was versprechen sich diese Krämer von König Jakob?» fragte Howard mit verächtlichem Unterton.

«Sie hoffen, daß er in ihrem Interesse regieren werde.»

«Eine erstaunliche Hoffnung», sagte Henry Howard höhnisch. «Bestärken Sie sie darin.»

Sir Robert erwähnte, Raleigh sei nach Essex' Tod in der Gunst der Königin wieder gestiegen. «Sie hört jetzt mehr als früher auf seine politischen Ratschläge, und sein Eintritt in den Staatsrat ist nur eine Frage der Zeit.»

«Um so tiefer wird er stürzen», erwiderte Lord Henry lakonisch und bewies Cecil damit, wie lebendig der alte Haß gegen Raleigh in ihm geblieben war. Er attackierte Sir Robert sogar. Man habe ihn in jüngster Zeit sehr oft und vertraut mit Raleigh gesehen und wisse in Edinburgh nicht recht, was man davon halten solle.

«Sie zweifeln doch nicht an mir», sagte Cecil scheinbar empört und fügte hinzu: «Sie haben mir ja selbst geraten, mich als sein Freund zu geben.»

Henry Howard lenkte sofort ein: «Ich werde dem König berichten, wie geschickt Sie Raleighs Meinung über Arabella Stuart erforscht haben. Daß Raleigh sie als Thronprätendentin in Erwägung zieht, wird sein Schuldkonto bei meinem Herrn außerordentlich belasten. Andererseits verstehe ich nicht, weshalb Sie den Vorstellungen, die Königin schon vor ihrem Tod durch Jakob abzulösen, nicht nähergetreten sind, Sir Robert.»

Der Minister entgegnete fast feierlich: «Ich habe mein Amt stets als Dienst an dem von Gott eingesetzten Herrscher begriffen. Ich habe Königin Elisabeth treu gedient und werde dem neuen Herrn ebenso treu dienen. Ich wäre Ihnen dankbar, wenn Sie das König Jakob übermitteln würden.»

In diesem Sommer erreichten London Nachrichten über neue Invasionsvorbereitungen der Spanier. Die Königin erörterte mit dem Kriegsrat umsichtig wie immer die Lage und erteilte Befehle. Raleigh reiste an die Küste und von da nach der Kanalinsel Jersey, die Verteidigungsbereitschaft zu überprüfen. Wie oft hatte er diese Aufgabe erfüllt!

Später im Jahr ritt er auf einem Turnier vor den Augen Ihrer Majestät gegen seinen Freund Cobham, und Elisabeth überreichte ihm als dem Sieger eine goldene Schachfigur, einen Turm, und nannte ihn ihren unermüdlichen Wächter.

Am Abend, beim Fest, tanzte er mit der Königin, nicht so wild und nicht so lange wie früher, denn die Königin war ein wenig kurzatmig, aber sie tanzten. Hunderte von Kerzen erhellten die Banketthalle. Wer Rang und Namen hatte, war erschienen. Ihre Majestät war lebhaft und zu

Scherzen aufgelegt. «Sie sehen wie ein Dreißigjähriger aus, Walter.»

«Majestät sind so gütig, meine Falten nicht zu bemerken.»

«Ein Vorteil meiner schlechten Augen. Ich übersehe jetzt manches. Das erspart Aufregung und Ärger. Die Weisheit des Alters besteht auch darin, vieles nicht mehr so wichtig zu nehmen.»

«Sie sollten nicht vom Alter sprechen, Majestät. Sie haben sich Ihre Frische bewahrt.»

«Schmeichler.» Sie schlug mit dem Fächer nach ihm. «Sie werden mir noch erzählen, daß ich wie ein junges Reh springe, wenn ich schon am Krückstock gehe.»

Er geleitete sie zum Thronsitz. Sie hielt sich übertrieben gerade. In einer Ecke entdeckte er Oxford, von dem es geheißen hatte, er sei wegen eines fiebrigen Katarrhs dem Turnier ferngeblieben. Raleigh steuerte auf ihn zu und umarmte ihn. «Wieder gesund, Edward? Ich wäre zu gerne gegen dich geritten.»

«Hätte die Lanze nicht festhalten können», murmelte der Earl.

«Die Weiber hier werden deine Lebensgeister wecken. Zum Glück bleiben die Edelfräulein immer gleich jung.» Er wies auf eine Hofdame in der Nähe der Königin. «Die Schwarzhaarige sieht der Vavasour ähnlich. Alles wiederholt sich. Unsere Herrscherin sieht heute wohl aus, findest du nicht?»

«Den Canary tanzt sie nicht mehr.»

«Mit meinem verletzten Bein schaffe ich die Sprünge auch nicht, aber die Pavane geht noch prächtig. Wir werden noch auf vielen Bällen tanzen!»

«Wiederholungen suggerieren, die Zeit stehe still, bis du auf einmal merkst, daß alles seinem Ende entgegengeht.»

Raleigh sah ihn aufmerksam an. «So melancholisch hab ich dich noch nie erlebt.» Dann entdeckte er, daß Oxford eine Perücke trug. «Gehen dir die Haare aus, Edward?»

«Nein», sagte der Earl einsilbig.

«Was ist los mit dir?»

Oxford zog ihn in eine Nische und schob die Perücke zurück. «Das ist los! Ich verberge einen hübschen Venuskranz darunter.»

Raleigh sah die Kette kupferbrauner Papeln um den Haaransatz des Earls, das untrügliche Zeichen für die Franzosenkrankheit.

Oxford zog die Perücke wieder in die Stirn. «Ich glaub, ich hab's von der Hutmacherin in der Eastcheap. Du warst doch auch bei ihr.»

«Ja», sagte Raleigh, «vielleicht hat's mich auch erwischt.»

Sie ließen sich Wein geben. Raleigh tröstete Oxford mit Gemeinplätzen.

«Eine Kavalierskrankheit.» Er zählte ein Dutzend edler Herren auf, die auch daran litten, und empfahl eine Quecksilberkur und das Guajakholz.

«Firlefanz, mir hilft nichts mehr.»

«Red dir nichts ein, Edward.»

Oxford faßte nach seiner Hand. «Ich hab's bald überstanden. ‹Alles wird dahingerafft›, singen sie in der Kneipe gegenüber dem Newgate-Gefängnis. Du solltest wieder mal hingehen.» Er redete durcheinander, halb sprechend, halb nach einer eintönigen Melodie singend, lallte er Verse, die er in der Taverne gehört hatte:

«Die Höflinge begehrten alles,
die Königin gewährte alles,
das Parlament bewilligte alles,
der Großsiegelbewahrer siegelte alles,
die Damen beherrschten alles,
Monsieur Buyroome – die Syphilis – verdarb
alles ...»

Die Umstehenden wurden aufmerksam.

«Hör auf, du bist betrunken!»

Oxford wurde lauter:

«Er, der nicht mehr ist, empörte sich gegen alles,
die Richter verziehen alles.
Wenn Majestät nicht Abhilf' schafft,
wird alles bald dahingerafft.»

Einige lachten, jemand applaudierte sogar. Raleigh packte Oxford am Arm, der sich willig hinausführen ließ, und setzte ihn in seine Kutsche. Armer Hund! Es hätte mich genauso treffen können. Aber ich bin gesund. Das Leben ist ein Glücksspiel. Er ging ein paar Schritte in die Dunkelheit. Vor Jahren hatte er hier im Dreck gelegen. Da war Oxford schon ein großer Herr gewesen.

Mit Robert Cecil sprach er über gemeingefährliche Balladen, die jetzt überall in den Kneipen gesungen würden und gar als Druckschriften erschienen. Man müsse schärfer gegen diese Schandmäuler und Reimeschmiede vorgehen, die alles in den Schmutz zögen. Sie wüßten den Frieden, den ihnen die Regierung Ihrer Majestät gebracht habe, nicht zu schätzen und sehnten sich aus Langerweile nach Veränderung.

Robert Cecil pflichtete ihm bei und versprach, härter durchzugreifen.

Im folgenden Jahr erlitt die Königin am Tag nach Epiphania einen Ohnmachtsanfall. Er ereignete sich während einer Aufführung von Shakespeares «Ende gut, alles gut» durch die Truppe des Lordkämmerers und ließ sich nicht verheimlichen. Ihre Majestät erholte sich rasch und sah sich am nächsten Abend das Stück noch einmal an. Zum Erstaunen ihrer Umgebung wiederholte sie am Ende, bevor der Beifall einsetzte, laut eine Zeile aus dem Epilog: «Der König wird zum Bettler nach dem Spiel», und fragte schrill: «Habt ihr's vernommen, meine Lords?»

Bald erzählte man allenthalben Merkwürdiges über Ihre Majestät. Halbe Nächte säße sie schlaflos im Bett, am Tage starre sie stundenlang bewegungslos aus dem Fenster, und manchmal weine sie grundlos. Gegen ihre Umgebung scheine sie tiefes Mißtrauen zu empfinden. Die Herren des Staatsrates sagten der Königin eine früher nie beobachtete Gleichgültigkeit und Apathie gegen Staatsgeschäfte nach.

Raleigh war überzeugt, daß sie übertrieben, obwohl auch er Ihre Majestät häufig in melancholischer Stimmung vorfand. Einmal, im Musikzimmer, wollte er sie wie früher mit Gedichten aufheitern und griff auch zur Laute. Sie verwehrte es ihm. Sie empfinde daran keinen Spaß mehr. Er versuchte sie für neue Pläne zur Sicherung der Küste zu interessieren, aber sie sagte, es sei nicht länger ihre Sache, sich mit diesen Dingen zu befassen.

Sie las das Unverständnis auf seinem Gesicht und erklärte leise: «Später, sehr viel später werden Sie das einmal begreifen, Walter. Es gibt eine Periode in unserem Leben, wo wir wirksam sind. Wir dehnen sie nach Vermögen aus, und selbst wenn wir uns schon dem Greisenalter nähern, meinen wir noch, ohne uns ginge die Welt nicht weiter. Wie lächerlich! Ich bin darüber hinaus. Das Lebenselixier des Herrschers, der Glaube an seine Unentbehrlichkeit, wirkt bei mir nicht mehr. Es bleiben Müdigkeit und Erinnerungen. Wissen Sie noch, wie Sie mich in diesem Zimmer umarmen wollten? Vielleicht hätte ich es geschehen lassen sollen!»

Sie redete von der Vergangenheit, und er half ihr, verschwommene Bilder wieder schärfer zu sehen. Darum hatte sie ihn gerufen. Mit Wehmut dachte er daran, wie sie hier zu ihm gesagt hatte, es sei nutzlos, sich in Erinnerungen zu verlieren, solange man tätig ist. Wollte sie die Hände wahrhaftig in den Schoß legen?

Am ersten Februar stand er an ihrer Seite, als sie den venezianischen Gesandten empfing, sichtlich erholt, wieder ganz Königin. Sie trug eines ihrer Staatskleider, weißer Taft, diamantenbesetzt und mit Gold verbrämt, und redete mit dem Gesandten italienisch. Das Gespräch war lebhaft, der Signore äußerte später Bewunderung über ihre Sachkenntnis in Handelsfragen und über ihre Schlagfertigkeit. Da war Raleigh überzeugt, daß sie das Zepter wieder fest in der Hand hielt.

Die Nachricht vom Tod der Königin in ihrem Schloß Richmond erreichte Walter in Sherborne. Er reiste sofort nach London. Man hatte den Leichnam auf der Themse nach Whitehall gebracht.

Am Tage der Beisetzung läuteten alle Londoner Glokken. Raleigh, eine schwarze Feder am Helm, ritt an der Seite Robert Cecils neben dem Sarg. Die feierliche Prozession von Whitehall nach der Westminsterabtei kam langsam voran. Unzählige säumten den Weg, und viele drängten sich vor, um den Sarg zu berühren.

Raleigh, bewegt von seinem Schmerz und der Trauer der Menge, sagte zum Ersten Minister: «Sie war eine große Lady, die die Zeit überrascht hat.»

Robert Cecil teilte den Ausspruch Henry Howard mit.

«Nun dürfte die Zeit Sir Walter überraschen», bemerkte Lord Henry trocken.

DER PROZESS

Zwei Tage nach den Beisetzungsfeierlichkeiten suchte Raleigh Robert Cecil in dessen Räumen in Whitehall auf. Er traf Edward Coke bei ihm und wunderte sich, daß beide Herren alle Zeichen der Trauer abgelegt hatten. Es gab viel zu besprechen und zu regeln, aber Sir Roberts Zeit war bemessen. «Meine Kutsche wartet. Ich will unserem neuen Herrn entgegenfahren.»

Unserem neuen Herrn! Wie selbstverständlich das aus Cecils Mund klang. «Sein schottisches Gefolge soll verdammt großspurig auftreten», bemerkte Raleigh gereizt.

«Was für Ausdrücke!» tadelte ihn Robert Cecil. «Lassen Sie das Seine Majestät nicht hören!» Und gleich darauf schwärmerisch: «Ich habe immer von der Vereinigung Schottlands und Englands unter einem Herrscher geträumt.»

War das der selbe Robert Cecil, der vor Wochen noch Arabella Stuart als Thronfolgerin in Erwägung gezogen hatte? «Sie haben nie von diesen Träumen gesprochen, Sir Robert!»

«Alles zu seiner Zeit, mein Lieber.»

«Ganz recht. Ich hörte, einige Herren haben schon schottische Kilts in Auftrag gegeben. Kennen Sie einen guten Schneider in den schottischen Bergdörfern?»

Coke schüttelte indigniert den Kopf, und der Bucklige sagte würdevoll: «Ich halte solche Scherze für geschmacklos, Sir Walter.» Dann rückte er seine Verdienste um den neuen König ins Licht. Er habe sofort nach Elisabeths Ableben einen Eilboten nach Edinburgh geschickt, um Seine Majestät von der Erklärung des Staatsrats, die den schottischen König zum neuen englischen Herrscher proklamierte, zu unterrichten. «Wissen Sie, wie lange der Mann für die dreihundertfünfundneunzig Meilen gebraucht hat? Nur knapp zwei Tage!»

«Dafür läßt sich der König auf seinem Weg nach London um so mehr Zeit. Wenn er so rasch von seinem Glück erfuhr, weshalb ist er dann nicht zur Beisetzung seiner Vorgängerin gekommen?» fragte Raleigh.

«Haben Sie erwartet, daß Seine Majestät dem Sarg der Frau folgt, die die Hinrichtung seiner Mutter befahl?»

«Aber wir sollten von den Verpflichtungen reden, die uns der Tod der Königin auferlegt, Sir Robert», sagte Raleigh pikiert.

«Ein andermal, mein Lieber. Ich muß noch ein paar Dinge erledigen. Sie entschuldigen mich.»

Coke begleitete Raleigh auf dem Weg zum Saal der königlichen Leibwache. «Und wann machen Sie sich auf die Reise nach Norden, Sir Edward? Seine Majestät soll ja mit Versprechen von Ämtern, Rangerhöhungen und Auszeichnungen nicht sparen. Die Herren aus Whitehall laufen um die Wette, vor ihm das Knie zu beugen.»

«Ich gedenke Seiner Majestät bald meine Reverenz zu erweisen», erwiderte Coke steif und ohne Raleighs ironischen Ton zu beachten.

«Um sich einen neuen Titel zu holen?»

«Ich hoffe, König Jakob wird meine Dienste nicht weniger würdigen als die verstorbene Monarchin.»

«Wird er Sie überhaupt brauchen? Seine Majestät betätigt sich doch in England höchstselbst als Richter. In Newark-on-Trent ließ er einen Taschendieb ohne vorheriges Gerichtsverfahren aufhängen.»

«Mir liegt kein Bericht über einen solchen Vorfall vor», sagte Coke zurückhaltend.

«Sollten Sie ihn noch erhalten, könnten Sie das Urteil rechtfertigen. Quod principe placuit, legis habet vigorem – Was dem Fürsten gefällt, hat die Kraft des Gesetzes. In Schottland soll Jakob nach diesem Grundsatz verfahren.»

«Nun ja», sagte Coke ein wenig ratlos, «der Satz stammt aus dem römischen Recht.»

Wie sie sich absicherten! Wie sie ängstlich jede Festlegung vermieden! Wie sie mit lautstarken Treuebekundungen früher Gesagtes auslöschen wollten! Seit Jahren hätten sie einzig in Jakob den würdigen Nachfolger der verstorbenen Monarchin gesehen. Welche Heuchelei! Vor Oxford hätte sich Raleigh Luft machen können, aber der schwerkranke Earl hatte sich auf sein Landgut zurückgezogen.

Wenigstens Cobham teilte seine Abneigung gegen die Katzbuckelei vor dem neuen König. Der trinkfreudige Lord, dessen Bruder und einige seiner Bekannten wurden seine liebste Gesellschaft. Sie spotteten über die Wetterhähne im Staatsrat, die sich nach dem Wind aus dem Norden ausrichteten. Cobham bezweifelte Jakobs Fähigkeiten. Der neue König müsse sich im reichen England wie im Paradies vorkommen. Bringe er aber auch das Zeug mit, ein solches Land zu regieren? Zum Glück sei er noch nicht gekrönt, da könne noch viel passieren.

Raleigh sah ihn erstaunt an. Cobham lenkte ab und erzählte flink den neuesten Scherz aus der königlichen Umgebung. In Hinchinbrooke habe Seine Majestät an einem einzigen Morgen siebenundvierzig Männer in den Adelsstand erhoben. Kam einer der Herren aus den königlichen Gemächern und warf einer adretten Dienstmagd einen verliebten Blick zu. «Sind Sie ein Gentleman?» fragte das Mädchen kokett. Antwortete jener mit schmerzhaftem Ausdruck: «Nein, jetzt leider nur noch einer vom Adel.»

Raleigh erzählte die Geschichte Thomas Smythe. Der Kaufmann blieb ernst. «Witze kannst du machen, soviel du willst, mein Freund. Die Wirklichkeit änderst du damit nicht. Wir werden uns mit dem neuen König arrangieren müssen.»

Von Smythes nüchterner Einschätzung beeindruckt, schob Raleigh seine Vorbehalte beiseite und fuhr ebenfalls dem König entgegen, der inzwischen bis Theobalds gekommen war. Herausgeputzt mit seinen teuersten Ohrringen, einem modischen, mit Perlen geschmückten Wams und Beinkleidern aus feinster Seide hoffte er, den Herrn aus Edinburgh zu beeindrucken, obwohl ihn Zweifel plagten. Würde der König Wert darauf legen, den Günstling der verstorbenen Monarchin zu empfangen? Hatte er sich zu spät zu dieser Reise entschlossen? Aber vielleicht wünschte der neue Herr seinen Rat, und er erweckte die höchste Aufmerksamkeit, weil er als letzter kam.

Man bot ihm nicht einmal ein Zimmer im Schloß an. Es blieb ihm nichts übrig, als in einem meilenweit entfernten Gasthof zu logieren. Erst nach drei Tagen erhielt er eine Einladung zu einem abendlichen Jagdessen.

Kurz vor Sonnenuntergang stand er im Innenhof von Theobalds. Die Jagdgesellschaft war gerade zurückgekehrt. Er fühlte sich unter den erhitzten, lauten Männern fremd. Die meisten waren Schotten. Keiner nahm Notiz von ihm. Zwei Offiziere der königlichen Wache schlossen sich ihm wortlos an und betraten gleichzeitig mit ihm die große Halle. Auch hier Menschen, Lärm und Lachen.

Raleigh hatte nur Augen für den Mann mit dem langen, dünnen bräunlichen Haar und dem spitzen Kinnbart in der Gruppe am Kamin, jenen Mann, den er von Porträts kannte. König Jakob, verschwitzt, in Jagdkleidung, jünger aussehend, als er war, nämlich siebenunddreißig, sprach mit Henry Howard.

Welche Rolle würde er, Raleigh, unter Jakob spielen? Stärker als diese Sorge war der Ärger über die bisherige Behandlung, die von Geringschätzung zeugte. Für einen Moment haftete sein Blick an den dürren Beinen des Königs, und er dachte rachsüchtig: Ich werde überall von Jakob dem Wadenlosen sprechen, ein hübscher Beiname, da die Mode gerade runde Waden schätzt.

Die beiden Offiziere hinderten ihn daran, näher zu treten. Er bemerkte beunruhigt, daß sich Jakob auf den Earl of of Lennox stützte, wobei seine Hand an Lennox' Oberarm auf und ab wanderte, als streichle er eine Geliebte.

Lennox sah durch Raleigh hindurch, als kenne er ihn nicht. Er hätte den Mann früher nicht vor den Kopf stoßen dürfen.

Der Oberhofmeister bat zu Tisch, und Jakob hakte sich mit beiden Armen bei Lennox ein.

Endlich hatte der schottische Earl die Gnade, Seine Majestät auf Raleigh aufmerksam zu machen. Jakob, schon im Gehen, wandte den Kopf in seine Richtung. Raleigh machte zwei Schritte auf den König zu und sank in die Knie.

Jakob streckte die Rechte aus. Walter beugte sich über die Hand und hauchte einen Kuß auf die rauhe Haut.

«Raleigh», sagte der König langgezogen, als müsse er sich erinnern, «ich habe wenig von Ihnen gehört.» Dabei zwinkerte er Lennox zu.

«Ich bin Euer Majestät untertänigster Diener.» Was sollte er anderes sagen?

«Erfreut, erfreut», dankte der König mit unverhohlenem Spott und starrte auf Raleighs perlenbesetztes Wams. «Haben Sie jemals solche Kostbarkeiten an meiner Kleidung gesehen, Lennox? Ich habe ja auch nie ein Weinmonopol gehabt. Sagen Sie ihm, daß seine Monopole mit dem heutigen Tag erloschen sind, Lennox. Sagen Sie ihm, unter Unserer Regierung wird sich einiges ändern. Sagen Sie ihm auch, daß ich mich seinem Schutz nicht anvertraue und einem schottischen Edelmann den Rang des Captains der Leibwache verliehen habe.»

«Sire!» rief Raleigh.

Der König wandte ihm jetzt voll sein Gesicht zu und starrte ihn kalt und gehässig mit seinen wasserblauen Augen an. «Ich habe lange darauf gewartet, König dieses Landes zu werden. Wäre mir der Thron nicht zugefallen, hätte ich ihn mir erobert. Gegen Ihren Willen, wie ich vermute.»

«Ich muß widersprechen, Eure Majestät», entgegnete Raleigh. «Ich wünschte, Gott hätte mich dieser Prüfung ausgesetzt.»

«Warum?»

«Dann hätten Sie Ihre Freunde von Ihren Feinden unterscheiden können, Sire.»

Die Antwort machte keinen Eindruck. An Lennox gelehnt, ging der König weiter zur Tafel, an der für Raleigh kein Platz vorgesehen war. Der Oberhofmeister bedeutete ihm, sich zu den Leuten draußen zu setzen.

«Hat Ihnen Raleigh das wirklich diktiert, Mister Bushil?» fragte Henry Howard den Schreiber, nahm das Blatt, das er flüchtig überflogen hatte, noch einmal zur Hand und hielt es mit ausgestrecktem Arm, um besser lesen zu können: «... Und die wiederholten Überfälle der Spanier auf unsere Kauffahrteischiffe zeigen, daß Spanien nicht die friedfertigen Absichten Eurer Majestät zu teilen bereit ist. Beobachtungen eines meiner Kapitäne lassen sogar auf Vorbereitungen für einen neuerlichen Generalangriff auf unsere Insel schließen. Daher empfehle ich Eurer Majestät, den Krieg gegen Spanien zur Sicherheit Englands und zum Schutz der befreiten niederländischen Provinzen fortzusetzen. Ich wäre bereit, so Eure gütigste Majestät mir das Weinmonopol und andere mir von Königin Elisabeth gewährte Privilegien zurückzugeben geruhten, auf eigene Kosten eine Armee gegen Spanien auszurüsten.»

Henry Howard kicherte hämisch. «Für so dumm hätte ich Raleigh nicht gehalten, den König zum Kampf gegen Spanien aufzufordern. Andererseits ist es so dumm nicht, eine Armee auf eigene Kosten ausrüsten und den Oberbefehl übernehmen zu wollen. Das könnte dem alten Fuchs so passen!»

«Ich soll es als Memorandum an den König auf feinstes Pergament bringen, Eure Lordschaft», sagte Bushil.

«Prächtig! Das ist ein Angriff auf die neue, so weise konzipierte Politik des Königs, ein Versuch, ihn zu Elisabethanischen Dummheiten zu drängen, und eine Anmaßung obendrein.» Howard humpelte um den Tisch und goß Bushil eigenhändig Wein ins Glas. «Vielleicht ließe sich einiges noch kategorischer formulieren? Sir Walter wird stilistische Änderungen kaum bemerken.»

Bushil nickte.

«Jammert er sehr über den Verlust der Monopole?» fragte Sir Henry und setzte, ohne eine Antwort abzuwarten, hämisch hinzu: «Er wird bald noch mehr Grund zum Lamentieren haben. Die Order für seine Ablösung vom Amt des königlichen Beauftragten für die Zinnbergwerke und als Gouverneur von Jersey ist von Seiner Majestät schon unterzeichnet. Äußerte er die Absicht, sich auf sein Landgut zurückzuziehen?»

«Im Gegenteil. Ich hörte ihn zu Cobham sagen, alles sei im Fluß. In den kommenden Wochen würden Entscheidungen für Englands Zukunft fallen. Er wolle in London bleiben, den König beraten, wie er auch Elisabeth beraten habe.»

Henry Howard pfiff leise durch die Zähne. «Zu Cobham sagte er das?» Er ging hinter den Tisch zurück, holte einen schmalen, gefüllten Geldbeutel aus der Lade und ließ ihn spielerisch hin und her pendeln. «Haben Sie mir nicht mehr zu erzählen, Bushil?»

«Wenn Sie erlauben, Mylord?» Basil griff nach dem Beutel und ließ ihn rasch in seiner Tasche verschwinden. «Sie trinken häufig zusammen», begann er gewichtig.

«Wer?»

«Cobham und Raleigh. Und dann reden sie und schimpfen über den König. Neulich hörte ich Cobham sagen, ein Schwarm armer, fressender Schotten sei über England hergefallen.»

«Und Raleigh?»

«Wünschte die Hungerleider mitsamt ihrem sodomitischen König zum Teufel», log Bushil. «Eine englische Republik oder Arabella Stuart seien immer noch besser als die Herrschaft des Oberhäuptlings der schottischen Clans in London.»

«Fiel der Name Arabella Stuart tatsächlich?»

«Natürlich, Sir. Sogar in Gegenwart des Grafen Aremberg, des Botschafters der spanischen Niederlande in London.»

«Arabella Stuart auf dem Thron», murmelte Henry Howard, «vortrefflich! Das wäre Hochverrat! Schreiben Sie auf, was Sie mir erzählt haben, Bushil, vergessen Sie kein Wort, das Sie von Raleigh und Cobham hören. Vielleicht müssen Sie sich eines Tages als Prozeßzeuge daran erinnern. Nein, Prozeßzeuge bei Ihrer Vergangenheit – das wäre wohl nicht das Rechte.»

An einem Spätnachmittag im Juli ritt Raleigh, begleitet von zwei Knechten und seinem Diener Peter, durch Windsor. Am Fuße des Burgbergs ließ er seinen Hengst im Schritt gehen. Die Wachen am Schloßtor, über dessen Wölbung das in Stein gemeißelte Wappen Heinrichs VIII. in kräftigen Farben leuchtete, ließen ihn ungehindert passieren. Im unteren Hof kümmerten sich Schloßknechte um die Pferde, und ein Kammerherr brachte ihn in seine Räume gegenüber der Georgskapelle. Erfrischungen standen bereit, und er stellte zufrieden fest, daß man auf seinen Empfang vorbereitet war. Wie gut, daß er Geduld bewiesen hatte! Das Leben bestand aus unerwarteten Wendungen.

Vor ein paar Wochen hatte ihn der König aufgefordert, Durham House zu räumen, weil sein Londoner Wohnsitz wieder von der Kirche genutzt werden sollte. Er war sofort zu Alice gelaufen, die ihm dringend riet, für eine Weile ins Ausland zu gehen. Nach allem, was geschehen sei, fürchte sie wie auch Thomas für seine Freiheit und sein Leben. Raleigh bemerkte abschätzig, Thomas sei gewiß mit dem König zufrieden, da er die Monopole annulliert habe. Darauf erwiderte Alice, Thomas befürchte, er werde sie bald ihm genehmen Höflingen zuschanzen. Die City sei skeptisch, aber sie warte ab. König Jakob würde sie genauso brauchen, wie Königin Elisabeth sie gebraucht habe.

«Die gleiche Hoffnung hege ich auch für mich», hatte Raleigh hinzugefügt und war allen Unkenrufen zum Trotz in London geblieben. Er fand seine Handlungsweise bestätigt, denn vor fünf Tagen hatte er die Einladung Seiner Majestät zur Jagd nach Windsor erhalten. Der König hatte seine Haltung ihm gegenüber also geändert! Morgen würde er in seinem Gefolge reiten und im Gespräch Mißverständnisse ausräumen.

Ein Klopfen an der Tür riß ihn aus seinen Gedanken. Der Kammerherr, der ihm seine Räume zugewiesen hatte, brachte eine Nachricht von Robert Cecil. Er sagte, wenn Raleigh geruht und sich erfrischt habe, würde sich der Erste Minister glücklich schätzen, ein wenig mit ihm zu plaudern.

Sie trafen einander auf der Terrasse unweit vom Normannischen Tor. Cecil begrüßte Walter leutselig, der sich freute, ihn bei so guter Gesundheit zu finden, daß er sogar an der Jagd teilnehme.

«Ich bin nicht der Jagd wegen hier», wehrte Cecil ab, «dieses Pläsier muß ich mir leider versagen. Aber es gibt andere Freuden.» Er wies auf den prächtigen Ausblick.

Vor ihnen lag der weite, mit Eichen, Buchen, Platanen und Kastanien bestandene Park. Mit scharfem Auge konnte man die das Gelände begrenzende Themse sehen, und in der Ferne zeichneten sich, in einen feinen Dunstschleier gehüllt, die Bergrücken von Buckinghamshire ab.

«Die Königin pflegte manche Stunde hier zu stehen und das Bild zu genießen», sagte Raleigh.

«So viel Zeit bleibt mir leider nicht», seufzte Sir Robert. «Der Staatsrat wartet auf mich.»

«Der Staatsrat?»

«Fast alle Herren sind morgen bei der Jagd dabei, eine günstige Gelegenheit, den Vorabend für eine Zusammenkunft zu nutzen. Ich darf Sie übrigens bitten, daran teilzunehmen, Sir Walter.»

Verwundert, doch ohne Mißtrauen, folgte ihm Raleigh. Im Beratungsraum neben der Galerie der verstorbenen Königin wies man ihm einen Platz am unteren Ende der Tafel an. Die Herren des Staatsrates waren bereits anwesend und musterten ihn mit eisigen Mienen.

Henry Howard wandte sich sofort an ihn: «Wir haben Sie vorgeladen, um Ihnen einige Fragen zu stellen, Sir Walter. Uns ist zu Ohren gekommen, daß Sie mit Lord Cobham und dem Botschafter der spanischen Niederlande Pläne zum Sturz Seiner Majestät, unseres allergnädigsten Königs Jakob, geschmiedet haben.

Walter wurde bleich. «Wie kommen Sie zu dieser ungeheuerlichen Behauptung, Lord Henry?»

«Leider liegen Beweise vor», sagte Robert Cecil kalt.

Walter preßte die Nägel in die Handfläche. Er träumte nicht. Ein abgekartetes Spiel. «Zeigen Sie mir die Beweise, Sir Robert!»

«Zu gegebener Zeit, Sir Walter, zu gegebener Zeit.»

Fragen stürmten auf Raleigh ein, Verleumdungen. Dann wandte sich Robert Cecil väterlich an ihn: «Wir möchten Ihnen Gelegenheit geben, Ihr Gewissen durch ein volles Geständnis zu erleichtern.»

Raleigh hatte sich gefaßt. «Ich habe nichts zu gestehen. Da dies eine Sitzung des Staatsrats und keine Gerichtsverhandlung ist, bitte ich, mich zu beurlauben.» Er stand auf und ging mit festen Schritten zur Tür.

Die Wachen umringten ihn.

«Leider können wir Ihnen die Bitte nicht gewähren, werter Sir», krähte Henry Howard.

Von einem Turmfenster des Palastes zu Winchester sah Coke den kleinen Zug im naßkalten Novemberwetter den engen Weg zum Schloß hinaufkriechen. Reiter begleiteten die Kutsche mit dem Gefangenen. Die Straße war glitschig und stellenweise überfroren. Manchmal fanden die Hufe der Pferde keinen Halt. Regentropfen zerplatzten auf den Steinen und auf dem Lederdach der Kutsche. Coke fröstelte es. Er beschloß, ein heißes Bad zu nehmen, aber der Diener erklärte, im Schloß sei kein geeigneter Zuber aufzutreiben.

«Miserable Wirtschaft! Besorg unten in der Stadt einen!» Beim Sprechen spürte Coke das schmerzhafte Kratzen im Hals stärker. Kein Wunder, daß er sich in diesem alten, zugigen Gemäuer erkältet hatte. Zwei Tage vor Beginn des Prozesses gegen Raleigh durfte er nicht krank werden. Wenn er sich jetzt ins Bett legte, würde es ihm der König als Drückebergerei ankreiden!

Er scheute sich nicht, Raleigh anzuklagen. Es war ihm sogar lieb, als Erster Kronanwalt gegen ihn aufzutreten. So wirkte er Gerüchten entgegen, er sei mit dem Hochverräter befreundet. Er hätte den Prozeß gern in der Londoner Westminsterhall vor großem Publikum geführt, aber der erneute Ausbruch der Pest in London machte eine Verlegung notwendig. Auch in der kleineren Halle in Winchester würden illustre Gäste nicht fehlen. Halb Whitehall weilte schon in der Stadt, und aus den Grafschaften waren hohe Herren gekommen.

Als die Kutsche im Innenhof verschwunden war, ging Coke nach unten und beobachtete, von einem Pfeiler verdeckt, Raleigh auf seinem Weg durch die Halle zum Verlies. Haar und Bart waren in den Wochen im Tower fast weiß geworden, aber er ging aufrecht zwischen der Wache. Einmal blieb er stehen, betrachtete die runde Tafel mit dem Bild des sagenumwobenen Königs Artus und den Namen seiner Ritter und sagte etwas, was seine Begleiter mit einem Lachen quittierten. Kein Zeichen von Apathie! In seiner Zelle hatte er einen Selbstmordversuch unternommen, inzwischen aber seine Depressionen überwunden. Er würde es ihm nicht leichtmachen.

Beim Essen, das Coke mit einigen hohen Lords einnahm,

überreichte ihm Henry Howard zusätzliches Belastungsmaterial. Er dankte überschwenglich, obwohl ihm mißfiel, daß Howard einer der sieben Lords aus dem Staatsrat war, die zusammen mit vier Richtern das Gericht bildeten. Sir Henry blieb für ihn ein Intrigant, er konnte ihm seine zwielichtige Rolle unter Elisabeth nicht vergeben, da er aber in hoher königlicher Gunst stand, ließ er ihn seine Abneigung nicht spüren.

Er las die Papiere im Badezuber, den der Diener schließlich aufgetrieben hatte. Es waren Aufzeichnungen eines Schreibers über ein angeblich von Cobham und Raleigh geführtes Gespräch. In der Sache nichts Neues, als Beweis anfechtbar. Cobhams eigene Aussagen belasteten Raleigh mehr.

Die Blätter fielen achtlos neben den Zuber. Der Diener goß heißes Wasser nach.

«Was erzählt man in Winchester?»

«Ich habe mit einem der Wachleute gesprochen, Sir. In London hat man mit Steinen, Lehmkugeln und alten Tabakspfeifen nach Raleighs Kutsche geworfen. Trotz der Pest haben viele am Straßenrand gestanden und Raleigh geflucht und gedroht. An einer Kreuzung haben sie fast die Kutsche gestürmt.»

«Wenn sie's getan hätten, bliebe mir jetzt die Arbeit erspart.»

Während ihm der Diener den Rücken schrubbte, dachte Coke zufrieden, daß man eine Verurteilung Raleighs beifällig aufnehmen würde. Sie können ihm Essex nicht verzeihen, der nun einmal die Sympathie der Leute besaß. Das Volk ist nicht so vergeßlich, wie man glaubt, und außerdem genießt man es, wenn ein großer Herr das Schafott besteigen muß. Dennoch würde er besondere Mühe auf die Anklagerede verwenden müssen, denn in Cobhams Aussagen gab es Widersprüche. Für Coke zählten sie nicht. In diesem außergewöhnlichen Verfahren diente das Recht einer höheren Gerechtigkeit, dem von Gott gesalbten König. In eine der beiden Waagschalen der Göttin Justitia fiel die Macht, und er war ihr Diener.

Die Gerichtsverhandlung begann früh am Tag. Schon vor sieben Uhr brachte man Raleigh in die Halle. Zuschauer drängten sich zwischen den Pfeilern. In ihren Gesichtern las er Feindseligkeit und kein Mitleid.

Die Wache bahnte ihm den Weg durch die Leute.

«Hundsfott», riefen einige, «Verräter!» Daran war er schon gewöhnt. «Halsabschneider!» Das war neu. Warum Halsabschneider? Die Monopole, natürlich. Er hattte an jedem Schluck Wein, den sie getrunken hatten, verdient, aber seine Beauftragten hatten auch darauf geachtet, daß Händler und Wirte den Wein nicht pantschten.

Sie führten ihn in einen mit Seilen abgesperrten Freiraum vor einem Podest. Er setzte sich auf den harten Hokker, ein paar Schritte entfernt davon standen die gepolsterten Lehnstühle für die Herren des Gerichts.

Der Rufer an der Stirnseite der Halle schlug mit seinem Stab auf den Steinboden und schrie nach altem Brauch sein «Oyez!» – «Hört!» in die Menge.

Raleigh hob den Kopf, als das Gericht erschien. Zwei Gerichtsdiener mit erhobenen Amtsstäben in langen, schwarzen Gewändern gingen voran. Ihnen folgte Lordoberrichter Popham, ein Mann mit grobschlächtigen Zügen, im roten Talar, geschmückt mit einem breiten, golddurchwirkten Schulterkragen, in den zwei große S eingestickt waren. Manche deuteten sie als Abkürzungen für «Sapience» und «Science», Weisheit und Wissenschaft, aber genau wußte es keiner. Popham hatte sich sein Amt mit einer hohen Summe erkauft. Es hieß, als gewöhnlicher Richter habe er früher mit Straßenräubern gemeinsame Sache gemacht und sich von ihnen einen Teil der Gewinne geben lassen.

«Erheben Sie sich!» befahl der Wachhabende und riß Raleigh am Arm hoch.

Ein hoher Beamter verlas die Anklageschrift. Raleigh hörte stehend die Beschuldigungen: Konspiration gegen den König mit dem Zweck, ihn seiner Herrschaft zu berauben, Aufruhr im Lande zu stiften und Arabella Stuart auf den Thron zu heben. Cobham sollte für die Verschwörung vom spanischen König Geld erwirken. Dafür wollte man die neue Königin auf einen für Spanien günstigen Friedensvertrag verpflichten.

Als er die Vorwürfe von Coke zum ersten Mal hörte, hatte er laut gelacht. «Meinen Sie das im Ernst, Sir Edward?» Auch jetzt lächelte er höhnisch.

«Bekennen Sie sich schuldig, Sir Walter Raleigh?»

«Nicht schuldig!»

«Haben Sie gegen irgendeinen der Herren des Gerichts Einwände zu erheben?»

Raleigh zögerte. Robert Cecil hatte stets seine Freundschaft beteuert und ihn dann kalt des Verrats bezichtigt. Henry Howard hatte ihm in Windsor in einer Gefühlsaufwallung seinen Haß ins Gesicht geschrien. Wie wenig hatte er den Hinkenden gekannt!

«Nun?»

«Keine Einwände, Euer Ehren.»

Cokes Auftritt folgte. Der Erste Kronanwalt lobte ausführlich die Weisheit des neuen Königs. Zum Glück für England habe Jakob die Krone angenommen. Um so schlimmer seien Versuche, sie ihm wieder zu entreißen.

Raleighs Blick ging an Coke vorbei zu einer kleinen Tür in der Wand hinter den Stühlen der Richter, die angelehnt war. Coke redete, als höre der König hinter ihr heimlich zu.

«Darf ich mich setzen, Euer Ehren?» fragte er Popham während einer Pause des Ersten Kronanwalts. «Seit mir in Cadiz eine spanische Kugel das Bein verletzt hat, kann ich nicht so lange stehen.»

Coke blickte ihn gereizt wie ein Schauspieler an, dem ein vorlauter Zuschauer durch einen dummen Zwischenruf einen hübschen Monolog verpatzt hat.

«Setzen Sie sich, Sir Walter!»

«Euer Ehren zeigen zu viel Freundlichkeit gegen diesen Hochverräter», lamentierte Coke lautstark und fand erst nach mehrmaligem Räuspern und Hüsteln seinen Faden wieder. Man habe eine Verschwörung katholischer Priester und einer kleinen Gruppe Adliger aufgedeckt, deren Wortführer Cobhams Bruder gewesen sei. «Sie wollten mit Gewalt in die königlichen Räume eindringen, Seine Majestät gefangennehmen und zwingen, den Staatsrat nach ihren Vorstellungen umzubilden. Anders ausgedrückt: Sie wollten den weisesten aller Monarchen entmündigen.»

Raleigh unterbrach ihn: «Und was hat das mit mir zu tun?»

«Das wissen Sie besser als ich, Sir Walter! Sie kannten Cobhams Bruder sehr gut, sie hielten Augen und Ohren offen, Sie ließen sich informieren, aber an diesem Komplott beteiligten Sie sich tatsächlich nicht. Nun, ich will Ihnen den Grund dafür nennen: Denn Sie beschlossen, die teuflischen Absichten dieser Verräter noch zu übertreffen, Sie planten, Seine Majestät und all seine Nachkommen auszulöschen!»

«Pfui! Aufs Schafott mit dem Lumpen!» Die spärlichen Zurufe aus der Halle klangen nach bezahlten Schreiern.

«Hohes Gericht», rief Coke mit großer Stimmkraft, als habe er gegen eine brüllende Menge anzukämpfen, «diese Verschwörungen gehören zusammen wie Samsons Füchse, deren Schwänze verbunden waren, obwohl sie getrennte Köpfe hatten. Raleigh wählte sich nicht Cobhams Bruder zu seinem Werkzeug, Lord Cobham selbst sollte ihm dienen. Nachdem Raleigh ihn überredet hatte, beauftragte er ihn, über den Grafen Aremberg Verbindung mit Spanien aufzunehmen.»

Coke wiederholte wortreich die Raleigh bekannte Behauptung, die Ermordung des Königs sei beschlossene Sache gewesen. Cobham habe von Spanien sechshunderttausend Kronen verlangt, um die Thronbesteigung Arabella

Stuarts zu bewerkstelligen. Aus diesem Grund habe er nach Madrid reisen wollen.

«Ich habe nie mit Arabella Stuart gesprochen», unterbrach Raleigh den Kronrichter abermals, doch diesmal überging Coke den Einwand. «Hohes Gericht! Nur ein Politiker konnte diese verräterischen Pläne ersinnen, nur ein Soldat sie ausführen. Sie kennen Mylord Cobham. Er ist keines von beiden. Raleigh dagegen besitzt diese Fähigkeiten und war bereit, sie höchst unwürdig zu gebrauchen. Wozu wäre es gekommen, Mylords? Zu einer spanischen Invasion Englands! Zu blutigen, von Spanien geschürten Erhebungen in Irland! Nur die Wachsamkeit Seiner Majestät und der ihm ergebenen Beamten haben das Unheil verhindert, das dem Lande drohte.»

Raleigh sprang auf, totenblaß im Gesicht. «Sie werfen mir vor, England an Spanien zu verkaufen, Sir Edward? Wissen Sie noch, was Sie reden? Ich habe mehr als einmal mein Leben und mein Vermögen im Kampf gegen Spanien eingesetzt. Wie schnell vergessen Sie alles, Herr Erster Kronanwalt!»

«Ich vergesse nicht, daß unser allergnädigster König Sie für unwürdig hielt, Ihnen Ihre Hofämter zu belassen. Sie haben diese weise Entscheidung nicht verwunden und sannen auf Rache.»

Laut, damit es jener, den er hinter der angelehnten Tür vermutete, hören konnte, rief Raleigh: «Ich schwöre vor Gott und den Menschen, ich bin ein ebenso treuer Untertan Seiner Majestät wie Sie, Mylord Coke! Aber reden wir von Spanien. Erst vor ein paar Wochen unterbreitete ich Seiner Majestät ein Memorandum, keinen Friedensvertrag mit Madrid abzuschließen.»

«Eine geschickte Tarnung Ihrer wahren Absichten, Sir Walter!»

«Beweisen Sie auch nur einen Punkt Ihrer Anklage, und ich werde bekennen, der schlimmste Verräter zu sein, der je gelebt hat.»

«Ich werde es beweisen. Ich werde alle Punkte beweisen.» Cokes Gesicht war rot und verzerrt, und mit heiserer Stimme schrie er: «Sie sind ein Monster! Sie haben ein englisches Gesicht, aber ein spanisches Herz! Sie wollten in England und Schottland den Umsturz!»

Warum wies ihn Popham nicht zur Ordnung? Ankläger plädierten nie zimperlich, aber diese Sätze überstiegen jedes Maß. Raleigh drehte den Kopf nach den Zuhörern, aber er hoffte vergebens, Verständnis zu finden.

Schon seit Beginn der Verhandlung hatte in der Halle Unruhe geherrscht. Der Kälte wegen schlug man die Füße aneinander und stampfte auf den Boden. Dazu ein allgemeines Räuspern, Schneuzen, Husten und gelegentlich Rufe gekaufter Stimmungsmacher, die Raleigh beschimpften. Jetzt aber brach ein Sturm der Entrüstung gegen ihn los, Murren, Johlen, Geschrei.

Popham, ein aufmunterndes Lächeln im Gesicht, ließ die tobende Menge gewähren. Was für eine Genugtuung für den Lauscher hinter der Tür!

Raleighs Kopfschmerz stellte sich wieder ein. Die Ohren dröhnten. Er mußte sich setzen. Die Ermahnung, der Angeklagte dürfe den Ersten Kronanwalt nicht durch Zwischenrufe stören, war nicht nötig. Er wollte nichts mehr sagen, er sah ein, daß es zwecklos war, sich zu verteidigen.

In der Mittagspause führte man ihn ins Verlies zurück. Überreizt fand er auf dem unbequemen Lager keine Ruhe. Wenn er die Augen schloß, verstärkten sich die Kopfschmerzen.

«Stopf mir eine Pfeife, Peter!»

Der Tabak tat gut. Er sog den Rauch genüßlich durch das lange Tonrohr in die Lunge und stieß ihn zwischen den gerundeten Lippen aus. Die grauen Ringe tanzten über seinem Gesicht und mischten sich mit dem Ruß einer blakenden Fackel. Durch den vergitterten Lichtschacht sickerte spärlich graues Tageslicht. In einem dunklen Winkel raschelte eine Ratte.

«Bring Leuchter, Peter!»

Peter mußte nicht sparen. Sein Herr genoß die Privilegien des adligen Gefangenen. Er konnte für ihn in der Stadt kaufen, was immer er brauchte. Bald brannten im Verlies so viele Kerzen, als wolle man ein Fest geben. Die Helligkeit und der Tabakrauch beruhigten Raleigh. Peter brachte Wildsuppe, Hasenbraten mit Preiselbeeren und Rosinenpudding.

«Meine Henkersmahlzeit wird aus dem Haus des Towerkommandanten kommen.»

«Doktor Dee sagt, Ihr letztes Mahl wird eine Suppe sein, und Sie werden sie zu Hause löffeln.»

«Warum eine Suppe?»

«Weil Sie mit achtzig keine Zähne mehr im Mund haben werden, um Brot und Fleisch zu kauen, mit Verlaub, so hat der Doktor Dee gesagt.»

«Wäre er heute morgen unter den Zuhörern gewesen, würde er anders reden», murmelte Raleigh. Dennoch munterten ihn Dees Worte auf.

Mit Befriedigung sah Peter, wie er dem Braten zusprach und auch vom Pudding nichts übrigließ. Nach dem Essen ruhte er ein wenig und träumte wirres Zeug von Guayana. Ein riesiger Vogel streifte ihn, und die Spitzen seiner seidigen Schwanzfedern kitzelten seine Nase. Davon wurde er wach.

Die Feder war kastanienbraunes Frauenhaar, das nach Moschus roch.

«Alice!»

Sie beugte sich über ihn und küßte ihn sanft. «Ich hab dich geweckt.»

Seine Hände umfuhren die Konturen ihres Gesichts, die stark hervortretenden Wangenknochen, das schmale Kinn. Sie strichen über ihre Augenbrauen, Nase und Lippen.

Er küßte sie heftig, vergaß, wo er war und daß in einer halben Stunde der Prozeß weitergehen würde. «Komm!» Die Spannung, die sich in den Wochen der Haft in ihm aufgestaut hatte, löste sich. Er begehrte sie, und er brauchte sie. Peter störte ihn nicht.

«Sei vernünftig, Walter!»

Er strich über den weichen Samt ihres Kleides. «Grün, deine Lieblingsfarbe.» Mit einem Seufzer nahm er die Hände von ihren Hüften.

«Hast du die Wachen bestochen?» fragte er.

«Das allein hätte nicht genügt. Der Name Smythe öffnet manche Türen.»

Er schöpfte Hoffnung. «Vielleicht gelingt es dir, mich hier rauszuholen.»

«Nichts ist unmöglich», sagte sie wider besseres Wissen.

Sie hatte Thomas bestürmt, sich für Walter zu verwenden. Auch der neue König brauche Geld von der City. Man könne an eine Anleihe die Bedingung knüpfen, Walter freizulassen.

Thomas hatte die Bitte kühl abgeschlagen, und Sanderson hatte brutal gefragt, wozu der edle Sir Walter denn nun noch nütze sei.

«Euch geht Geld über Freundschaft, über Liebe, über Menschen!»

Smythe war ungerührt geblieben. «Gib Ruhe, Liebes. Du wirst einen anderen finden.» In diesem Moment hatte sie ihn gehaßt.

Sie legte die Arme um Raleighs Nacken. Zwischen Küssen versicherte sie, die alten Freunde würden alles für ihn tun. «Es braucht seine Zeit, Walter.»

«So oder so werden sie mich verurteilen.»

«Du darfst nicht aufgeben! Mach den Leuten begreiflich, wie absurd Cokes Beschuldigungen sind. Wenn du seine Beweise entkräftest, werden die Zuhörer in der Halle auf deiner Seite sein.»

«Was nutzt das?»

«Deine Freunde können dir dann leichter helfen.»

Der Wächter schlug an die Tür, dann drehte sich der Schlüssel knarrend im Schloß. «Es ist Zeit, Sir Walter!»

Edward Coke verließ gutgelaunt die Halle. Er hatte Raleigh, wo er ihn haben wollte. Der Rest würde ein Kinderspiel sein.

Die Herren des hohen Gerichts zollten ihm Bewunderung. Henry Howard gratulierte ihm zu seinem festen Auftreten:

«Ich kann mir als Nachfolger Pophams im Amt des Lordoberrichters keinen Besseren als Sie vorstellen, Sir Edward. Ich werde es Seine Majestät wissen lassen.»

Er behielt Cokes rechte Hand lange zwischen seinen feuchten Händen. Die Berührung verursachte Coke Ekel, aber er wagte nicht, sie zurückzuziehen.

«Ich bin Ihnen sehr verbunden für Ihre hohe Meinung, Mylord Henry», versicherte er und blickte ihm bedeutungsvoll in die wässerigen Augen.

Als das Gericht in die Halle zurückkehrte, schaffte das «Oyez!» des Rufers nicht sogleich Ruhe. Die Leute hatten ihr Essen mit starken Getränken hinuntergespült und waren aufgekratzt. Coke stieg ein leichter Geruch von Würzbier und Punsch in die Nase. Neben ihm ging unsicher Lordoberrichter Popham. Sein Gesicht war dunkelrot. Coke suchte in der Halle nach seiner Frau und entdeckte sie zu seiner Befriedigung in der ersten Reihe der Chorgalerie. Er nickte ihr zu und trat im selben Augenblick auf Pophams lange Robe. Popham machte einen Schritt nach vorn und kam aus dem Gleichgewicht. Der Büttel vor ihm fing ihn auf.

«Ihre goldene Amtskette zieht Sie zu Boden, Sir», krähte ein Witzbold hinter einer Säule. «Reichen Sie sie mir rüber!»

«Dran hängen werd ich dich!» fuhr ihn der Richter grob an. So war er früher mit Viehdieben umgegangen.

Coke stimmte in das Lachen der Umstehenden ein. Gut, wenn das Publikum mitspielte. Er wollte die Stimmung gegen den Angeklagten anheizen. Der Lauscher hinter der Tür sollte seine Freude haben. Kalt fixierte er Raleigh, der wieder auf seinem Hocker saß. Nicht nur das Gericht, auch die Zuschauer mußten Walters Kopf fordern.

Als er seinen Platz auf dem Podium einnahm, raunte ihm Henry Howard zu: «Klopfen Sie ihn weich, Coke!» Er roch nach Branntwein.

Coke rang sich mit Mühe zu einem freundlichen Kopfnicken durch.

«Das Wort hat der Erste Kronanwalt!»

Coke stand betont langsam auf. «Hohes Gericht, ich habe den verwerflichen Gedankengängen des Angeklagten nachgespürt, seine niedrigen Beweggründe bloßgelegt und seine verbrecherischen Verbindungen ans Tageslicht gebracht. Ein Mann, der Namen, Rang und Stellung besaß, wird zum gemeinen Verbrecher», klagte er kummervoll, als gehe es über sein Vermögen, ein solches Verhalten zu begreifen.

«Nur die Beweise sind Sie schuldig geblieben!» warf Raleigh ein.

Der Kronanwalt ließ sich nicht beirren. Leise und nachdenklich fuhr er fort: «Welch teuflisches Hirn steckt in diesem Kopf!» Dann laut und ekstatisch: «Wie eine Viper kroch er zwischen uns herum, versprühte sein Gift und suchte die Gelegenheit, Seine Majestät tödlich zu verletzen. Aber aufmerksame Diener des Königs fingen die Viper, und ich werde sie zermalmen!»

Immer neue Bilder fand er für Raleighs Vergehen, aber es gelang ihm nicht, die Stimmung so anzuheizen wie am Vormittag. Er bewegt sich im Kreise und redet wie der Geistliche in der St.-Pauls-Kirche, dachte Robert Cecil verärgert. Die ganze Predigt ein einziger Gewitterdonner. Zuerst erschrickt man, dann gewöhnt man sich daran und hört nicht mehr hin.

In der Halle wurde es erneut unruhig. Robert Cecil hüstelte und gab Coke Zeichen, aber der reagierte erst, als Cecil ihn an seiner Robe zog. «Kommen Sie zum nächsten Punkt, Sir Edward!»

Coke sah in die Runde. Er hatte das Thema zu lange strapaziert. «Entschuldigen Sie, Mylords, wenn die Leidenschaft mich forttrug.» Heftig wandte er sich an Raleigh: «Sie wollen Beweise haben, Sir Walter? Ich bringe Ihnen *den* Beweis.» Er hielt ein mit schwarzer Tinte beschriebenes Blatt in die Höhe und rief triumphierend: «Cobhams Geständnis, Sir! Es läßt Ihren Verrat zur unumstößlichen Tatsache werden!»

Raleigh schnellte hoch. Der Hocker schlug zu Boden. Cobhams Geständnis? Eine unverschämte Lüge! Was sollte Cobham gestehen? Er ging zwei, drei Schritte auf Coke zu. Er kannte Cobhams Schrift und wollte die Fälschung sogleich aufdecken, doch eine Fälschung würde Coke nicht wagen. Das Schriftstück war echt, wahrscheinlich mit Versprechungen und Drohungen erpreßt.

Er trat zurück und setzte sich auf seinen Hocker. Schweiß stand auf seiner Stirn, die Kopfschmerzen begannen wieder.

Coke reichte das Schriftstück mit einer Verbeugung dem Lordoberrichter, der es an Robert Cecil weitergab. Der Bucklige setzte seine Augengläser auf, las ein paar Zeilen und nickte zufrieden. Das Papier machte die Runde. Am Ende gelangte es zum Gerichtssekretär, Sergeant Hele. Der hohe Beamte bestätigte die Echtheit.

«Würden Sie das Schriftstück verlesen, Sergeant Hele?»

«Ich habe mich entschlossen, die Wahrheit niederzuschreiben. Raleigh war die eigentliche Ursache meines Unglücks. Hätte er mich nicht dazu angestiftet, hätte ich niemals mit Graf Aremberg verhandelt», las Hele.

Raleigh preßte die Hände gegen die Schläfen. Der verdammte Kopfschmerz! Er mußte seine Gedanken zusammennehmen. Er hatte Coke unterschätzt. So absurd die Geschichte aus dessen Munde klang, Cobhams Geständnis machte sie glaubhaft.

«Und so erhielt ich unwiderlegliche Kenntnis, daß Raleigh von Graf Aremberg eine Rente von eintausendfünfhundert Pfund jährlich annahm, um für Spanien zu spionieren.» Sergeant Hele zog die Wörter in die Länge und betonte die einzelnen Silben, als verlese er ein Testament vor schwerhörigen alten Leuten.

Die Herren des hohen Gerichts geraten in Bewegung. Unglaublich! Davon hat Coke noch nicht gesprochen.

«Mein Gott!» sagt Robert Cecil laut, als fasse er erst jetzt die Tragweite von Raleighs Verbrechen.

«Wieviel?» fragt Henry Howard, obwohl er sehr gut verstanden hat, und Hele wiederholt die Summe.

Raleigh kann nicht an sich halten: «Dem Lügner, der das behauptet, soll die Hand abfaulen.»

«In diesem Prozeß wirken keine Hexenwünsche, Sir Walter!» entgegnet Coke würdevoll.

«Ich fordere, Graf Aremberg als Zeugen vor diesem Gericht zu vernehmen», verteidigt sich Walter, und viele aus der Menge nicken beifällig.

Da greift der Lordoberrichter ein. «Graf Aremberg untersteht nicht der englischen Gerichtsbarkeit und hat mit diesem Prozeß nichts zu tun, Sir Walter.» Dann fragt er Coke ernst, als besinne er sich auf seine Rolle als unparteiischer Richter: «Wurden Mylord Cobham Vergünstigungen angeboten oder Versprechungen für die Abfassung dieses Papiers gemacht, oder schrieb er es aus freien Stücken?»

«So wahr ich hier stehe, niemand als Gott und nichts als sein Gewissen bewegten Mylord Cobham», versichert Coke pathetisch, die Rechte auf dem Herzen. Dann schreit er Raleigh an: «Und jetzt gestehen Sie endlich, Sir Walter!»

Jemand aus der Menge ruft Raleigh zu: «Gib auf, du Satan!»

«Nun, Sir Walter?» mahnt Popham in gütigem Ton, der nicht zu ihm paßt.

Raleigh spricht leise, aber in der atemlosen Stille ist er noch in der entferntesten Ecke zu verstehen: «Herr Erster Kronanwalt, Sie stützen Ihre Anklage vernehmlich auf das

Zeugnis von Lord Cobham. Darf ich das hohe Gericht bitten, einen anderen, an mich gerichteten Brief dieses Herrn zur Kenntnis zu nehmen?»

Er zieht ein zerknittertes Papier aus der Tasche seines Wamses und streckt es Hele entgegen. Hele blickt fragend zum Lordoberrichter. Coke beugt sich zu Popham hinüber, dann redet auch Henry Howard auf Popham ein. Der schüttelt den Kopf und nickt Hele zu. Der Sergeant nimmt endlich den Brief entgegen und glättet ihn umständlich auf seinem Pult. «Es ist Cobhams Schrift.»

«Geben Sie her!» Popham überfliegt den Inhalt. Dann hält Coke das Schreiben in den Händen. «Wie sind Sie dazu gekommen, Sir Walter?»

«Das ist nebensächlich, Herr Erster Kronanwalt. Da seine Echtheit bestätigt wurde, verlange ich seine Verlesung.»

«Nicht, bevor geklärt ist, wie Sie in seinen Besitz gelangten.» Jeder merkt, daß Coke die Bekanntgabe des Inhalts verhindern will. «In einer früheren Vernehmung behaupteten Sie, Sie hatten im Tower zu Cobham keine Verbindung.»

«Vorlesen!» ruft einer aus der Menge. Andere nehmen den Ruf auf. Popham bleibt nichts übrig, als Raleighs Antrag zuzustimmen.

Diesmal spricht Hele hastig und undeutlich, als fürchte er, die Worte Cobhams könnten ihn bei den Herren des Gerichts mißliebig machen: «Jetzt, da der Tag des Prozesses naht und wir nicht wissen, ob er gegen mich oder gegen Sie, Sir Walter, zuerst geführt wird, erkläre ich, um mein Gewissen von Schuld frei zu machen, bei meiner Seele und vor Gott und seinen Engeln, daß ich niemals mit Ihnen hochverräterische Gespräche hatte. Auch wurde ich nie von Ihnen veranlaßt, Dinge zu tun, deren man Sie anklagt. Bei meiner Seele, Sie sind unschuldig und frei von jedem Verrat gegen den König.»

Robert Cecil putzt seine Augengläser am Ärmel des pelzgefütterten Samtmantels, den er wegen der Kälte über dem

Wams trägt. Popham stochert mit einem Federkiel in seinen Zähnen. Ein anderer Lord starrt auf seine Fingernägel, als stünde dort die Lösung des Widerspruchs. Nur Henry Howard sieht munter in die Runde, sagt laut «Unsinniges Gefasel» und blickt Coke herausfordernd an.

Coke findet sogleich die Sprache wieder. «Mylords!» Er wiederholt die Anrede eindringlich, weil in der Halle jetzt starke Unruhe herrscht, nimmt die Arme zu Hilfe, um sich Gehör zu verschaffen, und bewegt sie wie einer, der eben viel Beifall bekommen hat und nun weitersprechen will. «Mylords! Wie Raleigh Cobham diese verlogenen Worte entlockte, wird noch zu klären sein. Wichtig ist, daß der Brief lange vor Cobhams rechtskräftigem Geständnis verfaßt wurde und also keinerlei Bedeutung hat.»

«Einspruch, Euer Ehren!» protestiert Raleigh energisch. «Cobham erklärte beides vor Gott. Ich fordere, ihn in dieser Halle zu vernehmen und, er soll mir gegenübergestellt werden.»

«Dazu besteht keine Notwendigkeit.»

Popham springt Coke bei: «Es dürfte auch schwerhalten, Cobham noch heute ...»

«Wieso? Der Erste Kronanwalt sagte, er befinde sich in dieser Stadt!»

«Schafft Cobham her! Cobham muß Rede und Antwort stehen!» Die Halle ist in Bewegung. Man kennt Statuten und Klauseln nicht wie die Herren auf dem Podium, aber Rechtsempfinden und gesunder Menschenverstand sprechen für Raleigh.

Der Lordoberrichter rülpst laut, das Würzbier steigt ihm ekelhaft hoch. Nimm deine fünf Sinne zusammen, Popham, du hast 'ne Menge getrunken, sagt er sich und beschließt, vorsichtig zu handeln und sich mit den übrigen Herren zu beraten. Inzwischen wird sich die Menge beruhigen.

Sie kommen bald zurück, Popham und Coke zuerst. In den hochfahrenden, abweisenden Mienen ist die Entscheidung zu lesen. Henry Howards Lächeln nimmt Raleigh den letzten Zweifel.

Sergeant Hele verkündet die Ablehnung des Antrags. «Eine Farce ist das!» ruft einer aus der Menge empört. Heles Worte gehen in Buhrufen unter.

Als Popham mit Hilfe der Büttel die Ruhe wiederhergestellt hat, fragt Raleigh nach dem zweiten Zeugen.

«Welcher zweite Zeuge?» Coke tut, als verstünde er nicht.

«Kein Mensch soll wegen Hochverrats verurteilt werden, der nicht von zwei Zeugen beschuldigt wird. Sie müssen, so sie leben, ihm gegenübergestellt werden», zitiert Raleigh aus einem alten Gesetz. Nicht umsonst hat er sich mit englischem Recht beschäftigt. «Haben Sie das vergessen, Herr Erster Kronanwalt?»

«Ein überholtes Statut aus der Zeit Edwards VI., Sir Walter, doch ich bin bereit, Ihren Wunsch zu erfüllen», erklärt Coke.

Ein Matrose mit Narben im Gesicht wird vorgeführt, der seine Hand auf die Bibel legt und beschwört, in Lissabon habe er einen portugiesischen Gentleman sagen hören, Jakob würde niemals zum englischen König gekrönt werden, da ihm Don Cobham und Don Raleigh vorher die Kehle durchschneiden würden. Vertrauenswürdig wirkt der Mann nicht. Jemand hinter einer Säule ruft: «Für ein paar Pennys erzählt der auch das Gegenteil!» Aber das Gericht nimmt die Aussage beifällig auf.

Zum letzten Mal zieht sich das Gericht zurück. Es braucht keine Viertelstunde für die Entscheidung.

Der Gerichtsdiener führt Raleigh bis auf drei Schritt an Popham heran. Der Lordoberrichter steht barhäuptig vor ihm. Sein Gesicht glüht nicht mehr wie vor Stunden. Gemessen und feierlich setzt er sich die schwarze Kappe aufs Haupt. Schwarz bedeutet Tod! Eine Frau schreit auf. Alice? Ein Murren und Raunen der Unzufriedenheit läuft durch die Halle. Nur ganz wenige rufen: «Recht geschieht ihm!»

Raleigh ist unendlich müde, aber er muß sich Popham

noch einmal anhören. «Maßloser Ehrgeiz, zügellose Begierde nach den Gütern der Welt und sträflich-lästerliche Blasphemie haben Sie auf den Weg des Verbrechens geführt, Sir Walter! Nie hätte ich geglaubt, einmal das Todesurteil gegen einen der mächtigsten Männer des Reiches aussprechen zu müssen ...»

«... und damit einen unverzeihlichen Irrtum zu begehen, Mylord. Ich bin unschuldig und unterwerfe mich der Gnade des Königs!»

Eine Pause. Dann fährt Popham indigniert und sachlich fort: «Im Namen des Königs! Vernehmt das Urteil des hohen Gerichts. Da Sir Walter Raleigh des Hochverrats für schuldig befunden wurde, soll er von hier an den Ort zurückgebracht werden, von dem er kam, und dort bis zum Tage der Hinrichtung bleiben. An diesem Tag aber soll er durch die offenen Straßen zum Platz der Hinrichtung geschleift werden. Daselbst soll man ihn hängen, aber vom Galgen schneiden, wenn noch Leben in ihm ist. Lebendigen Leibes reiße man Herz und Eingeweide heraus. Die Geschlechtsteile soll man abtrennen und vor seinen Augen ins Feuer werfen. Dann schlage man den Kopf vom Rumpf und vierteile den Körper. Über diese vier Teile verfüge der König nach Belieben. – Gott sei Ihrer Seele gnädig!»

Bess hatte entgegen Walters Wunsch zum Prozeß nach Winchester fahren wollen, aber kurz zuvor erkrankte Wat. Doktor Vane vermutete eine Entzündung der Lunge. Bess war in Sherborne geblieben und hatte nächtelang am Bett des fiebernden Kindes gewacht. In dieser Zeit erreichte sie die Nachricht von Walters Verurteilung. Sie hatte nicht geschrien und war nicht ohnmächtig geworden. Selbst zum Weinen blieb wenig Zeit. Der Junge brauchte sie. Sie mußte stark sein. Das Schicksal durfte ihr nicht zwei Menschen gleichzeitig nehmen.

Als es Wat besser ging, konnte sie endlich nach London reisen, und sie war nicht die einzige, die dorthin wollte. Je näher sie der Stadt kam, desto stärker wurde der Verkehr. Kutschen und Packwagen verstopften die Zufahrtsstraßen. Die Pest war am Erlöschen, und alles drängte in die Stadt zurück. Es ging schleppend voran. Bess sah selten aus dem Fenster. Vorhänge schützten sie vor neugierigen Blicken. Meist saß sie zurückgelehnt in das weiche Polster und dachte mit geschlossenen Augen nach. Viel Zeit bis zur Hinrichtung Walters blieb nicht, aber sie hoffte, daß Robert Cecil ein Gnadengesuch an den König befürworten würde. Sie hatte seinen Sohn aufgenommen, und er hatte sie «meine beste Freundin» genannt. Es kam ihr nicht in den Sinn, daß sie ihn nicht antreffen könnte. Aber er war weder in Burghley House noch in Whitehall.

Wo sie ihn finden könne. – Beim König natürlich. «Wo ist der König?»

Sie war sofort entschlossen, dem König nachzufahren und sich ihm zu Füßen zu werfen. Wenn sie ihn aber nicht schnell genug erreichte? Wenn er sie nicht vorließ? Sie schrieb an Robert Cecil, appellierte an seine Großzügigkeit. Wer anders als er vermochte Walters Hinrichtung zu verhindern? Ja, wer? dachte sie verzweifelt. Viele der einflußreichen Lords, die Raleigh gut gekannt hatte, lagen unter der Erde, auch Oxford, der sich bestimmt für Walter verwandt hätte. Wer blieb noch? Sie hatte Gott um Walters Leben gebeten, sie würde mit dem Teufel verhandeln, wenn sie ihn retten könnte.

In der Dämmerung ließ sie sich nach Northumberlands Haus bringen, aber der Earl weilte auf seinen Gütern.

Am Abend fuhr sie zu Smythe in die Lombard Street. Sie war nicht überrascht, Alice allein zu finden, obwohl sie gern mit Thomas Smythe geredet hätte.

Seit Alices Aufenthalt in Sherborne vor zehn Jahren hatten sie sich nur zwei- oder dreimal in London getroffen, aber ein ähnlich herzliches Verhältnis wie vor Wats Geburt hatte sich nicht hergestellt. Keine suchte die Nähe der anderen.

Heute war alles anders. Alice umarmte sie in der Halle. «Ich hatte gehofft, daß Sie kommen, Bess.» Sie führte sie ins Wohnzimmer und zog sie neben sich auf die Sitzbank. «Haben Sie schon gegessen?» fragte sie, ohne ihre Hand loszulassen.

«Ich brauche nichts.»

Alice ließ ihren Einwand nicht gelten. «Natürlich müssen Sie essen, gerade jetzt.»

«Sie wissen es also schon?»

«Ich war in Winchester.»

Bess zog ihre Hand zurück. «Ihr Gatte auch?»

Alice schüttelte den Kopf.

Bess spürte, wie ihr das Blut zu Kopf stieg, und sie wünschte, Alice würde es nicht merken. Bedeutete Alices Eingeständnis nicht, daß sie Walters Geliebte war, die ihn in der Stunde der Not nicht im Stich gelassen hatte? Sie bereute es, trotz ihrer Bedenken gekommen zu sein.

Endlich sagte Alice: «Walter hat sich großartig gehalten. Die Richter urteilten so, wie es der König verlangte.»

Bess nickte. Ihre Augen wurden feucht. Sie blickte zu Boden. Sie benahm sich wie eine dumme Gans. Ausgerechnet jetzt, da Walter in seiner kalten Zelle in Winchester auf den Tod wartete, packte sie die Eifersucht. In all den Jahren hatte sie diesem Gefühl nicht nachgegeben. Einmal, kurz nach Wats Geburt, hatte sie einen anonymen Brief bekommen, der Walter intimer Beziehungen zu Alice bezichtigte. Sie hatte ihn ins Feuer geworfen und Walter nichts davon gesagt. Sie wollte keine Rechtfertigung von ihm, keine Bestätigung der Vorwürfe, keine umständlichen Erklärungen, nicht einmal ein festes Abstreiten, denn auch das hätte eine Lüge sein können.

«Sie können sich denken, weshalb ich kam, Alice. Sehen Sie oder Thomas nicht einen Weg zu seiner Rettung?»

Kurz nach seiner Verurteilung verlegte man Raleigh in ein schmales Turmzimmer des Schlosses von Winchester. Sein vergittertes Fenster zeigte auf den Hof. Hier besuchte ihn zwei Tage vor dem Hinrichtungstermin William Sanderson. Der Kaufmann setzte sich schnaufend auf den einzigen Hocker, wischte sich mit dem Ärmel seines schweren Samtmantels die Schweißperlen aus dem Gesicht und schimpfte über die vielen Treppen, die er heraufsteigen mußte.

«Dafür können Sie von hier die Aussicht genießen, Mister Sanderson. Man sieht direkt auf den Galgen und den Strick, in dessen Schlinge ich meinen Kopf legen darf», sagte Raleigh. «Unser allergnädigster König sorgt für Vorfreude.»

Sanderson seufzte mitfühlend. «Sie sind in keiner beneidenswerten Lage.»

«Nicht mehr lange», erwiderte Raleigh sarkastisch.

Sanderson suchte nach ein paar teilnehmenden Worten, aber ihm fiel nichts ein. Er schielte nach seiner abgeschabten Reisetasche. Schließlich war er nicht als Seelentröster, sondern geschäftlich hier und wollte den ungemütlichen Ort so schnell wie möglich verlassen.

«Nun fangen Sie schon an!»

Sanderson zog ein in Schweinsleder gebundenes Journal aus seiner Tasche, schlug es auf und tippte auf Zahlen und Namen. Dabei erklärte er knapp Ertragslage und Abrechnung, denn Raleigh war an zwei seiner Manufakturen und einer Silbermine beteiligt.

Vom Hof drang lautes Hämmern in die Zelle. Die Zimmerleute arbeiteten wieder an dem Blutgerüst.

«Hören Sie mir auch zu?»

«Natürlich, Mister Sanderson.» Übermorgen war er nicht mehr auf dieser Welt, aber die Geschäfte würden weiterlaufen.

Sanderson versprach, nach Abzug früherer Schulden Walters Gewinn an Bess zu schicken. Er hoffte, die Geschäfte würden sich unter dem neuen König noch günstiger entwickeln.

«Ich kann Ihre Hoffnung nicht teilen, Sanderson. Der

König liebt makabre Spiele. Passen Sie auf, daß er nicht auch mit Ihnen spielt», warnte Raleigh und zog ihn ans Fenster.

Die Zimmerleute hatten sich, da es regnete, unter die Treppe des Gerüsts gestellt, aber als sie die Gesichter hinter den Gitterstäben erspähten, begannen sie wieder zu hämmern.

«Mal schlagen sie ein paar Bretter ab, dann ziehen sie an anderer Stelle eine Stütze ein. Das geht schon den ganzen Tag so. Einmal soll ich glauben, das Gerüst wird weggerissen, dann wieder, es wird verstärkt oder umgebaut.»

«Immerhin scheint der König das Urteil zu überdenken. Die Todeskandidaten des anderen Prozesses, Cobham, Griffin und Lord Grey, wurden zur Towerhaft begnadigt.»

«Nachdem man sie vorher in quälender Ungewißheit ließ. Ich mußte von hier das Spektakel mit ansehen, Sanderson, es zerrte an den Nerven. Griffin hatte den Kopf schon auf dem Block, als ein Bote des Königs intervenierte. Der Sheriff verkündete, Griffin sei ungenügend auf den Tod vorbereitet, der König gewähre ihm zwei Stunden Aufschub. Sie führten ihn in seine Zelle zurück. Können Sie sich vorstellen, was er in den zwei Stunden ausgestanden hat? Zweimal sterben, Mister Sanderson! Mit den anderen trieb man es genauso.»

«Am Ende behielten sie ihre Köpfe.»

«Mich wird man hinrichten. Jakob weiß, was er will. Überlegen Sie doch mal: Er läßt mich beschuldigen, Handlanger der Spanier zu sein, und gibt sich selbst den Anschein, Königin Elisabeths Politik fortzuführen. Ich gehöre zu den wenigen, die das wirklich wünschen, und er weiß es genau. Deshalb läßt er mich mit dieser paradoxen Begründung beseitigen. Verstehen Sie, wie raffiniert das ist?»

Erstaunlich, wie er das Spiel durchschaut, sagte sich Sanderson. Er und Smythe hatten sich, weniger weil sie Alice dringend darum gebeten hatte, sondern aus pragmatischen Erwägungen, beim König für Raleigh eingesetzt. Kam es wieder wie anno fünfzehnhundertachtundachtzig zu einer gefährlichen Lage für England, würde man Raleigh brauchen, denn alle großen Seekapitäne waren tot. Jakob hatte immerhin geantwortet, er wolle es bedenken.

Das Hämmern der Zimmerleute hallte in dem von Mauern eingefaßten Hof wider. Sie traten vom Fenster zurück. Sanderson hob die Reisetasche, klopfte mit der freien Hand Raleighs Rücken und zwinkerte ihm, bevor er zur Tür ging, aufmunternd zu. «Behalten Sie die Nerven, Sir Walter. Sie haben Grund zu der Hoffnung, am Leben zu bleiben.»

Im Turmzimmer flackerten Kerzen. Raleigh saß an dem schmalen Tisch neben dem Fenster, die Feder in der Hand. Nur wenige Stunden trennten ihn von dem Morgen der Hinrichtung. «Meine geliebte Bess», schrieb er, «mit diesen Zeilen empfängst Du meine letzten Worte. Ich sende Dir all meine Liebe. Bewahre sie Dir, wenn ich tot bin. Mögen die Dinge, die mich jetzt bedrücken, mit mir sterben und begraben sein. Ich will Dich nicht damit belasten. Gott hat nicht gewollt, daß ich Dich in diesem Leben noch einmal sehe, ertrage meinen Tod tapfer und mit Sanftmut.»

Viele Fragen bedrängten ihn. Er zwang sich, an praktische Dinge zu denken, schrieb die Leute auf, die ihm Geld schuldeten, gab Bess Ratschläge zu Sherbornes Verwaltung.

Hinter den Gitterstäben färbte der Morgen die Nacht grau. Die Feder kratzte über das Papier. «Es ist Zeit, meine Gedanken von der Welt zu lösen.« Er flüsterte, Gott möge verzeihen, daß er sich so wenig um seine Eltern gekümmert hatte. Bilder der Kindheit tauchten auf. Er war in Hayes Barton und lief, ein kleiner Junge, einen feuchten Pfad entlang. Seine nackten Füße hinterließen Spuren in der rötlichen Erde. Wind blies ihm ins Gesicht. Über ihm schrie eine Möwe. Sie rief, er solle ihr folgen. Er lief ihr nach, und plötzlich war er am Meer. Die Brandung schäumte, am Horizont stand ein Wald aus weißen Segeln.

Die Schläge der Schloßuhr holten ihn aus dem Traum.

Schritte kamen die Treppe herauf. Mit zitternder Hand griff er wieder zur Feder. «Ich kann nicht mehr schreiben. Der Tod ruft mich. Leb wohl, meine treue Bess. Segne meinen armen Jungen. Bete für mich.»

Ein Offizier bat ihn, sich bereitzuhalten. Man schaffte ihn nicht auf das Gerüst im Hof. Sie setzten ihn in eine Kutsche, die ihn zum Tower brachte.

Doktor Dee stieg für sein Alter erstaunlich leichtfüßig die Treppe zum Bloody Tower hinauf. Ein Wachoffizier ging schweigend voran und öffnete eine dicke Bohlentür. «Besuch für Sie, Sir Walter!»

Das Turmzimmer war kahl. Im Kamin brannte ein müdes Feuer. Wind pfiff durch den Rauchfang. Dee schloß wegen des beißenden Qualms die Augen. Auch als er sie wieder öffnete, hatte sich der Mann auf der Pritsche noch nicht gerührt. «Schläfst du, Walter?» fragte er leise.

«Mir ist schwindlig, Doktor. Entschuldigen Sie, wenn ich liegenbleibe.» Raleigh redete langsam und undeutlich, Dee konnte ihn kaum verstehen.

Peter Dean kam aus dem Nebenraum und flüsterte Dee zu: «Mit seiner Sprache ist etwas nicht in Ordnung, und er kann den linken Arm nicht richtig gebrauchen. Der Arzt sagt, es könne ein Schlagfluß gewesen sein.»

Dee zog den Schemel an Raleighs Lager. «Was machst du für Geschichten, Walter!»

Raleigh gab Peter ein Zeichen zu verschwinden. Dann griff er nach Dees Hand. «Haben Sie das Gift, Doktor?»

Dee zog eine Flasche unter seinem Kittel hervor, öffnete sie und setzte sie Raleigh an den Mund. «Ich glaube, du brauchst erst mal davon einen kräftigen Schluck.»

Raleigh stieß die Flasche mit einer heftigen Bewegung beiseite. «Lassen Sie mich mit Ihrem Branntwein in Ruhe!»

«Ich hab dir auch noch was anderes mitgebracht», brummte Dee und zog ein schmales, in Leder gebundenes Bändchen aus der Tasche. Er suchte zu verbergen, wie sehr ihn Raleighs blasses, abgemagertes Gesicht erschreckte. Die Augen lagen tief in den Höhlen und starrten ihn in einer Aufwallung von krankhaftem Haß an.

«Sie machen sich über mich lustig», lallte Raleigh, «ich will ...»

«Ja, ja.» Dee drückte ihn auf sein Lager zurück und sagte vorwurfsvoll: «Hast du in Winchester deshalb um dein Leben gekämpft, um es nun schnell wegzuwerfen?»

Raleigh wollte erneut auffahren, aber Dees gichtige Greisenhände hielten ihn zurück. «Ruhig, mein Junge! Ich werde dir Gift bringen, aber nicht, bevor du versucht hast, mit dem neuen Leben fertig zu werden.»

Raleigh drehte sich zur Wand. «Leben?» flüsterte er schwach. «Vegetieren!»

«Unsinn! Man hat dich nicht in Ketten gelegt. Du wirst Zeit haben, zu lesen, zu schreiben, nachzudenken.» Er suchte nach anderem Trost. «Der Magister Hawley in Oxford war mit vierzig gelähmt. Bis zu seinem Ende verfaßte er im Krankenstuhl philosophische Abhandlungen, die seinen Namen vielleicht unsterblich machen. Sie lesen sich heiter und kraftvoll, und in keiner verflucht er das Leben. Er hat nie aufgegeben, und er war schlimmer dran als du.» Nach einer Pause fügte er hinzu: «Wenn du in ein paar Monaten noch immer auf deinem Vorsatz bestehst, werde ich dir helfen. Ich hab dir immer geholfen, mein Junge.»

Raleigh antwortete nicht. Nach einer Weile verließ Dee leise und grußlos die Zelle.

Raleigh schlief ein. Nachts erwachte er, rang nach Atem, röchelte und glaubte zu ersticken.

Peter stand an seinem Lager. «Soll ich den Arzt holen?» fragte er, obwohl er wußte, daß jetzt kein Arzt da war.

«Wasser!» Als Raleigh getrunken hatte, beruhigte er sich. «Leg dich wieder hin, Peter.»

Er lag wach und hörte auf jedes Geräusch. Seine Hände strichen über die Decke. Dabei ertasteten sie Dees Buch. Er stand auf und zündete eine Kerze an. Schriften des Seneca hatte ihm Dee mitgebracht. Er schlug eine beliebige Seite auf und las: «Ist doch unser Körper eine Last und eine Strafe für unseren Geist, der von ihm eingezwängt und in Fesseln gehalten wird ... Darin beweist sich ja des Geistes Freiheit, sein Umherschweifen: Er entzieht sich zuweilen der ihm auferlegten Bewachung und stärkt sich am Himmelslicht.»

Verlogener Seelentröster! Der Geist brauchte andere Nahrung als Himmelslicht. Wo sollte er sie in dem verfluchten Turm finden?

Wie Doktor Dee vorausgesagt hatte, gewährte man ihm nach und nach kleine Vergünstigungen. Die Tür zu seinen Räumen blieb einige Stunden am Tag unverschlossen. Er konnte die Plattform des Turms besteigen und von da auf der inneren Towermauer entlanggehen. Im kalten Wind verfolgte er, auf seinen Stock gestützt, die Schiffe und Boote auf der Themse. Er durfte sich Bücher aus der Stadt bringen lassen, aber wenn er am Ende eines Buches angelangt war, wußte er nicht mehr, was er gelesen hatte. Immerhin lenkte ihn die Lektüre von Grübeleien über sein Schicksal ab. Er schob den Zeitpunkt hinaus, Doktor Dee abermals um Gift zu bitten.

Sogar zu einem Essen im Haus des Towerkommandanten, Sir George Harvey, wurde er eingeladen und erhielt danach die Erlaubnis, in dessen Garten spazierenzugehen. Im Frühjahr pflanzte er dort Heilkräuter und Gewächse aus Virginia und Guayana, die Peter aus Sherborne holte. Die Gartenarbeit tat gut. Er schlief besser, die nächtlichen Anfälle hörten auf, und die Lähmung verlor sich bis auf die Versteifung des verwundeten Beins.

Bess durfte ihn besuchen und sich im Tower aufhalten, so lange sie wollte. Bei ihrer ersten Umarmung wischte er sich verstohlen die Tränen von den Wangen, aber Bess bemerkte es. «Es sind die Nerven», entschuldigte er sich verlegen.

Sie küßte ihn und sagte, nun sei alles gut. Das Turmzimmer fand sie nicht so schlecht.

«Diese Löcher?»

«Der große Saal von Sherborne war ungemütlicher. Wir werden uns auch hier einrichten.»

«Du willst bleiben?»

«Ja, man hat es mir gestattet. Oder schickst du mich weg?»

«Du hattest einen Mann von Stand geheiratet und keinen armseligen Gefangenen.»

Sie schliefen eng aneinandergedrängt auf der Pritsche. Am nächsten Morgen begann Bess, die Räume wohnlich herzurichten. Raleigh sah zu, wenn sie sich nach getaner Arbeit wusch. Sie klopfte sich kaltes Wasser ins Gesicht, um Falten vorzubeugen, benutzte Doktor Dees Cremes und spülte das Haar mit Kamille und einem Zusatz, so daß es nach dem Trocknen nach frischen Kräutern duftete.

«Wozu pflegst du dich?» fragte er. «Wir werden keine Feste mehr geben und keine besuchen.»

«Ich will für dich schön sein.»

Von da an achtete auch er wieder mehr auf sein Äußeres.

Sie fuhr nach Sherborne, brachte Wat mit und ließ Möbel vom Schloß kommen. Im Februar des folgenden Jahres gebar Bess einen Jungen. Sie tauften ihn in der Kapelle St. Peter ad Vincula im Tower auf den Namen Carew.

DER KÖNIG UND SEIN GEFANGENER

In der Abenddämmerung zog die königliche Jagdgesellschaft lärmend in den Hof des alten Palastes von Hatfield ein. Hunde hechelten zwischen schweißnassen Pferden. Junge Lords unterhielten sich laut und lachten unmäßig, denn auf dem Heimritt war viel getrunken worden. Eine Lady der Königin kreischte, als die Hände des Kavaliers, der ihr vom Pferde half, unter ihre Röcke gerieten. Ein Page ergriff vom Jagdhorn des Vorreiters Besitz und blies kräftig, worauf der alte Charles Willoughby, der müde auf seinem Gaul hing, aufschrak und fürchtete, die Strapaze ginge noch einmal los. Zwölf Stunden saß er im Sattel, und das fast jeden Tag. Dieser König war vernarrt in die Jagd wie kein zweiter. Wann schlief er überhaupt?

Im allgemeinen Durcheinander prostete König Jakob vom Pferd mit der Sattelflasche noch einmal dem Earl of Worcester zu. Der edle Lord hatte dem König schon mehr als ein dutzendmal Bescheid tun müssen und schwankte beängstigend im Sattel. Nachdem er getrunken hatte, schleuderte er die leere Flasche mit einem blöden Grinsen fort und versuchte vergeblich, mit elegantem Schwung von seinem Fuchs zu kommen. Er rutschte über den Rücken des Pferdes und landete wie ein schwerer Sack in den Armen seines Reitknechts.

Jakob lachte. Die Engländer soff er noch allemal vom Pferd oder unter den Tisch. Der Earl of Lennox geleitete ihn zu seinen Gemächern. Der oberste Kammerherr hielt ihm die Silberschüssel mit Waschwasser hin, und er tauchte die Hände flüchtig hinein. «Wünschen Eure Majestät die Kleidung zu wechseln?»

Der König verneinte. Das blutbefleckte Wams wollte er

nicht ausziehen. Jeder sollte sehen, daß es ein erfolgreicher Jagdtag gewesen war. Drei kapitale Hirsche hatte er geschossen und mit den Jägern an Ort und Stelle ausgeweidet. Sein königlicher Schwager aus Dänemark hatte ihn vor vier Jahren bei seinem Besuch in England gefragt, weshalb er jeder kriegerischen Begegnung ausweiche, da er doch seine Hände so gern in die warmen Eingeweide des erlegten Wildes stecke.

«Nehmen Sie es mir übel, daß ich mit Spanien Frieden geschlossen habe, mein königlicher Schwager?» entgegnete Jakob. «Wenn Sie vermuten, daß ich die Abenteuer der Jagd den riskanteren eines Krieges vorziehe, dann haben Sie freilich recht.»

In der Bibliothek, während des Aufenthalts in Hatfield sein Arbeitszimmer, überflog er eine Depesche Robert Cecils. Immer dasselbe! Der Minister zerbrach sich über die königlichen Finanzen den Kopf. Er müßte ihm dafür dankbar sein. Cecil war der richtige Mann, Gläubiger zu vertrösten und neue Einnahmequellen zu finden. Sein kleiner Spürhund! Und doch ging er ihm mit seiner Korrektheit und den detaillierten Schilderungen seiner Geldsorgen allmählich auf die Nerven. Dazu die versteckten Warnungen, er solle mit Geschenken nicht so großzügig sein. Mit ein paar zusätzlichen Steuern ließ sich alles arrangieren. Aber dazu mußte man dieses verdammte Parlament um Zustimmung bitten. Nun tagte es wieder in St. Stephans, und Cecil hatte einen großen Entwurf vorgelegt und vorgeschlagen, es solle dem königlichen Haushalt jährlich zweihunderttausend Pfund bewilligen. Dafür müßte der Thron auf einige Rechte verzichten. Warum eigentlich? Sieben Jahre regierte er nun in England, und mit jedem Jahr hatte der Ärger mit der City und dem Kaufmanns- und Produzentenvolk im Land zugenommen. Der Teufel sollte es holen! Cecil bat ihn dringend, nach London zu kommen. Der Bucklige wurde lästig.

Vom Hof drang der Schein des großen Lagerfeuers durch

die Butzenscheiben. Es zog ihn hinaus. Er wollte die Depesche beiseite legen, als sein Blick auf den Nachsatz fiel. Sein Sohn Henry hatte wieder den Herrn Raleigh im Tower besucht und war danach mit der Bitte zu Robert Cecil gekommen, ihm Geld für den Bau eines Kriegsschiffes zu beschaffen. Was wollte er damit? Die Spanier konnten es als Provokation auffassen. Und was suchte der Junge überhaupt bei Raleigh? Das mußte aufhören! Verbieten? Nein, so einfach war das nicht. Mit seinen sechzehn Jahren war Prinz Henry sehr eigenwillig, und Verbote würden nur das Gegenteil bewirken. Er wollte darüber nachdenken, aber nicht jetzt.

Als er am Arm des Earls of Lennox in den Hof zurückkehrte, war es schon dunkel und kühl. Er gesellte sich zu den Herren, die das große Feuer umstanden. Der Earl of Suffolk, ein Howard, hob ihm den Becher entgegen und brachte einen Trinkspruch auf den großen königlichen Jäger aus. Die anderen fielen ein. Jakob tat ihnen geschmeichelt Bescheid. Die Königin, seine dralle, blonde Anna, hatte sich mit ihren Damen schon zurückgezogen. Sie wußte, was er von ihr erwartete. Man kam gut miteinander aus, wenn man nicht zu häufig beisammen war. In London wohnte sie nicht in Whitehall, sondern in Denmark House. Mochte sie putzsüchtig, ein wenig albern und nicht allzu klug sein, sie hatte Verständnis für seine Neigungen und störte ihn nicht. Außerdem hatte sie ihm zwei Söhne und eine Tochter geboren und für den Fortbestand des Hauses Stuart gesorgt. Was wollte er mehr?

Unter den Männern entdeckte er Robert Carr, seinen Rob. Die Augen des Königs bekamen einen weichen Ausdruck. Der Tag, an dem er Robert Carr bemerkt hatte, war sein schönster Jagdtag und das Malheur, das Rob damals erlitten hatte, für sie beide ein Glücksumstand gewesen. Robert war bei der Hatz unmittelbar in seiner Nähe vom Pferd gestürzt und hatte sich ein Bein gebrochen. Er hatte den Hantierungen des Chirurgen zugesehen und die wohlgeformten Beine des Schotten bewundert. Welches Entzükken, als er zum ersten Mal über Robs muskulöse Waden strich! Niemand nahm Anstoß daran, denn seit jeher schrieb man den königlichen Händen Heilkraft zu. Dann aber, als Rob nach seiner Genesung ständig um ihn war und er ihn zum Earl of Somerset machte, mokierte man sich.

Der König seufzte, und sein Blick ruhte für einen Moment weniger freundlich auf der Lady, die sich an Rob lehnte, Frances Howard, Nichte seines lieben Henry Howard, eine glutäugige Schönheit, die einzige Dame, die in der Männerrunde geblieben war. Ein raffiniertes junges Luder! Hatte die Scheidung von ihrem stotternden Gatten, dem Sohn des hingerichteten Essex, durchgesetzt, um Robert Carr zu heiraten. Er hatte zugestimmt, weil Henry Howard meinte, es mache auf die Engländer einen besseren Eindruck, wenn der Günstling des Königs nicht ledig sei. Manchmal bereute er es. Ein bißchen mehr Zurückhaltung konnte Lady Frances nicht schaden. Der König stieß verärgert seinen Becher weg und verließ den Kreis.

Die Hunde im Zwinger winselten und jaulten dem Wärter entgegen, der mit einem Holzbottich voll Fleisch aus der Küche kam. Der König sagte, um Jewel wolle er sich selbst kümmern, und öffnete Jewels Käfig. Der dreijährige Pointer kroch schwanzwedelnd heran und sprang an ihm hoch. Jakob beugte sich vor, und Jewel leckte sein Gesicht. Erst nach dieser zärtlichen Begrüßung machte er sich an das Fleisch, das ihm der König vorwarf. Dabei redete er mit dem Hund, nannte ihn seine einzige treue Seele und bat ihn, morgen wieder einem kapitalen Hirsch vorzustehen, damit sich sein Jagdglück wiederhole.

Als der König zurückkehrte, saßen die Männer trinkend, essend und lärmend an der auf Bockgerüsten liegenden Tafel bei flackernden Windlichtern. Nur Frances und Robert Carr standen noch am Feuer. Der König schob sich energisch zwischen beide. «Es wird Zeit, daß Sie sich zur Ruhe begeben, Mylady.» Als sie weg war, schlang er seinen Arm um Carrs Hüfte und flüsterte ihm ins Ohr: «Ich fürchte mich vor meinem kalten Bett, Rob. Du mußt mich heute wärmen.»

Am nächsten Tag brach die Gesellschaft später als vorgesehen zur Jagd auf. Der König trieb zur Eile und war wütend, als sich kurz hinter dem Schloß eine Bittstellerin vor ihm auf den Weg warf. Er wollte seinem Pferd die Sporen geben und an dem Weib vorbeireiten, aber dann sah er an der Kleidung, daß es sich um eine Dame von Stand handelte.

«Es ist Lady Bess Raleigh», raunte ihm der Earl of Suffolk zu.

«Weshalb halten Sie Uns auf?» fragte der König ungnädig.

«Ich bitte um Gerechtigkeit für mich und meine Söhne. Euer Majestät haben versprochen, daß wir Sherborne behalten dürfen. Jetzt erging von Eurer Kanzlei Befehl, es zu räumen.»

Der König war sogleich im Bilde. «Es wurde Ihnen eine ungewöhnlich hohe Entschädigung angeboten», sagte er mißmutig.

«Es ist mein Heim und das meiner Kinder, das einzige, was uns geblieben ist, Euer Majestät.»

«Ich brauche Sherborne, Mylady», entgegnete er barsch und fügte großmütig hinzu: «Die Entschädigung soll um einhundert Pfund erhöht werden.»

Bess, im Straßenstaub kniend, ließ nicht ab zu bitten. Der König hob seine Reitgerte. Bess rutschte zurück.

Jakob ritt weiter. Die Frau sollte dankbar sein, daß er Raleighs Hinrichtung aufgeschoben hatte. Weitere Zugeständnisse würde er nicht machen, und Sherborne hatte er seinem Rob versprochen.

Am frühen Nachmittag verdarb ihm ein anderer Vorfall endgültig die Laune. Nach der Mittagsrast ging die Hatz bei strahlendem Sonnenschein über eine weite Lichtung. Das Hunderudel stob den Jägern voraus, allen voran Jewel. Im Wald folgte der König seinem Lieblingshund, der vor einem Flecken mit dichtem Unterholz Witterung nahm. Jakob hielt sein Pferd an. Plötzlich schwirrte ein Pfeil durch die Luft. Der Hund brach zusammen. «Jewel!» Jakob sprengte zu ihm hin, sprang vom Pferd und kniete vor seinem Lieblingstier. Jewel röchelte. Der König zog ihm den Pfeil aus dem Leib. Das Blut rann aus der Wunde und aus dem Maul. Das Röcheln wurde schwächer. Jewel streckte die Läufe von sich. Jakob legte den Kopf auf den warmen Körper und heulte wie ein Kind.

Die Herren der Gesellschaft kamen heran. «Was ist, Majestät?» fragte der Earl of Lennox.

Jakob zeigte auf Jewel und schrie außer sich: «Bringen Sie mir seinen Mörder, Mylord! Ich will ihn auf der Stelle hängen sehen!»

Die Ausführung des Befehls erwies sich als unmöglich. Die Königin selbst hatte versehentlich auf Jewel geschossen.

Der König tobte. Die Jagd war ihm verleidet. Er erklärte das dumme Versehen mit einer anderen Torheit seiner Frau. Das Teufelszeug, das der Staatsverbrecher Raleigh in seinem Labor braute und als Lebenselixier und großes Cordial an adlige Ladys verschenkte, hatte ihr den Blick getrübt. Seine alberne Anna glaubte natürlich an das Wundergesöff. Ihre Kammerfrau erzählte, sie trinke jeden Morgen eine Achtelflasche gegen Schnupfen, raschen Puls, Kopfschmerz und auch gegen das Zipperlein. Die Wirkung sah man. Sie verwechselte Hund und Reh. Am Ende würde sich noch ihr Verstand verwirren. Er ließ ihr zuviel durchgehen. Hätte sie Henry nicht mit in den Tower geschleppt, wäre sein Sohn nie mit Raleigh in Berührung gekommen. Vor ihren Augen wollte er die Flaschen mit dem Elixier zerscherben, und mit Henry mußte er reden.

Die Gelegenheit dazu bot sich, als sein Sohn ihn kurze Zeit danach in London aufsuchte. Der Sechzehnjährige kam in der Prunkkleidung, in der ihn jüngst ein Hofmaler porträtiert hatte, in einem Wams aus Atlasseide mit Stickereien und einem kurzen, mit Walfischgräten abgesteiften Rock. Unter dem linken Knie das mit einer goldenen Schnalle befestigte blaue Band des Hosenbandordens. Der formvollendeten Kleidung entsprach das selbstsichere Auftreten des Prinzen. Noch bevor Jakob dazu kam, ihm Vorhaltungen zu machen, brachte er seinen Wunsch vor: Sherborne wolle er haben.

«Warum gerade Sherborne, Henry?» fragte der König.

«Es ist eines der schönsten Güter des Reiches und eines Prinzen von Wales und Thronfolgers würdig.»

Dem König mißfiel der fordernde Ton. Er kniff die Augen zusammen, und die Falten über der Nasenwurzel vertieften sich. Seinen Ärger zurückdrängend, murmelte er, Sherborne sei schon versprochen, aber er sehe ein, Henry brauche in England ein weiteres Erbgut. «Ich werde etwas für dich finden.»

«Wenn Sie Sherborne an Robert Carr geben, machen Sie sich über alle Maßen lächerlich, mein königlicher Vater!»

«Was nimmst du dir heraus!»

Jakobs Heftigkeit beeindruckte Henry nicht. «Ich werde überall erzählen, daß Sie Ihren Gelieb...», er verschluckte die letzte Silbe, verbesserte sich, «daß Sie Ihren Günstling Ihrem Sohn vorziehen.»

Der König machte eine Bewegung, als wolle er sich auf Henry stürzen, besann sich aber, kehrte ihm den Rücken zu, goß mit zitternder Hand Branntwein in einen Becher und trank gegen seine Gewohnheit in großen Schlucken. Keine Unbesonnenheit! Es war nichts gewonnen, wenn er Henry im Zorn hinauswarf. Der Junge war intelligent, aber was verstand er schon vom Leben? Einem, der auf Hofbällen erste Erfahrungen mit Frauen sammelte und gewiß das Bild einer Schönen im Herzen trug, war der Gedanke, auch das eigene Geschlecht könne seine Reize haben, bestimmt noch nie gekommen. Henry verurteilte ihn mit der Raschheit und Absolutheit der Jugend. Er konnte seine Neigung zu Carr bestreiten und Henry mit Allgemeinplätzen abspeisen, aber es schien ihm klüger, den Prinzen wie einen Erwachsenen und Gleichgestellten zu behandeln.

Als er sich ihm erneut zuwandte, hatte er seine Ruhe wiedergewonnen. «Verhaltensnormen sind dem Wechsel der Zeiten unterworfen. Weißt du nicht, daß im alten Griechenland die Liebe von Männern zu Knaben ganz natürlich und den Bürgern selbstverständlich war? Keiner fand es unehrenhaft.» Er führte Beispiele an und brillierte vor dem Sohn mit seiner klassischen Bildung.

Aus Henrys Augen wich der anklagende Ausdruck, und zögernd versicherte er, er wolle darüber nachdenken.

Der König, erfreut, den richtigen Ton gefunden zu haben, legte den Arm um ihn. «Wir Könige, mein Lieber», sagte er, Henry in den Kreis der Herrscher einbeziehend, «sind über diese Dinge erhaben, denn ein König ist von Gott und daher über alle Moral und allem Gesetz.»

«Gilt das auch für einen Nero?»

«Er war römischer Kaiser. Was man auch über ihn sagt, nur Gott kann über ihn am Tag des Jüngsten Gerichts entscheiden. Wer glaubt, Uns einengen zu müssen, hat die Größe Unseres Amtes nicht begriffen.»

Er beklagte, auf das Parlament Rücksicht nehmen zu müssen, während der spanische König ohne alle Bevormundung regieren könne. «Aber ich versichere dir, eines Tages wird die St.-Stephans-Kapelle im Westminster Palace, in der heute die Parlamentsbänke stehen, wieder einzig dem Gottesdienst dienen!» Mit Unbehagen registrierte er die Abwehr des Sohnes. «Gibst du mir nicht recht, Junge?»

Henry schüttelte heftig den Kopf. «Niemand trägt so viel Verantwortung vor Gott und den Menschen wie der König.

Selbstgefällige Gewaltherrscher werden vom Herrn bestraft. Raleigh hat in seiner Schrift zur Geschichte die Namen jener englischen Könige genannt, die die Hand Gottes zu spüren bekamen. Auch der achte Heinrich gehört wegen der ruchlosen Behandlung seiner Frauen und seiner engsten Ratgeber dazu. Gott hat ihm Enkel verwehrt, seine Kinder Edward, Mary und auch die große Elisabeth sind ohne Nachkommen geblieben, und so ist das Geschlecht der Tudors ausgestorben. Spanien aber, das von der Inquisition gepeinigt wird, kann kein Beispiel für England sein, Vater. Vor einem Bündnis mit Spanien müssen wir uns hüten, und ich versichere dir, daß ich nie eine Spanierin heiraten werde. Zwei Religionen vertragen sich nicht in einem Bett.»

«Wer sagt das?»

«Sir Walter», gestand Henry. Er wurde rot dabei und redete schnell weiter.

Der König hörte kaum noch hin. Seine Gedanken wanderten zu dem Gefangenen im Tower. Raleigh blies seinem Sohn diese Ideen ein und gefährdete seinen Plan, Henry mit der Tochter des spanienfreundlichen Herzogs von Savoyen oder mit der spanischen Infanta zu verheiraten. Der Günstling Elisabeths hatte ihm den Thron nicht verwehren können, nun wollte er ihm den Sohn nehmen, indem er gegen ihn, den König, intrigierte.

«Und deshalb bitte ich Sie, mein Vater, Raleighs Gesuch um Freilassung gütigst zu bedenken», hörte er Henry sagen.

Der König lächelte böse. Nein, werter Sir im Tower, daraus wird nichts. Mag sein, daß man in dem Gestein aus Guayana nun doch Spuren von Gold entdeckt hat, ich werde Sie nicht hinschicken, um es zu holen! Mit Ihren Seeabenteuern und Schiffsgeschichten haben Sie Henry besoffen gemacht, mit Ihrem Haß gegen Spanien ihm die Augen verklebt.

«Du willst Sherborne gar nicht für dich, mein Henry, du

willst es für Raleigh, möchtest, daß es ihm erhalten bleibt, nicht wahr?» fragte er sanft.

Henry schwieg.

Da schrie der König, alle guten Vorsätze vergessend: «Ich verbiete dir, noch einmal zu Raleigh in den Tower zu gehen, ich verbiete es dir, verstehst du!»

Noch am gleichen Tag hatte König Jakob ein langes Gespräch mit Henry Howard. Am Abend begab er sich nach Denmark House und entschuldigte sich bei der Königin für seine Heftigkeit wegen des Hundes. «Jewel hinterließ Ihnen sein Erbe. Ich bin gekommen, es Ihnen zu bringen.» Im Scherz sank er vor Anna auf die Knie und steckte ihr einen Diamantring an den Finger, der seine zweitausend Pfund wert war.

«Was willst du dafür von mir, Jamie? Umsonst gibst du mir doch nichts.»

Während er von seiner Begegnung mit Henry erzählte, drehte die Königin den Ring und hielt ihn in wechselnden Abständen vor die Augen.

«Verlang von Henry, daß er nicht mehr zu Raleigh geht, und du sollst ihn auch nicht mehr besuchen», forderte Jakob.

Anna nickte, ohne den Blick von dem Ring zu lösen. «Der Stein funkelt wunderbar!» sagte sie in kindlicher Freude.

Zu Martini ließ Jakob seine Schauspieler im renovierten Bankethaus von Whitehall «König Lear» spielen, sehr zum Erstaunen der Hofgesellschaft, denn es war ein Stück, das schon vor fünf Jahren aufgeführt worden war. Auch hatte man erwartet, Jakob würde sich nach einer fiebrigen Erkältung eher an einer Komödie erheitern wollen. Nur Henry Howard ahnte, daß die Spannung zwischen Jakob und seinem Sohn in Seiner Majestät den Wunsch geweckt hatte, sich noch einmal das Leben des unglückseligen Königs vorstellen zu lassen, der sein Reich an seine beiden undankbaren Töchter verschenkte, die Tochter, die ihn liebte, aber verstieß.

Die rundliche, aufgeputzte Anna gähnte auf ihrem Thronsessel, doch der König lauschte aufmerksam, da ihm plötzlich vieles in der Tragödie bedenkenswert erschien. Welch kluge Sprüche Shakespeare dem Narren in den Mund gelegt hatte! Er wollte dem Dichter aber auch sagen, daß sein Stück im ganzen töricht war, weil nur ein Dummkopf die Macht zu früh aus der Hand legt. Er besaß wie Lear drei Kinder. Taugte Henry nichts, würde er auf den schwachen, stotternden, aber folgsamen Charles bauen und nicht davor zurückschrecken, den widerspenstigen Henry zugunsten des Jüngeren zu entmündigen.

Nach der Aufführung, beim Mahl in der großen Halle, bemerkte Henry Howard, wie weise ein König sei, der zur rechten Zeit Gefahren vorbeuge, die Krone und Reich von seinem eigenen Blut drohten. «Hätte Lear nicht besser getan, das wilde Gewächs, das seinem Samen entsproß, zur rechten Zeit auszureißen, Majestät?»

Der König tätschelte ihm die Hand. «Sie verstehen, einem ins Herz zu sehen, Mylord.»

Mehr als einmal schaute der König zu den Schauspielern hinüber, die am Martinstag das außerordentliche Privileg genossen, im gleichen Raum, wenn auch an einer gesonderten Tafel, speisen zu dürfen.

Noch während die Diener auftrugen und leere Schüsseln wegräumten, ließ der König Shakespeare zu sich rufen.

Der Stückeschreiber und Schauspieler kniete mit gesenktem Kopf vor ihm. Jakob wandte sich ihm halb zu, stopfte einen großen Löffel Süßspeise in sich hinein und grollte mit vollem Munde: «Sie nehmen sich allerhand heraus, Master Shakespeare.»

Shakespeare sah zu ihm auf. Tiefe Falten in der hohen Stirn und das weit zurückgewichene, mit grauen Fäden durchzogene helle Haar verrieten, daß er auf die Fünfzig zuging. Feingezeichnete Brauen schwangen sich über den dunklen Augen, in die er einen furchtsamen Ausdruck legte. Die schmalen, von einem Bärtchen umrahmten Lippen aber schienen ironisch zu lächeln. «Womit habe ich den Unwillen Eurer Majestät erregt?» fragte er betroffen.

«Hört ihr, Mylords? Er weiß es nicht!» rief Jakob. «Der König muß sein Gedächtnis auffrischen. Wiederholen Sie doch, Master, was Lear im dritten Aufzug über die Armut schwatzt. Oder kennen Sie Ihr eigenes Geschreibsel nicht?»

«Meinen Majestät die Szene auf der Heide?»

«Ebendie. Hört gut zu, ihr Lords!»

Da sprach Shakespeare, bedrückt, wie es für die Stelle schicklich war, doch klar und vernehmlich jene Zeilen, in denen er Armut und Reichtum gegeneinanderstellte. Dann senkte er den Kopf und hob ihn wieder wie einer, der sich im Knien verbeugt.

«Glauben Sie, ich merke nicht, wie das gemeint ist, Master Shakespeare?» sagte Jakob laut und drohend. «Der König soll mit den Armen fühlen und den Tagedieben und Hungerleidern vielleicht noch eine Rente aussetzen, wie? Ich sage Ihnen, Armut verschuldet jeder selbst, oder sie ist eine Strafe Gottes. Wer sich über den Zustand der Welt beklagt, der stellt die gottgewollte Ordnung in Frage. Das werden Wir nicht zulassen. Wir haben euch Komödianten nicht zu königlichen Kammerherren erhoben und ehrbar gemacht, damit ihr Uns Ratschläge erteilt oder an Uns herumkrittelt, und Uns entgehen keine Anspielungen, so sorgfältig ihr sie auch im Historienstück verpackt.»

«Eure Majestät, ich wollte ...»

Der König verbot dem Dichter grob das Wort. Befriedigt bemerkte er die bewundernden Blicke seiner Lords, die seiner Klugheit Tribut zollten, und Shakespeares verschüchterte Miene. Es war ratsam, diesen Künstlern hin und wieder ihre Grenzen zu zeigen, sonst wurden sie übermütig und dachten, man ließe ihnen alles durchgehen. Andererseits wäre es unklug, ihnen jede Freiheit zu nehmen. Der kleine Francis Bacon, dessen Rat er von Jahr zu Jahr mehr schätzte, hatte jüngst geäußert, ein sicheres Mittel gegen innere Schwierigkeiten im Staat bestehe darin, Unwillen und Unzufriedenheit ein gewisses Maß an Luft zu lassen, soweit das ohne Duldung von allzu großer Unverschämtheit und Herausforderung geschehen könne. Treibe man aber schlechte Säfte zurück und lasse die Wunden nach innen bluten, dann führe dies zu bösartigen Geschwüren und tödlichen Vereiterungen.

Man muß Dichter wie Kutschpferde behandeln, dachte der König, die Zügel fest anziehen, wenn's not tut, sie aber auch laufen lassen und ihnen das Gefühl geben, nicht im Geschirr zu stecken, damit sie das Temperament nicht verlieren. Zur Verwunderung seiner Lords gab er sich plötzlich jovial gegen Shakespeare, ließ ihm einen Becher Wein reichen und zog ihn, als das Mahl beendet war, beiseite.

«Dein Stück über den törichten Lear gefällt mir nicht sehr, Will», sagte er vertraulich. «Ich möchte, daß du eins über einen klugen König schreibst. Der König hat einen Sohn, der sein Erbe und seine größte Hoffnung ist. Der Prinz aber gerät an einen falschen Freund, einen Teufel, einen Luzifer, der den Verstand des Jungen vergiftet und ihn gegen den Vater einnimmt. Erfinde eine Handlung, in der der weise König das Herz des Jungen zurückgewinnt. Am Ende darf's nur einen Toten geben, verstehst du?»

«Den falschen Ratgeber, Majestät.»

«Richtig, Will. Schreib mir das Stück.»

«Ich könnt's versuchen», sagte Shakespeare und dachte, wie viele Vorschläge man ihm schon gemacht hatte: «Schreib das auf, Will, und jenes auch.» – «Ich hab eine blendende Idee, Master Shakespeare!» Jeder meint, mit der Idee sei das Stück schon fast fertig. Wie leicht sie sich das Schreiben vorstellten!

«Kein Aber, Will», mahnte der König. «Ich würd's selbst schreiben, aber du weißt, wie wenig Zeit ich hab. Vielleicht helf ich dir ein bißchen.»

«Wenn das möglich wäre, Majestät!» sagte Shakespeare scheinbar begeistert. «Majestät haben in Ihrem Aufsatz über die schädliche Wirkung des Tabakrauchens und in dem herrlichen Werk ‹Basilikon Doron› einen bewundernswerten Sinn für Stil und Nuancen bewiesen. Welcher Autor kann sich rühmen, so häufig gedruckt zu werden wie Eure Majestät. Die Leute verschlingen Eure Schriften!»

«Ich weiß, ich weiß, Will.» Der König lächelte selbstgefällig. «Aber ich will dir nicht dein Brot wegnehmen. Also schreib du das Stück.» Er brachte seinen Mund ganz nah an Shakespeares Ohr und sagte: «Der Luzifer, von dem ich sprach, sitzt im Tower.»

«Raleigh?»

Der König nickte, klopfte dem Dichter auf den Arm und hielt nach Robert Cecil Ausschau.

«Ich wünsche, daß Sie den Towerkommandanten auswechseln, Sir Robert», forderte er von seinem Ersten Minister. «Suchen Sie einen strengeren Mann. Mir ist zu Ohren gekommen, der jetzige gewähre den Gefangenen zu viele Freiheiten.»

Robert Cecil verbeugte sich ergeben und zerbrach sich den Kopf, was diese Anordnung wohl mit der Aufführung von «König Lear» zu tun habe.

Schwarze Wolkenberge verdunkelten den Winternachmittag. Vor der St.-Johns-Kapelle blieb Raleigh stehen und sah zu den Raben hinauf, die über dem White Tower kreisten. Schneeflocken fielen auf sein Gesicht und schmolzen auf der faltigen Haut. Die Wege und Höfe im Tower lagen wie ausgestorben. Nur die Raben krächzten. In den ersten Jahren seiner Gefangenschaft hatte er gewünscht, die schwarzen Vögel würden davonfliegen und nie wiederkehren. Nach der Legende stürzten dann die Mauern und Türme des Towers zusammen.

«Die Raben gehören zum Tower wie das Wasser zur

Themse. Die vertreibt nichts von hier», sagte eine vertraute Stimme hinter ihm.

«Aber wir gehören nicht hierher. Wir werden bald hier rauskommen», murmelte Raleigh, drehte sich um und umarmte Henry Percy, den Earl of Northumberland.

«Gott erhalte Ihnen Ihren Optimismus, Walter, aber Sie werden die Viecher nicht wegzaubern, auch wenn Sie vor dem White Tower Wurzeln schlagen. Ich habe auf Sie gewartet und bin Ihnen entgegengegangen. Wissen Sie, daß ich heute auf den Tag fünf Jahre im Tower bin? Grund zum Trinken!» Der Earl zog ihn mit sich. Er ging mit kleinen Schritten, vorsichtig, um nicht auszugleiten, neben Walter.

«Hab ich Ihnen schon gestanden, daß ich mich damals, als man Sie hierher brachte, gefreut habe, Henry? Sie verstehen, keine Schadenfreude, einfach das gute Gefühl, jemanden zu haben, der einem nahesteht.»

«Ohne Sie hätte ich es hier vielleicht nicht ausgehalten», gab Northumberland das Kompliment zurück.

«Ich glaube, Sie halten es überall aus, Henry, wenn man Ihnen nur Bücher zum Lesen gibt und die Möglichkeit, an Kolben und Destillierapparaten zu hantieren.»

Wie Northumberland mit seinem Schicksal fertig geworden war, hatte Raleigh imponiert. Vom reichsten Peer Englands zum Gefangenen im Tower, lebenslänglich, wegen angeblicher Beteiligung an der Pulververschwörung, daran wäre mancher zerbrochen. Der Prozeß gegen ihn war eine Farce wie sein eigener damals in Winchester. Auf Henry Howards Rat nutzte der König die Gelegenheit, Northumberland, Raleighs einstigen Gefährten bei alchimistischen Experimenten in Durham House, kräftig zur Ader zu lassen. Bei Lichte besehen war Northumberlands Reichtum wohl die eigentliche Ursache des Schuldspruchs. Dreißigtausend Pfund mußte der Earl zahlen, eine unvorstellbar hohe Summe, ein willkommener Zufluß zur ewig leeren königlichen Kasse.

Sie gingen jetzt auf hellem Kies. Der Earl verkniff sich

nicht, humorig darauf hinzuweisen, daß hier sein Reich beginne. «Ich wüßte nicht, wie ich ohne meine zwölf Bediensteten auskommen sollte, und sogar die Aufseher verhalten sich gegen mich wie Diener, weil ich sie bezahle.»

In Northumberlands Probierhaus am Martinsturm war es warm. Auf den beiden runden Backsteinöfen brodelten unter Haubenaufsätzen Flüssigkeiten. Der Geruch von Alkohol, Moschus, Ambra und anderen Essenzen zeugte von Northumberlands neuesten Bemühungen, dem Whisky exotische Noten zu verleihen.

Der Earl führte Raleigh an ein Destilliergerät mit einem Gewirr von Kolben und Röhren. «Damit versuche ich, Ihr Verfahren zur Gewinnung von Trinkwasser aus Meerwasser zu verbessern, Walter. In Ihrem Probierhaus sind die Öfen ja seit Monaten kalt.»

«Keine Zeit, Henry, Sie wissen ja.»

Die Arbeit, die er begonnen hatte, seine «Weltgeschichte», fraß jede Minute.

Oben, in Northumberlands mit dicken Wandbehängen und Teppichen versehenem Wohngemach, gab es alten Whisky, Bier und heiße Pasteten. Der jetzt in Northumberlands Diensten stehende Hariot zeigte ihm stolz einen Brief des kaiserlichen Astronomen Kepler, der Hariots Untersuchungen über die Brechung des Lichts in Flüssigkeiten lobte. «Hier, lesen Sie das, Sir Walter! Er hält meine Theorie über die Entstehung des Regenbogens für bemerkenswert.»

Raleigh freute sich für Hariot. «Sie werden ein berühmter Mann, Thomas!»

«Sind Sie mit Ihrer Arbeit weitergekommen, Walter?» erkundigte sich Northumberland.

Was hieß Weiterkommen an einem so riesigen Werk, wie er es sich aufgebürdet hatte? Ein vermessenes Unterfangen, eine Geschichte der Welt seit Beginn der Schöpfung schreiben zu wollen, noch dazu im Gefängnis. Wieviel Findigkeit und Mühe gehörten allein dazu, die notwendigen Bücher zu beschaffen. Und doch brauchte er die Beschäftigung mit der «Weltgeschichte», um die quälende Haft ertragen zu können. Der König hatte die Bedingungen erschwert. Bess durfte nicht mehr bei ihm wohnen, sie lebte jetzt in einem kleinen Haus am Tower, und Besuche waren ihr nur zu bestimmten Zeiten gestattet.

«Ich arbeite schon am fünften Buch», antwortete er auf Northumberlands Frage. «Was meinen Sie zu den letzten Kapiteln?»

Der Earl sog nachdenklich an seiner Pfeife und sagte dann bedächtig: «Brillant geschrieben, aber Ihre aktuellen Bezüge halte ich für bedenklich.»

«Wo anders liegt der Sinn der Geschichte», rechtfertigte sich Raleigh, «als daß wir Vergangenes mit Gegenwärtigem vergleichen und uns durch die Historie in unseren Vorstellungen und Handlungen beeinflussen lassen?»

«Kein neuer Gedanke.»

«Für junge Menschen schon. Prinz Henry soll aus der Geschichte lernen. Ich schreibe für ihn, weil es sein Lehrbuch sein soll.»

«Jakob wird manches mißfallen, Walter.»

«Zum Beispiel?»

«Sie sticheln zuviel gegen die königliche Allgewalt, mein Lieber. Überall indirekte Ermahnungen. Überall Drohungen gegen den Mißbrauch der Macht. Unser allergnädigster König betont dagegen bei jeder Gelegenheit, er könne mit der ihm verliehenen Macht tun und lassen, was er will.»

«Ich verdeutliche doch nur den Willen Gottes, lieber Henry», bemerkte Raleigh mit leisem Lächeln und zitierte eine Stelle aus dem Gedächtnis: «Die Ereignisse der Geschichte, der Aufstieg und Fall von Königreichen, der Erfolg oder das Versagen von Königen gehen auf sein Urteil zurück. Gott mischt sich in die Angelegenheiten der Menschen, um die Herrscher zu bestrafen, die ihre Macht mißbrauchen. – Welcher fromme Monarch kann sich diesem Gedanken verschließen?»

«Und wer ist der Arm Gottes, lieber Freund? Ein Mörder, der seinen Willen vollstreckt? Ein Volk, das gegen den Monarchen aufsteht? Der Gedanke, einen König zu bestrafen, birgt Zündstoff in sich, Walter, und was Sie vielleicht nicht klar erkennen: Jakob ist nicht so blöd, Ihre Anspielungen nicht zu bemerken, auch wenn Sie sich hinter Gott verstecken. Lassen Sie sich warnen: Dieses Versteck ist nicht sicher!»

«Vielleicht würde ich Ihre Warnung ernst nehmen, wenn ich sehr viel zu verlieren hätte, Henry.»

Als die große Turmuhr fünf schlug, war Raleigh wieder in seinem Quartier, wie es der neuen Order entsprach. Vom Fenster sah er den Kerkermeister den Eingang zum Bloody Tower verschließen und zwei Posten mit Bärenfellmütze und Muskete vor der Tür Wache beziehen. Die neueste Marotte des Towerkommandanten. Als ob er fliehen wollte!

Er setzte sich an seinen mit Papieren überhäuften Arbeitstisch und dachte über das Gespräch mit Northumberland nach. Natürlich hatte er etwas zu verlieren, sein Leben! Oft quälte ihn die Furcht, Jakob könne das immer noch nicht aufgehobene Todesurteil eines Tages vollstrekken lassen. Northumberland hatte recht, einige Passagen in der «Weltgeschichte» erhöhten die Gefahr für ihn. Dennoch verwarf er den Rat, manche Sätze zu streichen. Ihm blieb eine Hoffnung: Prinz Henry. Vielleicht erhielt er durch seine Fürsprache die Freiheit. Vor Englands künftigem Herrscher durfte er nicht unglaubwürdig erscheinen. Lieber auf Vorteile verzichten, Jakobs Zorn erdulden, die Gefangenschaft bis ans Ende der Tage und, wenn es sein mußte, auch den Tod auf sich nehmen.

Er maß die Zeit nach der Zahl der geschriebenen Seiten. Unter seinen Besuchern vermißte er Doktor Dee. Erst einen Monat nach dem Tod des Alten erfuhr er von dessen einsamem Sterben in Mortlake. Nur wenige waren seinem

Begräbnis gefolgt. Die Bestattung Robert Cecils im Mai sechzehnhundertzwölf dagegen erfolgte mit Pomp und Aufwand. Raleigh trauerte ihm keine Träne nach, aber die Nachricht von der Erkrankung des Prinzen Henry an einem bösartigen Fieber traf ihn hart. Er verließ seinen Schreibtisch und stellte im Laboratorium frischen Guayanabalsam her, den er der Königin schickte. Jakob erlaubte die Verabreichung des Mittels erst, als für das Leben des Prinzen kaum noch Hoffnung bestand. An dem Tag, an dem Prinz Henry starb, unterbrach Raleigh die Arbeit an seiner «Weltgeschichte» und nahm sie nie mehr auf.

SPIEL DER KRÄFTE

Im November des folgenden Jahres schickte König Philipp III. einen neuen Botschafter nach London. Don Diego Sarmiento de Arcuña war von anderer Art als jener griesgrämige und zur Schroffheit neigende spanische Gesandte zu Königin Elisabeths Zeiten.

Von angenehmem Äußeren, hochgewachsen und schlank, dazu in den besten Jahren, brachte Don Diego diese Vorzüge auch durch elegante Kleidung zur Geltung. Im Gegensatz zu seinem Vorgänger trug er helle Brokatstoffe und Samt in leuchtenden Farben. Durch seinen südländischen Teint wirkte sein Gesicht wettergebräunt und frisch, zwei starke Falten durchfurchten die hohe Stirn, das gelockte Haar trug er männlich kurzgeschnitten. Sprichwörtlich wurde sein gewinnendes Lächeln, das von den Chronisten gerühmte «Sarmientolächeln», mit dem er schon bei der ersten Audienz in Denmark House das Herz der Königin Anna eroberte.

Mit König Jakob teilte der Spanier dessen Glauben an Hexen und die Vorliebe für Theateraufführungen und Maskenspiele. Er kaufte die erste Folioausgabe von Shakespeares Werken und plazierte sie auffällig in seinem Empfangsraum, um sich vor Besuchern als Freund englischer Kultur auszuweisen. Bei Bällen gab er die schmachtenden Blicke der Ladys zurück, hielt sich aber meist in der Nähe des Königs, trank mit ihm um die Wette, erzählte aus seinem unerschöpflichen Anekdotenschatz und würzte, als er merkte, was Jakob gefiel, die Unterhaltung mit kräftigen Zoten.

Bei Hofe verkehrte der Spanier besonders innig mit den Howards und ihrem Protegé Robert Carr, dem Herzog von

Somerset. Mit Henry Howard schmiedete er weitreichende Pläne, Britannien über eine spanisch-englische Allianz wieder in den Schoß der Papstkirche zurückzuführen.

Auch mit Francis Bacon führte er lange Gespräche, bewunderte seinen Scharfsinn und lobte seine Königstreue. Gegenüber Jakob rühmte er Bacons Essays und bemerkte: «Es ist ein Glück für ein Land, wenn Leute von hoher Begabung und Gelehrtenruf dem Staat und seinem Herrscher absolut ergeben sind, Majestät. Der Fürst besitzt in ihnen einen Schatz, den er beliebig vorzeigen kann, und sie stärken seine Autorität. Wenn ein großer Gelehrter oder Dichter die Gerechtigkeit des Fürsten preist, werden Unzufriedene beginnen, an den Ursachen ihres Mißbehagens zu zweifeln.» Er empfahl Jakob, Bacon mit einem höheren Amt zu betrauen.

An einem kühlen Vorfrühlingstag besichtigte Don Diego Sarmiento den Tower. Unter den Sehenswürdigkeiten interessierten ihn besonders die Waffensammlung und die Kanonen am White Tower, doch zu seiner Enttäuschung stammten sie alle noch aus der Zeit Heinrichs VIII.

Der Rückweg führte am Bloody Tower vorbei. Auf der inneren Towermauer lief ein hagerer, gebeugter Mann mit dünnem, weißem Haar. Er stützte sich auf seinen Stock, zog ein Bein nach und hielt den Blick zu Boden gerichtet, als habe er jedes Interesse an seiner Umgebung verloren.

«Ist das Raleigh?»

«Ja, Mylord», bestätigte der Kommandant.

«Unvorstellbar», murmelte Sarmiento auf spanisch.

«Haben Sie eine Frage, Mylord?»

«Nein», sagte Sarmiento, blieb stehen und folgte dem Mann auf der Mauerkrone mit den Augen. Diese jetzt so traurige Gestalt hatte man einst in Spanien gefürchtet! Die offenkundige Gebrechlichkeit erweckte in ihm kein Mitleid, im Gegenteil. Mochte der ketzerische Seeräuber, der einst seinen Onkel, den edlen Pedro de Sarmiento, gefangennehmen ließ, doch endlich zur Hölle fahren! Die Sarmientos würden ihm nie vergessen, wie gönnerhaft er Don Pedro ohne Lösegeld freigelassen hatte. So schickte man einen Laufburschen weg! Solange ich in London bin, werde ich alles aufbieten, daß du diese Mauern nicht verläßt!

Die Vorhänge zum königlichen Schlafgemach waren zurückgezogen, aber die Kerzen in den Nischen brannten noch. Am Abend, bevor sich Jakob zur Ruhe begab, hatte die Wache Kissen und Decken abgeklopft und war unter das Bett gekrochen, um die Furcht des Königs vor einem versteckten Mörder oder einer eingeschmuggelten Giftschlange zu beseitigen. Danach wurde die Tür des Gemachs fest verriegelt. Seit der Ermordung des Franzosenkönigs Henri Quatre vor vier Jahren steckte Jakob die Angst vor einem ähnlichen Schicksal in den Gliedern, und seltsamerweise war sie nach dem Tod seines Sohnes geradezu zur Manie geworden.

Zuverlässige Posten standen vor der Tür, aber mehr noch verlieh das sanfte Licht der Kerzen Jakob ein Gefühl der Sicherheit, und er hatte gut geschlafen.

Der Diener, der die Nacht auf dem Teppich vor dem kalten Kamin verbracht hatte, fragte, ob Seine Majestät gewaschen werden wollte.

Jakob blinzelte in die Morgensonne und bejahte. «Schick George!»

Bald darauf betrat ein in glänzende weiße Seide gekleideter junger Mann den Schlafraum. Der König setzte sich auf den Rand des Bettes. George Villier näherte sich ihm mit gemessenen, aber tänzelnden Schritten. Dabei trug er die silberne königliche Waschschüssel wie ein Speisenträger der königlichen Tafel.

Jakob umfaßte die Gestalt des Zweiundzwanzigjährigen mit liebevollem Blick. George Villier war hochgewachsen, breit in den Schultern und schmal in den Hüften, eine Augenweide. Sankt Stephan! An jenem Tag, da er George Villier in Cambridge im zerschlissenen Studentengewand in der Menge der Scholaren zum ersten Mal gesehen hatte, war ihm die Ähnlichkeit mit dem Bildnis des Märtyrers in seinem Edinburgher Schloß aufgefallen. «Stephan», hatte er geflüstert und die Zärtlichkeitsform «Steenie». Vor Robert Carr hielt er die erwachende Leidenschaft geheim, aber die Howards schienen Verdacht geschöpft zu haben, denn sie verunglimpften den neuen Kammerdiener mit herabsetzenden Bemerkungen. In der Politik schätzte er ihren Rat, aber seinen Steenie sollten sie ihm nicht verleiden.

Villier stellte die Schüssel auf einen Schemel. Jakob streckte die Arme nach ihm aus und faßte ihn an den Ellenbogen. «Ich habe eine gute Nachricht für dich.»

Während Villier dem König mit den Händen ein wenig Wasser ins Gesicht strich und es sogleich mit einem Leinentuch abtupfte und Jakob die Fingerspitzen in die Schüssel tauchte, erzählte der König seinem Kammerdiener, er habe bei Königin Anna einen guten Eindruck gemacht. «Wie könnte es anders sein, mein Steenie, ich wußte, du würdest ihr gefallen.»

Es war eine der königlichen Kapricen, jeden neuen Günstling nach Denmark House zu schicken und ihn erst nach wohlwollender Zustimmung Annas in die königlichen Arme zu schließen.

Beim Gang in den Ankleideraum hakte er sich bei Steenie ein und rieb seinen Kopf zärtlich an dessen Schulter, aber vor der Zeremonie des Ankleidens schickte er Villier weg. Der dicke Bauch und das schlaffe Fleisch waren kein Anblick für seinen Liebling.

Dafür gestattete er Henry Howard und seinem Schatzkanzler Thomas Howard, der Zeremonie beizuwohnen. Der Schatzkanzler nutzte die Gelegenheit, von den Schwierigkeiten mit den Brauern zu berichten. «Die Kerle wollen kein Bier mehr liefern, Eure Majestät, weil wir ihnen sechzehntausend Pfund schulden.»

«Bier muß sein», erklärte Jakob.

«Wir haben sie ins Marshalsea-Gefängnis werfen lassen,

damit sie es sich überlegen, aber auf Anordnung von Euer Majestät Lordoberrichter Coke wurden sie auf freien Fuß gesetzt.»

«Lordoberrichter Coke handelt in letzter Zeit recht eigenwillig», sagte Jakob gereizt.

Henry Howard pflichtete ihm eifrig bei: «Neulich trat er vor Gericht für einen Kaufmann ein, der sich weigerte, einen vom Schatzamt neu verfügten Einfuhrzoll auf Korinthen zu zahlen. Majestät sollten erwägen, ihn abzulösen.»

Der König ging auf den Vorschlag nicht ein.

«Kann man den Brauern nicht einen Teil der Schuld bezahlen?»

«Wovon?» fragte der Schatzkanzler. «Die Kasse ist leer.»

Das war nicht gelogen, aber auch nicht die ganze Wahrheit. Obwohl die Schulden seiner Majestät von Monat zu Monat wuchsen, fand Thomas Howard immer einen Weg, Gläubigern, die ihm gehörige Summen zusteckten, zu ihrem Recht zu verhelfen. Bestechungsgelder machten sein Amt einträglich, aber diese verdammten Brauer hatten ihm keinen Penny geboten und würden deshalb auch keinen erhalten.

«Ich werde eine Sonderverfügung erlassen, Mylords. Die Brauer müssen wieder ins Marshalsea, bis sie liefern.»

«Eine treffliche Entscheidung, Majestät.»

Der Leibdiener reichte dem König den Morgentrunk, einen Becher Branntwein. Jakob schlürfte langsam und genüßlich. Die scharfe Flüssigkeit wärmte ihn und weckte seine Lebensgeister. Ohne Branntwein mußte man trübsinnig werden. Das Parlament, das seit Wochen tagte, dachte nicht daran, neue Steuern zu bewilligen. «Faules Parlament!» nannte es Henry Howard, aber wenn es um Vorschläge zur Beschneidung seiner königlichen Vorrechte ging, war es nicht faul. «Ich werde diese Schwatzbude auflösen!»

«Majestät hätten das Parlament nicht erst einberufen sollen», warf Henry Howard ein. «Es ist ein dunkler Fleck auf

Eurer glänzenden Krone. Die europäischen Fürsten bemitleiden Euch wegen dieses unnützen Anhängsels.»

«Es wird schwer sein, es abzuschaffen.»

«Seid Ihr weniger als König Philipp in Madrid, Majestät?»

«Schon gut, Lord Henry, die Zeit wird für uns arbeiten.»

Den König ermüdete die Diskussion. Am Nachmittag wollte er sich nach Royston begeben und am nächsten Morgen im Roystoner Forst jagen. «Tut mir noch etwas von der französischen Pomade in den Bart», befahl er seinem Barbier, denn er wollte gut riechen, wenn Steenie neben ihm war. «Es ist Unsere Absicht, fünfhundert Gutsbesitzer in den Adelsstand zu erheben. Jedes Patent soll sechstausend Pfund kosten.»

«Eine ausgezeichnete Idee, Euer Majestät», lobte der Schatzkanzler, «aber wir haben zu oft Gebrauch davon gemacht. Es gibt keine Bewerber mehr.»

«Bemühen Sie sich, Mylord! Kitzeln Sie die Eitelkeit der Landleute, sie wird ihren Geiz besiegen.»

Howard verbeugte sich gehorsam und brachte untertänigst einen anderen Vorschlag vor: «Ich habe eine Steuerverordnung für Malz ausgearbeitet. Ich denke, wir können sie ohne Zustimmung des Parlaments in Kraft setzen.»

«Versprechen Sie sich viel davon?»

«Malz ist für unser bierliebendes Volk das, was der Honig für den Met der Germanen war, Majestät.»

Der König unterzeichnete.

An der Mittagstafel, Don Diego Sarmiento speiste mit ihm, kamen ihm Bedenken, und er sprach mit dem Spanier über neue Steuern und die Auflösung des Parlaments.

«Sollten Euer Majestät Ärger mit den Untertanen haben, können Euer Majestät auf Spaniens Beistand rechnen», versicherte ihm der Botschafter.

Whitehall feierte mit Bällen und Feuerwerk die Wiederkehr von Jakobs Krönungstag.

William Sanderson holte Alice und Thomas Smythe mit seiner neuen Kutsche zu dem Bankett ab, das die City im Verein mit den Juristen in der altehrwürdigen Halle des Middle Temple zu Ehren des Königs gab.

Smythe blieb wenig Zeit, Sandersons lackglänzendes Gefährt mit seinen Verzierungen, Beschlägen, Goldleisten und den neumodischen leichten Rädern zu bewundern. Dunkle Wolken hingen über der Stadt, der Kutscher hatte schon die Wagenlaternen angezündet, und die ersten Tropfen zwangen zum schnellen Einsteigen. Smythe riet zu einem Umweg, weil die Candlewich Street nicht befahrbar war. In der verkehrsreichen Cheapside kamen sie nicht weiter. Sanderson steckte den Kopf durch die Ledervorhänge.

«Was ist los?» fragte Thomas.

«Wir sind eingekeilt.»

«Die Straßen sind zu eng.»

«Ach was! Früher reichten sie aus. Es fahren zu viele Kutschen, Thomas. In meiner Jugend gab's nicht mehr als zwei Dutzend in London. Heute kommt man wieder schneller mit der Sänfte voran.»

«Man kann sich an alles gewöhnen, William, nicht wahr? An den Verkehr, die unverschämten neuen königlichen Steuern, die Beschlagnahme unserer Schiffe in spanischen Häfen, wo man unsere Kapitäne sogar auspeitscht, die Auflösung des Parlaments durch Seine Majestät ...»

Sanderson, unangenehm berührt durch die Wendung des Gesprächs, rutschte auf seinem Sitz hin und her. «Reden Sie doch leise!» Er warf noch einmal einen Blick aus dem Fenster und ließ sich dann zurücksinken. «Die Kutsche des spanischen Botschafters vor uns kann auch nicht weiter.»

Er hätte Sarmiento besser nicht erwähnen sollen. Thomas, der in diesem Jahr drei Schiffe durch spanische Kaperkapitäne verloren hatte, ereiferte sich über den Südländer, nannte ihn Spion und Intrigant und behauptete, die verstorbene Königin hätte einen solchen Mann längst des Landes verwiesen.

Sein Gegenüber rang entsetzt die Hände.

«Machen Sie sich keine Sorgen, William», erwiderte Smythe selbstsicher. «Ich kenne die Spielregeln. Stehen ein Dutzend Leute beisammen, rede ich, wie man es von einem treuen Untertanen Seiner Majestät erwartet. Aber jetzt sind wir ohne Zeugen, und ich sage Ihnen, was ich denke. Sie hatten bisher Erfolg mit Ihren Geschäften, mein Lieber, haben glücklich spekuliert, zur rechten Zeit Silberminen in Cardiganshire gekauft und Zinnbergwerke, haben mit den Gewinnen Manufakturen gegründet und besitzen Anteile der East India Company. Aber in letzter Zeit stagniert Ihr Geschäft ebenso wie meins, weil der König nichts für den Handel tut und das Monopolwesen alles hemmt. Sie stoßen mit dem Kopf an die Decke. Sie können machen, was Sie wollen, Sie rennen sich den Schädel ein. Entweder Sie ducken sich, oder Sie beseitigen das Hindernis. Das geht nicht ohne Politik, da kann man sich nicht raushalten. Das große Geschäft ist immer mit Politik verbunden.»

«Für Sie vielleicht», seufzte Sanderson, ohne sein Mißbehagen über das Thema zu verbergen. «Ich hörte, Sie haben sich stark bei der neuen Virginia Company engagiert und wünschen ein königliches Gesetz gegen die Einfuhr spanischen Tabaks. Kann ich verstehen. Nur echter Virginiatabak reinigt Hirn und Lunge und schenkt ein langes Leben. War es Ihre Idee, die alte Indianerin mit diesem Werbeschild in Smithfield auftreten zu lassen? Originell!»

«Ich meine es ernst, William. Wenn wir den Karren so laufen lassen, wie er läuft, bleibt er stecken wie Ihre Kutsche hier.»

«Ich bin zu alt, Thomas.»

«Für Geschäfte und Politik ist man nie zu alt. Außerdem haben Sie den Sohn Ihrer Geliebten adoptiert. Wollen Sie dem einen Scherbenhaufen hinterlassen?»

«Und was verstehen Sie unter Politik?»

«Das wissen Sie doch, William. Die Machtbefugnisse des

Königs durch das Parlament beschränken, seine Verschwendungssucht eindämmen, die Monopole endgültig beseitigen, eine starke Flotte aufbauen, den überseeischen Siedlern helfen. Vor allem aber die englisch-spanische Hochzeit verhindern! Die Spanierin neben dem schwachen Charles auf dem Thron – das könnte zu Verhältnissen führen, wie sie vor Jahrzehnten in den Niederlanden herrschten. Wollen Sie das?»

Sanderson schwieg, und sie lauschten auf den Regen, der heftig aufs Dach trommelte, und auf die Flüche der Kutscher draußen.

«Was können wir denn tun?» sagte Sanderson endlich resigniert. «Sitzen wir im Staatsrat? Solange die Howards zu bestimmen haben, wird sich nichts ändern. Dieser Howard-Clan denkt nur an seinen Landbesitz, und spanische Verhältnisse wären ihm recht.»

«Nehmen wir an, Robert Carr, der Herzog von Somerset, verliert seinen Einfluß auf den König.»

«Wollen Sie den schönen Jüngling ermorden?»

Smythe schüttelte lächelnd den Kopf und gab der Unterhaltung eine neue Wendung: «Morgen werden wir im Stadtrat über das Gesuch des Königs beraten, seine Diamanten und die zu erwartenden Zolleinnahmen mit jeweils hunderttausend Pfund zu beleihen. Wie werden Sie sich verhalten, William?»

«Natürlich dagegenstimmen», antwortete der Ältere, ohne zu zögern. «Die königliche Kasse ist ein leckes Faß, das niemand füllen kann.»

Smythe wiegte den Kopf. «Wir sollten die Antwort hinauszögern und Bedingungen an eine eventuelle Anleihe knüpfen.»

«Meinen Sie, er wird wegen der zweimal hunderttausend Pfund auf das Heiratsprojekt verzichten?»

«Das nicht», sagte Smythe langsam und blickte Alice an, die schweigsam in ihrer Ecke saß. «Wie könnten eine Kleinigkeit verlangen. Wir könnten fordern, daß er Raleigh freiläßt und nach Guayana schickt, damit er zum Wohl des Landes und der königlichen Kasse dort diese angebliche Goldmine ausbeutet.»

«Guayana? Das ist doch spanisch!»

«Behaupten die Spanier. Stellen Sie sich vor, Raleigh, der alte Seebär, segelt nach Südamerika. Das würden die Spanier als Bedrohung auffassen. Das könnte das Heiratsprojekt gefährden, nicht wahr?»

«Die Howards werden Raleighs Freilassung nie gestatten. Der hüftlahme Henry haßt Sir Walter bis in den Tod.»

«Wir Kaufleute haben keine Soldaten und keine Waffen, aber wir haben ein bißchen Geld, und Sie wissen ja, daß man in der Politik damit allerhand erreichen kann.»

Sanderson wurde einer Antwort enthoben. Die Kutsche ruckte plötzlich an, und er fiel nach vorn. Auf der holprigen Fleetstreet wurden sie wie auf einem Bauernfuhrwerk durchgeschüttelt. «Schinderkarren! Das versteht der Wagenbauer unter neuartiger Aufhängung! Ich werde ihm den Kasten zurückgeben!»

Als er sich beruhigt hatte, bogen sie bereits in die Middle Temple Lane ein, einen breiten Sandweg, der die parkartige Gegend des Temple in zwei Teile zerschnitt. Nach Auflösung des Templerordens waren hier zwei angesehene Rechtsschulen entstanden. Sie rollten an der alten Rundkirche vorbei, die dem Platz den Namen gegeben hatte. Wenig später betraten sie die Middle Temple Hall. Sie weckte in Smythe Jugenderinnerungen. Er schimpfte über die Bänder und bunten Girlanden, die von der Decke herabhingen und das prächtige Gebälk verunzierten. «Eigentlich kein Ort für einen Ball. Für mich war's hier immer feierlich wie in einer Kirche. Vor jeder Mahlzeit sprach der älteste Richter das Gebet, und beim Essen wagten wir kaum zu flüstern.»

Die Ratsherren saßen mit ihren Damen getrennt von der Hofgesellschaft, der König speiste mit dem Herzog von Somerset, Henry Howard, Lennox und anderen Peers an einer erhöhten Tafel. Den Festreden folgte ein Maskenspiel. Es wurde viel getrunken, und schon bei der ersten Gigue versuchte man, einander mit kuriosen Sprüngen und Hüpfern zu übertreffen. Ausgelassen mischte sich die Gesellschaft. Thomas Smythe ereiferte sich vor dem Schatzkanzler der Virginia Company und dem Lord-Mayor über die ernormen Kosten des Festes. Bald war man bei den Dingen, über die Thomas mit Sanderson gesprochen hatte.

Alice blieb sich selbst überlassen. Ihre Augen wanderten zu der Tafel am anderen Ende des Saales, an der sie schon beim Eintritt zwischen Adelssöhnen Wat Raleigh entdeckt hatte. Die jungen Leute gebärdeten sich laut und ungeniert. Ben Jonson, der Stückeschreiber, faßte Wat am Arm, aber der schüttelte ihn unwillig ab. Er mußte jetzt zwanzig sein. Alice hatte ihn schon mehrmals gesehen, aber noch nie mit ihm gesprochen.

Sie schlenderte hinüber und begrüßte zwanglos Ben Jonson. «Man sagt, Ihr ‹Volpone› soll im Globe Theatre wiederaufgeführt werden, Master Jonson?»

«Ich hoffe darauf. Man kann den Leuten nicht häufig genug zeigen, wie lächerlich ihr Tanz um das Goldene Kalb ist, nicht wahr, Lady Alice?»

«Sie sollten Gräfin zu mir sagen», begegnete Alice ironisch seinem Spott, der in der Anrede lag, denn schließlich war sie keine Adlige.

Mit einer wegwerfenden Gebärde beantwortete er Alices Kritik an seinem Maskenspiel.

«Oberflächlich, nun ja, aber auch ein Dichter muß Geld verdienen, nicht wahr?»

Sie schätzte seine Aufrichtigkeit. Er betrachtete nicht nur seine Mitmenschen, sondern auch sich selbst mit einem Augenzwinkern. Männer von Vierzig wie er nahmen sich für gewöhnlich wichtig. Während sie mit ihm redete, beobachtete sie verstohlen Wat Raleigh. Nicht nur die Farbe seiner Haare wie des Bartes, auch die hohe Stirn und sein Gesichtsausdruck erinnerten sie an Walter, wie sie ihm zuerst im Bear Garden begegnet war. Dazu die Art, sich zu geben.

Er blickte ihr ziemlich dreist in den Busenausschnitt und beugte sich erst, als Jonson ihn anstieß, galant über ihre Hand. «Enchanté, Lady Alice.»

«Sprechen Sie Französisch, Mister Raleigh? Ach ja, ich hörte, Sie waren in Paris», sagte sie.

«War ich. Mit meinem lieben, vom Vater ausgesuchten Hauslehrer Ben.» Er legte seinen Arm um Jonsons Schulter.

«Wie geht es Ihrem Vater?» fragte Alice.

Wat starrte sie mit trüben, vom Wein geröteten Augen an. «Was anderes wollen Sie nicht von mir wissen?» knurrte er unwillig. «Jeder erkundigt sich bei mir nach meinem Vater. Ich will Ihnen was sagen, Lady: Die Frage kotzt mich an. Immer mein Vater. Ich werde bemitleidet, verhöhnt, verhätschelt, weil mein Vater Sir Walter Raleigh heißt und im Tower ist. Seit elf Jahren! Aber ich bin ich. Ich möchte leben, wie's mir paßt. Woche für Woche habe ich ihn in dem verdammten Tower besucht und mir seine Ratschläge angehört. Er hat mich über die Welt belehrt, obwohl er dieses beschissene London von heut gar nicht mehr kennt. Ich hab es satt, einfach satt!»

«Hör doch auf, Wat!»

«Warum denn? Sie will doch wissen, wie es meinem Vater geht. Ich will's Ihnen genau sagen, ich habe ihn seit einem Vierteljahr nicht mehr gesehen. Ich geh nicht mehr hin.»

Die Musik setzte ein. Ein Hoffräulein zupfte Wat im Vorbeigehen am Ärmel. Er folgte der Aufforderung des Mädchens und führte es zum Tanz.

«Was ist mit ihm, Master Jonson?» fragte Alice.

«Sie haben's ja gehört. Er weiß nichts mit sich anzufangen. Er trinkt. Der Neffe Henry Howards drängt ihm seine Freundschaft auf. Ich frage mich, ob Absicht dahintersteckt. Vielleicht bereitet es dem König Vergnügen, den Sohn seines Gefangenen als Nichtsnutz in dieser Gesellschaft zu sehen. Er müßte ein Ziel haben, eine Aufgabe, verstehen Sie, Mistreß Smythe?»

Gemessen bewegte sich Coke mit seinem Gefolge, nahezu fünfzig Leuten, durch die spätsommerliche Landschaft London zu.

In früheren Jahren hatte der Lordoberrichter die Anstrengungen der richterlichen Rundreise durch Norfolk gescheut und sie manchmal einem Vertreter übertragen. Diesmal bedauerte er, sie nicht länger ausdehnen zu können. Auf den Gerichtstagen in Norwich, Ipswich und anderen Städten der Grafschaft galt sein Wort und Urteil. In London erwartete ihn nur Ärger, denn der König mischte sich immer aufdringlicher in die richterlichen Befugnisse ein. Es ging zu weit, wenn er Bacon zu ihm schickte mit der Forderung, einen kleinen Vikar aus Somersetshire wegen Hochverrats anzuklagen, bloß weil dieser Peacham die «Spende für König und Reich» verweigert hatte mit der Begründung, er könne Seiner Majestät nur sein Gebet schenken. Bacon fauchte, er habe den Wünschen des Königs zu entsprechen. Er war fest geblieben. Seine Majestät schnitt ihn im Staatsrat. Vor seiner Abreise hatte er Bacon geschrieben, Peacham sei weder spanischer Agent noch Jesuit, sondern ein aufrechter kleiner Diener der Kirche und bestimmt kein Hochverräter. War er damit zu weit gegangen?

Glockengeläut und die Ehrerbietung der Leute im letzten Dorf vor London lenkten Coke von seinen Gedanken ab. Er winkte den knienden Bauern am Wegrand von seinem Schimmel huldvoll zu. Sein Blick glitt über den Zug, und er war mit der Ordnung zufrieden. Die drei Trompeter an der Spitze mit ihren auf Hochglanz polierten Instrumenten konnten, wie von ihm bestimmt, trotz der engen Straße nebeneinander reiten. «Wer für Ordnung und Recht sorgen will, muß selbst Ordnung halten», lautete einer seiner Sprüche.

Es roch schon nach Herbst. Die Sonne stand tief im Westen. Sie durchquerten eine freundliche Gegend. Wiesen wechselten mit abgemähten Getreidefeldern und Birkenwäldchen. In der Ferne schälten sich die Türme Londons aus einem zarten Dunstschleier.

Gewohnt, seine Zeit zu nutzen, forderte Coke den Schreiber auf, die Notizen der letzten Tage vorzulesen. Der Mann neben ihm zog ein in Schweinsleder gebundenes Büchlein aus der Satteltasche.

Die Eintragungen über neue Einhegungen zwischen Wymonhan und Attleborough, wo sich im vorigen Jahr noch Kornfelder dehnten, lief der königlichen Behauptung zuwider, seine Lords hegten kein Land mehr ein. Die Schafe fraßen weiter Menschen, wie man sagte, und die Gefängnisse waren voll von heimatlosen Vagabunden. Es folgten Beschwerden der Bewohner Thedfords gegen Übergriffe der königlichen Beschaffungsbeamten, die nicht nur Salpeter für Kanonenpulver requirierten, sondern auch Heu, Hafer und Korn.

Coke diktierte dem Schreiber eine Zusammenfassung seiner Beobachtungen und war damit noch nicht zu Ende, als sie sich schon auf der Curtain Road unweit vom Bishopsgate befanden und der Schreiber in der zunehmenden Dämmerung kaum noch die Buchstaben erkennen konnte.

Im Finstern ritt Coke durch den breiten Torbogen in den Park seines Hauses. Im Innenhof wurde es lebendig. Diener steckten brennende Fackeln in die Halterungen und schleppten Kisten und Koffer ins Haus. Pferdeknechte führten die Tiere in die Stallungen. Coke ging in sein Arbeitszimmer und sah flüchtig die Post durch. Ein Brief von wenigen Zeilen erregte seine Aufmerksamkeit. Der Kaufmann Thomas Smythe bat ihn um eine Unterredung. Wollte Smythe mit ihm gesetzliche Möglichkeiten gegen die neuen Steuern erörtern? Er fürchtete Unannehmlichkeiten, aber er durfte einen so angesehenen Mann der City nicht auf Antwort warten lassen.

Der Sekretär brachte ihm die Nachricht, daß der Prediger

Peacham in einer Kerkerzelle gestorben war, nach amtlicher Angabe an einem Fieber, Gerüchten zufolge an den Folterungen. «Furchtbar», seufzte Coke, aber im Innern fühlte er sich erleichtert.

Am Abend nach Cokes Rückkehr ließ sich Smythe in einer unauffälligen Sänfte nach Hatton House tragen. Die Fenster waren hell erleuchtet, und aus der Halle klang Musik. Zu beiden Seiten des Anfahrtsweges standen wappengeschmückte Equipagen, aber Cokes Diener, der auf Smythe gewartet hatte, dirigierte die Sänfte zu einem Nebeneingang und führte den Kaufmann von dort direkt in Cokes Arbeitszimmer.

«Ich fürchte, ich komme ungelegen, Sie haben Gäste», entschuldigte sich Smythe, aber Coke wehrte ab: «Lady Hatton, meine Frau, gibt eine kleine Gesellschaft. Sie besucht viele Bälle, und dann ist sie immer irgend jemandem eine Einladung schuldig. Ich werde da nicht gebraucht.»

Dieses Eingeständnis machte Smythe den als kühl und unnahbar geltenden Richter sympathisch.

«Ein Mann in unserem Alter kann zur Not auch ohne Frauen auskommen, vor allem ohne die eigene», erwiderte er mit verständnisvollem Freimut. «Der Mensch verändert sich naturgemäß mit den Jahren, und nicht nur biologisch. Sehen Sie nicht heute vieles anders als sechzehnhundertdrei, Euer Ehren?»

Coke gab ihm mit einem Blick zu verstehen, daß er sich im klaren war, weshalb Smythe gerade das Todesjahr Elisabeths wählte. «Mag sein, Mister Smythe, aber lassen Sie doch die förmliche Anrede.»

Smythe wurde deutlicher: «Würden Sie heute nicht manche frühere Entscheidung korrigieren, Sir Edward?»

«Wenn Sie den Prozeß gegen Raleigh meinen: Ich hielt den Spruch damals für eine staatspolitische Notwendigkeit.»

«Und heute?» drängte Smythe. «Hängt so eine Verurteilung wegen Hochverrat nicht sehr von der Zeit und den Umständen ab?»

«Manches korrigiert die Geschichte, und nach Jahren, unter veränderten Umständen, ist man nicht mehr sicher, wer wen verraten hat», räumte Coke ein, setzte aber hastig, als bereue er seine Offenheit, hinzu: «Im Falle Raleigh besteht keine Möglichkeit, das Verfahren neu aufzunehmen.»

«Deshalb bin ich nicht gekommen», versicherte Smythe. «Aber würden Sie es tun, wenn Sie könnten?»

Coke wich aus. «Ohne Notwendigkeit revidiert kein Richter eine einmal gefällte Entscheidung. Heute freilich würde ich an viele Dinge anders herangehen als vor zwölf Jahren.»

«Wir haben es bemerkt. Sie haben sich für den Kaufmann der Levante Company eingesetzt, für Peacham und manchen anderen, sehr zum Ärger gewisser Herren am Hof und wahrscheinlich auch zum Verdruß des Königs.»

«Nun ja, in Rechtsfragen gibt es gewisse Diskrepanzen zwischen mir und Whitehall», gab Coke zu. «Sie haben vielleicht gelesen, daß Doktor Cowell in seinem Rechtslexikon schrieb, der König stehe durch seine absolute Macht über dem Gesetz und könne vom Parlament bestätigte Gesetze nach Gutdünken ändern. Eine Auffassung, die Seine Majestät entzückte, der ich aber nicht zustimmen kann. Doch Sie sind bestimmt nicht gekommen, um solche allgemeinen Dinge mit mir zu erörtern.»

«Ich kam in der Tat eines besonderen Falles wegen, Sir Edward.»

«Die neue Steuer, nicht wahr?»

Smythe schüttelte den Kopf und sagte leise: «Die Ermordung Overburys, des Erziehers von Robert Carr.»

«Ich gebe nichts auf diese Gerüchte», entgegnete Coke zurückhaltend. «Ein ärztliches Zeugnis besagt, daß Overbury im Tower eines natürlichen Todes gestorben ist.»

«Er kam auf Carrs Betreiben in den Tower, weil es Differenzen zwischen ihnen gab und er zuviel von den Intrigen des königlichen Günstlings und seiner Frau, der schönen Frances Howard, wußte. Dort wurde er vergiftet. Carr und seine Frau stifteten den Mord an. Dafür habe ich unwiderlegliche Beweise, Sir Edward.»

Coke überflog die Papiere, die ihm Smythe vorlegte, Aufzeichnungen eines Apothekergehilfen, der kurz vor seinem Tod sein Gewissen erleichtert und gestanden hatte, zusammen mit seinem Meister und dessen Geliebten das Gift für Overbury gemischt zu haben, und die Angaben eines gewissen Perkins, der behauptete, als Belastungszeuge gegen Robert Carr auftreten zu können.

Der Richter erkundigte sich nicht, wie Smythe zu den Papieren gekommen war, sondern fragte nur: «Wo befindet sich dieser Perkins?»

«Aus Furcht vor Anschlägen gegen ihn halte ich ihn in meinem Haus versteckt, aber er ist bereit, auszusagen.»

Coke lehnte sich zurück und schloß die Augen. «Sind Sie sich im klaren, was es bedeutet, wenn ich gegen Carr vorgehe, Mister Smythe?»

«Natürlich, Sir Edward, und Sie wissen selbstverständlich, worum es mir geht. Wenn Sie Carrs Schuld an dem Mord nachweisen, wird der Einfluß der Howards auf den König schwinden. Das legt vielleicht den Weg für eine neue Politik frei. Wir stehen vor der Wahl, Sir Edward: entweder die absolute Macht des Königs mit allen Folgen zu ertragen oder eine Verschiebung zugunsten des Parlaments zu erzwingen. Die Justiz ist eine wichtige Kraft. Vieles hängt jetzt von Ihnen ab.»

Da Coke schwieg, setzte er ihm auch seine Befürchtungen hinsichtlich der spanisch-englischen Heirat und seine Pläne mit Raleigh auseinander.

«Lassen Sie mir Zeit, Mister Smythe», sagte Coke am Ende fast bittend.

«Uns bleibt keine Zeit, Sir Edward.»

Vom Fenster folgten Cokes Augen der Sänfte Smythes und schweiften dann über den ins Mondlicht getauchten alten Park, den die Bischöfe von Ely vor vielen Jahrzehnten angelegt hatten. In schlaflosen Nächten verschaffte der Blick seinem überreizten Hirn Ruhe. Auch jetzt suchte er Ruhe und Klarheit zu gewinnen. Den Fall Overbury aufgreifen? Das konnte ihn die Robe des obersten Richters kosten und dazu seine Stimme im Staatsrat. Der König würde es ihm nicht verzeihen, wenn er ihm seinen Liebling aus dem Bett riß. Andererseits wäre es unklug von ihm, sich ausschließlich nach den königlichen Wünschen zu richten. Jakob setzte sich zu offensichtlich über Recht und Gesetz hinweg. Coke grübelte, hatte nicht immer die Einsicht in künftige Entwicklungen seine Entscheidungen bestimmt?

Zwei Tage ließ er sich Zeit. Dann unterzeichnete er den Befehl, den in Smythes Papieren erwähnten Apotheker in Haft zu nehmen.

Coke betrieb die Nachforschungen rasch und umsichtig. Er arretierte Overburys Kerkermeister, den Apotheker und dessen Geliebte, eine gewisse Mistreß Turner. Trotz aller Bemühungen, die Untersuchung geheimzuhalten, drang einiges in die Öffentlichkeit. London war voller Gerüchte. Coke erhielt Drohbriefe mit der Warnung, die Finger von der Sache zu lassen. Das hatte er erwartet. Bewaffnete umgaben ihn bei jedem Ausritt. Beamte in Bürgerkleidung saßen in seiner Nähe auf der Kirchenbank oder standen unter den Zuhörern, wenn er in der Westminsterhall zu Gericht saß, und behielten die Leute scharf im Auge.

Der König wünschte zu wissen, welchen Spuren er nachging, mischte sich aber zu Cokes Erstaunen nicht ein. Hing das mit dem plötzlichen Tod Henry Howards zusammen? Der hüftlahme Henry, der Kopf des Howard-Clans, hatte die Welt plötzlich verlassen, und nun standen die übrigen Herren der Sippe den Ereignissen vielleicht ein wenig ratlos gegenüber.

Erst nachdem Coke die Verhaftung des Towerkommandanten angeordnet hatte, befahl der König den Lordoberrichter zu sich.

Coke, der die Vorladung längst erwartet hatte, stieg an dem bestimmten Tag zu früher Stunde in sein Themseboot, eine prunkvolle Barke mit rotem Baldachin. Er ließ die Schiffer langsam rudern. Er hatte noch Zeit. Das sanfte Dahingleiten und der gleichmäßige Schlag der Ruder halfen ihm, sich zu sammeln. Auf dieser Barke hatte er wichtige Entscheidungen getroffen, doch heute war er bereits mit einem festen Entschluß eingestiegen. Selbst wenn ihm der König die Entlassung androhte, wollte er sich nicht beirren lassen.

Auf dem Wege zu den Staatsgemächern begegnete er bekannten Gesichtern. Im Wachraum des Königs begrüßte ihn Francis Bacon, nun Erster Kronanwalt, mit einer übertrieben tiefen Verbeugung, in der eine unübersehbare Ironie lag, aber Coke kannte Bacon zu lange und zu gut, um sich darüber zu ärgern.

«Sie sollten noch die Morgenluft im Park genießen, Sir Edward. Der König hat Sie zwar herbefohlen, aber er ist sehr beschäftigt.»

«Sie sind wie immer gut informiert und um Ihre Mitmenschen besorgt, Sir Francis.»

«Man hört das gleiche von Ihnen, aber neuerdings übertreiben Sie. Ein Lordoberrichter sollte sich nicht für heruntergekommene Matrosen einsetzen.»

«Danke für den Ratschlag, aber sie sind bestimmt unschuldiger als ...» Coke biß sich auf die Lippen, als sei er im Begriff gewesen, ein Amtsgeheimnis zu verraten.

Bacon vollendete den Gedanken. «Sie wollten Carr sagen, nicht wahr?»

Während des Gesprächs waren sie in den Park gelangt, und obwohl weit und breit niemand zu sehen war, senkte Bacon die Stimme: «Darf ich Ihnen noch einen Rat geben, Mylord? Schlagen Sie die Untersuchung nieder!»

Coke hätte gern gewußt, ob Bacon im Namen des Königs

sprach, aber das würde er ja bald aus dem Mund des hohen Herrn selbst erfahren, und er bemerkte lächelnd: «Dazu ist es zu spät.»

«Nehmen wir an, dieser Apotheker und Mistreß Turner überstehen das peinliche Verhör nicht. Dann sind die Schuldigen bestraft, und man kann die Sache vergessen.»

«Ich bin Richter», wehrte Coke ab.

«Aber ein Richter des Königs», sagte Bacon im Ton eines Schulmeisters, der einen unvernünftigen Jungen zur Besinnung bringen will. «In diesem Fall erfordert Ihr Amt, die politischen Aspekte ins Auge zu fassen. Die Richter dieses Landes müssen wie zu Salomos Zeiten die Löwen unter dem Thron sein. Das ist ihre Aufgabe!»

«Eine unserem Monarchen gefällige und gewiß nützliche Ansicht. Aber Sie, mein bester Sir Francis, sind zu klug, um wirklich an diese einseitige Bestimmung zu glauben. Neulich las ich in einer Ihrer Schriften viel Gescheites über die Wissenschaft. Sie sollten sie zu Ihrer Domäne machen und Ihre Zeit nicht mit Hofintrigen vergeuden.»

Bacon zog die Augenbrauen hoch und schüttelte mißbilligend den Kopf. «Intrigen – eine wahrhaft unpassende Bezeichnung für meine Beraterpflichten. Ich sehe zwischen meinen Studien und meiner Tätigkeit in Whitehall durchaus keinen Widerspruch. Die Wissenschaft soll praktischen Dingen dienen, mein Wissen dient dem König, und ich fahre nicht schlecht dabei.» Er zog den weißen, an den Stulpen mit feinster flämischer Spitze umrandeten Handschuh von der Linken und hielt die Hand so, als wolle er Coke auf die Ringe aufmerksam machen.

«Der muß ja das halbe Vermögen Ihrer Frau gekostet haben», rief Coke und zeigte auf einen fast haselnußgroßen Diamanten an Bacons kleinem Finger.

Sir Francis wurde blaß vor Wut über Cokes impertinente Anspielung auf seine Heirat mit der Tochter eines reichen Ratsherrn. «Sie irren, Mylord, es ist ein Geschenk des Königs.»

Coke schnalzte mit der Zunge. «Gar vom König! Nun ja, Sie haben's verdient. Wer sich selbst als Schachfigur sieht, die Seine Majestät auf jeden beliebigen Platz schieben kann ...»

«Ist es ehrenrührig, dem König so zu dienen?» Bacons Stimme verriet, daß er Mühe hatte, sich zu beherrschen. «Ich habe einmal im Parlament gegen den Willen der verstorbenen Monarchin gesprochen. Es ist mir nicht gut bekommen. Ich habe daraus gelernt. Übrigens werde ich nicht irgendeine Schachfigur auf dem königlichen Brett sein, sondern die wichtigste, Coke, die Dame.»

«Ich fürchte, die Dame spielt beim König schon ein anderer Herr», höhnte der Lordoberrichter.

Ein Hofbeamter begleitete Coke durch den großen Empfangssaal, vorbei an dem von einem scharlachroten Baldachin überdachten Thronsessel in den intimeren zweiten Empfangssaal. «Der König wird sogleich kommen.»

Coke war allein. Sein Blick schweifte über die Gobelins an den Wänden, flämische Arbeiten in goldenen, grünen und braunen Tönen mit mythologischen Motiven, dann betrachtete er sein Gesicht in dem venezianischen Spiegel zwischen den Fenstern. Er sah nicht älter aus als Bacon. Er war kein Greis, den man ablösen mußte. Er murmelte eine Stelle aus dem Richtereid: «Aufrichtig und treu sollst du dem König und seinem Volk dienen», und dann grinste er seinem Spiegelbild zu. So absolut hatte er den Satz nie genommen und sich oft mit seinem Lieblingsautor Montaigne, dem Herrn Gerichtsrat aus Bordeaux, getröstet: «Sogar die Gesetze der Gerechtigkeit können nicht ohne Ungerechtigkeit existieren.» Damit mußte man sich schon abfinden, auch als Richter. Aber heute, dreizehn Jahre nach Elisabeths Tod, waren König und Volk zwei so grundverschiedene Herren, daß Entscheidungen unumgänglich waren. Mußte er den Staatsdienst quittieren, würde ihn die City nicht im Stich lassen.

«Mylord Coke sollten lieber Ihr Hinterteil im Spiegel betrachten. Ihr Gesicht hat zu viele Falten», sagte eine Stimme mit stark schottischem Akzent in seinem Rücken.

Coke drehte sich um.

Der König lehnte in Reisekleidung am Kamin und rollte mit den Augen wie immer nach einem seiner geschmacklosen Scherze. Coke ging einen Schritt auf ihn zu und beugte pflichtschuldig das Knie. «Euer Majestät, ich ...»

«Keine Formalitäten. Wir wollen nach Royston und sind in Eile.»

Erstaunlich, dieser Wechsel vom Vulgären zum Herrischen. Dieser König besaß keine Zwischentöne, wie sie seine Vorgängerin so gut gekannt hatte.

Jakob setzte sich in seinen Lehnstuhl, forderte Coke aber nicht zum Sitzen auf. «In Ihren interessanten Berichten über den Fall Overbury sprechen Sie von hochgestellten Persönlichkeiten. Sind Robert Carr, der Earl of Somerset, und seine Gemahlin Frances Howard in die Sache verwikkelt?» fragte er ohne Umschweife.

Coke nickte. «Ich scheute davor, ihre Namen in den Briefen zu erwähnen, Sir.»

«Und wie weit sind Ihre Ermittlungen gediehen?»

Die in sachlichem Ton vorgebrachte Frage verdutzte Coke so, daß eine Pause entstand, bevor er mit einem ausführlichen Bericht begann.

Der König hörte ihm ruhig zu und erwog dabei noch einmal sein Verhalten. Sein rothaariger, sommersprossiger Rob, der Earl of Somerset, ein Mörder. Wie pikant! Aber auch ärgerlich. Wie oft hatte er in aller Öffentlichkeit einen Mörder umarmt und geküßt. Welch ein Skandal, wenn man ihm den Prozeß machte. Ein Skandal aber auch, wenn er ihm weiterhin seine königliche Gunst erwies.

«Sie haben gewiß schriftliche Geständnisse, Mylord Coke?»

«Euer Majestät können Einblick nehmen. Alle haben ohne Folter gestanden.»

Natürlich, Coke hatte seine Methoden. Er war klug, aber seine Erfolge hatten ihn selbstsicher und eigenwillig gemacht. Jetzt war er ein alter, knorriger Mann, der es wagte, königliche Privilegien in Frage zu stellen. Es wurde Zeit, das Amt des Lordoberrichters mit einem Gefügigeren zu besetzen, am besten mit Bacon.

Der König blickte auf seine Hände, die eben noch Steenies weiße, schlanke Finger gestreichelt hatten. Ein warmes Gefühl durchflutete ihn. Er würde George Villier, seinen Steenie, erheben und zum Herzog von Buckingham machen. Der tote Henry Howard konnte ihm nicht mehr dreinreden. Und das Schicksal bot ihm hier eine Chance, Robert Carr loszuwerden. Diese Untersuchung sollte Coke noch zu Ende führen!

«Er ist also tatsächlich schuldig?» fragte er scheinbar gequält.

«Der Earl of Somerset und Frances Howard stifteten die Tat an.»

Der König erhob sich und sagte mit großer Geste: «Dann tun Sie Ihre Pflicht, und klären Sie alle Einzelheiten des Falles auf. Wir sind weder voreingenommen noch gewillt, der Gerechtigkeit ins Rad zu greifen, Mylord Coke.»

Coke beugte vor dem König das Knie.

In der selben Woche sprachen in Royston zwei hochgestellte Lords vor, die Robert Carr, den Earl of Somerset, zur Aussage vor eine hohe Kommission nach London luden.

«Muß ich mitgehen, Sir?» fragte der Schotte.

«Es ist besser, mein Junge.» Der König umarmte ihn, begleitete ihn die Treppe hinunter, umarmte ihn wieder und küßte ihn auch vor der Kutsche.

«Ich werde nicht schlafen und essen, bevor du zurück bist, Rob.»

Die Kutsche mit Robert Carr rollte davon.

George Villier trat neben den König. Der ergriff seine Hand und murmelte: «Dieses Gesicht sehe ich nie wieder.»

Einer der ersten Ratschläge, die König Jakob von seinem neuen Günstling einholte, betraf Raleigh.

«Eine Ladung Gold aus Guayana kann der königlichen Schatzkammer kaum schaden», meinte Steenie, «und wenn das Konsortium der City-Kaufleute die Belehnung von Euer Majestät Diamanten und Zolleinnahmen einzig von Raleighs Entlassung abhängig macht, würde ich ihn freilassen.»

«Du hast ein gutes Herz, mein Steenie», sagte der König und ahnte nicht, daß Villier für die mit jugendlicher Leichtigkeit dahingesprochenen Sätze von der City fast eintausend Pfund bekommen hatte.

Alices Besuche bei Raleigh im Tower waren seltener geworden. In den ersten Jahren der Haft hatten sie sich noch ab und an in dem breiten Bett aus Sherborne, das in dem Turmzimmer viel zuviel Raum einnahm, geliebt, und Peter hatte vor der Tür gestanden, um sie vor Überraschungen zu schützen. Dann kam das Besuchsverbot, und als es endlich gelockert wurde, erkannten beide mit Verwunderung, daß sie älter geworden waren und ihre Gefühle sich gewandelt hatten. Sie versuchten, sie mit Erinnerungen aufzufrischen, aber mit dem «Weißt du noch?» läßt sich auf Dauer keine Liebe erhalten. Nicht, daß sie einander gleichgültig geworden waren. Walter brachte Alice jenes warme, freundschaftliche Empfinden entgegen, in das die Zeit Liebe wandeln kann.

Alice saß ihm nach Monaten gegenüber, er hielt ihre Hände und sagte, daß sie sich nicht verändert habe. Diese oberflächliche Schmeichelei mußte ihr schal klingen, und so setzte er hinzu: «Für mich hast du dich nicht verändert. Ich werde in dir immer die junge Lady vom Bear Garden sehen ...»

Er hielt inne, da Alice gewiß nicht gekommen war, um alte Geschichten zu hören. Sie versuchte ihn zu bewegen, an den König ein neues Gesuch für eine Expedition nach

Guayana zu stellen: «Die Umstände dafür sind günstig. Die Howards sind nach Carrs Verhaftung unsicher geworden. Du kannst gewiß sein, daß der Erste Minister des Königs, Sir Ralph Winwood, deine Freilassung befürwortet. Die City wird deine Expedition unterstützen, das Volk wird dir zujubeln.»

Er winkte ab. «Daran ist mir nicht gelegen.»

Alice überhörte seinen Einwand und schilderte die Stimmung in der Stadt. Seit Carrs Verhaftung traue sich der spanische Botschafter nur noch im Schutz eines bewaffneten Aufgebots durch London. Man habe seine Kutsche mit faulen Eiern beworfen, ihn Spießgeselle der Mörder genannt. «Jetzt mußt du ...»

Er fiel ihr ins Wort: «Ich bin zu alt, Alice, vierundsechzig. Ich habe es Thomas schon erklärt, als er hier war, er hat mir das gleiche gesagt wie du. Selbst wenn ich die Kraft hätte, ich will nicht mehr, wozu denn?»

«Für England!»

Er blinzelte sie mißtrauisch an. Große Worte war er von ihr nicht gewohnt. War sie nur gekommen, um Thomas einen Wunsch zu erfüllen? «Jahrelang habe ich um meine Freiheit gekämpft und Gesuch um Gesuch geschrieben. Damals hätten mir Thomas und seine Freunde helfen sollen. Jetzt ist es zu spät.»

Er erhob sich abrupt aus seinem Stuhl, humpelte hinüber zu dem Gestell mit den Tabakspfeifen und wählte eine aus Ton mit langem Hals und kleinem Kopf. «Eine echte Indianerpfeife.»

Sie beobachtete, wie seine Hand zitterte, als er sie ansteckte. Der Feuerschein des Kiens fiel in seine trüben Augen und auf die schlaffen Gesichtszüge. Er sah älter aus, als er war. Und seine Kleidung! Sie mußte mit Bess reden. In diesem brüchigen Lederkoller, dem alten Wams und den fleckigen Pluderhosen konnte er unmöglich durch London gehen. Der einst eleganteste Hofmann der Königin war ein verschlampter, wunderlicher Alter geworden.

Verlegen sah sie nach den Büchern auf dem schweren Eichentisch, als interessiere sie sich dafür. Die Tintenflasche stand offen, die Feder lag auf einem halbbeschriebenen Bogen. Bücher, Schreiben, das Destillierhaus, das Kräutergärtchen – das war seine Welt.

Er ging zum Fenster und sah hinaus. Sie trat neben ihn und legte die Hand auf seinen Arm.

Der Bloody Tower warf einen langen Schatten auf den in der Nachmittagssonne liegenden Hof. «Dreizehn Jahre hab ich im Schatten dieser Türme gelebt», sagte er, «dreizehn Jahre unschuldig in diesen verdammten Mauern! Wer von euch da draußen weiß denn, was das heißt? Abgeschnitten von allem, immer dieselben Gesichter, nicht reiten, nicht reisen, das Meer nicht sehen können. Ich habe geschrien und getobt und tausendmal den König verflucht und alle, die mich hierhergebracht haben. Ich habe Nächte wach gelegen, an Flucht gedacht und bin dabei ein alter Mann geworden. Ich habe mich an dieses Leben gewöhnt und habe Angst vor dem Draußen. Jetzt brauche ich die Welt nicht mehr! Heute ist mir die Freiheit nichts mehr wert. Ich will meine Ruhe haben, nichts als meine Ruhe!»

Er sog hastig an seiner Pfeife, und sie fragte sich, ob er wirklich Ruhe gefunden habe.

Plötzlich kicherte er. «Ich hab Robert Cecil und den hüftlahmen Henry Howard überlebt, Alice. Welch ein Glück! Ich brauche mich nicht mehr an ihnen zu rächen. Vielleicht werde ich hier hundert Jahre alt.»

Sie lenkte das Gespräch in eine andere Richtung: «Ich habe neulich deinen Sohn Wat gesehen. Er gefiel mir in dieser Gesellschaft ganz und gar nicht. Wenn du dich nicht um ihn kümmerst, wird er ein Teil dieses verluderten Hofes werden, und für den König wird das ein letzter Triumph über dich sein.»

Raleigh stützte sich mit der freien Hand schwer auf den Fenstersims. «Ich hab ihm Briefe geschrieben und Ratschläge gegeben. Er schlägt alles in den Wind.»

«Beschriebenes Papier, Worte, was nutzt das. Er muß etwas tun. Nimm ihn mit nach Guayana, mach einen Mann aus ihm.»

Walter schwieg lange. Endlich drehte er sich um, ging auf sie zu und legte den Arm um sie. «Alice, du verdammtes Weibsstück», murmelte er, «du verdammtes Weibsstück!»

Thomas Howard, Earl of Suffolk, hatte nicht erwartet, daß Don Diego de Sarmiento die Nachricht von Raleighs Freilassung und seiner geplanten Guayana-Expedition gleichgültig aufnehmen würde, war aber auf eine so heftige Reaktion des Spaniers nicht gefaßt. Don Diego begnügte sich nicht mit Flüchen in Spanisch, Englisch und Latein – obszöne Wörter darunter, die er dem eleganten Herrn nicht zugetraut hätte –, er packte ihn unter der Halskrause und schüttelte ihn. «Warum haben Sie das nicht verhindert, Mylord?»

Der königliche Schatzkanzler stammelte: «Ich konnte es nicht!» Ein Hustenanfall erstickte ihn fast. Nachdem er sich erholt hatte, setzte er hinzu: «Zu Henry Howards Lebzeiten hätte der König das nicht getan!»

Der Spanier ging ärgerlich im Zimmer auf und ab. «Er ist wankelmütig, Ihr König! Erinnern Sie sich, wie es mit Raleighs ‹Weltgeschichte› ging? Erst verkündete Seine Majestät, Raleigh könne sich mit dem von ihm beschriebenen Papier den Allerwertesten wischen, damit er wenigstens einen Nutzen davon hätte. Gedruckt würde das Zeug nie! Dann sehe ich das Buch bei einem Händler an der St.-Pauls-Kirche, prächtig gebunden und mit Raleighs Porträt. Ich laufe zum König und beschwere mich. ‹Gegen mein Verbot!› schreit Seine Majestät. Er wolle den Schuldigen bestrafen. Ein paar Wochen später ist die ‹Weltgeschichte› wieder auf dem Markt, diesmal ohne Porträt und Verfassernamen, aber jeder kennt den Autor.»

«Die Widmung hat Seiner Majestät wahrscheinlich geschmeichelt. Außerdem unterliegt der König leider verschiedenen Einflüssen. Der Erste Minister Winwood spricht offen für Raleigh.»

«Mal sehn, wer stärker ist, Mylord. Ich werde dem König sagen ...»

«Ich fürchte, Sie werden ihn kaum überzeugen», warf Thomas Howard zweifelnd ein, «was immer Sie auch sagen.»

Don Diego wurde dennoch beim König vorstellig und gab zu verstehen, wie sehr ihn die Sache bewegte. Das war nicht geheuchelt. Er empfand Raleighs Freilassung als persönliche Niederlage. Raleighs Ziel war ihm sonnenklar: Die Flotte wollte er erneuern, in Südamerika Fuß fassen. Die Goldmine war nur ein Vorwand zur Belebung seiner alten spanienfeindlichen Politik! Schlimm, daß er nicht nur in der City, sondern auch am Hof Freunde fand.

Don Diego war Diplomat genug, diese Erkenntnis nicht auszusprechen, sondern Sorge um das Wohl Seiner Britischen Majestät vorzutäuschen. Ein Staatsverräter auf freiem Fuß bedeute Gefahr für den Thron. Dann die Bedenken König Philipps: Der gefangene Raleigh sei für ihn Unterpfand einer Politik gewesen, die auf Ausgleich mit Spanien bedacht sei. Jetzt aber zweifle sein königlicher Herr in Madrid daran, und ein ungünstiger Einfluß auf die Heiratsverhandlungen sei abzusehen. Ob Seine Britische Majestät daran gar nicht mehr interessiert sei?

«Aber, Don Diego!» sagte der König vorwurfsvoll.

«Dann schicken Sie Raleigh in den Tower zurück, Sire!»

«Ich habe Rücksichten zu nehmen», murmelte Jakob, ohne sich näher zu erklären. «Außerdem habe ich Schulden, siebenhunderttausend Pfund. Wenn Raleigh ...»

«Die Goldmine existiert nicht, Sire!»

«Meinen Sie? Die City glaubt daran.»

«Die Mitgift der Infanta ist hoch.»

«Ja, ja, aber meine Finanzberater haben mir vorgerechnet, wieviel die Hochzeit verschlingen wird.»

Don Diego hatte Mühe, die Ausflüchte höflich anzuhören. Er reiste nach Madrid, führte lange Gespräche mit mehreren Ministern und wurde von König Philipp empfangen. Als er nach London zurückkam, versuchte er nicht mehr, Raleighs Reise zu verhindern, war aber an genauen Informationen über die Expedition interessiert, die ihm auch zugesichert wurden.

In der ersten Julihälfte des Jahres sechzehnhundertsiebzehn, just an dem Tag, an dem Raleighs Flotte Plymouth verließ, erreichte ein kleiner spanischer Schnellsegler Guayana. Auf ihm befand sich ein Offizier mit einer geheimen Botschaft für den Kommandanten des spanischen Forts San Tomé. Das Fort, lange nach Raleighs erster Guayana-Expedition gegründet, stand am Zusammenfluß von Orinoko und Caroni, in dessen Nähe nach Lawrence Keymis' Angaben die Goldmine lag.

NOCH EINMAL GUAYANA

Die «Destiny» trieb mit geblähten Segeln unter den Strahlen der Morgensonne in südlicher Richtung und zog die anderen zwölf Expeditionsschiffe gleich einem Kometenschweif hinter sich her.

Raleigh stand auf dem Hüttendeck und unterhielt sich mit Keymis, dem Kapitän der «Convertine». «Endlich kommen wir gut voran, das Meer ist so, wie ich es liebe, bewegt, aber nicht zu stürmisch, nachts ist keines von unseren Schiffen abgetrieben, und Captain Bailey hat sich wohl wieder beruhigt.»

«Ich hoffe es», antwortete Keymis. «Bei uns ist alles in Ordnung.»

Mochte es so bleiben! Wohl war es Raleigh nicht mit dieser Mannschaft. Unter den fast tausend Leuten auf den dreizehn Schiffen gab es viele zwielichtige Gesellen. Der Zustrom von Matrosen für das ungewisse Unternehmen war nicht stark gewesen, er hatte keine große Wahl gehabt. Mit Captain Bailey, einer Freibeuternatur, hatte es den ersten Ärger gegeben. Er hatte gegen seine ausdrückliche Weisung ein Schiff aufgebracht und die Prise, Öl und Fisch, auf seine «Southampton» umladen lassen. Raleigh mußte ihn zwingen, die Beute zurückzugeben und obendrein Entschädigung zu zahlen. Er konnte sich solche Zwischenfälle nicht leisten.

Raleigh wandte sich um und rief Wat am Steuer zu: «Einen Strich steuerbord!»

Das Schiff neigte sich zur Seite. Raleigh lief zu Wat hin und korrigierte das Ruder. «Einen Strich hab ich gesagt, Junge, das waren fast zwei!»

«Entschuldige, Vater, ich werd's noch lernen.»

Raleigh rief den Rudergänger zurück ans Steuer, legte den Arm um den Sohn und ging mit ihm zum Schanzkleid. «Das Reiten hab ich dir auch beigebracht, und mit einem Schiff ist es nicht viel anders. Du mußt es mit Gefühl behandeln. Mit der Zeit verwächst du mit dem Schiff wie mit einem Pferd.»

Wat suchte mit dem Glas die See ab. Raleigh betrachtete ihn von der Seite. Er bereute es nicht, ihn zum Kapitän gemacht zu haben, obwohl er selbst in Wirklichkeit die «Destiny» führte. Lernbegierig, mit Eifer bei der Sache, seinen und den Rat der Offiziere einholend, würde Wat in seine Aufgaben hineinwachsen.

«Land in Sicht!» rief die Wache im Großmast.

Raleigh nahm Wat das Glas aus der Hand. Am Horizont zeichnete sich ein dunkler Streifen ab. «Sieht tatsächlich nach Land aus!»

Er half Wat, mit dem Oktanten die Position zu bestimmen. Nie hätte er geglaubt, es könne ihm Vergnügen machen, Navigation und Segelkunst zu unterrichten. Den eigenen Sohn unterwies er mit Eifer und erinnerte sich dabei an seine ersten eigenen Fahrten. Wenn er kein Gold in Guayana finden sollte, Wat hatte er gefunden.

In der Kajüte beugten sie sich über die Karte. «Was ist das für ein Land, Wat?»

Wat trug ihre Position ein. «Die Insel Lanzerote!»

«Richtig. Wir werden dort unsere Vorräte auffüllen. Welchen Kurs wirst du dem Obersteuermann befehlen?»

Wat rechnete und nannte nach kurzer Besinnung die Koordinaten.

Walter nickte.

Vor Lanzerote ließen sie ein Beiboot in See. Vierzehn Matrosen und ein Dolmetscher ruderten zur Insel. Am Abend kehrten sie zurück. Man hatte ihnen keine Lebensmittel und auch kein Wasser gegeben. Drei Matrosen fehlten. Die Spanier hatten sie aus dem Hinterhalt erschossen.

Die Kapitäne versammelten sich auf der «Destiny» zum Rat. Bailey forderte, die ganze verdammte Siedlung niederzubrennen und die Spanier mit ihren eingeborenen Helfern im Meer zu ersäufen. Er erntete Zustimmung.

Raleigh stellte sich dagegen. «Auf Lanzerote lebt auch ein englischer Kaufmann. Wollen Sie den gefährden?»

Bailey kippte seinen Becher Branntwein in einem Zug herunter, warf einen Blick in die Runde und wandte sich dann mit unverstecktem Hohn an den Admiral: «Sie sind verdammt zimperlich geworden, Sir Walter. Oder haben Sie Angst? Haben Sie unsere Schiffe mit einhundertachtunddreißig schweren Stücken bewaffnen lassen, um damit auf Moskitos zu schießen, oder sind sie zum Salut für die Toten mitgebracht worden?»

«Was ist deine Meinung, Wat?» fragte Raleigh, unberührt von dem Beifall, den Baileys Rede fand.

«Das ist doch gar keine Frage, Vater. Wir greifen an! Wir lassen diese Schmach nicht auf uns sitzen.»

Mit dreiundzwanzig hätte er nicht anders geantwortet. Besser einen Draufgänger als einen Feigling zum Sohn. Dennoch fragte er mit leichtem Tadel: «Warum haben sie auf Lanzerote nicht alle unsere Leute niedergemacht? Warum haben sie drei aus dem Hinterhalt erschossen? Wer hat das getan? Auf wessen Befehl? Irgend jemand ist an diesem Zwischenfall verdammt interessiert. Die Sache stinkt.»

«Die Leichen der Toten werden auch stinken, wenn wir sie nicht in spanischem Blut einbalsamieren», knurrte Bailey.

Captain King grinste zustimmend.

«Behalten Sie einen klaren Kopf, Bailey. Der Erfolg unseres Unternehmens hängt davon ab, daß wir uns mit den Spaniern nicht anlegen. Das wissen Sie doch ganz genau!»

Bailey blieb halsstarrig. «Sie wollen also die Ermordung unserer Leute hinnehmen, Sir? Und wenn sie bei nächster Gelegenheit ein Dutzend und mehr abschlachten?»

Raleigh wechselte einen raschen Blick mit Arthur Gorges. Nur sein ältester Freund war in seine geheimen Pläne eingeweiht. Sollten sie in Guayana kein Gold finden, würde man die Kanonen benutzen und sich an den Spaniern schadlos halten. Ein letzter, verzweifelter Ausweg, denn nach England konnte er dann nicht zurück, aber er würde sein Leben retten. In einer geheimen Absprache mit dem französischen Botschafter in London war vereinbart, daß er mit jeder Prise einen französischen Hafen anlaufen und in französische Dienste treten könnte. «Für eine wichtige Sache muß man Opfer bringen und seine Gefühle zurückstellen, Mister Bailey. Ich hoffe, Sie verstehen meine Gründe.» Die Sache war für ihn abgeschlossen. «Wir nehmen Kurs auf Gamara, Gentlemen.»

Als die «Destiny» am Morgen die Anker lichtete, segelte die «Southampton» auf Nordkurs. Kapitän Bailey hatte sich von Raleigh getrennt.

Bei den Kapverdischen Inseln gerieten sie in einen schweren Sturm und verloren ein Schiff. Die «Destiny» schlingerte zwischen haushohen Wellen. Der Wind zerfetzte die Segel und brach den Besanmast. Einige Tage später rührte sich kein Lüftchen. Sie kamen nicht von der Stelle und litten unter einer erstickenden feuchten Hitze. Das Furchtbarste war eine Fieberkrankheit, die sich auf allen Schiffen ausbreitete. Die Männer waren so geschwächt, daß sie nicht mehr in die Wanten klettern konnten. Die Segelmacher hatten nicht genug Tuch, die Leichen einzunähen. Auf der «Destiny» starben zweiundvierzig Leute. Schüttelfrost warf Raleigh auf seinem Lager hin und her. Er behielt keine feste Nahrung bei sich.

«Wir sollten umkehren», riet Arthur.

«Es gibt keine Umkehr», murmelte Raleigh, aber Arthur fragte sich, ob er ihn in seinem Fieber überhaupt verstanden hatte.

Keymis übergab das Kommando auf der «Convertine» seinem Obersteuermann und kam auf die «Destiny».

Als sie nach über sechs Wochen Guayana erreichten – gewöhnlich dauerte die Fahrt kaum länger als vierzehn Tage –, mußte man Raleigh an Land tragen.

Eingeborene brachten Ananas, Cassavabrot, Paradiesfeigen, Fleisch von Nabelschweinen, Pistazienmandeln. Sie erinnerten sich auch an seinen ersten Besuch und feierten seine Rückkehr mit Freudentänzen, erzählten von neuen Grausamkeiten der Spanier und begrüßten ihn als Retter. Arthur titulierte ihn «König der Indianer», aber in seinem freundlichen Spott steckte Bewunderung. Raleighs kluges Verhalten beim ersten Besuch Guayanas zahlte sich aus. Unter den Eingeborenen hatte er keine Feinde.

Einmal den stinkenden Ausdünstungen des Schiffes entronnen und dank des frischen Obstes, hörten Fieber und Brechdurchfall auf. Auf Wats Arm gestützt, versuchte Raleigh ein paar Schritte, mußte sich aber bald wieder setzen. Zähneknirschend gestand er sich ein, daß er die Expedition nach der Goldmine nicht anführen konnte, und betraute Keymis mit dem Kommando.

Keymis wählte die kräftigsten Leute aus. Fünf flache Boote mit einhundertfünfzig Matrosen und zweihundertfünfzig Soldaten suchten einen Weg durch das Gewirr des Orinokodeltas zu finden.

Axtschläge und Flüche mischten sich mit dem Geschrei der Affen, dem Kreischen der Papageien und mit den tausend anderen Geräuschen des Urwalds. Vier Meilen nördlich von San Tomé, nicht weit vom Zusammenfluß des Orinoko mit dem Caroni, schlugen Keymis' Leute auf einer Lichtung ihr Lager auf. Die Männer bauten primitive Rundhüten aus dünnen Stämmen, Weidwerk und Blättern.

Wer Basil Bushil prophezeit hätte, er würde am zweiten Tag des Jahres sechzehnhundertachtzehn, statt im Black Dragon oder in einem anderen Londoner Bierhaus zu sitzen, in diesem verfluchten Guayana, von Moskitos umschwärmt, Ruten zurechtschneiden und armdicke Pfähle anspitzen, dem hätte er gesagt, er sei reif für Bedlam.

Basil wischte sich den Schweiß von der Stirn, seufzte und dachte an die Worte, mit denen er zum Abschied seine dicke Jenny getröstet hatte: «Kannst nicht verlangen, daß ein kleiner Schreiber Herr seines Geschicks ist, Mädchen, wo sich nicht einmal die großen Lords ihr Schicksal aussuchen können.»

Nach Raleighs Verhaftung hatte sich Basil erneut auf Betrügereien verlegt, was ihm einen Aufenthalt im Newgate-Gefängnis und drei Tage im Stock auf dem Marktplatz zu Bristol einbrachte. Wer von der Traufe in den Regen kommt, empfindet den Regen weniger lästig, und so hatte Basil Bushil die Strapazen der Reise und die Fahrt orinokoaufwärts klagloser überstanden als vor Jahren.

In einiger Entfernung unterhielt sich Keymis mit Wat Raleigh. Als Basil einen Pfahl an ihnen vorbeischleppte, hörte er Keymis klagen, hier habe sich alles verändert. Offenbar war Keymis ratlos. Basil hätte schwören können, daß er nicht wußte, ob sie auf dem richtigen Weg waren.

Vom Waldrand überblickte Basil das Lager, ein Ameisenhaufen. In diesem Durcheinander fiel es nicht auf, wenn er sich entfernte. Er drang in das Dickicht ein, kämpfte sich durch Gesträuch und mannshohe Farnbüsche, zerschnitt mit dem Messer die Fangarme der stachligen Lianen. Die Goldstücke in seinem Wams drückten. Was für ein Widersinn! Sie waren gekommen, um Gold aus Guayana herauszuholen, und er trug über hundert Dublonen für den Kommandanten von San Tomé bei sich.

Nach einer Weile änderte Basil die Richtung und stieß bald auf den Fluß. Von hier führte ein schmaler Trampelpfad direkt zu der spanischen Siedlung San Tomé.

«Was willst du?» fragte ihn der Posten an der offenen Pforte, die in dem lächerlich niedrigen schwarzen Palisadenzaun klaffte.

Basil brachte holpernd die spanischen Sätze vor, die er

sich für diesen Zweck eingeprägt hatte, und zeigte ein gesiegeltes Schreiben. Ein Bewaffneter führte ihn den von Pfahlhütten gesäumten Hauptweg der Siedlung entlang zum Kirchplatz. Hier standen die einzigen Gebäude, die aus Lehmziegeln mit eingelegten Holzbalken errichtet waren. Das Haus des Kommandanten hatte Risse und wirkte so ungepflegt wie der Mann selbst. In seiner Siesta gestört, trat er Basil mit wirrem Haar und offenem Hemd entgegen, ein alternder, erfolgloser Nachfahr der Konquistadoren auf einem verlassenen Außenposten des spanischen Weltreichs.

Basil brachte die Grüße Sarmientos auf spanisch vor, dann wurde ein Dolmetscher herangezogen, der Englisch radebrechte und zusah, wie Basil die Dublonen aus seinem Wams löste und sie vor den Kommandanten hinzählte. Das Geld machte wenig Eindruck auf Palomeque de Acuña. Was sollte er hier schon damit anfangen?

«Ich bin über alles unterrichtet, aber es ist unmöglich, Mister. Meine vierzig Söldner gegen sechshundert Engländer, ich bin kein Selbstmörder. Bringen Sie dem werten Don Diego de Sarmiento das Geld zurück, er soll Kerzen für die Heilige Jungfrau dafür kaufen.»

«Sechshundert Engländer, Señor? Da hat Ihr Kundschafter die Bäume mitgezählt, die wir fällen. Ein Drittel dieser Zahl ist noch zu hoch gegriffen, und es sind viele Matrosen darunter, die nicht einmal eine Muskete laden können.» Basil Bushil ließ seine Redekünste spielen. Was könne dem edlen Palomeque de Acuña schon passieren? Keymis seien die Hände gebunden, einen Angriff auf San Tomé würde er nicht wagen. Dagegen könne ein Scharmützel zwischen Engländern und Spaniern der spanischen Sache nützlich sein, um dem spanischen Gesandten in London vor Seiner Britischen Majestät die nötigen Argumente zu schaffen, gegen Raleighs Treiben vorzugehen und die Engländer endgültig von Guayana fernzuhalten.

Palomeque de Acuña hieß seinen indianischen Diener

Pulque bringen. Nach der vierten Schüssel fragte er unternehmungslustig: «Wie stellen Sie sich die Sache vor, Mister?»

An dem Tag, an dem die drei Indianer aus Topiawaris Dorf an Bord der «Destiny» kamen, stand ein doppelter Regenbogen von seltener Leuchtkraft über dem Orinokodelta, zweifellos ein Omen. Selbst den Schiffsgeistlichen, der weder an den Klabautermann noch an Meerjungfern glaubte, stimmte die Erscheinung nachdenklich. Bedeutete sie Gutes oder Schlechtes?

Walter wartete voller Ungeduld auf Keymis' Rückkehr. Die wachsamen Augen der Männer im Mast genügten ihm nicht. Zur Untätigkeit verurteilt, ging er meist schon am frühen Morgen aufs Hüttendeck und beobachtete das Delta.

Die Piroge, die sich im Zwielicht des gewitterschwülen Nachmittags näherte, hatte er kurz nach dem Mann im Mast entdeckt und sie für eines von Keymis' Booten gehalten.

Arthur besaß schärfere Augen und dämpfte Walters Aufregung. «Ein Indianerboot. Sie können noch gar nicht zurück sein!»

Walters Nägel krallten sich in das Holz des Schanzkleides. Es fiel ihm recht schwer, den Gleichmütigen zu spielen.

Die drei Indianer aus der Piroge kletterten an der ausgeworfenen Strickleiter hoch. Walter sah dem Handel zu. Scharfe englische Messer, Glasperlen, ein Stück buntes Tuch wurden gegen Ananas, Feigen, Fische, Maniokmehl, Pistazienmandeln, gegen Eier und Hühner eingetauscht. Er mischte sich mit Hilfe des Dolmetschers in die Unterhaltung aus Wortbrocken und Zeichen ein und erkundigte sich nach Neuigkeiten.

Weiße Männer, so berichteten die Indianer, hätten San Tomé gestürmt und niedergebrannt, den Kommandanten erschlagen und die übrigen in die Flucht getrieben. Zwei englische Häuptlinge seien dabei getötet worden.

Walter zitterte so heftig, daß Peter ihn stützen mußte. «Das kann nicht wahr sein! Frag sie, ob sie es mit eigenen Augen gesehen haben!»

Nein, gesehen hatten die Indianer nichts, denn sie hatten schon vorher Topiawaris Siedlung verlassen. «Aber die Neuigkeiten breiten sich aus wie das Wasser in der Regenzeit, großer weißer Herr.»

In der Nacht stöhnte Walter und schrie plötzlich: «Der verfluchte Spanier hat mich belogen!»

Arthur wußte nicht, ob Raleigh wach war oder im Schlaf sprach. Er griff nach seiner Hand. Sie war naß von Schweiß.

«Wer hat dich belogen, Walter?»

«Don Pedro de Sarmiento. Es war seine Art, an mir Rache zu nehmen. Zwanzig Jahre bin ich die Geschichte nicht losgeworden, zwanzig Jahre einer Fata Morgana nachgelaufen. Don Pedro hat nie daran geglaubt! Das büßt du mir, Don Pedro!» Walter entzog Arthur ruckartig die Hand und krampfte sie um ein Stück seiner Decke, als halte er einen Degen.

Arthur drückte Walters Kopf auf das Kissen zurück und blieb bei ihm, bis er ruhiger wurde.

Am zweiten März sechzehnhundertachtzehn kehrten hundertfünfzig Überlebende der Expedition nach Punto Gallo zurück. Hundertfünfzig von vierhundert! Raleigh lief zwischen den verdreckten, müden, abgemagerten Männern umher wie ein Hund, der seinen Herrn sucht.

«Wo ist Wat? Habt ihr Wat nicht mitgebracht, Leute!» Dann stürzte er sich auf Keymis. «Wat kommt noch, nicht wahr?»

«Haben Sie meinen Brief nicht gelesen? Er ist tot, Sir Walter. Ich habe es Ihnen geschrieben», flüsterte Keymis und senkte seine Augen vor dem verstörten Blick des Admirals.

So plötzlich, wie Raleigh Keymis gepackt hatte, ließ er ihn los.

«Kommen Sie!» sagte er heiser. In der Hütte forderte er Keymis auf zu erzählen.

Keymis, erschöpft von den Anstrengungen und aufgewühlt von dem Erlebten, wiederholte sich häufig und ließ manche Sätze unvollendet. Erst allmählich faßte er sich, redete aber hastig wie ein Schuljunge, der ängstlich einen gelernten Text aufsagt.

«Die Spanier überfielen uns im Morgengrauen. Ich hörte nur ein paar Schüsse, und dann sah ich zwei von unseren Hütten, die dem Fluß am nächsten standen, brennen. Ins Lager drangen sie nicht ein, sie müssen sich sofort in den Wald zurückgezogen haben, als es bei uns lebendig wurde. Von dort schossen sie ab und zu, ohne jemanden zu treffen. Wat beschloß, sie mit einigen entschlossenen Männern zu vertreiben und ihnen nachzusetzen. Vielleicht hätte ich es verhindern sollen, aber ich sah die brennenden Hütten, und dann reizten sie uns mit ihrem verdammten Geschrei. ‹Perros Ingleses›, riefen sie, ‹englische Hunde!› Das brachte mich um die Besinnung, Sir! Wir verfolgten sie bis vor San Tomé. Ich wollte wieder zurück, aber Wat hob seinen Degen und schrie: ‹Mir nach! Das ist der Weg zur Goldmine!› Er lief den anderen voraus auf das Tor zu. Eine Musketenkugel traf ihn. Er starb sofort. Er hat nicht gelitten, wenn Ihnen das ein Trost ist, Sir. Unsere Wut war unbeschreiblich. Wir stürmten San Tomé und erschlugen den Gouverneur und ein paar Spanier. Die meisten entkamen in den Urwald.»

Raleigh hatte das Gesicht in die Hände gestützt. «Wat wurde geboren, als ich die erste Guayanafahrt vorbereitete, und jetzt ... Warum haben Sie es nicht verhindert, Keymis? Sie hätten es verhindern müssen! Sie wußten, wie impulsiv Wat war. Die Spanier haben ihn umgebracht, sie bringen auch mich um. Dieser Zusammenstoß ist mein Todesurteil. Oder haben Sie Golderz aus der Mine?»

Keymis hatte nur zwei Goldbarren, die sie in San Tomé erbeutet hatten, und ein paar Sack Tabak.

«Waren Sie am Mount Iconury?»

«Ich war an der Stelle, wo wir damals den Fund gemacht hatten, Sir Walter. Ich glaube, es war derselbe Platz, aber ich bin nicht sicher. Wir haben nichts gefunden. Vielleicht hat Sie der Erzscheider, dem Sie zuletzt die Probe gezeigt haben, betrogen? Vielleicht sagte er, sie enthalte Gold, nur weil Sie ihm für diesen Fall eine Belohnung versprochen hatten? Vielleicht war der Fund ein Zufall? Wir sind weitergezogen, zweihundert Meilen stromaufwärts, immer auf der Suche nach Gold. Zweihundertfünfzig Leute sind auf dem Weg geblieben. Ich wollte unbedingt Erfolg haben. Ich wußte, wie sehr Sie den Erfolg brauchen, Sir Walter.»

«Gehen Sie, Keymis», sagte Raleigh bitter, «verkriechen Sie sich in irgendeinen Winkel des Schiffes und lassen Sie sich nicht mehr vor mir sehen.»

Am Nachmittag hörte Raleighs Diener Peter aus Keymis' Kabine einen Schuß. Er eilte sofort hinunter. «Ist etwas, Mister Keymis?»

«Alles in Ordnung, Peter. Ein Schuß hat sich beim Reinigen meiner Pistole gelöst und ist in die Decke gegangen.»

Eine halbe Stunde später bemerkte Arthur eine dünne Blutspur, die von Keymis' Kabine bis in den Gang führte. Mit Peter brach er die Tür auf. Keymis lag tot auf seiner Koje, das dreckige, stinkende Hemd, das er während der Expedition getragen hatte, geöffnet und rot verfärbt.

«Die Kugel ist an einer Rippe abgeprallt und hat ihn nur leicht verwundet. Er hatte noch genügend Kraft, sich das Messer ins Herz zu stoßen. Ein sauberer Stich, Mister Keymis verstand etwas von Anatomie, er hat sich in Oxford damit befaßt», stellte der Schiffsarzt im kühlen Ton eines Mannes fest, der in den letzten Monaten so viel Elend gesehen hatte, daß ihn der Tod eines Menschen nicht mehr bewegen konnte.

DIE RÜCKKEHR

Der Wirt von Shepherd's Inn in Lillington lief kopflos zwischen den Männern hin und her, die in der Abenddämmerung, Kost und Logis verlangend, in seinen Hof eingeritten waren. Zwölf Gäste auf einmal hatte Shepherd's Inn seit Jahren nicht gesehen. Der Wirt kümmerte sich um Bier und Wein und spitzte die Ohren, denn Neuigkeiten waren in dem verschlafenen Lillington fast so begehrt wie Goldmünzen. In dem breitschultrigen Gentleman mit der großen Halskrause hatte er sofort den Anführer der Gesellschaft erkannt und die Zahl seiner Bücklinge und Kratzfüße verdoppelt, als er hörte, daß Sir Lewis Stukeley, der Vizeadmiral von Devon, seinem bescheidenen Haus die Ehre gab. Seine Augen aber wanderten immer wieder zu dem weißhaarigen, mageren Greis, der ein Bein nachzog. Die Nachricht, mit Sir Walters Gesundheit stehe es nicht zum besten, hatte sich bis Lillington herumgesprochen, aber so apathisch und krank hatte der Wirt sich ihn nicht vorgestellt.

«Wohin geht's, Freund?» fragte er den zahnlosen, glatzköpfigen Alten, der Raleighs Pfeife gestopft hatte.

«Sie bringen Sir Walter von Plymouth nach London», sagte der Mann und deutete auf Stukeley und die Soldaten, die ein Bandelier mit Kugelbeutel und Pulverbüchse über dem scharlachroten Wams trugen. Dann sah er ihn augenzwinkernd an. «Kennst mich wohl nicht mehr, John?» Um dem Gedächtnis nachzuhelfen, beschrieb er mit der leeren Handfläche einen Kreis vor dem Gesicht des Wirts, griff ihm hinters Ohr und hielt ihm, zwischen Zeigefinger und Daumen geklemmt, eine Silbermünze unter die Nase.

Die Miene des Wirts erhellte sich augenblicklich. «Peter,

du alter Halunke!» Der Wirt lief in die Küche, ließ für den zahnlosen Peter ein großes Stück Hammelfleisch kleinhakken, setzte sich, nachdem alle reichlich versorgt waren, neben ihn, trank Branntwein und schimpfte leise auf den König. «Ich habe von dem verlogenen Edikt gehört, das Jakob wegen San Tomé herausgegeben hat. Dabei pfeifen die Spatzen von den Dächern, daß Raleigh reingelegt worden ist. Wie nimmt es Sir Walter auf?»

«Du siehst es ja. Seit sein Sohn tot ist, kümmert ihn nichts mehr. In Punto Gallo waren wir noch acht Schiffe mit 'ner Menge Kanonen. Wir hätten die spanische Silberflotte jagen oder irgendwo an der Küste den Caballeros zeigen können, daß wir noch da sind. Aber Sir Walter war alles gleichgültig. Die Flotte bröckelte auseinander. Am Ende lief die ‹Destiny› allein in Plymouth ein. Seine Freunde wollten, daß er nach Frankreich geht. Er weigerte sich. In Plymouth hat er drei Wochen tatenlos herumgesessen. Erst vor fünf Tagen kam der Haftbefehl aus London. Ich fürchte, es nimmt ein schlimmes Ende.»

«Willst du nicht hierbleiben, Peter? Er wird dich nicht mehr brauchen.»

Peter schüttelte den Kopf. «Ich bleib bei ihm, John. So viele haben ihn verraten und verlassen, aber mir ist er immer ein guter Herr gewesen.»

Spät am Abend klopfte, von Raleigh sehnsüchtig erwartet, Arthur Gorges an die Tür von Shepherd's Inn. Raleigh hatte den Freund gleich nach Einlaufen der «Destiny» nach London geschickt. Nun kam er mit Neuigkeiten zurück, aber in Stukeleys Gegenwart erzählte er nur, Bess sei auf Walters Ankunft vorbereitet.

Nachdem sich die Gesellschaft zu Bett begeben hatte, ließ Raleigh vom Stallburschen sein und Arthurs Pferd satteln. Zwei von Stukeleys Leuten lungerten im Hof herum, aber sie hinderten sie nicht, das Gasthaus zu verlassen.

«Wohin willst du, Walter?»

Wohin wohl? Er wollte Sherborne noch einmal sehen,

aber als er vor dem in Mondlicht getauchten Schloß stand, bereute er den Entschluß. Hier gehörte ihm nichts mehr. Warum seine Erinnerung mit dem Gedanken an den neuen Besitzer, einen Emporkömmling, der sich die Gunst Jakobs erbuhlt hatte, vergiften?

Sie ritten im Galopp davon und machten erst an dem See halt, an dem er vor Jahren mit Alice gelegen hatte. Die Nacht war still und warm. Der Mond spiegelte sich im dunklen Wasser. Sie saßen ab und setzten sich ins Gras. Der vertraute Ort und die ruhige Stunde schienen ihm günstig, Entschlüsse zu fassen. «Erzähle!» bat er Arthur.

«Es ist so, wie wir vermutet haben. Sarmiento forderte vor dem Staatsrat, dich in Spanien hängen zu lassen. George Villier, jetzt Herzog von Buckingham, schlug in seine Kerbe. Soll von den Spaniern eine Menge Geld bekommen. Keiner trat für dein Leben ein. Winwood hätte es vielleicht getan, aber Winwood ist tot. Erst am nächsten Tag, da Sarmiento nicht anwesend war, sollen einige Herren ihre Bedenken gegen deine Auslieferung geäußert haben. Der König könne mit diesem Zugeständnis den Eindruck erwecken, er sei ein spanischer Vasall.»

«Und wie reagierte Seine Majestät?»

«Ausweichend.»

«War von meinem Brief an den König die Rede?»

«Kein Wort.»

Walter hatte in dem Schreiben an den König erklärt, wie alles gekommen war. «Weißt du, was ich glaube, Arthur? Der König will, daß ich fliehe. Stukeleys Leute scheren sich nicht um mich, hast du es bemerkt? Wir könnten einfach wegreiten.»

«Und warum tun wir's nicht? Du machst Wat nicht wieder lebendig, wenn du König Jakob deinen Kopf bringst, und es ist nie zu spät, von vorn zu beginnen.»

«Sie glauben, ich bin fertig», murmelte Raleigh. «Sie denken, ich kann mich zu nichts mehr aufraffen, weil mit Wats Leben auch mein Leben vorbei ist, aber ein bißchen Verstand ist mir geblieben, und der sagt mir, daß ich sie in Schwierigkeiten bringe, einfach, indem ich hierbleibe, Arthur. Liefern sie mich an König Philipp aus, wird die Empörung in England groß sein, und dann kann König Jakob schwerlich eine Hochzeitsfeier für seinen Charles und die spanische Infanta ausrichten. Will der König mich in England hängen, wird er nicht umhinkönnen, mich noch einmal vor ein ordentliches Gericht zu stellen. Und wessen können sie mich denn beschuldigen? Daß Keymis sich gewehrt hat, als ihn die Spanier angriffen? Ist das ein Verbrechen? In Winchester haben mich die Richter des Königs verurteilt, aber die Leute in der Halle standen auf meiner Seite. Sie werden wieder für mich sein. Wenn ich außer Landes ginge, wäre der König eine Sorge los, aber ich werde ihm diesen Gefallen nicht tun.»

In London gestattete man Raleigh, in dem von Bess gemieteten Haus in der Broad Street zu wohnen. Das Gebäude wurde streng bewacht, Stukeley war für seine Beaufsichtigung verantwortlich, aber Besucher durfte er empfangen.

Alice ging häufig in die Broad Street. Smythe hörte, wenn sie zurückkam, geduldig ihre Berichte über Walters Krankheit und seine Depressionen und nickte zustimmend, wenn sie wieder und wieder auf ihn einredete, sich für Raleighs Freilassung einzusetzen. «Nichts soll unversucht bleiben», versicherte er. In Wahrheit nahm er sich Walters Schicksal nicht sehr zu Herzen, beobachtete aber mit Interesse die Sympathie der Londoner und sogar zahlreicher Hofleute für den alten Mann. Das Gerücht, der Gefangene solle an Madrid ausgeliefert werden, nährte die antispanischen Gefühle. Wie konnte ein englischer König sich zum Befehlsempfänger Spaniens erniedrigen? Selbst Herren, denen die Person Sir Walters gleichgültig war, zeigten sich empört.

An einem Julitag erzählte Alice ihrem Mann beim Lunch, sie habe bei Raleigh den französischen Botschafter getroffen. Vielleicht könne die City im Verein mit Frankreich etwas für Walter erreichen?

Smythe versprach, die Meinung des Lord-Mayors und der führenden City-Kaufleute einzuholen. An einem der nächsten Tage fuhr er in die Guildhall. Bis zum Anfang der Cheapside kam seine Kutsche schnell voran, aber nach einer Weile hielt das Gefährt. Die Straße war schwarz von Menschen, und es bestand keine Aussicht weiterzukommen. Der Kaufmann stieg aus und redete den nächsten an: «Was ist das für ein Auflauf?»

«Haben Sie nicht gehört, Sir? Einer aus dem Gefolge des spanischen Botschafters hat einen kleinen Jungen niedergeritten und auf der Straße blutend liegenlassen. Ein kleiner, unschuldiger Junge! Die Caballeros glauben, sie können sich alles herausnehmen!» Wut und Mitleid standen in den Augen des Mannes, als gäbe es in London nicht Hunderte bettelnder, halbverhungerter Kinder, um die sich niemand scherte. Dieser Junge zählte, weil ihn ein Spanier verletzt hatte. «Wir ziehen zur spanischen Botschaft, Sir. Der Halunke darf nicht unbestraft bleiben. Kommen Sie mit, Sir!»

Smythe ließ sich von der Menge treiben. In der Woodstreet wurde er fast erdrückt. Tausende waren auf den Beinen. Vor Sarmientos Amtssitz tobte eine wütende Menge. «Weg mit euch, spanische Hunde! Raus aus England, Sarmiento!» Die Erregung sprang auf ihn über und wirkte noch nach, als er auf Umwegen schließlich die Guildhall erreicht hatte.

Er forderte die City-Kaufleute auf, sich in Whitehall mit allem Nachdruck für Raleigh zu verwenden, fand aber wenig Resonanz. Sanderson empfahl vorsichtige Zurückhaltung: «Wir sollten bei König Jakob nicht mehr zu erreichen suchen, als wir durchsetzen können, und es gibt Prioritäten. Das wichtigste ist für uns, ihn zu einem Verzicht auf die spanisch-englischen Heiratspläne zu bewegen. Verlangen wir gleichzeitig Raleighs Freilassung, werden die spanisch-englischen Beziehungen zu stark belastet. Für einen offenen Konflikt mit Spanien ist England nicht vorbereitet.»

Unter den Kaufleuten gab es wenige, die diese Meinung nicht teilten – schließlich war Raleighs Expedition ein Mißerfolg, und sie hatten einen wesentlichen Teil der Kosten zu tragen. Seinetwegen wollte man sich nicht zu stark engagieren oder es gar auf eine Kraftprobe mit dem König ankommen lassen. Raleighs Auslieferung an Spanien aber empfanden alle als Schande für England, und sie beschlossen, König Jakob zu bitten, dem spanischen Ansinnen nicht nachzukommen.

Um Mitternacht schlich ein seltsames Quartett aus Raleighs Haus in der Broad Street. Als erster trat Sir Lewis Stukeley aus der Hintertür, dann Raleigh, sein Gefangener, gefolgt von dem Schreiber Basil Bushil und Manourie, Raleighs französischem Arzt, der ihn seit der Ankunft in Plymouth begleitete.

An der Ecke wartete eine Kutsche mit geöffnetem Schlag. Raleigh blickte nach seinem Haus zurück. Hinter einem dunklen Fenster glaubte er Bess' bleiches Gesicht zu bemerken. Er zögerte einzusteigen. Stukeley, schon in der Kutsche, reichte die Hand heraus und zog ihn hinein. Basil Bushil drängte von hinten. Für einen Moment kam es Raleigh vor, als hätten sie mehr Interesse als er, daß er die Kutsche bestieg, und fühlte sich wieder als Gefangener, obgleich er von dieser Stunde an doch frei war!

Die Räder der Kutsche waren mit Stroh umwickelt. Das Gefährt machte wenig Lärm im nächtlichen London.

An der Whitefriartreppe lagen zwei kleine Fährboote. Sam King, sein getreuer Kapitän, umarmte ihn. «Alles in Ordnung, Sir Walter!»

King und Stukeley trafen die letzten Absprachen mit den Bootsführern. Ein dunkles Gefühl riet Walter, umzukehren. Nein, er hatte sich entschieden. Das Gespräch mit Le Clerc, dem französischen Botschafter, hatte den Ausschlag gegeben. Er wollte nun doch nach Frankreich gehen, am Ausbau der französischen Flotte mitwirken, tätig sein, die antispanische Partei in Frankreich stärken und somit England in der Fremde nutzen. Man war kein Feigling, wenn man seinen Kopf nicht hinhielt und den Märtyrer spielte. Wäre er in Plymouth davongelaufen, hätte er dem König aus einer Verlegenheit geholfen. Seine Flucht heute aber würde Seine Britische Majestät in Verlegenheit stürzen, denn er hatte erfahren, daß Spanien seine Auslieferung forderte, und Don Sarmiento würde den König beschuldigen, mit gezinkten Karten gespielt zu haben.

Auf der Fahrt sprachen sie nicht viel. Nur einmal versicherte Raleigh, er würde dafür sorgen, daß Stukeley in Paris eine gute Position erhielt.

Die Ruderer tauchten die Riemen im Takt ins Wasser. Baynard's Castle mit den drei wohlvertrauten Türmen zog vorüber, weit hinter sich wußte Raleigh die großen Adelshäuser am Strand, Durham House darunter. Er würde es nie wiedersehen, auch den Bear Garden und das Globe nicht, die jetzt an der Southwarker Seite des Ufers vorbeiglitten.

In ein paar Stunden würde er in Gravesend das Schiff nach Frankreich besteigen. Bess hatte mit ihrem Mißtrauen gegen Stukeley unrecht. Es gab keinen Grund, am Gelingen der Flucht zu zweifeln.

Sie näherten sich den engen Bögen der London Bridge. Stand dort oben nicht eine Frau? Alice! Er widerstand der Versuchung, ihr zuzuwinken, aber er wischte die Bilder aus früheren Jahren nicht weg, die vor seine Augen traten.

Basil Bushil erhob sich von seiner Bank im vorderen Teil des Bootes. «Erlauben Sie, Sir Walter?» Er griff nach Raleighs falschem Bart, der sich zu lösen begann, befeuchtete das lose Ende mit Speichel und drückte es an Walters Kinn.

«Die Maskerade ist doch nicht mehr nötig», brummte Raleigh.

Er glaubt sich in Sicherheit, dachte Bushil und sagte:

«Man weiß nie, Sir.» Wenn sie ihn festnahmen, würde auch der falsche Bart seine Fluchtabsicht verraten.

Als sie unter der London Bridge hervortauchten, hatten sich dichte Wolken vor den Mond geschoben. Es war fast so dunkel wie unter dem Brückenbogen, nur mit Mühe konnte man die Umrisse des Tower erkennen. Auf der Höhe des St. Thomas Tower löste sich ein größeres Schiff vom Ankerplatz. Basil Bushil bemerkte den Schatten, der ihnen folgte. Schlafen Sie ruhig, Sir Walter, vor Greenwich wird man Sie wecken. Er, Bushil, hatte die Idee für die Flucht gehabt und mit Thomas Howard alle Einzelheiten festgelegt. Der spanische Botschafter hatte ihn mit drei Dublonen belohnt. Hoffentlich fand man genug belastendes Material bei Raleigh, um ihm eine Konspiration mit Frankreich nachzuweisen.

Die Wolken rissen auf.

«Ein Schiff mit Bewaffneten!»

Captain Kings Ruf schreckte Raleigh aus seinen Träumen. «Rudert schneller, Leute!»

Wer sprach als erster von Verrat? Captain King zog gegen Stukeley den Degen.

«Laß ihn, Sam», sagte Raleigh, und Stukeley umarmte ihn. «Danke, Sir Walter. Sie zweifeln doch nicht an meiner Treue?»

Auf dem Schiff, das sie verfolgte, wurden die Lichter gesetzt. Fackeln erhellten das Deck, und sie erkannten die königlichen Yeomen of the Guard an ihren hohen, breitrandigen Hüten und den Farben ihrer Livree. Das Schiff schob sich an ihre Seite, überholte sie, fiel wieder zurück.

«Rudert doch schneller!» schrie Raleigh, aber die Männer murrten und wurden langsamer.

Das Schiff war wieder neben ihnen. «Eine nächtliche Wettfahrt gefällig, ihr Herren?» schrie einer herüber.

«Sie spielen Katz und Maus mit uns», fluchte King.

Raleigh sah hinüber zu den Lichtern von Greenwich. Noch ein paar Meilen bis Gravesend.

«Kehrt um!»

Das königliche Schiff versperrte ihnen den Weg. «Kommen Sie an Bord des Wachschiffes Seiner Majestät, Sir Walter!»

Stukeley stieß ihn in den Rücken. «Nun geh schon, alter Narr!»

Raleigh spuckte ihm vor die Füße. «Judas!»

Basil Bushil saß wie festgenagelt auf seiner Bank und grinste.

Im Morgengrauen brachte ihn ein Kommando königlicher Leibgardisten in den Tower. Im Haus des Towerkommandanten durchsuchten Beamte sein Gepäck und seine Kleidung. Ein Schreiber notierte seinen Besitz: «Ein Magnetstein in einem scharlachroten Samtbeutel, fünfzig Pfund in Goldmünzen, ein Diamantring, Geschenk der verstorbenen Königin an den Festgenommenen, eine Karte von Guayana, eine Erzprobe aus Guayana ...»

Die Beamten legten einen Gegenstand nach dem anderen auf den großen Eichentisch, an dem die Familie des Kommandanten zu speisen pflegte. Geld und Schmucksachen ergaben ein Vermögen, von dem der Flüchtling eine Weile in der Fremde hätte leben können.

Je umfangreicher die Liste wurde, desto länger wurde das Gesicht des Mannes, den der Erste Kronanwalt eilends in den Tower geschickt hatte.

«Eine Unze Ambra», murmelte der Schreiber, während seine Feder über das Papier kratzte.

«Das ist alles», sagte der Beamte.

Der Schreiber legte die Feder weg und nahm die Brille ab.

«Keine Schriftstücke?» fragte der Beauftragte des Kronanwalts.

«Nein, Sir.»

«Haben Sie ihn sorgfältig durchsucht?»

«Wir haben nichts gefunden, Sir. Wenn Sie sich selbst bemühen wollen?» schlug der Beamte boshaft vor.

«Nicht notwendig», sagte der Beauftragte, Enttäuschung in der Stimme. Er hätte dem Ersten Kronanwalt gern erwünschte Beweise gegen Raleigh gebracht, verschwörerische Korrespondenz Sir Walters mit den Franzosen, belastende Aufschlüsse über dessen Guayana-Unternehmen, irgend etwas. Nun kam er mit leeren Händen und konnte nicht erwarten, daß man ihm seine Dienste besonders lohnte.

Vor den geschlossenen Türen der Westminsterhall standen Doppelposten. Drinnen verhandelte der vom König eingesetzte Sondergerichtshof gegen Raleigh. Publikum war nicht zugelassen, man hätte bequem in einem Raum im Tower Platz gehabt, aber Francis Bacon, seit kurzem Lordkanzler und erster Mann im Staatsrat, hatte die riesige Westminsterhall gewählt. Edward Coke, einer der sieben Richter der Kommission, wußte aus eigener Erfahrung Bescheid: Die Farce, denn mehr war es nicht, sollte einen würdigen Rahmen haben. Der König hatte den Hinrichtungsbefehl für Sir Walter unterzeichnet, noch bevor er zur Jagd nach Royston geritten war. Der Angeklagte verteidigte mit leiser Stimme hartnäckig seine Handlungen in Guayana, als könne er damit sein Leben retten.

Der Erste Kronanwalt versuchte, Raleigh zu dem Geständnis zu bewegen, er habe den Befehl zum Überfall auf San Tomé gegeben, warf ihm Verbindung zu Frankreich vor und seinen Fluchtversuch.

Coke fror. Er raffte den Pelz, den er über der Robe trug, enger und warf einen Blick auf den Lordkanzler. Bacon, der der Komödie ein Ende machen konnte, hockte selbstgefällig auf der weißen Marmorbank, der King's Bench, der Königsbank, ein dünnes Lächeln um die blutleeren Lippen, den schmächtigen Oberkörper gereckt, ein Sitzzwerg, das wußte er, sonst trüge er nicht den überhohen Hut. Bei Krönungsfestlichkeiten saß der Herrscher auf dieser Bank, wahrscheinlich fühlte sich der kluge, eitle Bacon wie ein

König, nicht ganz ohne Grund, denn der Zweite im Staat war er ja nun. Coke hätte ihm am liebsten die weichen Kissen weggezogen, auf denen er saß. Vielleicht würde Bacon die Prozedur dann abkürzen.

Coke setzte wegen der Kälte nun auch seinen Hut auf und blickte wieder auf Raleigh. Sir Walters Antworten kamen schleppender. Rote Flecken brannten ihm auf den Wangen, die linke Gesichtshälfte war geschwollen, und seine Augen verrieten, daß er unter Malariafieber litt. In diesem desolaten Zustand hätte ich ihn damals in Winchester kleingekriegt, dachte Coke, in einem seltsamen Zwiespalt der Gedanken verstrickt, denn jetzt wäre er dem kranken Mann gern beigesprungen. «Als ehemaliger Ankläger müssen Sie der Kommission angehören, Sir Edward!» hatte Bacon verlangt, wohl ahnend, mit welchem Widerwillen er diesen Stuhl im Gericht heute einnahm. Bacon wollte ihn als Mitverantwortlichen, Mitschuldigen an dem Urteil. Denen vor den Türen der Halle, die nicht herein durften, wollte er zeigen: der sehr gerechte Edward Coke hat den Spruch mitgefällt.

Dem Lordkanzler schien es nun genug, er rutschte auf seinen Kissen hin und her und gab dem Ersten Kronanwalt einen Wink. Sir Henry Ylverton ließ endlich die Katze aus dem Sack. Ein neuerlicher Schuldspruch sei nicht nötig, da in Winchester seinerzeit ein ordentliches Gericht den Hochverräter Sir Walter Raleigh zum Tode verurteilt habe. Sein wiederholter Verrat an den Interessen des Königs mache eine Vollstreckung des Urteils nunmehr unumgänglich, und er bitte die Herren Richter, sich dieser Forderung anzuschließen.

Sir John Doderidge und Sir Robert Houghton stimmten zu, die anderen nickten beifällig.

«Und Sie, Sir Edward?» fragte Bacon.

«Ich habe nichts zu sagen», bemerkte Coke kühl.

«Das Wort hat der Angeklagte!»

«Meine hohen Lords und Richter», sagte Raleigh leise,

«sind Sie sich im klaren, daß Sie von einem Urteil sprechen, das vor fünfzehn Jahren gefällt wurde? Seitdem hat es Seiner Majestät gefallen, mich mit der Leitung einer Expedition zu betrauen und mir selbst Macht über Leben und Tod zu geben. Gleicht das nicht einer Begnadigung? Ich ...» Als habe er die Sinnlosigkeit seiner Verteidigung erkannt, brach er plötzlich ab und fuhr nach einer Pause mit Anstrengung fort: «Ich erbitte nichts weiter als die Gnade des Königs, dessen Großmut ich kenne.»

«Sie haben sich nicht geirrt, Sir Walter», rief Bacon wie auf ein Stichwort. «Der König ist Ihnen gnädig gesinnt.» Er zog ein gefaltetes Pergament mit dem königlichen Siegel aus dem Ärmel und hielt es Coke hin. «Würden Sie es bitte verlesen, Sir Edward?» Doch sofort nahm er seine Hand zurück und entschuldigte sich heuchlerisch: «Ach nein, das ist Sache von Sir Henry Montagu, ich hatte vergessen, daß Sie nicht mehr Lordoberrichter sind, Verehrtester.»

Die Richter lächelten. Coke preßte den Riechbeutel, den er gegen den penetranten Gestank der faulen Binsen auf dem Fußboden benutzt hatte, auf den Mund und senkte den Kopf. Sich nur nicht zu einer Erwiderung hinreißen lassen!

Lordoberrichter Montagu erbrach das Siegel.

Die Herren erhoben sich, um den Spruch des Königs gebührend zu würdigen.

«Wir, Jakob, von Gottes Gnaden König von England, Schottland und Irland, Verteidiger des einzig wahren Glaubens et cetera, tun hiermit kund und zu wissen, daß Wir den edlen Sir Walter Raleigh begnadigen und freisprechen ...» Montagu schob eine Pause ein.

«... von der Art, in der sein früheres Todesurteil vollstreckt werden sollte», fuhr der Lordoberrichter fort, «nämlich, daß man ihn hängen und vierteilen sollte. Vielmehr gefällt es Uns, selbiges Urteil dahin zu ändern, daß Sir Walter mit dem Beil an oder in Unserem Palast von Westminster hingerichtet wird.»

«Und dies soll am morgigen Tag, dem neunundzwanzigsten im Oktober des Jahres sechzehnhundertachtzehn, geschehen», setzte Bacon rasch hinzu, als habe er das Schreiben selbst verfaßt.

«Amen», sagten zwei Richter, und die anderen riefen: «Es lebe der König!»

Coke schwieg.

Wie fürsorglich vom Herrn Lordkanzler, ihn unter gebührender Bewachung in einer geschlossenen Sänfte die paar hundert Yard von der Westminsterhall zum nahegelegenen Gatehouse der Westminster Abbey tragen zu lassen! Oder fürchtete er Unmutsbekundungen der Londoner gegen das Urteil?

Raleigh fand den Raum für seine letzte Nacht so karg und grau wie die Todeszelle damals in Winchester. Auch diesmal der Blick auf das Schafott, nur der Schauplatz hatte gewechselt. Die Zimmerleute arbeiteten im alten Schloßhof von Westminster. Beeilt euch, Männer, diesmal ist eure Mühe nicht vergebens!

Später, als Doktor Tounson, der Dean of Westminster, seine Zelle betrat, um ihn gegen die Todesfurcht zu stärken, lag Raleigh erschöpft auf seinem Bett. Der junge Geistliche trug mit Eifer seine Trostpredigt vor, doch Raleigh unterbrach ihn bald. «Ich fürchte mich nicht, Master Dean. Ich ängstigte mich mehr, wenn ich am Fieber dahinsiechen oder nach einem Schlagfluß gelähmt auf meinen Tod warten müßte. Ist es nicht eine Gnade Gottes, mich im Beisein einer großen Gesellschaft so rasch sterben zu lassen?»

«Die Güte des Herrn ...»

Raleigh schnitt ihm das Wort ab.

«Sie werden mir ja morgen in der Frühe das heilige Sakrament spenden und mich auf meinem letzten Gang begleiten, dann haben wir noch immer Zeit für die geistlichen Dinge.«

Bess hatte die Erlaubnis erhalten, ihn zu sehen, und für diesen Abschied wollte er Kraft sammeln.

Es war schon fast dunkel, als ein anderer Besucher kam, den er weder erwartet noch gewünscht hatte und den er deshalb barsch anfuhr: «Was wollen Sie, Coke?»

«Vielleicht nur einen Brauch ausweiten. Sie wissen, der Scharfrichter wird Sie bitten, ihm zu verzeihen, bevor er ...» Pietätvoll verschluckte Coke den Rest.

«Und ich soll meine Absolution auf Sie ausdehnen? Werden Sie im Alter sentimental, Coke? Nein, nein, ich habe Sie kennengelernt. Das nehme ich Ihnen nicht ab! Wenn Sie gekommen sind, noch etwas aus mir herauszufragen, sind Sie die Stufen vergeblich gestiegen. Sie hatten genügend Zeit. Die letzten paar Stunden brauche ich für mich.»

«Ich habe heute in der Westminsterhall nicht dabeisein wollen», sagte Coke leise, «ich habe Ihnen nicht eine einzige Frage gestellt, und ich war beim König, um für Sie einen ordentlichen Prozeß zu erwirken.»

Raleigh richtete sich auf.

«Bleiben Sie doch liegen!»

«Denken Sie, ich stehe Ihretwegen auf?» Raleigh angelte sich Pfeife und Tabaksbeutel vom Tisch, humpelte zum Feuer, steckte die Pfeife an und fragte beiläufig, als sei er an der Antwort nicht sonderlich interessiert: «Warum haben Sie dann heute trotzdem unter den Richtern gesessen?»

«Bacon verlangte es im Namen des Königs. Der gute Francis wurde oft geduckt und mußte sich sehr strecken, bevor er den Platz erkletterte, auf dem er nun sitzt. Wer auf diese Weise Macht erworben hat, findet Vergnügen daran, andere zu demütigen. Er weiß natürlich, daß ich heute anders zu Ihrem Fall stehe.»

«Tatsächlich?»

«Ich könnte mich herausreden und sagen, ich habe damals in Winchester nach bestem Wissen und aus Verantwortung für den Staat so geurteilt. Aber warum soll ich lügen? Ich wollte beim König Anerkennung finden, ich wäre dumm gewesen, wenn ich es nicht versucht hätte.»

«Die meisten haben sich rechtzeitig angepaßt.»

«Und warum haben Sie es nicht getan?»

«Ich war vielleicht zu sehr an Königin Elisabeth und ihre Politik gebunden, so daß ich meine Haltung nicht ändern konnte und im Grunde nicht ändern wollte. Ich war und bin der Überzeugung, daß es nicht richtig war, eine Annäherung an Spanien zu suchen.»

«Sie haben die Spanier immer gehaßt, nicht wahr?»

«Da irren Sie sich wieder, Coke, nicht die Spanier, sondern was in ihrem Land geschehen ist und geschieht, die Art, wie es regiert wird, die Inquisition und Intoleranz, das Festhalten am Alten, nennen Sie es das Spanische, das auch hier in manchem Kopf lebt. Ich fürchte, daß es sich breitmacht, das Parlament erdrückt, das Recht mißachtet. Ich bin ja ein Opfer davon, und Sie haben dazu beigetragen, von dieser Schuld kommen Sie nicht frei!»

«Schuld, hören Sie damit auf! Schuldig werden wir irgendwo alle», sagte Coke halsstarrig. «Haben Sie in Irland keine Schuld auf sich geladen? Bedrückt Sie das etwa? Ich kam nicht, um mich zu entschuldigen, ich wollte Klarheit zwischen uns schaffen.»

«Sie hätten bis morgen damit warten können, Sir. Die Axt des Scharfrichters besorgt das Geschäft, mit dem Sie sich heute abmühen. Morgen bleiben nur noch Sie übrig.»

«Ich wünschte, es wäre anders.» In Cokes Stimme schwang ein empfindsamer Ton mit, der nicht verschwand, als er weiterredete. «Ich wollte mich nach meiner Absetzung auf meinem Landsitz vergraben, aber dann entschloß ich mich, meine restliche Zeit zu nutzen, das haben Sie auf Ihre Art ja immer getan. Ich werde für die Stärkung des Parlaments und für das gemeine Recht arbeiten.»

«Und sich ducken lassen!»

«Aber den Kopf immer wieder hochheben, mein Lieber.»

«Und darauf achten, daß er nicht abgeschlagen wird.»

«Auch das, Raleigh, auch das.»

«Nun gehen Sie und stehlen Sie mir meine Zeit nicht, Coke!» rief Raleigh plötzlich, schickte ihm aber, als er die Tür hinter sich zugezogen hatte, ein fast unhörbares «Absolvo te – Ich vergebe dir» nach.

Am Morgen kam Doktor Tounson und murmelte Psalmen und Gebete, während Peter seinem Herrn die Wangen schabte und den Bart stutzte. Das Messer zitterte in der Hand des Alten, er ritzte Raleigh die Haut und rupfte und riß mit der Schere am Bart.

«Gott gebe, daß sich der Henker nicht so ungeschickt anstellt wie du», knurrte Raleigh.

Peter wollte sich entschuldigen, aber die Worte blieben ihm in der Kehle stecken, und er beschäftigte sich stumm mit Raleighs Haar.

Walter senkte den Blick zum Buch auf seinen Knien, das Dee ihm vor Jahren in den Tower gebracht hatte. Las in das Gemurmel von Doktor Tounson laut, was Seneca vom Tod schrieb. «‹Kann die Rückkehr zum Ursprung eigentlich schwerfallen? Ist es nicht vielmehr ein elendes Leben, wenn man keinen guten Abgang zu finden weiß? Aus diesem Grund sollte man nicht so viel Aufhebens vom Tod machen und dem nackten Leben gegenüber viel gleichgültiger sein.› Das klingt nicht schlecht, Doktor Tounson! Der Satz vom guten Abgang ist mir aus dem Herzen gesprochen, genau das hab ich mir vorgenommen. Runzeln Sie nicht die Stirn, Hochwürden, der Trost der Bibel ist mir natürlich ebenso wichtig, ich hör Ihnen ja schon zu.»

Peter legte die Schere weg und kämmte ihn noch einmal. Raleigh tätschelte sein Gesicht und spürte die Tränen auf Peters Wangen.

«In die Sachen mußt du mir noch helfen, Alter, dann kannst du heulen.»

Aschfarbene Seidenstrümpfe, Kniehosen aus Taft, Samtweste, darüber ein schwarzer Samtmantel, alles neu. Walter drehte sich um. «Bin ich elegant genug für meinen letzten Auftritt, Gentlemen?»

«Möchten Sie sich nicht für die geistliche Stärkung sammeln, Sir?» fragte Tounson mit leiser Mißbilligung.

«Gewiß, dem dort oben will ich nicht ungerüstet entgegengehen», antwortete Raleigh versöhnlich, kniete nieder, flüsterte ein Gebet, und Tounson reichte ihm das Abendmahl.

Unten am Tor bot ihm der Wächter nach alter Sitte Wein an, und Raleigh hielt die Schale hoch, bevor er trank, damit jeder sehen konnte, daß er nicht zitterte.

Die Menge drängte sich im Old Castle Yard, hohe Lords schauten aus den Fenstern der nahen Gebäude, und während Raleigh in Begleitung von Tounson und den zwei Sheriffs von London zum Gerüst schritt, rief er:

«Warum seid ihr nicht beim Festzug des Lord-Mayors, Leute? Meint ihr, beim Tod eines alten Mannes gibt es mehr zu sehen als bei der Schau eures Bürgermeisters?»

«Wenn's nach uns ginge, müßten Sie hundert Jahre alt werden, Sir Walter», rief einer, und ein anderer verkündete, ihm wär's lieber, wenn Raleigh mit ihnen zu den Festlichkeiten des Lord-Mayors kommen könnte.

Er ging langsam und sehr aufrecht durch das Spalier der Menschen, bemüht, nicht zu hinken. Auf der vorletzten Stufe der Treppe zum Gerüst verharrte er, bedeckte die Augen zum Schutz gegen die tiefstehende blendende Sonne an dem kalten, blassen Oktoberhimmel, suchte unter den Gesichtern und fühlte sich erleichtert, als er Bess nicht unter den Zuschauern fand. Sie hatten gestern voneinander Abschied genommen, die Wiederholung würde den Schmerz nur ins Unerträgliche steigern.

Am Ende des Hofs, an eine Mauer gelehnt, entdeckte er Alice. Sie gab sein für andere kaum bemerkbares Zeichen mit der Hand zurück. So hatten sie einander im geheimen Einverständnis oft gegrüßt. Er wandte sich rasch um, erklomm die letzte Stufe und erwiderte den Gruß des Scharfrichters.

«Wünschen Sie noch das Wort, Sir Walter?»

«Natürlich.»

Er nahm seinen Hut ab. Auf ein Zeichen verstummte das allgemeine Gemurmel.

«Meine ehrenwerten guten Lords und all meine übrigen Freunde, die ihr gekommen seid, mich sterben zu sehen, ich ...»

«Wir können Sie nicht hören, Sir Walter!» rief Lord Arundel aus dem Fenster.

Raleigh formte seine Hände vor dem Mund zu einem Trichter und begann von neuem, aber seine Stimme blieb schwach.

«Warten Sie, Sir Walter, wir kommen hinunter.»

Lord Arundel und Northampton, der Lord Viscount Doncaster, Lord Sheffield und ein halbes Dutzend andere hohe Herren bahnten sich einen Weg durch die Zuschauer.

Thomas Smythe, der nahe am Blutgerüst stand, fragte sich, was die edlen Lords bewog, zu dem Verurteilten aufs Schafott zu steigen. Hatten sie Angst, Raleigh könne sie mit seinen letzten Worten vor dem König in ungünstiges Licht setzen, und hofften, das durch ihre Anwesenheit zu verhindern? Nein, es sah eher aus, als wollten sie ihm ihre Sympathie zeigen.

Die Sheriffs, unsicher, ob sie die Lords auffordern sollten, das Gerüst zu verlassen, berieten miteinander und gestatteten ihnen zu bleiben.

Raleigh begann seine Rede von neuem, begründete seine Guayanafahrt, stritt eine Konspiration mit Frankreich ab, klagte Jakob nicht laut an, aber in seiner Rechtfertigung sah Smythe eine stumme Beschuldigung des Königs.

Ergriffen hörte die Menge zu. Wenn der König gehofft hatte, am Lord-Mayors-Tag würde Raleighs Hinrichtung unbeachtet bleiben, so hatte er sich geirrt. Wir haben die Partie noch nicht verloren, Majestät! Der tote Raleigh wird

Ihnen nicht weniger Kummer machen als der lebende. Balladendichter würden Sir Walter als Opfer königlicher Willkür besingen und seine Standhaftigkeit gegen die Spanier preisen.

«So sage ich euch allen Lebewohl und mache meinen Frieden mit Gott», schloß Raleigh und legte Mantel und Wams ab. Seine Hand fuhr über die Schneide der Axt, die ihm der Scharfrichter hinhielt. «Das ist eine scharfe Medizin, aber sie heilt jede Krankheit», rief er mit erzwungener Munterkeit.

«Warum lassen sie ihn nicht gehen», flüsterte ein blasser Bursche neben Smythe. «Er soll seine ‹Weltgeschichte› vollenden zum Ruhme Englands. Haben Sie seine ‹Weltgeschichte› gelesen, Sir?»

Smythe glaubte, die Frage sei an ihn gerichtet, aber der Bursche starrte zum Schafott und erwartete keine Antwort.

Raleigh trat an den Rand des Gerüsts und bat alle, Gott anzuflehen, ihm Beistand zu leisten und Kraft zu verleihen.

Der Scharfrichter kniete vor ihm nieder. Raleigh berührte seine Schulter und gewährte nach alter Sitte Vergebung.

Als er seinen Kopf auf den Block legte, ersuchte ihn einer der Sheriffs, das Gesicht nicht nach Sonnenuntergang, sondern nach Sonnenaufgang zu drehen.

«So das Herz am rechten Fleck ist, spielt es keine Rolle, wie der Kopf liegt», sagte Raleigh, erfüllte aber den Wunsch des Mannes.

Nach einer Pause der Besinnung streckte er seine Hände aus, das vereinbarte Zeichen für den Mann mit der Axt.

Der Scharfrichter zögerte, als erwarte er in letzter Sekunde Rettung für den Verurteilten.

«Hau zu, Mann, hau zu!» schrie Raleigh in dem Ton, in dem er den Matrosen Befehle zugerufen hatte.

Der Scharfrichter hob die Axt und ließ sie blitzschnell niedersausen.

«Wir haben in England keinen zweiten solchen Kopf, Gott strafe den, der ihn abschlagen ließ», sagte der bleiche Bursche neben Smythe. Einige, die es hörten, nickten beifällig, aber einer warf ihm einen scharfen Blick zu, und der junge Mann verschwand rasch in der Menge.

Smythe blieb das Wort seines Nachbarn im Gedächtnis. Er bereute, sich nicht nach seinem Namen erkundigt zu haben.

Er hätte es tun sollen. Der junge Mensch hieß Oliver Cromwell und machte später von sich reden.